「話のネタ」のタネ500

日本博学倶楽部

PHP文庫

○本表紙図柄＝ロゼッタ・ストーン（大英博物館蔵）
○本表紙デザイン＋紋章＝上田晃郷

はじめに

これから、とっておきの話のネタを披露しよう。

人間の腸には大腸や小腸、十二指腸などがある。そのなかで最も大きいのが小腸であることを知っている人は多いだろう。では、この小腸は、面積にするとどれくらいの広さになるかご存じだろうか。

驚くことに、人間の小腸の表面積は、二〇〇平方メートルもある。ピンとこないかもしれないが、これはテニスコートとほぼ同じ広さになる。小腸は一日約八リットルの水分を吸収するため、わずか直径約四センチメートルの筒のなかに、無数のひだと、絨《じゅう》毛《もう》と呼ばれる小突起がある。そのため、これほど広い面積になるのだ。

面積で思い出したが、日本の国土面積は、二〇〇四（平成十六）年十月現在で三七万七九〇六・九七平方キロメートルある。狭いといわれる日本だが、実は前年と比べると、七・七七平方キロメートルも国土が増えているのである。カンのいい人ならおわかりだろうが、これは新空港の建設などの埋め立てによる。増えた七・七七平方キロメートルという面積は、東京ドームに換算するとおよそ一六六個分に相当するのだ。

ところで、ドームといえば、野球場としてだけでなく、近年では人気アーティストのコンサート会場として利用されることが多い。ところが大阪ドームでは、二〇〇四年からロックコンサートへの会場の貸し出しをやめた。その理由は、ロックコンサートで熱狂した観客による「縦ノリ」のせいである。観客が演奏に合わせて飛び跳ねる振動が、地震のような揺れを引き起こすと周辺住民が抗議したのだ。地震にたとえるのはおおげさに思われるかもしれないが、実際に計測したところ、GLAYのコンサートの場合、なんと震度四の揺れだったという。

——こんな話題を、たとえば飲み会の席で同僚がしてきたらどうだろう。きっとその同僚のことを、話題の豊富な人だと思うのではないだろうか。話題によっては、教養のある人だと一目おくきっかけになるかもしれない。

飲み会の席だけでなく、恋人とドライブしているときや友人とお茶をしているときに話題がなくなり、会話が煮詰まったという経験は誰にでもあるはずだ。そんなとき、何か面白い話題はないかと、慌てて話のネタを探すのではないか。

しかし、本書を読めば、また慌てるのでは、と心配する必要はなくなるだろう。なぜなら本書には、あらゆる場で使える、面白くてためになる五〇〇本（コラムと合わせて）の「話のネタ」のタネが詰まっているからだ。五〇〇本ということは、一日一ネタ披露したとしても、一年以上は話題に困ることはない。

本書を読んだあなたは、きっと話のネタの尽きない人になっているはずである。

日本博学倶楽部

「話のネタ」のタネ500

目次

第2章 ギャグがスベってしらけたときの42本

第3章 落ち込んでいる人をクスリと笑わせる46本

第4章 張り詰めた職場の空気をなごませる45本

第5章 会話が煮詰まって困ったときの54本

「話のネタ」写真館②

第6章 恋人と気まずい雰囲気になったときの51本

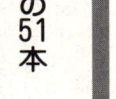

第7章 ビジネスの場で思わず相手をうならせる49本

第8章 初対面の人とすぐに打ちとけられる49本

第9章 教養のある人だと思わせたいときの55本

第10章 生意気な子供たちから尊敬される51本

本文イラスト
藤井昌子
タダトモミ
小川京子

写真提供(順不同)
株式会社兵左衛門
海遊館
江崎グリコ株式会社
社団法人男鹿市観光協会
JR東日本ネットステーション株式会社
須田隆
牛久大仏管理事務所

第1章

飲み会の
主役になりたいときの
47本

本屋でトイレに行きたくなる現象を、「青木まりこ現象」という

本屋に長居して読みたい本を探しているとき、なぜか便意をもよおす人は多いという。

この現象にはれっきとした名前がある。「青木まりこ現象」だ。一九八五（昭和六十）年、『本の雑誌』（第四〇号）に「私はなぜか長時間本屋にいると便意をもよおします」という投書があり、差出人の名が青木まりこさんだったことからついたネーミングである。

青木まりこさんの投書のあと、「私も同じ」という声が次々に出て、原因が取り沙汰され、さまざまな説が出た。

たとえば、「紙や印刷インクの匂いが便意を誘う」「『トイレのない書店で、もしもトイレに行きたくなったら……』というプレッシャーが原因」「心身ともにリラックスできるから」などの説がある。

近年では、「本を読むときにまぶたを伏せる姿勢が交感神経をＯＦＦにし、胃腸の動きを支配する副交感神経をＯＮにするため」という説が出て、有力視されているようだ。

どれも仮説で真相は不明だ。ものは試し。便秘に悩んでいる人は、本屋に行って長時間過ごしてみれば、便意をもよおしてすっきりできるかもしれない。

日本人は、世界でいちばんセックスレスな国民である

二〇〇四年十月、イギリスの避妊具メー

カー「デュレックス」が、興味深い調査結果を発表した。インターネットで世界の性生活事情を調査したところ、四一か国の三五万人が回答したのである。

　まず、一年間にセックスをした回数では、フランス人がトップの一三七回。日本人はダントツ最下位の四六回だった。世界平均は一〇三回だから、日本人はずいぶん少ない。七〇回以下は日本人だけである。

　疲れている人が多いのか、プライバシーを確保しにくい住宅事情のせいか、日本人は世界一セックスレスの生活を送っているようだ。

　ただし、日本人は、セックスの回数が少ないのに、なぜか相手の人数は多い。セックスした相手の人数を問う質問では、日本人はなんと世界第三位の一二・七人で、世界平均の一〇・五人を上回っているのである。

　この数字からすると、どうやら日本人の性生活は、世界の人々に比べて、広く浅くという傾向が強そうだ。

　また、相手のセックス経験を確かめないまま、ＨＩＶの防御策をとらずにセックスしている人は、日本人には五八パーセントもおり、デンマーク人とスウェーデン人に次いで多かった。日本人は不用心なようである。

カニみその「みそ」は、カニの脳みそではない！

　毛ガニ一尾を出されたら、足をほじくって身を食べ、最後に甲羅の身もこそげてそこに熱燗《あつかん》を注ぐ。そしてじわじわと傾けるとカニみそがトロケるように口中に満ちる。左党にはたまらない瞬間だ。

それを「気持ちわるぅ〜い！　脳みそ食べるなんて」という女の子がいたら、彼女にするべきではない。カニみそを脳みそと勘違いしているからではない。旨いという食生活の価値観が違いすぎる。

それでも彼女には教えておこう。カニみその正体は、カニの肝臓とすい臓である。カニは人間のように複雑な構造ではない。一つの臓器が、消化・吸収と栄養分の貯蔵という二つの機能を果たすのだ。

肝臓だから、いわばカニのレバー。グリコーゲンなどの栄養分を蓄えているので、あの旨みが出てきているのだ。

二つの機能を併せ持つ内臓である「みそ」の部分は、「中腸腺《ちゅうちょうせん》」と呼ばれ、貝類やタコ、イカなども持っている。

北海道ではゴロと呼ぶイカのワタも中腸腺で、ワタでイカの身をあえて作る塩辛が旨いのも、カニみそと同じ理由からだ。

ほかに、動物の肝臓である「フォアグラ」、魚の肝臓である「あん肝」も珍味とされている。

オリンピックの金メダルは、銀製である

日本国民のナショナリズムがもっとも盛り上がるのは、オリンピックのときだろう。開催中は「日の丸」を目にする機会や、「君が代」を耳にする機会が増える。

ところが、日の丸は、二位でも三位でも揚がるが、「君が代」が流れるのは金メダルのときだけである。やはり「金」は特別扱いだ。

それなのに、優勝者に与えられる金メダ

ルは、じつは金ではなく銀製。金の相場が銀の約一〇〇倍というから、純金製にしたら経費も膨大になってしまう。

　オリンピック憲章でも、大きさとともに「一位と二位は銀製、純度は最低でも一〇〇〇分の九二五」と定めて、銀製でかまわないとしている。

　それでも差はつけたいから、一位には銀メダルに金メッキを施《ほどこ》す。メッキには、これまたオリンピック憲章で六グラム以上が使われることになっている。よって、金六グラムの相場分だけ、銀メダルよりも価値は高いことになる。もしオークションの場に出されたとしたら、何年のオリンピックで、何の種目で手にしたか（これらはメダルに刻印される）、またどんな試合ぶりだったかによって付加価値は変わってくるという。

YAHOO!創業者のコンピューターは、「小錦」というニックネームだった

インターネット業界で、世界に冠たる企業の「YAHOO!」は、一九九四年にアメリカで創業された。創業したのは、そのときスタンフォード大学博士課程に在学中だった二人の学生だ。

彼らが始めたのは、自分たちが開発したインターネット接続システムのソフトを提供するというサービスで、まさに学生によるベンチャー企業だったことになる。

「yahoo」という言葉が最初に使われたのは、アイルランド人作家のスウィフトが『ガリバー旅行記』に登場させた「人間の形をした獣」の名前だといわれる。アメリカでは、代表作に『トム・ソーヤの冒険』を持つマーク・トウェインが、「無礼者、田舎者」の意味で自作のなかに「yahoo」を用いている。

二人の学生デヴィッド・ファイロとジェリー・ヤンは、自分たちが「ならず者」だと思うから命名したといっているが、別の説も根強い。

「Yet Another Hierarchical Officious Oracle」の頭文字をとったという説だが、日本語に直訳すると「もうひとつの階級構造の気が利く権威者」という、よく意味のわからないものになってしまう。

それより興味深いのは、彼らがソフト開発に使っていたコンピューターにつけていたニックネームである。

デヴィッドのが「konishiki」、ジェリーのが「akebono」で、「小錦」と「曙」という二人のハワイ出身の関取の名前。二人は

大相撲ファンだったのである。

にんにく注射には、ニンニクは入っていない

二〇〇四（平成十六）年に開かれたアテネ五輪では、男子ハンマー投げの室伏広治選手をはじめ何人もの選手が、「にんにく注射」を愛用したという。

そのときにいちやく有名になった「にんにく注射」は、実は東京の平石クリニックの平石院長が十二年ほども前に開発した栄養注射である。以来、Jリーグ・プロ野球・ゴルフ・相撲などのスポーツ選手、歌手などが、疲労回復のために用いている。

「にんにく注射」というからには、ニンニクのエキスでも入っているのだろうか……と思ったら、そうではない。主成分はビタミンB群やグリコーゲンで、ニンニクはまったく使用されていないのだ。

ビタミンB群は、体内のエネルギー代謝を促進させて、疲労物質の乳酸を分解する働きをするので、疲労回復の効果があるというわけだ。

それなのにどうして「にんにく注射」と呼ぶのかというと、ネーミングのもとは匂いである。ビタミンB_1には硫黄が含まれるため、注射するとニンニクのような匂いが体から発散されることから、こういう名前になったのだ。

それにしても、スポーツ選手がこういった注射を用いて、ドーピングとみなされないのだろうか？

現在のところ、にんにく注射に含まれている成分は、国際基準でドーピング物質とされていないので、アテネ五輪で使用した

選手たちも違反にはならないのだ。

ただし、国際基準は毎年変わるので、今後はわからない。

史上初、高校生が育てた馬が、中央競馬で勝った

二〇〇五（平成十七）年二月十三日、中央競馬の東京競馬場で行われた新馬戦で、高校生が育てた馬が大牧場育ちの馬たちを制して勝利し、話題を呼んだ。二着馬に半馬身の差をつけた完勝だった。高校産の馬が中央競馬で勝ったのはこれがはじめてである。

この馬は、北海道立静内《しずない》農業高校生まれの三歳牡馬「ユメロマン」。高校にいたときには「サクラロマン」と呼ばれていたのを、生徒たちが、みんなの夢という意味から、「ユメロマン」で馬名登録したのだという。

同高校は、日本で唯一、競走馬生産課程を持つ高校で、二〇〇〇（平成十二）年から、畜産科の生徒たちが中心となってサラブレッドを育て始めた。

ユメロマンは、一歳のときにセリで地元の牧場主に買われ、その牧場主の息子さんが騎手となって、今回の勝利をおさめたのだ。

生徒たちは、朝早くから夜遅くまで熱心に馬の世話をしてきたとか。それだけにうれしい勝利である。

勝利馬の生産者に与えられる生産者賞は、同高校ＯＢの大学生が生産者代表として表彰を受け、賞金五九万円を受け取った。この賞金は、北海道教育委員会の収入となり、同年度中に同額の予算を静内農業

高校に配分するという。

恐竜が上に首を伸ばしているのは、博物館の都合

博物館で「竜脚類《りゅうきゃくるい》」と総称される首の長い恐竜の復元模型を見ると、たいていはキリンのように首を高くあげている。図鑑のイラストや映画などでも、首の長い恐竜は首を上に向かって伸ばしている場合が多い。

だが、近年の研究では、竜脚類はあまり首を高く持ちあげられなかったと考えられているのだ。骨の構造や筋肉の発達具合からすると、首を曲げられるのは上下左右三〇度程度だったというのである。

実際の恐竜は、首を上に向けてではなく、前に向かって伸ばし、尾と首を水平にしてバランスをとっていたようだ。

なかでも、とくに中国の竜脚類マメンチサウルスは、首をあげるのが苦手だったと考えられている。首の骨の下にある頸肋骨《けいろっこつ》という細長い骨が、ほかの竜脚類に比べてはるかに長く、この骨に邪魔されて首が持ち上がらなかったと推測されている。

実際、マメンチサウルスの化石は、首の上部にある靭帯《じんたい》の乾燥によって脊椎《せきつい》や尾椎《おつい》は後ろに引っ張られて反っていたのに、首だけが反っていないという状態で見つかっている。つまり、引っ張られても首が上に伸びない構造だったと考えられるのだ。

だが、博物館に展示するときには、首を前に長く伸ばして展示する。場所がないとか、首を水平にするとバランスがとりにくいとか、首を上に伸ばしたほうが見栄えがいいなど、博物館側の都合によって、相変

わらず首を上に伸ばして展示されているのである。

気象観測システム・アメダスを壊すと罰金刑！

「アメダス」とは、自動気象データ観測システムという英語の Automated Meteorological Data Acquisition System の頭文字をとってAMeDASとした、地域気象観測システムのことである。

気象衛星の名前ではなく、このシステムは地上にある。全国で約一七キロメートル四方に一か所、全部で約一三〇〇か所に装置を置いて降水量を測定しており、そのうちの約八五〇か所では気温、風向・風速、日照時間も測定している。雪の多い地方の約二八〇か所では積雪の深さも記録する。

もちろん二十四時間稼動で、一時間おきに観測した結果を気象庁へ自動送信する。これが天気予報をするのに必要なデータとなり、局地的な集中豪雨などにも対応できるようになっている。

つまり無人の観測所というわけだが、置かれている観測機器などの装置は気象業務法によって守られている。第三七条の「……屋外に設置する気象測器……の効用を害する行為をしてはならない」という条文により、違反すると三年以下の懲役または一〇〇万円以下の罰金が科される。

場合によっては懲役刑と罰金刑を併せて科されるという、気象業務法のなかではいちばん重いものだ。

ゴルゴ13も利用するスイス銀行は、実在しない

スパイ物やアクション物の映画やマンガ、小説には、ときおり秘密の大金の預け場所として「スイス銀行」の名が登場する。たとえば人気マンガ『ゴルゴ13』では、主人公ゴルゴ13への報酬は現金かスイス銀行への入金に限られる……という設定になっている。

このスイス銀行、はたして実在するのだろうか?

実は、現在は「スイス銀行」という名の銀行は存在しない。かつては実在しており、「クレディ・スイス」「スイス・ユニオン銀行」と並ぶスイスの三大商業銀行といわれていたのだが、一九九八年、「スイス・ユニオン銀行」と合併し、「ユナイテッド・バンク・オブ・スイス」と名を変えたのだ。

ただし、「スイス銀行」という呼び方は、特定の銀行ではなく、スイスにある銀行の総称として用いる場合も多い。

スイスでは、一九三〇年代、ナチスドイツがユダヤ人の在外資産の没収をはかった際に、顧客の財産を守るため、顧客情報の守秘義務を国内の銀行に徹底させた。そのため、財産を安全な場所に預けておきたい世界の富豪たちだけでなく、裏の世界の人間たちが大金を隠すのにもさかんに利用するようになったのだ。

それがゴルゴ13も利用している理由なのだろうが、今日では、組織犯罪に関係した入金の疑いがあるときには、銀行は当局に報告する義務があり、ブラックマネーご用

達というわけではなくなってきているそうだ。

国王の誕生日に、M・ジャクソンの無料ライブを開くブルネイ

東南アジアのボルネオ島（インドネシア語ではカリマンタン島）と呼ばれる島の北部に、「ブルネイ・ダルサラーム」という名の国がある。ブルネイは、世界でも小さな国の一つで、三重県ほどの広さの国だ。

しかし、この国は、世界で最もお金持ちの国の一つでもある。実際、国王の第二九代スルタン（サルタン）であるハサナル・ボルキアは、アメリカの経済誌『フォーチュン』に、世界一の資産家として紹介されたこともある。

その金持ちぶりときたら、国王の資産総額は約三兆円とも四兆円ともいわれ、宮殿の建築費は五四〇〇億円かけたとされる。宮殿には一〇〇〇以上もの部屋があり、馬好きの国王のポロ用の馬は冷暖房完備の厩舎で暮らしているというほどだし、自家用ジェット機も数機所有しており、その中には馬専用のジェット機まであるという。

国の財源はブルネイ沖の海底から採れる豊富な原油と天然ガスで、その多くは日本に輸出されており、この二つの資源によって、ブルネイは大いに潤っているのだ。

それだけに国民にもかなりの太っ腹な政策がとられており、個人所得税はないし、教育費や医療費は無料。公共料金も安く、住宅ローンの金利まで低いという羨ましさだ。給与平均は東南アジア一だから、家電製品の普及率が高く、首都周辺のブルネイ・ムアラ地方に暮らす人々は一家に車二

台所有がふつうだといわれている。

国王の誕生日にはマイケル・ジャクソンの無料コンサートを開いたこともあるほどで、まさに優雅そのもの。

なお、ブルネイの正式名称である「ネガラ・ブルネイ・ダルサラーム」は、「永遠に平和な土地の国」という意味で、周辺の国々に比べれば治安も非常によい。金持ちで平和な国ブルネイは、まさに数少ない楽園の一つといえそうだ。

「つぼ八」の一号店は、わずか八坪だった

居酒屋といえば赤ちょうちんに縄のれんの、オヤジのための店というイメージを大きく変えたのが「つぼ八」だった。

お酒とともに、豊富なおつまみメニュー、明るくモダンな店内、若いお運びさんが大声でキビキビと働き、まさにファーストフード店感覚。女性同士でも入れるような雰囲気でたちまち評判になった。

チェーン展開なので、どこの店に行っても同じメニューの同じ味、同じ価格という安心感も人気を支えたが、その一号店は、北海道で誕生した。

創業店は、札幌郊外・琴似《ことに》。一九七三（昭和四十八）年にわずか八坪の店での開業だった。店の広さが八坪だったから、それをひっくり返して「つぼ八」にしたというのが、店名の由来である。

「つぼ八」では値段を明確にしていたことも人気を呼び、九年後には総合商社と提携して全国展開するチェーン店へと成長していく。

全国をブロックに分けて食材の一括供給

のための物流センターを設けたり、受注のオンライン化を図ったりと居酒屋経営の近代化を進めた結果、現在では総店舗数は五〇〇近くにも成長している。

本拠地・札幌には直営の二四〇坪という店もあって、創業三十年で一号店の三〇倍の広さだ。

A型、AB型の人は、痔になりやすい!?

血液は、ABO式分類で四つのタイプに分けられている。そもそも血液型は親からの遺伝で決定される。つまり、血液の赤血球にはいろんな物質がついており、なかでも特徴のあるA抗原とB抗原があるかないかという違いで血液型を決めている。A抗原だけを持っている場合をA型、B抗原だけがある場合をB型、両方とも持っていないのがO型、両方ともあるのがAB型だ。

このABO式血液型は、以前から病気と関連があるのではないかと考えられてきた。血液型の違いは、さまざまな病原体に対する免疫力の強さの違いを生んでいるのではないかというわけだ。

人類誕生以来、自分たちの種を守るために、さまざまな免疫タイプの人間を作ることで病気に対抗してきたという説もある。

現段階では、血液型の研究はまだまだ発展途上。そのため、実証はされていないが、血液型別にかかりやすい病気があるのではないかといわれている。A型は、糖尿や腸の病気、そして痔、B型は心臓発作やウィルス感染、O型はアレルギーや胃・十二指腸潰瘍《かいよう》、脳卒中、AB型は咽喉《いんこう》痛と痔になりやすいというのだ。

しかし、重ねてもう一度いうが、今の段階では血液型性格判断と同様、実際のところはわからないから、ここで一喜一憂してもムダというもの。今後の研究での発見や実証が待たれているところだ。

食用アンコウは、すべてメスである

アンコウ鍋でおなじみの魚アンコウは、見た目は大きな口を開けたグロテスクな姿。しかし、その外見に似合わず、実に美味な魚として知られている。

だが、そんなアンコウについて意外な真実がある。食用のアンコウは全部メス。オスが食べられることはないのだ。

アンコウのオスは、メスの一〇分の一程度の大きさしかない。とはいえ、そこは一人前のオスだけに、生殖の時期になるとメスを見つけて接近。そのまま腹部にピッタリとくっつく。ただし、それは一時的な合体ではない。なんと一生くっついて二度と離れることはないのである。

メスの体にへばりついて寄生したオスは、皮膚が癒着して同化していく。そして、口の周りの皮膚からメスの体に吸収されて、どんどん退化していく。エラ、循環器、心臓は器官として残るものの、ほとんどの部分は生殖器のみになってしまう。血管もメスと共有し、それを通して栄養をもらいながら生き続ける。

そうやってオスが同化したメスの中には、一匹だけでなく複数のオスが同化してしまうケースもある。

だから、通常人間が食用にしているアンコウは全部メスということになる。

メスに寄生して生きるしかないアンコウのオス。「なんだか自分に似ている……」なんていっているのは誰？

ロックバンドが、中学校の校歌を作った

公立学校の統廃合が進む中で、二〇〇二（平成十四）年に誕生した東京・台東区立桜橋中学校の校歌は、ロックグループのハウンドドッグが作ったものとして話題になった。

桜橋中学校は、台東区立の蓬萊中学校と今戸中学校が統合して生まれた。新校の設立委員会で校歌についての話し合いが持たれた際、今戸中学校の関係者がハウンドドッグの知人と交流があることがわかり、依頼してはどうだろうということになった。

年配の人たちからは、ロックグループが校歌だなんてとんでもないという異論の声もあがったが、新しい学校にふさわしい新しい校歌をということで実現の運びとなった。タイトルは『永遠の唄Song of Forever』で、「いつまでも夢があるから…… Dream of Forever」といった歌詞は、生徒たちには好評のようだ。卒業式などの式典用、運動会などのイベント用と、二つのバージョンがある。

作詞を担当したハウンドドッグのリーダー大友康平は、「生徒たちがごく自然に口ずさんでくれるような親しみの持てるメロディーを心がけた」と語っている。

近年は、ハウンドドッグにかぎらず、シンガーソングライターが作曲を、ベストセラー作家が作詞をした校歌も増えてきている。

幼い頃からロックやポップスを聞き慣れている若者たちが、古色蒼然としたタイプの校歌に魅力を感じないのも無理はない。最近のヒットソングのように、すぐに飽きられてしまうことのない校歌ならば、いつまでも歌い継がれることだろう。

カツオに性別はあるが、カツオブシにもオスとメスがある

カツオから作られるカツオブシにもオスとメスがあることはご存じだろうか？　といっても、カツオの性別がそのまま反映されるわけではない。

カツオブシは、大型のカツオから作るものを「本節」と呼び、三枚におろしたカツオをさらに背側と腹側の二つに分けて作られる。「雄節《おぶし》」は、こうして五枚におろした

カツオの背側を使ったもののこと。反対に「雌節《めぶし》」は腹側を使ったもののことである。

雄節は、断面が三角形で、雌節より脂肪分が少ない。雄節を使うと、どちらかというとあっさりした味のダシがとれる。

また、雌節のほうは、カツオの腹の縞模様があり、内臓があった部分に凹凸がある。そして雄節よりも濃厚なダシがとれるといわれている。

小型のカツオのほうは三枚におろして、半身の形でカツオブシにする。つまり、背側と腹側が両方ついていて、形が亀の甲羅に似ていることから「亀節」と呼ばれる。

カツオブシの歴史は古く、八世紀の養老律令に堅魚《かたうお》、堅魚煎汁《いろり》とあり、これが現在のカツオブシのルーツだといわれる。戦国時代には梅干とともに兵食用として、また旅人の携帯食料としても重宝された。

また、おめでたい縁起物としても知られ、結婚式の引き出物にもよく使われている。

「ゴジラ」の名前は、東宝社員のあだ名からつけられた

日本映画から生まれた「怪獣ゴジラ」は、今や世界的怪獣スターだ。

映画を製作した東宝が、ゴジラという名前を生み出すきっかけは、風貌に特徴のあった実在の人物だった。東宝社員だった彼のあだ名は「グジラ」で、クジラとゴリラからの合成語。会社は新しく製作する特撮映画の主人公となる怪物にこの合成ネーミング法を使った。

ゴリラとクジラを合成して「ゴジラ」に。しかし映画に登場する怪獣の姿は、こ

の二種の動物の合体した姿とはやや趣を異にしていた。原型はなんとかザウルスというべき姿に近い。

　それでも、実在の動物を容易に思い浮かべることができるネーミングであるし、濁音の入った重みのある響き。架空の動物ながら、巨大な姿で地上に現れて人類を危機にさらすものの、本人も水爆の被害者であるという悲劇性を秘めた怪獣に、「ゴジラ」の名はぴったりとなった。

　一九五四（昭和二十九）年十一月三日の封切で日本に初お目見えして以来、半世紀。ネーミングの効果はご存じの通りである。

子供たちの四割は、太陽が地球を回ると思っている

最近の子供たちはよく塾などに通っているから、学力は高いのだろう……と思ったら、実は意外なほど天文の知識があやふやだ。

　国立天文台助教授や小学校教師らからなる研究グループが、九つの小学校の四年生～六年生七二〇人にアンケート調査した。すると、なんと四二パーセントの小学生が「太陽が地球のまわりを回っている」と思っていたというから驚きだ。

　しかも、太陽が沈む方角を「西」と正しく答えられた生徒は、六五パーセントに過ぎない。

　月の満ち欠けが起こる理由についても、月食と混同して「月が地球の影に入るから」と答えた子供が三七パーセントいた。

　また、四道府県の小学四年生～六年生三四八人を対象にした調査でも、「地球が太

陽のまわりを回っている」と答えた生徒は五六パーセントしかいなかったという。

われわれが小学生のころから常識と思っていたことが、今どきの小学校中学年〜高学年では常識でなくなっているのだ。

それにしても、なぜ子供たちはこんな勘違いをしているのか？

現在の小学校の理科では、地上から見た太陽や月や星の動きを取り上げても、地球が丸いことや自転・公転していることなどを教えない。

それに加えて、自然現象に対する子供の興味が薄いこと、親子の会話が少なくなったことなどが、原因として指摘されている。

超ウラン元素・No.九九〜一〇三までの元素名には学者の名前がついている

元素には、名前があり、記号があり、ナンバーがついている。中学の理科で学んだように、一番は水素で、記号はH。二番はヘリウムでHeといった具合だ。ヘリウムはギリシャ語のヘリオスにちなみ、太陽を意味する。

そんな元素の中に、人名に由来した名前がついているものがある。九九番から一〇三番の五つがそれらである。

まず九九番はアインスタイニウムでEs。ご存じ、偉大な物理学者アインシュタインの名にちなんだものである。一九五五年に国際原子エネルギー会議で命名された。

一〇〇番のフェルミウム（Fm）も、一九

五二年の水爆実験の灰の中からアインスタイニウムと一緒に発見された元素。フェルミウムの名は、一九三八年にノーベル物理学賞を受賞した物理学者フェルミの名で、最初の原子炉を完成した人物としても有名だ。

一〇一番のメンデレビウム（Md）は、一九五五年にカリフォルニア大学の研究陣が発見した人工元素。周期律を発見したロシアの化学者メンデレーエフの名から命名された。

一〇二番のノーベリウム（No）は、ちょっといわくつきの元素。一九五七年にスウェーデンのノーベル物理学研究所で発見されたことから、化学者ノーベルの名にちなんで命名された。しかしカリフォルニア大学によって追試しても確認されなかったために、すぐに否定されてしまった。ところが翌年に同大学のギオルソらによって確認され、正式に一〇二番元素として認められたのだ。結局、ギオルソらがノーベリウムという名前をそのまま継承することに同意。だが、元素記号の「No」は英語で否定を意味する「no」と同じ綴りのため、ノーベル研究所の発見が間違いだったことを意味する名前だという皮肉も囁かれている。

一〇三番はローレンシウム（Lr）で、一九六一年にカリフォルニア大学バークレー校の放射線研究所で発見された。元素名は、核分裂の研究で偉大なる功績を残したアメリカの実験物理学者ローレンスの名前。

ただ、おわかりのように、名前がつけられた有名学者たちは元素の発見とは関係ないので、勘違いのないように。

スペースシャトルでの宇宙旅行に、四十年後には一〇〇万円で行ける!?

一般人が気楽に宇宙旅行をする日も近い。

事実、二〇〇一年四月には米国の実業家デニス・チトー氏が、国際宇宙ステーションに向かうロシアのソユーズに同乗し、八日間に及ぶ世界初の宇宙観光を楽しんだし、翌年には南アフリカのマイク・シャトルワース氏もソユーズで宇宙に飛んでいる。

その費用は約二〇〇〇万ドル（当時で約二五億円）だったというから、まだまだ誰でも行けるというわけではないが、少なくとも一般人の宇宙観光旅行が実現したことに間違いはない。

しかも、世の中は確実に進歩し、宇宙も少しずつだが近づいてきている。アメリカの宇宙旅行社スペースアドベンチャーズ社では「宇宙旅行・二時間の旅」を企画し、その費用は約一二〇〇万円。一〇〇キロメートル上空を十分間宇宙観光するだけにすぎないが、この費用ならば実現できる人も少なくないだろう。

さらに、二〇三〇年代にはコストは現在の一〇〇分の一となるため、一人あたりの宇宙旅行（一週間程度）の費用は約二〇〇〇万円ぐらい。

さらに四十年後ならコストはさらに低下し、一人あたりの旅行料金は一〇〇万円～二〇〇万円あたりに落ち着くはずだという。

これなら豪華客船で世界旅行する程度の費用で宇宙旅行が楽しめることになる。今の幼児が壮年を迎える頃には、「お正月は宇宙で過ごす」ことが、珍しくない時代がくるかもしれない。

懸賞金を受け取るまで四十五年もかかったコンクールがあった

一七〇七年、イギリス地中海艦隊は針路を誤り、軍艦四隻が沈没。二〇〇〇人もの乗組員が死亡するという海難事故を起こした。

当時はまだ電波などによって位置確認をする技術がなかったため、船舶は、方位を測定し、船の速さを定め、時間の経過によって位置を割り出していた。ところが、その時計の精度が不十分だったために、針路を誤ってしまったのである。

これを受けて、イギリス政府は、高精度の時計の発明を公募した。懸賞金は二万ポンドで、条件はイギリス～西インド間二か月の航海で、時間にして誤差二分以内の精度という厳しいものだった。

クオーツ時計のある現代なら、なんら難しい条件ではないが、当時の技術ではそれだけの精度を満たすのは大変なことだ。しかし、時計技術者たちにとってはまたとない腕試しであり、懸賞金までもらえるというのだから、やる気が出ないはずがない。多くの時計技術者たちが、精度の高い時計を開発することに没頭したのである。

ところが、これだけの厳しい条件を満たす時計は、なかなか完成しない。結果として、条件を満たす時計を開発したのは、ヨークシャーの大工ジョン・ハリソンだったが、なんと彼が懸賞金を受け取ったのは、公募から四十五年もあとの一七六一年のことだったのである。

こうして完成したのが「マリンクロノメーター」で、日差一・八秒という高精度なもの。マリンクロノメーターは、その後電波を使ったロランというシステムが導入されるまで、安全な航海のために偉大なる貢献を果たすことになる。

ちなみに、現代では、船舶の位置確認は人工衛星による位置測定システム（GPS）が主流となっており、このシステムはカーナビゲーションにも導入されている。

マッカーサーのせいで五年遅れた第一回紅白歌合戦

年末の恒例番組『紅白歌合戦』の第一回は、一九五一（昭和二十六）年一月三日にラジオで放送された。だが、この番組が最初に企画されたのはその五年も前、一九四五（昭和二十）年の年末番組としてだった。

どうして企画から放送まで五年も遅れてしまったのか？

敗戦直後、日本はGHQ（連合国軍総司令部）の監督下に置かれていた。そのために、ラジオ番組も企画書や台本をGHQに提出して放送許可を得なければならなかった。

『紅白歌合戦』の企画書を提出したところ、GHQは許可を出さなかった。翻訳担当者がうっかり「合戦」を「バトル」と訳したため、「戦争」の意味に受け取られてしまったのだ。

あわてて、「『バトル』ではなくて、『マッチ（試合）』の意味です」と説明したが、GHQは納得しない。やむなく、『紅白音楽試合』と名前を変えて、同年の大晦日になんとか放送できた。

　この『紅白音楽試合』は一回きりの放送だったが、好評だったので、五年後、かつてボツにされたタイトルを復活し、『紅白歌合戦』が正月番組として放送された。一九五一（昭和二十六）年はサンフランシスコ講和条約が締結され、マッカーサーが解任された年であり、状況が五年前とまったく違っていたので、このタイトルを使えたのだ。

『紅白歌合戦』が大晦日の恒例番組となるのは、テレビで本放送されるようになる第四回からである。正月ではなく年末番組となったのは、興行の多い正月より大晦日のほうが会場を確保しやすかったからだといわれている。

髪にいいといわれる昆布、じつは薄毛・白髪に効果なし

　昔から「昆布を食べると髪が黒くなる」「髪が薄くなるのを予防できる」といわれてきた。しかしこれには科学的な根拠は何もない。

　昆布には、カルシウム、ヨード、ビタミンAなどの貴重な栄養素が含まれているが、とくに髪を黒くする物質も髪を増やす物質も含まれていないのだ。

　それなのに、「髪が黒くなる」「薄毛を防ぐ」といわれてきたのは、かつて、昆布に含まれるアルギン酸が洗髪に用いられていたためのようだ。

　昆布から抽出されたアルギン酸は「フノリ液」と呼ばれ、これをシャンプー代わり

にして髪を洗うと、汚れがよく落ちて、髪の艶がよくなったり、髪が柔らかくなったりした。また、奈良時代や平安時代の女性は、長い髪を整える用途にもこのフノリ液を用いていた。

そこから、昆布は白髪や薄毛を予防するといわれるようになったようだ。

それに、昆布の色が黒々しているのにあやかって、食べれば黒くてふさふさした髪になれそうな気がしてくるという心理も働いたのだろう。

薄毛や白髪の予防というのは迷信だが、昆布には現代人に不足しがちなミネラル分やビタミンがたっぷり含まれている。昆布は新陳代謝を高めたり、老化を防いだり、疲労を回復する効果があるのだ。若々しい髪の艶を保つなど、昆布が髪の健康に役立ってくれるのは確かなので、「昆布が髪にいい」というのはあながち嘘ではない。

モーツァルトの協奏曲は、便秘に効く

音楽を利用して病気を治す「音楽療法」という治療法がある。

たとえば、緊張した心を静めたいときには、初めに心を緊張させるような音楽を聴いてから、しだいに心を沈静させる音楽に移っていくと効果があるという。

この音楽療法は、食欲減退や便秘にも効果がある。胃腸は神経の影響を受けやすい器官なので、音楽で神経を静めて、症状を改善できるのだ。

食欲があまりない人の場合、食事のときにソフトでゆっくりした音楽を聴くと、音楽のリズムが胃腸の蠕動《ぜんどう》運動にうまく合っ

て、食欲が増進するそうだ。

また、重症の便秘の人に、食前と就寝前に特定の音楽を聴かせると、三日で便通があったという報告もある。

効果のあった音楽は、モーツァルトの「メヌエット」、ショパンの「マズルカ舞曲」、ヨハン・シュトラウスの「ウィーンの森の物語」、チャイコフスキーの「白鳥の湖」などだそうだ。

便秘に悩まされている人は、試してみると効果があるかもしれない。

モーツァルトの音楽は、便秘の治療に限らずさまざまな音楽療法で活躍しているようで、高血圧や心筋梗塞《こうそく》といった血液循環系の病気の予防などにも用いられている。

「S」からはじまる三振が、「K」と表示されるワケ

新聞のスポーツ面では、「一三Kで完封！」といった見出しを見かけることがある。

この「K」は、野球のスコアブックで三振を意味する記号だ。その起源については諸説あるが、一般的には、一八六一年にスコア記入方式を創案したヘンリー・チャドウィックが定めたといわれている。

チャドウィックは「フライ（Fry）」は「F」というふうに、単語のアルファベットの頭文字をとってスコア記号を定めた。そのとき、三振を「K」にしたというのである。

三振は、英語では「ストライクアウト

(strike out)」だから「S」にしてもよさそうなものだが、野球用語には「犠打(sacrifice)」や「盗塁(stolen base)」もあって紛らわしい。そこで、「strike out」の語のなかで「k」がいちばん目立つ文字だからという理由もあって、「K」を採用したのだという。

このほか、字画数が三画の「K」で三ストライクを表したという異説もある。

日本のプロ野球の公式記録では、振り逃げなどの場合だけ「K」を用い、それ以外の三振は「SO」を用いているが、アメリカでは三振は「K」だ。一九八四年に大リーグ三振記録をつくったニューヨークメッツのグッデン投手には「ドクターK」の称号が贈られている。

アルカリイオン水が体にいいのは、おしっこが我慢できないから!?

ミネラルウォーターのペーハー値の高さが体にいいなど、健康志向の世の中で水にもブランドが誕生している。

そのなかで、究極の水といわれるのがアルカリイオン水だ。さまざまなブランド水のような湧出するものではなく、装置さえ備えれば家庭でも普通の水道水から作れる点も手軽といわれる。

製法は単純だ。アルカリイオン水を生成する装置は、水道水をろ過してトリハロメタンなどの有害物質を取り除いたあと、電気分解してアルカリイオン水と酸性水に分ける。このアルカリイオン水のほうに、カルシウムやマグネシウムなどミネラル分が

バランスよく含まれていて、酸素と炭酸ガスがほどよく溶けているので、飲み水に最適というわけだ。

慢性の下痢、消化不良、腸内の異常発酵といった症状が改善でき、活性酸素の除去にも役立つというのがその効能である。

こうした体にいいことずくめになる理由はたったひとつ。アルカリイオン水は、抵抗なく大量に飲めるうえ、飲むと必ず尿意を催す。ほかの水を同量飲んだとき我慢できるオシッコが、アルカリイオン水だと絶対に我慢できない。

アルカリイオン水は体内に吸収されやすく、すぐに血液中に入って尿とともに体内の老廃物を洗い流してくれる。つまり、ゴクゴク飲んで、どんどんオシッコをすれば、それだけ体がきれいになっていくそうだ。

将軍は食べられなかった！江戸庶民のファーストフード・天ぷら

寿司、天ぷらは外国人にはよく知られた日本食の代名詞。これにうなぎの蒲焼を加えれば、高級和食トリオであり、客を招いたときの出前や接待料理の代表でもある。

そしてこの三種は、同時に江戸時代に誕生した庶民の食べ物という点でも共通している。そう、けっして高級料理ではなく、いまのファーストフード的な、小腹がすいたときのつまみ食い食品だったのだ。

寿司も天ぷらも、江戸前と呼ばれた江戸湾で漁獲されたコハダやアナゴ、芝エビ、貝柱などの魚介類がネタで、蒲焼にするうなぎにしても江戸湾の河口が漁場だった。

とくに天ぷらは、江戸時代から製法が発達した油が、明かり用だけでなく調理に使えるようになったことを示す画期的な食べ物だった。ルーツはポルトガル人によって伝えられた調理法で、名前もポルトガル語に語源を持つといわれている。

江戸前のネタに小麦粉の衣をつけて揚げ、質のよくない油とボテッと厚い衣のしつこさを消すため、大根おろしと天つゆで食べさせる屋台が登場したのがいまの天ぷらの原形だ。道端の屋台だから、箸なんて面倒なものは使わず、串刺しにして食べたというから、本当にお手軽な食事である。

たちまち庶民の心を捉えた天ぷらも、「食事は質素に一汁三菜」を旨とする将軍家では、口にしてはいけない食べ物だった。もちろん道端での立ち食いなどはしないということもあったが、油ものは食べてはいけないという不文律があったという。

それというのも、幕府の開祖、徳川家康が鯛の天ぷらを食べ過ぎて病気となり、それが死の引き金になったと伝えられていたかららしい。

タイムマシンができても、過去には行けない!?

ドラえもんは、未来の育児ロボットがタイムマシンに乗って二十世紀の日本へやってきたという設定だ。

いつの日か実際にタイムマシンが開発される日が来たとしても、夢を壊すようだが、この設定ではけっして物語は進行しない。

そもそもタイムマシンという装置の基盤になっているのは、アインシュタインが唱えた「相対性理論」だ。

彼は経過していく時間というものを宇宙のなかでとらえ、時間というものは進み方が速くなったり遅くなったりするとした。光の速度の九九パーセントのスピードが出せるロケットが開発されれば、そのロケットのなかでは時間の進行が地上より七倍もゆっくりになるという。

いまそのロケットに乗り込んで一年間を宇宙で過ごして地上に戻れば、そこは七年後の地球ということになる。二年過ごせば十四年後ということになり、これがタイムマシンの原理だ。

だから理論的に未来へ行くことは可能だ。しかし過去には戻れないと相対性理論は述べる。

なぜかといえば、もし過去に行けたとしても、その人物が身を守るために誰かを殺さねばならず実行したとしたら、そしてその人が彼の祖先で結婚前だったとしたら……。

子供は生まれず、子孫は残せず、したがって何代あとであろうと彼自身が存在しないことになってしまう。現在の自分が存在しないという因果律を乱すような事態は、けっして科学とは相容れない。

因果律のないところに科学は存在しえないというのが、相対性理論の根底にあるため、過去へはどうしたって行くことは不可能というのである。

タランチュラは、強力な唾液で獲物を溶かす！

もともとクモという昆虫そのものが気持ちのいいものではないが、毒グモであるタランチュラとなると、その不気味さは倍化する。

タランチュラというと、黒と黄色の毒々しい色で毛むくじゃらのクモが思い浮かぶが、特定の種を指すのではなく毒グモの総称として使われることが多い。

一般に大型で、糸を張って獲物が引っかかるのを待つのではなく、地上を徘徊して小動物を捕らえて食べる夜行性だ。毛がびっしり生えているのは、暗闇でも地面や細かい空気の振動を察知して獲物の存在を知るためである。

ネズミのような獲物を捕らえると体で押さえ込み、牙を立てて獲物が動けないようにしてから、ゆっくり食事を堪能する。この牙はかなり強力なもので、しかも毒腺を持っていて、獲物にそこから猛毒を注入する。だから人間でも噛まれると危険といわれるのだ。

その食事には、たっぷり時間をかける。牙とは別の腺から出る唾液を獲物の体にかけて、溶かしては吸い込む。ネズミくらいだと全部を吸い取るまでに十時間くらいはかけるという。そしてあとには、唾液では溶かせない骨と毛だけが残る。

牙の毒で一瞬のうちに息の根を止められているとはいえ、なんとも残酷な食べ方だ。といってもこれはタランチュラ独自の食べ方ではない。おなじみのハエトリグモも、昆虫に毒液（人間には害はない）をかけて、やはり溶かしながら時間をかけて吸い尽くすという、クモ同様の食事方法をとる。

戦国時代、男色はインテリの証だった！

男色《だんしょく》とは男同士の同性愛のことだが、別の表現では「お稚児《ちご》趣味」ともいう。

稚児とは、公家や武家、あるいは寺院などに雇われた少年のこと。この少年たちが同性愛の対象者として存在意義を高めるのは戦国時代のことだ。

戦場へ武将のお供をして出向き、時に応じて武将の要求に応えたのである。いったん戦場へ出れば何か月も屋敷には帰れない。本妻のほかに何人も愛妾がいたとしても、命のやり取りの場に同行させるわけにはいかないから、身近にいる若くかわいい男の子で間に合わせたというわけだ。

しかし戦国時代の男色は、けっして恥じ

たり隠したりすることではなかった。それなりの地位にいる武将にとっては、育ちのよさやきちんと教育を受けていることの証明ですらあった。

良家に生まれた男児は、禅寺で学問を修めた。当時の最高の知識人は修行を積んだ僧だったからだ。そのとき学問と一緒に女人禁制の禅寺の僧侶たちの風習、男色も教えられたのである。

こうして育った武将は、身近に稚児を置いてかわいがり、成長すると小姓としてやはりそばに置いて雑用を務めさせた。

よく知られているのが、織田信長と森蘭丸の関係だが、本能寺で信長とともに命を落とすときには五万石に取り立てられていた。ほかの武将たちより強い主従関係を築くのにも、男色は役立っていたようだ。

コーラは木、ペプシは消化酵素の名前に由来する

コーラ飲料は、薬草のような独特の香りを持つので、何か植物のエキスが含まれているのでは、と想像できるだろう。

その主役がコラノキで、熱帯アフリカ西部原産の常緑高木である。コラノキの果実であるコーラナッツは嚙むと甘く、現地の人たちは嗜好品にしていた。ときには粉に挽《ひ》いて水で溶かした飲料としても用いていたようだ。

このコーラナッツをアメリカの薬剤師が、アンデス産のコカ葉と調合して生み出したのがコカ・コーラで、十二年ほど遅れて別の薬剤師が、消化不良治療効果のある植物エキスと調合して誕生させたのがペプ

シ・コーラだ。ペプシの名は消化酵素ペプシンに由来する。

コーラナッツから抽出した精油を原料にした飲料というので、ネーミングも「コーラ」とされていたのだった。

コーラ飲料の開発者が薬剤師だったというのを見てもわかるように、コーラナッツは薬用効果を研究するのに値する植物だ。カフェイン、コラニン、チオブロビンなどを含み、疲労回復効果を持つのである。現地の人たちは、ただ甘いからというだけでなく、即効性のある興奮剤として使って元気をつけていたという。

燃えて灰になったお札も取り替えてもらえる

阪神・淡路大震災では、神戸の街が焼き尽くされた。被災者たちのなかには、手持ちのお金に被害のあった人が多かった。店に置いておいたお釣り用とか、主婦が支払い用に小分けして封筒に入れておいたものとか、背広のポケットに入れておいたものが札入れごと燃えてしまったのだからたまらない。

震災後に、日本銀行の神戸支店が焼けたり傷んだりしたお金の新しいものへの換金に応じた約一九〇〇件の総額は、八億円にものぼったという。

申し出た人に、無条件で応じたわけではない。紙幣や貨幣の破損状態に応じての換金率が決まっていて、それにのっとって行われた。

換金率は、紙幣なら三分の二以上の面積が現存していれば全額、三分の二未満五分の二以上なら半額で引き換えられる。五分の三に満たないときは引き換えてもらえない。いずれも紙幣の表と裏がわかることが前提だ。

貨幣も裏表がそろっていて表面の模様が確認できる場合、重さが二分の一以上あれば全額の換金だ。

また燃えてしまった紙幣でも、確認できれば換金してもらえる。

確認方法は、紙やインクの質・成分で、札束が固まりになっているものなどは判断しやすいようだ。灰がバラバラになっていると特定しにくくなるため、もしものときは原形を崩さないよう、砕けた灰の細かい部分などとともに容器に入れて持ち込めば鑑定してもらえる。

もちろんこれらは、震災に限らない。間違ってお札を燃やしてしまったときや破れたもの、洗濯してしまってぐちゃぐちゃに

なったものでもＯＫである。

気温が一℃上がると、ビールは一日九〇〇万本多く売れる！

やっぱりビールは夏がいちばん。しかも、暑ければ暑いほど、ビールのおいしさはアップする。

それだけに、ビールの売り上げは、気温に大きく左右される。なんと気温が二八℃から一℃上がるたびに、一社あたり一日に大瓶にして二三〇万本も多く売れるというのだ。単純計算すると、大手四社合わせて約九〇〇万本も消費量が増えることになるのだから、その経済効果は計り知れない。

そもそも気温というのは、経済効果に大きく影響する。ビールだけでなくクーラーも同様で、最高気温三〇℃以上の真夏日が一日延びるだけで、四万台も多く売れるというのである。

当然冷房による電力使用量もうなぎ登りとなり、一℃上がると、一時間あたりの電力需要（最大電力）は、日本全国で三三〇万キロワット時にも達するのである。この電力は、発電所のほぼ三か所分にもあたる。

一般に気温が上がると経済にプラス効果が働くといわれており、年平均気温が〇・五℃上がるだけで、アメリカの賃金は三一〇億ドルも増えるという試算もある。

暑い夏はうんざりするけれど、経済効果がアップするなら、ある程度は我慢もできるというもの。不景気ニッポンからの脱出の鍵は、夏の気温が握っている!?

ヨーロッパのビールのほうが、日本のビールよりたくさん飲める

ビールならば大きなジョッキで何杯も飲めるが、水だとそうはいかない。

これは、ビールに含まれているアルコール成分のためである。アルコールは、胃や腸から吸収され、それとともに水分の一部も吸収される。ビールには、六～七パーセントのアルコールが含まれており、飲むそばから吸収されるから、胃の負担はそう重くならない。

これに対して、水を飲んだ場合は、胃からはほとんど吸収されず、十二指腸を経て小腸に達してから、やっと吸収され始める。水が胃の中に長い間たまっていることから、おなかがダブダブになり、大量には飲めないのだ。

ところで、「日本のビールはそうたくさん飲めないが、ヨーロッパのビールはたくさん飲める」という話を聞いた人が、日本とチェコのビールをネズミに飲み比べさせる実験をしてみたことがある。すると、すべてのネズミが、チェコのビールの方を多く飲んだのである。これは、ビールの味の違いではなく、モルト（麦汁）の濃度が高いビールほど排尿を促すので早く排泄がなされ、量が飲めるようになるためである。

チェコに限らず、ヨーロッパのビールは、日本のものと違ってスターチ（でんぷん）を含んでいないので、たくさん飲めるようだ。

最初の一杯が「とりあえずビール」なのは気分を解放するため

居酒屋へ寄ったとき、まず最初に「とりあえずビール」とビールを注文する人は多いのではないだろうか。

とくにビール好きの人でなくても、また暑い日でなくても、まずはビールを注文するのは、くつろぎたいという気持ちの表れだという。なるほど、席について最初の一杯がウイスキーや日本酒、ワインではなんとなく落ち着かない。

ビールならば、気軽にグイッとやって、無意識のうちに日常から非日常へと気分を解放させることができる。

ところで、大勢で宴会をするときに、幹事がまず最初に「とりあえずビール」と全員にビールが行き渡るようにするのも、参加者たちの解分を解放させ、場を盛り上げるためであるが、それだけではない。

参加者全員にいちいち好みの飲み物を聞いていては、時間がかかるし面倒。しかし、「とりあえず」をつけることで、「これは最初の一杯だけだよ、あとは各自で好きなものを頼んでいいからね」という意味を持たせることができる。参加者たちも、ビールならば宴会の幕開けとして納得しやすいのである。

餃子の形は、中国古銭・馬蹄銀を真似たものである

餃子は、三日月のような独特な形をしているが、これは中国のお金を模したものだという説がある。

かつての中国には、馬蹄銀《ばていぎん》という銀貨があった。馬蹄銀は、日常の通貨ではなく、大量の取り引きや海外貿易などの決済に使われていた。名前のとおり、馬の蹄《ひづめ》のような形をしていた。餃子は、これをかたどったものだというのだ。

小麦粉を練った皮で具を包むという料理は、古代中国の春秋戦国時代の文献に登場している。これが餃子のルーツで、現在のような形になったのは馬蹄銀が流通し始めた唐か宋の時代あたりからと考えられる。歴代の皇帝たちも餃子を好み、なかでも美食家としても知られる清朝の西太后《せいたいこう》は、美容のために真珠の粉を餃子に混ぜて食べていたと伝えられている。

そして、中国語ではチャオズと呼ばれていたのが、日本でなまってギョウザとなった。日本では焼き餃子として食べられることが多いが、中国では水餃子や蒸し餃子として食べられることが多い。

また、中国では、餃子は日本のおせち料理にあたる食べ物で、お正月（旧正月）には必ず家族で食べる風習がある。これは、お金をかたどっていることから富につながること。さらに、子を授かることを意味する「交子」という言葉と音が同じことから子孫繁栄につながる、縁起のいい食べ物とされているためである。

定番「トンカツにキャベツ」の以前は、温野菜をつけていた

トンカツには、たっぷりの千切りキャベツがつきもの。キャベツがなくては、トンカツのおいしさも半減するような気さえする。だが、このキャベツは窮余の策として

つけられたものだった。

　明治になって、文明開化とともに、日本人の間にも洋食が広がっていった。エビフライやオムレツ、ハヤシライスなどがモダンなメニューとして人気を集めた。英国やフランスの、牛肉や羊肉で作るカツレツを日本流にアレンジしたトンカツもその一つ。天ぷらをヒントにして、クセのない豚肉にパン粉をつけて揚げた、ポークカツレツが始まりである。考案者は、一八九五（明治二十八）年創業の銀座の老舗《しにせ》洋食店「煉瓦亭」の二代目店主・木田元次郎だ。当時はつけ合わせに千切りキャベツではなく温野菜を添えていた。

　ところが、日露戦争が起こると、職人が次々に召集されて人手が足りない。そこで、一九〇四（明治三十七）年頃から、作るのに手間暇のかかる温野菜ではなく、すぐにできる千切りキャベツをつけ合わせにしてみたところ、さっぱりして好評だったため、定着していったのだ。ウスターソースや辛子をつけて食べるのも、この店から始まったという。

電車内アナウンスの鼻にかかる声は、車内放送がなかった頃の名残

「次は〜、東京〜東京〜」と、電車の車内アナウンスは鼻にかかったような声で、独特の節回しである。これは、別に気取っているわけではない。まだ車内マイクもスピーカーも設置されていなかった頃の名残なのだ。

　日本で電車内に初めてマイクが設置されたのは、一九三一（昭和六）年頃のこと。それ以前は車掌が車内を歩きながら、「次

は、東京」などと、肉声で乗客に案内をしていた。しかし、普通の声で案内をしても、大勢の乗客の話し声にまぎれてしまって聞こえない。そこで、何とか乗客の耳に届きやすいようにと声を張り上げたり工夫しているうちに、あの独特の節回しが生まれた。

すでに大正期には、あの節回しになっていたというから、もはや立派な「伝統芸」である。とはいっても、鉄道各社がアナウンスのやり方を指導しているわけでも、一定のマニュアルがあるわけでもない。先輩から後輩の鉄道員へと引き継がれてきた、まさに口伝えの技術(⁉)。鉄道マニアのなかには、「どこそこの路線の○○さんの声には哀愁がある」などといった、アナウンスの声のファンもいるという。

ちなみに、「石焼き芋〜、焼き芋」「金魚〜、え〜金魚〜」といった物売りの声も、少しでも遠くまで届くようにと、独特の引き伸ばし方をしているのだそうだ。

玉入れの籠の高さは、四メートル一二センチ

かつては子供の運動会の定番競技であった「玉入れ」だが、今日では全日本玉入れ協会が組織され、同協会のもとでルールも改められて、おとなが楽しむゲームとして生まれ変わっている。

この新しい玉入れ競技は、籠に入れた玉の数ではなく、スピードを競う。六人の選手が一〇〇個の玉を籠のなかに入れる速さを競うゲームで、従来の運動会の玉入れと違って、チームのメンバーが協力しあった頭脳プレーも必要となる。

籠の高さも高い。運動会用の玉入れ籠の倍近くの四メートル一二センチと決まっている。

四メートルにすればきりがいいのに、一二センチメートルの端数をつけたのには理由がある。

この新しい玉入れは、一九九〇（平成二）年、北海道の和寒町《わっさむちょう》で「ふれあいまつり」のイベントとして考え出された。

そのとき、籠の高さを和寒町にちなんだ数字にしようという案が出た。じつは和寒町は、非公式ながら、日本最低気温を記録した町なのだ。

気象台などで公式に記録された日本最低気温は、一九〇二（明治三十五）年の旭川市のマイナス四一・〇℃だが、和寒町では、一九七八（昭和五十三）年に、それより低いマイナス四一・二℃が記録された。非公式記録とはいえ、町の自慢である。

そこで、この最低気温記録にちなんで籠の高さを四メートル一二センチとしたのが、そのまま全国的なルールとなっていったのだ。

「メンソールを吸うとインポになる」は、人種差別から生まれた⁉

愛煙家の間で根強い人気を持つメンソールタバコだが、それについて今も一部で信じられている噂がある。「メンソールのタバコを吸うとインポテンツになる」というものだ。

だが、メンソールタバコがインポや性欲減退の原因になるという医学的根拠は、どこにもない。では、いったいどうしてこんな噂が広まったのだろうか。

これについては諸説あるが、よくいわれるのが人種差別に関係しているという説。

かつてのアメリカでは、アフリカ系アメリカ人にメンソールタバコの愛煙者が多かった。そのため、「メンソールタバコによって彼らの性欲減退を狙っているのだ」という話が、人々の間で広まっていったというのである。

また、アメリカの日本に対する陰謀説という見方もある。「生めよ増やせよ」の時代だった第二次世界大戦中に、「アメリカのタバコには男性の性的機能を喪失させる薬品が入っている」という説が日本で広まった。日本人を恐れるアメリカ人たちが、タバコを使って日本人の種を断たせるための陰謀を仕組んでいるというのだ。

どうやらこの噂は、日本政府が輸入品を排除して、国産品の購買を奨励したことが影響しているらしい。いずれにしても、バカげた話だ。

もっとも、最近はメンソールだけでなく、全部のタバコが害毒扱いされているわけだが……。

患者の胸を叩く打診法は、酒樽を叩くのがヒントになった

医者はトントン、トントンと胸を叩いて音を聞き、そのあとで聴診器を胸にあてる。

この最初に胸やおなかを指先で叩いて音を聞くことを打診法といい、生まれたのは十八世紀の終わり頃から十九世紀にかけてのことだ。オーストリアのアウエンブルッガー医師が、叩くことによって内臓の働きに異常がないかどうか知ろうとしたのが最

初だという。

彼が幼い頃、父親が酒樽を叩いてはその音の違いで酒の残量を確認するのを見て育った。酒樽の音で中身がわかるのなら、人間の体も音の違いで診察ができるのではないかと彼は考えた。

そしてこの打診法が診察方法として間違いではないと医学的に完成させたのが、フランスのコルヴィサール・デ・マレ医師。ナポレオンの侍医だった人物だ。

しかし、音だけで異常を発見するには、正常なときと病変があるときの両方の音を熟知していることが前提で、多くの経験を必要とする。日本にも江戸時代の終わり頃には伝わっていたが、日本で音を聞いて判断するのはスイカの熟《う》れ具合。人体をスイカ並みに扱うのかと適塾《てきじゆく》の緒方洪庵《おがたこうあん》が書き残している。

今ではどんどん進んだ診断法が登場しているから、打診に頼る医者も少ないようだ。

モハメド・アリは、金メダルを川に投げ捨てた

カシアス・クレイからモハメド・アリへ。イスラム教への入信とともに名前を変え、プロボクシングの世界でもチャンピオンになったオリンピックの金メダリストは、自分の人生でも闘いを続けた。

黒人の彼は、一九六〇年ローマ五輪のボクシング・ライトヘビー級で金メダルを獲得する。東西冷戦の時代で、東側諸国の強豪選手を破っての優勝だった。

しかし帰国後の彼は、金メダルを川に投げ捨ててしまう。故郷のレストランで、黒

人であることを理由に給仕を拒否されたためである。

「アメリカのために闘った自分に、アメリカ国民から受けた差別への抗議」の意思表示だった。

プロ入り後ヘビー級の王者の座についた彼に、ベトナム戦争への徴兵があったとき、アリはこれを拒否して禁固刑を言い渡される。もちろんチャンピオンベルトも剝《はく》奪《だつ》された。

反戦運動の高まりによって無罪に変更されると、プロの世界へカムバック。ジョージ・フォアマンを破って再び王者に返り咲くのは一九七四年のこと。ベルト剝奪から七年の歳月が流れていた。

引退後、世界中に再び姿を見せたのは、一九九六年のアトランタ五輪の最終聖火ランナーとしてだった。

かつての「蝶のように舞い、蜂のように刺す」といわれた動きは、パーキンソン病のために失われていたものの、かつてオハイオ川に投げ捨てて失った金メダルが、このとき再び手渡され、人々に感動を与えた。

ニシンの子を「カズノコ」というのは、ニシンを「カド」と呼ぶのに由来する

お正月のお節《せち》料理の定番が「カズノコ」。縁起をかついで「数の子」と書くことも多い。あの粒々の一つずつが卵だから「子孫繁栄」を願うのにふさわしいと、正月の祝い膳に加えられるようになったのは、室町時代終わり頃からとされる。

だいたいニシン一尾がおなかに抱える卵の数は、その魚の年齢に一万をかけた数と

いわれていて、三歳魚なら三万匹分、つまり三万粒ということになる。

　これだけ数が多いから名前も数の子で納得させられてしまう。しかし、タラの卵をタラコというように、本来はニシンの卵だから、ニシンノコあるいはニシンコと呼びそうなものだ。

　タラコ以外にも、すしダネで出される「とびっこ」「かにっこ」なども、トビウオの卵、カニの卵と、子はみんな親の名前をもらうのが一般的だ。それなのに、なぜニシンの子だけがカズノコ？

　不審に思う必要はない。実はカズノコも、ちゃんと親の名前を名乗っているのだ。東北地方や北海道では、ニシンのことを昔からカドともいっていた。だからカドノコと最初は呼んでいたのが、なまってカズノコになったのだ。

正岡子規は、二〇〇二年に野球殿堂入りした

「野球」という言葉は、近代俳句の第一人者、正岡子規がベースボールを訳したといわれていた。しかし、本当は、第一高等中学校野球部の部員、中《ちゅう》馬《ま》庚《かのえ》が正しい。中馬は、その功績により、一九七〇（昭和四十五）年に野球殿堂入りを果たしている。

　ただ、正岡子規も野球とかかわりがあった。その証拠に、二〇〇二（平成十四）年、子規は野球殿堂入りを果たしている。

　野球界で、すばらしい成績や功績を残した人にだけ許される名誉を、俳人である正岡子規がなぜ得ることができたのか――。それは、彼の活動が、野球の普及に貢献したと認められたからだ。

彼は、十六歳のときに上京し、まだあまり知られていなかったベースボールに熱中していた。

本業である俳句や短歌でも野球への情熱が見てとれる。「九つの人 九つの場を占めて ベースボールの始まらんとす」や「草茂み ベースボールの 道白し」など、野球に関する作品を残している。

また歌人としての雅号《がごう》も、野球にちなんだものを持っている。幼名が升《のぼる》であったことから、「野球《のボール》」という雅号を使うこともあった。また、日本で初めて、野球小説も書いた。

「野球」という言葉は、正岡子規本人の訳ではないが、ファールやフォアボールをどう訳すかを考えるなど、正岡子規と野球を結びつけるエピソードが少なくない。こうした、野球にかかわり続けた姿勢が、殿堂入りにつながったのだろう。

かつてラグビーボールは、ブタの膀胱を膨らませたものだった

ラグビーは、イギリスにある、その名もラグビー市のラグビー校が発祥の地といわれている。ある学生が、フットボールの試合中に、ボールを手に持って相手のゴールに向かって走り出したことが起こりというのだ。

こうしてラグビー・フットボールが誕生したわけだが、ラグビーといえばそのボールの形が特徴的である。多くの球技のボールが完全な球体であるのに、ラグビーボールは楕円形だ。この形により独特の回転やバウンドをするため、いっそうゲームをおもしろくしている。

このボールの起源もラグビー校にある。ラグビー・フットボールが生まれたばかりのときには、別のボールを使用していたのだが、あまりに重かったためプレーしにくいという声があがった。ラグビー校の選手は、学校の前の靴屋の主人であるウィリアム・ギルバートに、もっと軽いボールを作ってほしいと頼んだ。

依頼を受けたギルバートが試作を重ねた結果、ブタの膀胱《ぼうこう》をチューブにして膨らませると望みどおりのボールが生まれた。この空気を入れたブタの膀胱は楕円形で、その周りに四枚の牛皮を張り合わせたものが、ラグビーボールとなったのである。

以上のようなラグビー・フットボールのことは、ラグビー校のそばにあるスポーツメーカー、ギルバート社に併設された「ギルバート・ラグビー博物館」で知ることができる。この会社は、お察しのとおり、あのボールを考案したウィリアム・ギルバートの靴屋に由来している。

キリンビールのマークの中には、「キ・リ・ン」の文字が隠されている

おなじみのビールメーカー、キリンビール社は、外国の醸造《じょうぞう》技師が横浜でビールを作り始めたことが発祥となっている。そして、日本人が経営する会社、麒麟《キリン》麦酒が設立されたのは、一九〇七（明治四十）年のことだ。

社名に冠される麒麟は、霊獣・聖獣と呼ばれており、動物園のキリンとは異なる。中国古代の空想の動物で、鹿の体、尾は牛、蹄は馬で、雄は頭に一本の角がある。姿はキリンビール社の製品のラベルをイメージするほうが早いだろう。麒麟は、仁徳のある王や聖人が現れるときに見ることができるとされ、慶事や幸福のシンボルとしても知られている。

当時のビールは、国内外いずれも動物のデザインのラベルが主流だった。麒麟麦酒は、自社のビールのラベルを作る際、麒麟の採用を決めた。麒麟のラベルデザインの原型は、東京美術学校第一期生として横山大観らと学んだ漆芸家・六角紫水《ろっかくしすい》によるものだ。

このラベルの麒麟には、ちょっとした仕掛けがある。麒麟のデザインのなかに「キ・リ・ン」の三文字が隠れているのだ。一九三五（昭和十）年以降に製造された、フランス領アフリカ向けの輸出ビールのラベルを見ると、麒麟のこめかみに「キ」、たてがみに「リ」、しっぽに「ン」の文字が

確認できる。

国内向けで、今も愛飲されているキリンラガービールの大ビンのラベルにも「キ・リ・ン」の隠し文字が入れられている。初期のラベルが残っていないため確認できないが、遅くとも一九四〇（昭和十五）年以降には、入れられているという。

沖縄の郷土料理「ラフテー」は、保存食として食べられていた

独特な文化を持つ沖縄は、長寿の人が多いことから、その食生活にも注目が集まっている。

しかし、沖縄は食材に恵まれた環境ではない。隆起さんご礁からできた土地は肥沃《ひよく》とはいえないし、毎年大きな台風がやってくるから農業には期待できない。美しい海に囲まれており、特有の魚が獲れるものの、海産物もそれほど量は多くないのだ。

沖縄料理を支えているのは豚肉だ。「豚に始まり、豚に終わる」とか「鳴き声以外は全部食べる」ともいわれる。実際、沖縄では、内臓はもちろん血も料理に利用され、豚のしっぽと爪以外はすべて使い切るという。耳の皮を使ったミミガーは有名だ。

日本は、近年まで肉食の文化がほとんどなかったが、沖縄では十四世紀に中国の福建省から豚がもたらされて以来、徐々に豚肉を食する文化が根づいていったようだ。その理由としては、暖かい気候が豚の飼育に向いていたこと、特産品のサツマイモが飼料になったことが考えられる。また、肉食文化をタブーとしていた仏教思想の影響が少なかったことも無関係ではないだろ

う。

そうして培われていった、沖縄の豚肉料理の代表格が「ラフテー」だろう。県外の人にもおなじみの豚の角煮である。豚のばら肉もしくはもも肉をしょうゆや黒砂糖、泡盛で煮込んだものだ。

二、三キログラムのブロックの豚肉をゆでて塩漬けにしておき、料理のときに適当な量だけ使うのだ。冷蔵庫がない時代の保存食でもあった。

このようにしてラフテーはもともと保存食として日常的に食べられていたが、今ではもてなし料理に使われることが多いそうである。

第2章

ギャグがスベって
しらけたときの
42本

三月三日、五月五日、七月七日は、なんと毎年同じ曜日！

三月三日、五月五日、七月七日というこの三日の共通点は、月と日の数が同じというゾロ目の日だ。

おまけに三月三日は上巳《じょうし》、五月五日は端《たん》午《ご》、七月七日は七夕《たなばた》と、中国から伝わった五節句に含まれる日だ。それぞれに日本でも風習化した行事が行われているという共通点もある。

どれも旧暦では季節の変わり目にあたり、神事を行い特別な食事が用意され、厄払いなどをする日だ。

川で禊《みそぎ》をして邪気を払う日だった上巳の節句は、やがて川に身を沈めるかわりに人形を流すようになる。それが雛人形と結びついて女の子の成長を祈る雛祭りとなり、桃の節句と呼ばれるようになる。

端午の節句は、やはり菖蒲湯《しょうぶゆ》に入って邪気を払ったものが、菖蒲が尚武に通じるとして武家社会で男児の成長を祈る日となった。現代では男女を問わず、子供の成長を祝う「子供の日」である。

七月七日も織姫と彦星の説話から、織女星に技芸の上達を祈る儀式だったものが、機織《はたおり》などの技芸にかかわらず願い事一般へと転じて、短冊《たんざく》を下げた篠竹《しのだけ》を飾るようになった。

そして最後にもうひとつ、どの日も毎年、必ず同じ曜日になるという不思議な共通点を持つ。

一月一日から起算して三月三日は六十二日目、五月五日は百二十五日目、七月七日は百八十八日目だ。この数字はみな一週間の日数である七で割ると余りが六になる。だから必ず同じ曜日になるという計算が成立する。たとえうるう年であっても、みな二月末日よりあとの日だから、同じ曜日と決まっている。

日本人の作った美少女フィギュアが、六八一〇万円で落札された

オタクのアイテムというイメージの強い美少女フィギュア。しかしバカにしたものではない。アメリカの有名なオークションで高額で落札されたフィギュアもあるのだ。

落札されたのは、日本を代表する現代美術作家、村上隆氏の作品「Ｍｉｓｓ　Ｋｏ２」。一九九六（平成八）年に制作された、高さ一八八センチメートルのファイバーグラス製のアニメ風美少女フィギュアだ。

二〇〇三（平成十五）年五月十四日に開かれた、ニューヨークのクリスティーズ・オークションに出品されたこの作品は、五六万七五〇〇ドル（約六八一〇万円）で、ある画商によって落札された。これは、日本の現代美術作家としては史上最高の落札価格だ。しかも、村上氏の作品はその前年のオークションでも高額で落札されており、今回のは前年を上回る落札額だった。

一九六二（昭和三十七）年生まれの村上氏は、東京芸術大学で日本画を学んだ後に現代美術に進出し、アニメなど日本のサブカルチャーに発想を得た作品を創作して、高い評価を得ている。ルイ・ヴィトンのブランド・バッグを手がけるなど、活躍の幅を広げ、パリ、ロンドンで展覧会を開くなど、世界的にも名声が高まっている。

村上氏の手にかかれば、フィギュアも立派なアートなのである。

マジシャンが帽子から出すハトは、自分で飼っている

テレビなどで手品を見ていると、マジシャンがよく帽子からハトを出している。出番までおとなしく隠れているなんて、ずいぶん賢いハトだが、どこから調達しているのだろう？

日本奇術協会にたずねたところ、まず、手品で使うハトは、公園などにいるハトとは種類が違い、ジュズ科系ハトの白変色で、通称「銀バト」と呼ばれている種類だという。

このハトは、人間の握りこぶしぐらいの大きさしかないのだが、白は膨張色なので、出てくるときに羽を広げると、四倍ぐらいの大きさに見える。大きいハトだとポケットや帽子に隠せないし、かといって小さいと迫力がないので、実際には小さくても大きく見える白いハトを使うのだそうだ。

マジシャンたちはこの銀バトを自分で飼っている。仕入先はペット屋だが、あまり扱っていない種類なので、マジシャン仲間から譲ってもらうこともよくある。

「飼育しながら、賢いハトを選別して芸をしこんでいくのです」

いちばん重要なのは、ハトと信頼関係をつくることとか。

「相棒なので、上演後はなでながら声をかけます」

また、本番前には、お客さんに粗相しないよう、エサも水もやらない。そのかわ

り、終わったらすぐに与えるという。
「本番後はハトものどが渇くようです」とのことだった。

国会図書館や都立図書館には、エロ本も所蔵されている

公立図書館にエロ本というとイメージが合わないが、全国の公立図書館にはエッチな本を置いているところもある。

たとえば東京の国立国会図書館には、国立国会図書館法に基づいて、国内の出版物がすべて納本される。成人向け雑誌などのエロ本も例外ではない。

実際には、出版元が督促を無視して納本していない本や雑誌もあるが、法律では、国内の出版物はすべて納本されることになっており、納められた本や雑誌はすべて蔵書となる。裁判で違法とされた本は納本されていても閲覧できないが、それ以外はエロ本でもなんでもすべて閲覧できる。エロ本どころか、コンピューターのハッキング方法などを載せた雑誌でさえ閲覧可能だ。

都道府県や市区町村の公立図書館にも、エロ本を所蔵する図書館はある。

公立図書館には、「書店で流通していて、社会的に評価された出版物」といったガイドラインはあるが、とくにエロ本の所蔵・閲覧を禁止する決まりはなく、どの本を購入するかは各図書館の担当者が決めるので、エロ本を置くのは可能なのだ。

東京都の場合、ヌード写真集は、各区立図書館は購入していないが、都立図書館にはある。都立図書館は、ヌード写真集でも「芸術作品と評価できるもの」は購入し、貸し出しを行っているのである。

カタツムリの歯は、一万二〇〇〇本ある

ぐにゃぐにゃした体のカタツムリに歯があるというと、驚くかもしれない。カタツムリだけでなく、その親戚にあたるナメクジや巻貝も同様に歯を持っている。

カタツムリやナメクジは、頭の下側にある口で、柔らかい葉や芽、朽ち木、苔類などの植物を食べる。この口のなかには、人間の顎にあたる「顎板《がくばん》」というものがあり、その奥に「歯舌《しぜつ》」がある。

歯舌といっても、われわれの舌と違って味覚はない。舌のような細長い構造物の上に、歯がびっしりと並んでいるのだ。

歯の数は種によって違う。カタツムリの場合だと、横に六〇~一〇〇本、縦に一〇〇列以上の歯が並んでいる。全部で一万二〇〇〇本ぐらいだろうか。

カタツムリやナメクジは、この歯をまるでおろしがねのように用いて、食べ物をすりつぶして食べている。

食べた物の色は、そのままフンに反映される。カタツムリにニンジンを食べさせれば赤いフンになるし、キュウリを与えれば緑色のフンになる。

人間をはじめ哺乳類では、胆嚢《たんのう》から分泌される胆汁の色によって、フンは黄褐色に染まる。しかしカタツムリなどの無脊椎動物では、フンは胆汁で染まらないので、食べた物の色がフンの色になるのだ。

大阪名物の「くいだおれ人形」には、親父がいる

大阪なにわ名物の「くいだおれ人形」は、「くいだおれ」という店の看板人形だ。紅白縞模様の服ととんがり帽子、黒縁メガネで、体の前後に太鼓をぶら下げるという、いかにもなにわのコテコテな人形だ。

このくいだおれ人形に、なんと親父がいるという。

この親父は、一九四九（昭和二十四）年六月八日の開店と同時に店先に出た。顔は喜劇俳優のエノケンこと榎本健一さんがモデルで、ハッピを着て、生ビールのジョッキを載せたお盆を手にしていた。

くるっと一回転する電動人形というので注目を集めたのだが、この仕掛けがアダになった。回転するたびに盆の上のビールが周囲に飛び散るため、わずか一週間で店先から姿を消したのだ。

現在、いつも店頭にいるおなじみのくい

だおれ人形は、「くいだおれ太郎」という名前で、顔は、創業者の山田六郎さんをモデルにしたそうだ。生年月日は開店日と同じだが、店先に出たのは一九五〇（昭和二十五）年一月から。

くいだおれ太郎には、親父だけでなく、「くいだおれ次郎」という弟もいる。顔は兄の太郎とうり二つで、別名を「万歳人形」といい、国民的なお祝いごとなどがあれば店に出る。近年では、サッカーのワールドカップで日本が勝利した日に、店に出たそうだ。

世界で最も短いエスカレーターは、わずか五段

世界で最も短いエスカレーターは、ＪＲ東海道線・京浜東北線の川崎駅地下街「アゼリア」から、ファッションストア「岡田屋モアーズ」への入り口にある。高低差にしてわずか八三・四センチメートル、段数わずか五段という超ミニサイズで、その名も「プチカレーター」という。

プチカレーターは、一九八九（平成元）年十月につくられた。

べつに、世界一短いエスカレーターをつくろうと考えたわけではない。アゼリアの地下通路がモアーズの地下一階と二階の間に位置したため、モアーズでは、アゼリアの客を自店に誘導するべく下りエスカレーターをつくろうとした。ところが梁《はり》がじゃまになって、半分の長さのエスカレーターしかつくれなかったのだ。

こんなに短いのなら階段でもよさそうなものだが、誘客が目的だからというので、あえてアゼリアからプチカレーターで下

り、さらに階段で五段下りてモアーズに入るという構造にしたらしい。

完成してから世界一短いエスカレーターとわかり、ギネスブックに認定されて、以来、十年以上その地位は揺らいでいない。

これより短いエスカレーターをつくろうと考える人がいるとも思えないから、記録はまず更新されないのではなかろうか？

ラジオ体操には、「第三」があった

子供の頃、学校の朝礼や体育の時間などに行ったラジオ体操は、最もよく親しまれているのが「第一」で、たまには「第二」も行われた。この二つだけかと思ったら、なんと「第三」もあったという。

まず、ラジオ体操は、一九二八（昭和三）年から放送が開始された。逓信《ていしん》省《しょう》（現・日本郵政公社）簡易保険局が、アメリカでラジオ体操が行われていると知って、国民の健康のために日本でも始めたのだ。

関係者の努力でラジオ体操がしだいに広まり、人気番組となったので、一九三二（昭和七）年、それまでのを「ラジオ体操第一」として、「ラジオ体操第二」が作られた。さらに一九三九（昭和十四）年には、「ラジオ体操第三」の放送も始まったのである。

だが、終戦とともに、ラジオ体操は軍国主義の象徴とみなされ、ＧＨＱ（連合国軍総司令部）によって禁止された。

まもなく、ラジオ体操は、まったく新しい体操として「第一」から「第三」まで放送されたが、難しかったため、一般に受け入れられず、一九四七（昭和二十二）年に打ち切られた。

一九五一（昭和二十六）年、戦前の反省をもとに「ラジオ体操第一」が新しく作られて放送が再開され、翌年には「第二」の放送も始まった。一九五六（昭和三十一）年からは、曲だけでなく、今日のような歌もつけられるようになったが、「第三」はついに作られなかった。

つまり、戦前の第一期、戦後すぐの第二期には、「ラジオ体操第三」は存在したのだ。ただ、どんな体操だったのかは、資料が残されていないのでわからない。

ゲジゲジの正式名称は、「ゲジ」である

ゲジゲジは、ムカデに近い節足動物。ゲジゲジというネーミングは、陰陽道で、天《てん》狗《ぐ》星の精が下界に下りて食事をすることを「下食《げじき》」ということと、ゲジゲジの不気味な形が結びついてできたといわれる。

だが、「ゲジゲジ」というのは正式名称ではない。これは古名で、正式名称はただの「ゲジ」。

ゲジにしろゲジゲジにしろ、なんとなくイメージが悪いが、本当は、ゲジゲジは、カやゴキブリなどを捕食してくれる益虫で、ムカデのように人を嚙むこともない。けっこうカワイイ虫なのだ。

それが悪者に誤解されてしまうのは、外見の不気味さに加え、しばしば室内に侵入してくる性質によるものらしい。なるほど、あの外見でその辺を這《は》われては、確かに気色悪い。

ゲジゲジは日本全国に分布する。体長は二、三センチメートル。灰黄緑色で背中に

三本の暗緑色の縦筋がある。長い脚が特徴で、脚の数は、最初は四対だが、成長するにつれて増節変態するため脱皮ごとに体節が増え、成体のゲジゲジは一五対の歩肢を備える。また、体はムカデのように扁平ではなく、棒体をしている。生まれてから約二年で成体になり、五、六年間は生存する。

　ちなみに、ゲジゲジが頭を這うとハゲるなどといわれるが、これは真っ赤なウソである。

イタリアでは、チーズを担保にお金が借りられる

　お金を借りようとすれば、金融機関は担保をとるのが普通である。

　個人ならたいていは家屋敷、製造業なら社屋や工場、機械器具だ。卸業や小売店では、仕入れをした商品や次に仕入れる商品を担保にすることもある。

　ところが製造業で、製品を担保にしてお金を貸してくれる金融機関がある。イタリアはパルマにある銀行で、担保にできる製品はパルメザンチーズだ。

　パルメザンチーズは、日本ではスパゲティに振りかけるので一般的になったが、パルミジャーノ・レッジャーノというのが正式名称。パルミジャーノは「パルマの」、レッジャーノは「レッジョ・エミリアの」と、どちらも土地の名前だ。

　つまり生産地の土地の名前がそのままチーズの種類名になっている。パルマが誇る伝統産業がこのチーズ作りで、一千年以上の歴史がある。

　大きな塊のパルミジャーノ・レッジャー

ノは、製造後十八～三十六か月かけて熟成させる。すぐには売れないわけだから、現金収入はない。けれどチーズ作りは続けなければならず、原料費や人件費は必要だ。そんなチーズ製造業者のために、完成した製品を担保に銀行が貸し付けをする。もちろん担保価値は、チーズの出来具合の製品チェックをしてから決まる。どれだけの額が借りられるかはチーズしだいというわけだ。

人型ロボット・ASIMOに対抗する おひつ型の寿司ロボットがある

回転寿司屋の中では、密かにロボットがシャリを握っている。ロボットといっても、ホンダが開発したＡＳＩＭＯのような人型ではない。シャリをロート部分に入れると、羽根の間にはさまるようにしてご飯が少しずつ送り出され、それを縦・横の順ではさんで固めるというもので、技術的には板前さんが握るシャリとさほど変わらない。見た目はロボットというよりマシーンといった感じで、いかにも味気ない。

しかし、ここにきて、欠点を見事にカバーするロボットが誕生した。

世界で初めて寿司ロボットを開発した「鈴茂《すずも》器工」が、新たに開発した「寿司職人助人」である。この「助人」は、ロボットというより、ただのおひつにしか見えない。実は、おひつの中で横方向の三本のスクリューが酢飯をほぐし、縦のスクリューで持ち上げながら計量し、さらに握り寿司の形に整えるという作業をする。

その握りっぷりは十年の経験を積んだ寿司職人に匹敵するほどで、しかも最も多くて一時間に一二〇〇個ものシャリを握ることができる。熟練した寿司職人でも一時間に握れるのは三〇〇個程度だというから、そのすさまじいスピードぶりには目を見張らされる。

　見た目はただのおひつだから、その横に板前さんが立ち、おひつの中で出来上がったシャリを取って、上にネタを載せれば、まるで板前さんが全部握ったかのように見える。これなら経験のない人でも、あたかも熟練した板前さんが握ったかのように寿司が握れるというわけだ。

　行きつけの店の板前さんの手元を、一度じっくり観察してみては？

小腸の表面積はなんとテニスコート並み二〇〇平方メートル！

　人間の腸には、大腸や小腸、十二指腸があるが、そのなかで最も大きいのは小腸だ。小腸なのだから、大腸よりは小さいのでは？　と思う人もいるだろうが、実は小腸は六～七メートルと最も長い臓器であり、表面積もベラボウに広いのである。

　どれぐらい広いかというと、表面積はなんと二〇〇平方メートル！　テニスコート並みというから驚きだ。

　小腸がここまで広い面積を持っているのには、ちゃんと理由がある。

　小腸は栄養や水分を吸収する場所であり、一日に吸収する水分の量は八リットルにも及ぶ。口から入る水分は一日にせいぜい一・五リットルほどだが、唾液や胃液、胆汁、膵液《すいえき》等々の体内で分泌される消化液が一〇リットルほどもあり、このうちの八割を小腸が吸収しているのだ。

これだけ大量の水分を吸収するには、面積が狭くてはとても無理だが、人間の体内の広さには限りがある。だから、わずか直径約四センチメートルの筒の中に、たくさんのひだと、絨毛《じゅうもう》と呼ばれる、毛のように細くて短い無数の小突起を持つことによって、小腸面積をめいっぱい広くしているのである。

さらに、小腸内の絨毛には微絨毛という、顕微鏡でなければ確認できない小さな隆起が、それぞれについている。この微絨毛の数は何十億とも何兆ともいわれ、この総面積を加えれば、想像を絶する面積になる。

これだけの広さがあれば、八リットルぐらいの水分を吸収することなど朝飯前。それだけに、水分の分泌と吸収のバランスが崩れれば、人間はすぐに下痢を引き起こすことにもなるのである。

オーケストラの海外公演に持っていく楽器類の総重量は五トン

オーケストラの公演では、自分たちの楽器を現地まで運んでいる。

たとえばＮＨＫ交響楽団の場合は、日本国内の公演であれば、一〇トンの空調つきのトラックを運転手ごと業者に手配するのが普通。それでも足りなければ四トントラックを追加する。

東京近郊でのコンサートなら、バイオリンやビオラ、フルート、オーボエ、クラリネット、ファゴットなどは奏者が手持ちで運ぶので、四トントラックだけで間に合う場合もある。地方公演の場合は、最もナイーブで、必ず奏者が自ら運ぶことになっているオーボエだけは別として、他の楽器はすべてトラックで運ばれる。楽器は持ち歩く際のケースがまるごと入るより大きなハードケースに入れられ、さらに楽器用に作られたコンテナに入れられるので、そのカサはかなり大きくなる。楽器専用の四トントラックは、見た目はまるで一〇トントラックのように大きいのである。

楽器のカサも相当だが、意外にかさばり、しかも重いのが衣装や靴のケースだ。通常のオーケストラの場合、楽器とそのケースだけで三トン近くにもなるが、これに衣装や靴、さらに海外公演の場合は、女性のドレスケースまでプラスされるため、総重量は五トンにも及ぶという。

すばらしいステージは、こうした作業や手配を行うステージマネージャーらスタッフの努力もあることを忘れてはならないだろう。

マラソンコースの四二・一九五キロメートルは、実際に人間が測る

マラソンは四二・一九五キロメートルを走る。この四二・一九五キロメートルとは、紀元前四九〇年にマラトンの戦いで勝利の報告をするために、兵士が首都アテネまでを走った距離だといわれている。

しかし実際その距離は三六・七五キロメートルしかなく、第一回のアテネオリンピックのマラソンコースも古代と同じコースをとったので三六・七五キロメートルだった。現在の四二・一九五キロメートルを最初に走ったのは第四回のロンドン大会で、第八回のパリ大会からは正式に四二・一九五キロメートルが採用されるようになっ

た。

では、マラソン大会が行われるときに、その正式な距離はどうやって測るのか。それには、長さ五〇メートルのワイヤー巻尺を持ったスタッフが、測定していくという方法と、メーターを装備した三台の自転車が走って測り、その平均値を採用するという二つの方法がある。

　現在、国際大会では自転車で測定する方法が採用されており、ワイヤーで測る方法はローカル大会などでは採用されているが、その記録は国際的には公認されないということになっている。

　いずれにせよマラソンの距離は人間がコツコツと測っているわけだから、そのコースの距離には、若干の誤差が出る。実際、ボストンマラソンにいたっては、計測し直したら一〇八五メートルも短かったという事実も残っている。

　ボストンマラソンの場合は極端だが、現在ではプラス四二・一九五メートルまでの距離なら許されることになっており、長く走らされても選手は文句をいえない。

　ただ、距離が短かった場合は話が別で、そのレースは無効になり、結果はすべて参考記録となってしまうのだ。

　なお、条件が各大会によって違うので、マラソンには世界新記録というものはなく、世界最高記録と称される。

奈良公園のシカは、毎年ちゃんと頭数をカウントされている

　奈良といえば大仏、そして、奈良公園のシカである。奈良とシカの結びつきは、奈良時代の初めに、奈良の春日大社への遷座

の際に、常陸《ひたち》の国鹿島の大神を、シカが背に乗せてきたという故事があり、それでシカが「神鹿《しんろく》」として春日野で飼われたのがきっかけといわれている。

その後の長い歴史のなか、明治維新の頃に密殺されたり、第二次世界大戦の影響などで激減し、終戦の年にはわずか七九頭になってしまった。そこで「奈良の鹿愛護会」を組織して増殖につとめた結果、二〇〇四（平成十六）年七月の段階で一二三五頭が確認されるまでに増えた。

さて、ここでちょっと気になるのが、奈良公園のシカは、基本的に放し飼いだ。そのシカの正確な数が、どうしてわかるのだろう？

実は、奈良公園のシカは、毎年「鹿愛護会」によってきっちり数えられているのである。

方法は、公園を数ブロックに区分けし、数人編成のチームが、自分たちの担当したブロック内を歩き回って数えるというもの。とはいえ、シカは自由に歩き回っているから、人間が勝手に区切ったブロック内にじっとしていてくれるわけもない。そこで、愛護会の人たちは、まだシカすらも起きていない早朝から集まって調査開始。用紙に「正」の字を書きながら、一頭一頭数えていくのである。

それでも間違いが起きるため、この調査は二日にわたって行われ、二回の調査の平均値を最終結果として報告しているというのが真相だ。

ちなみに二〇〇三（平成十五）年から二〇〇四（平成十六）年までの一年間で死んだシカは三五三頭で、その原因は病気が最も多く一〇二頭。二位は交通事故の六九頭だった。車を運転する人はくれぐれもご用心を！

カニの王様「タラバガニ」は、ヤドカリの仲間である

食用のカニのなかでも高級品で、脚を広げると一メートルもあるタラバガニ。「カニ」と呼ばれているが、実はズワイガニやケガニなどと違ってヤドカリの仲間だ。カニとヤドカリの間に位置する種はたくさんあるといわれており、タラバガニもその一つ。実際は、カニよりヤドカリに近いのである。

一見、タラバガニはカニのように見えるが、いったいどのへんがヤドカリなのか？

甲殻類のなかでカニ類とヤドカリ類とエビ類は十脚目に分類されている。ハサミ脚

を含めて一〇本の脚があるためだ。

　このなかでヤドカリは、後ろの二対が退化してごく短いため、一見、六本しか脚がないように見える。また、タラバガニには脚が八本しか見あたらない。これは、最後の一対が退化して、甲羅のなかに隠れてしまっているためだ。このように、後ろのほうの脚に退化が起こっているのはヤドカリ類の特徴なのである。

　また、カニの腹部は左右対称で、メスが卵を守るのに用いる腹肢は左右で対になっているが、ヤドカリ類は腹部が右側にねじれ、腹肢が左側にしかない。タラバガニのメスの腹を見ると、やはり腹部が右側にねじれて、腹肢が左側にしかない。

　こういった特徴から、タラバガニはヤドカリの仲間に分類されるのだ。

　タラバガニ以外では、北海道の根室半島近海で獲れるハナサキガニも、やはり同じ理由からヤドカリの仲間とされている。

『ずいずいずっころばし』は、エロ唄だった!?

　昔から伝わる童謡『ずいずいずっころばし』は、「ずいずいずっころばし、ごまみそずい、茶壺に追われてトッピンシャン、抜けたらどんどこしょ……」という歌だ。

　この童謡は、江戸時代の「お茶壺道中」を歌ったといわれている。

　お茶壺道中とは、京都の宇治から将軍家が飲むお茶を運んだ行列で、大名行列より格式が高かった。沿道の庶民は行列が通りすぎるまで土下座しているのだが、いばった警護の役人に「頭《ず》が高い」などと文句をつけられることも多かった。

そこで、茶壺の行列がくると、周囲の庶民たちが文句をつけられないうちにと家に駆けこみ、戸を「ピンシャン」と勢いよく閉めることで腹立ちを表現したのが、「茶壺に追われてトッピンシャン」だという。ところが、作詞家で随筆家の西沢爽《そう》氏がこれに異説を唱えている。なんとエロ唄だというのである。

それによると、「ずっころばし」は「つっころばし」の訛りで江戸時代の私娼、「ごまみそずい」は「木舞いしょ（女性器に触れること）」の訛り、「茶壺」は女性器……といった解釈ができるという。全体としては、私娼とのセックスを唄ったエロ唄ということになる。

大人の戯《ざ》れ唄だったのが、子供に伝わって歌詞が変化したというのだが、真相は定かではない。

ニシキヘビには足があり、メスを興奮させる!?

ヘビには足がないが、遠い先祖にさかのぼれば足があった。その痕跡がニシキヘビには残されている。

ニシキヘビとはボア科ニシキヘビ亜科の大型ヘビの総称だが、その大多数の種は、肛門の両側に後ろ足の痕跡が見られるのだ。

ニシキヘビの体で急に細くなっているところが胴と尾の境目で、そこに肛鱗《こうりん》と呼ばれる大きな鱗に蓋をされた肛門がある。その左右をよく見ると、爪のような突起が一本ずつある。長さ三メートルのヘビでも五ミリメートルぐらいの小さな突起なのでわかりにくいが、つけ根には骨があり、わずかだが筋肉もある。

　これがニシキヘビの蹴爪《けづめ》で、後ろ足の痕跡なのだ。足は退化したが、指先の一本だけが痕跡として残されたのである。

　こんなに小さな足では歩く役には立たないが、ちゃんと用途がある。ニシキヘビのオスは、交尾のとき、メスの体の上でこの蹴爪を前後に動かすことによって、メスを刺激して興奮させ、その気にさせるのである。

　種によっては、何十センチメートル離れていても、この愛撫の音が聞こえるという、なかなか激しいヘビもいる。

　ニシキヘビの足は、メスを興奮させるために痕跡が残ったのだ。

「ピンクパンサー」という名の強盗集団が銀座に現れた

　コメディー映画『ピンクパンサー』のシリーズは、クルーゾー警部と泥棒たちが毎回ドタバタを繰り広げる。

　この「ピンクパンサー」という名の強盗団が世界の高級宝石店を荒らしまわっており、なんと東京・銀座にも現れたという。

　二〇〇四（平成十六）年三月、銀座の宝石店に外国人グループの強盗が入り、約三五億円相当の宝石が奪われた。その手口がこれまでのピンクパンサーによる事件と似ているというのである。

　ピンクパンサーは、つねにカップルに扮した男女が下見をし、実行犯はカツラで変装して来店し、宝石を奪ったあとバイクで逃走する。事件ごとにメンバーが入れ替わっているのだが、中心メンバーは東欧のセルビア・モンテネグロ人という点が共通している。

「ピンクパンサー」の名は、彼ら自身が名乗っているわけではない。

二〇〇三（平成十五）年五月、ロンドンの高級宝石店にカツラで変装した二人組の男が押し入り、イギリス史上最高の二三〇〇万ポンド（約四六億円）の宝石を強奪した。このとき盗まれたダイヤの指輪が、強盗団メンバーの恋人の化粧ビンから見つかり、それが『ピンクパンサー』のワンシーンとそっくりだったので、ロンドン警視庁の捜査員が名づけたそうだ。

浜名湖名物「うなぎパイ」が「夜のお菓子」となった本当のワケ

静岡名菓の「うなぎパイ」は、浜名湖で養殖されているうなぎの粉末が入っている。「夜のお菓子」というキャッチフレーズとともに人気商品に育った。

精がつく食べ物として真っ先に挙げられるうなぎなので、「夜」が勘違いされてしまったが、発売元の春華堂では「夜の一家団《だん》欒《らん》のときに、家族で食べるのにふさわしいお菓子」のつもりで二代目社長が命名したという。

昭和三十年代半ばのことで、折からの高度経済成長、新幹線誕生という波に乗って、東京と大阪を行き来するサラリーマンの間で評判となり、全国区人気になった。

その後、朝のお菓子として「すっぽんの郷」、昼のお菓子には「えび汐パイ」とそれぞれにキャッチフレーズを持つ商品も開発され、同社では一日のうち、どんなシチュエーションでも手に取れるお菓子シリーズが誕生した。

そして、代表作「うなぎパイ」とともに、これらの商品を詰め合わせたセットも発売。その商品名は「フルタイム」である。

あくまで一家団欒のためとはいいつつ、当初のパッケージを浜名湖をイメージした水色から、強烈な赤と黒と黄色に変えてから売り上げが伸びており、もうひとつ「真夜中のお菓子」のキャッチフレーズで「うなぎパイVSOP」も存在するなど、やっぱり消費者を乗せるのがウマい会社だ。

女学生のひと言で変わった グリコのゴールインマーク

グリコのキャラメルは、「一粒三〇〇メートル」のキャッチフレーズで一九二二（大正十一）年に売り出された。東京ではすでに森永と明治がキャラメルを売り出していたので、何か特徴をと、すぐエネルギーに変わるグリコーゲン配合の栄養菓子として売り出した大阪の商魂が込められたものだ。

そしてエネルギー活用者の代表として、ランナーが両手を挙げてゴールインする姿のトレードマークも、このときから使われている。グリコーゲン配合も、キャッチコピーも、ランナーのゴールインマークも、江崎利一初代社長のアイデアだった。

ところがこのランナー、ゴールする瞬間の険しい表情だったため、女学生が「怖い」と指摘したという。そこで一九二八(昭和三)年、笑顔のランナーに変更された二代目の登場となった。

このとき参考にされたのは、極東選手権大会で活躍したフィリピンのカタロン選手や、マラソンの金栗四三《かなぐりしぞう》選手ら数人のゴール姿だった。

さらに七年後の一九三五(昭和十)年には、道頓堀にランナー姿の巨大ネオンサインを登場させて地元の大阪人すら驚かせるような商魂を見せたグリコ。時代に合わせてランナーの姿は少しずつ変わってきたが、ネオンサインは道頓堀のシンボルとして今日も健在である。

二〇〇三(平成十五)年には、大阪市指定景観形成物となって、同様の指定を受けている大阪城天守閣や通天閣と並ぶ名所である。

ジッパーは、「ピュッと音を立てる」という意味の擬音語から生まれた

ブルゾンの前開きや、袋物の口に使われる留め具を、「ジッパー」と何気なく口にしている。じつは特定の商品名で、広告・特定商品の名称を口にすることのできないNHKではファスナーと呼んでいる。ホッチキスが商品名で、紙をコの字型の金具で綴じる器具の一般名称がステープラーだというのと同じだ。

このジッパーの原型はホイットコム・L・ジャドソンによってブーツ用の金具として考案され、一八九三年のシカゴの「コロンビア博覧会」に出品された。しかし簡

単にはずれてしまうという欠点があったものを、最終的には一九一三年にニュージャージー州のスウェーデン人技師がギザギザの歯をつけて特許を取得。スライドファスナーの名で売り出した。

そのあとに始まった第一次大戦でアメリカ軍の軍服に採用されて世界に広まっていったが、一九二六年にジッパーの名に変わった。

イギリス人の小説家ギルバート・フランコがはじめて見せられたとき、「ジップ！　開いたぞ。ジップ！　閉まったぞ」と開け閉めしながら感動して叫んだという。「ジップ」はさしずめ「ヒューン」とでもいった掛け声にあたるのだろうが、もともと「ピュッと音を立てる」という意味を持つ。フランコはスライドのときの音を「ジップ」と表現したのだが、その擬音語がそのまま商品名となって、現在も使われている。

ジッパーが婦人服にはじめて採用されたのは一九三〇年の、パリのスキャパレリによってで、一九三一年に特許が切れるやジッパーは男性のズボンなどに一気に使われるようになった。しかしジッパーの名だけは現在も製造元の「チャックファスナー社」が独占している。だからチャックという呼び方もジッパーを指すもので商品名扱いである。

最初に入れ歯をしたエトルリア人は、死人の歯を使った

失くした機能をなんとか回復したいという欲求は、人間が文明を持った頃から生まれていたようだ。

とくに物を食べるのに必要な歯には、どうにかして代用品を工夫しようという試みが何千年も前から始まっている。考古学的にわかっている限り、紀元前七〇〇年頃のエトルリア人がその先駆者だといえる。

部分入れ歯ではあったが、虫歯などで抜けた歯の跡に黄金で台を作り、象牙や骨、動物の歯を削って植え込んでいた。

最高級品は、ホンモノの人間の歯を使う方法で、死人が出るとその人の健康な歯を引っこ抜いて入れ歯に仕立て直した。もちろんお金持ちの人たちだけが可能だったものだ。

そのあともゆるんだ歯を針金で縛った上から、動物の牙などで作った入れ歯を装塡したりすることはあったものの、エトルリア人の工夫と技術を超えるものではなく、満足のいく入れ歯は誕生していない。

初代アメリカ大統領のジョージ・ワシントンの不機嫌さと怒りっぽさは、実は入れ歯が合っていなかったのが原因だといわれているくらいである。

日本では手先の器用さを利用して、ツゲなどの木を使った入れ歯が作られた記録があり、抜けた歯のみ差し歯にする技術があった。江戸時代には下あごの形に合わせて削り込むというところまで進歩していたし、前歯なら一本一本彫刻して三味線の糸で固定したりもした。

十九世紀になって硫化ゴムが開発され、ようやく入れ歯に適した素材が登場した。一八五〇年代にはコロイド物質で口の中の型がとれるようになったところから入れ歯の技術が向上していく。現在の入れ歯の素材はセラミックなどの合成樹脂が中心である。

カツラを流行させたのは、薄毛を心配していたルイ一三世

日本語のカツラの語源は、葛《カズラ》と呼ばれたツル性植物の一種にあるといわれている。平安時代のカツラは、現在のようにハゲたり薄くなったりした毛髪を隠したり補ったりするのではなく、頭にかぶる装飾品だったものを指したようだ。

外国の歴史を見ても同じで、五千年も前の古代エジプトでは、直射日光が強いのでカツラを帽子代わりにしていた。といっても、自分の髪の上からかぶると蒸れるので、毛を剃って代わりの髪の毛としてかぶったのがカツラだったという。

やがてヨーロッパへもこれが伝わり、帽子代わりにおしゃれとして使われるようになるが、中世のキリスト教信仰がこれを禁止する。カツラ使用のために神からの授かり物である髪の毛に手を加えるのは不敬だとしたのだ。

それを復活させたのがフランスのルイ一三世だ。彼は髪に手を加えるもなにも薄毛で、ハゲることを非常に恐れていたから、カツラをかぶって隠そうとした。ルイ一四世も父親を真似て、さらにファッション性の高い長い毛のカツラを使ったところから、貴族たちが真似してフランス宮廷で大流行を見る。

互いにおしゃれ度を競うため、貴婦人を巻き込んでカツラはしだいに派手になり、富を誇示する小道具ともなっていった。羽根飾りをつけたり、宝飾を散らすのは序の口で、なかには当時活躍した軍艦をかたどって、てっぺんに船の模型を載せたものま

で登場したという。

猫のペニスには、一〇〇本以上のトゲがある

犬の交尾は、オスとメスが尻をくっつけ合って反対を向いて結合する。しかし猫はうずくまったメスの上にオスが馬乗りになって押さえつける形をとる。

このとき、オスはなぜかメスの首すじを噛むことが多い。まるで逃げられるのを恐れる行動のように見える。じつは本当に暴れて逃げ出すのを避けるために噛んでいるのだ。

もともと発情期を迎えたメス猫は、押し寄せるオスを選りどり見どりで、気を許したオスだけを受け入れる。だから暴れるといっても、馬乗りになっているオスから強姦されているのをいやがっているわけではない。

オスの陰茎の亀頭表面にはトゲ状の突起があって、メスの膣を刺激するから痛むのである。痛さは並みではないはずだ。なんといってもトゲの数は一〇〇本以上もあるのだから。

なにもメスが痛みで逃げ出したくなるようなトゲなどなくてもいいようだが、じつはこのトゲがないと交尾の意味がなくなる。メス猫の排卵は、このトゲに膣を刺激されてはじめて起こるからである。

だから、去勢されたオスは、亀頭の突起が退化してスベスベの表面になる。これなら万が一の交尾が行われても、刺激がないから排卵も起こらず、メスは妊娠しないという仕掛けである。

メジャーリーグでは、七回裏にストレッチタイムがある

　野球で七回の攻撃をラッキーセブンという。プロ野球では阪神タイガース応援団が七回の裏の攻撃が始まる前にヒュ～ッとジェット風船を飛ばす。他球団でも、七回のホームチーム攻撃前に球団応援歌を流したりしている。やはりラッキーセブンに賭けていることになる。

　たしかに、一回から九回の裏表をゲームしていくとき、七回あたりに試合の変化が訪れることは多い。しかし七回というのは、どうもアメリカ大リーグの「セブンス・イニング・ストレッチ」にきっかけがあるようだ。

　大リーグでは、七回裏の攻撃が始まる前

に、観客全員が立ち上がって両腕を大きく空中へ突き上げるストレッチをする。実際にやってみると、観客席に座り続けて固まった腰が伸びて気持ちがいい。

今では大リーグ観戦のマナーともいえるこのストレッチ、どうして始まったかには諸説ある。

百年以上前にアマチュア野球を観戦していた学生たちが、あまりに暑いので立ち上がってしまったというのが一つ。

もう一つは、これも百年近く前、ワシントンD．C．での開幕戦で、観戦していた当時のタフト大統領の行動からというもの。

大統領も体がこわばったのだろうか、七回表終了後に立ち上がって体を伸ばした。すると警護の警官が敬意を表して立ち上がった。観客たちは大統領が見物をやめて帰るのだと勘違いして次々に立ち上がって拍手した。これがいまのストレッチになったのだという。

長野県の松本市役所には、結婚推進課がある

女性の結婚願望が本当に薄れていれば、「負け犬」などという言葉が流行語になるわけもない。しかし実際には結婚をあせる人は減りつつあるようで、婚姻率が下がっている。

それでなくても嫁の来手《きて》がいないと嘆いていた農漁村の青年にとっては、女性のこうした心理によってますます過酷な状況となる。

そんな折に、結婚の相手探しを業務として始めたのが、長野県の旧四賀《しが》村役場だ。

「結婚推進課」という専門の部署を設けて、嫁探しを手伝うことになった。

　当時の四賀村は、人口六〇〇〇人余りの三〇パーセント以上が六十五歳以上という高齢化の進む土地。村の青年にふさわしい年頃の女性の数は限られている。そこで村の住人以外の女性の登録を受け付け、好みのタイプなどを聞いて条件が合えば紹介しようという試みだ。

　一九九七（平成九）年四月から業務を開始したところ、前もって課の新設がニュースになっていたため、役場の業務開始と同時に日本各地からの電話が殺到。

　次々に紹介が行われて、課の業務は多忙となり、実際に結婚までこぎつけるカップルも生まれた。今では村の環境変化を知って、Iターンする人までいるという。二〇〇五（平成十七）年四月、四賀村は松本市に合併されたが、四賀支所健康福祉課結婚推進係として残っている。

ロンドンのビッグベンの鐘の音と、学校のチャイムは同じ音色である

　学校で、始業や休み時間を知らせるチャイムの音。全国の学校で、ほぼ同じ音色が使われているが、そもそも日本の学校であの音が採用されるようになったのは戦後のことだ。東京のある中学校の教師が、やたらとうるさいばかりの始業ベルを、何か別の音に変えようと友人に相談したところ、鐘の音はどうだろうかと提案された。実は、戦時中の臨時ニュースでも、鐘の音が使われていたのである。

　こうして選ばれたのが、あの「キーンコーンカーンコーン」というおなじみのメロ

ディで、ヘンデルの作曲した「メサイア」の一節をアレンジしたものである。また、あのメロディは「ウェストミンスターの鐘」とも呼ばれている。

ビッグベンは、ロンドンの国会議事堂のそばにある時計塔で、備えつけられた巨大な鐘が市民たちに時刻を告げていて、観光名所になっている。国会議事堂のある場所は、かつてのウェストミンスター宮殿なので、ビッグベンの鐘はすなわち「ウェストミンスターの鐘」である。

ロンドン旅行に出かけて市内を見物していたら、いきなり頭の上からあのメロディが聞こえてきて、びっくりする人もいることだろう。くれぐれも条件反射で、「わっ、遅刻だ」と駆け出さないように。

牧場の牛の胃には、磁石が入っている

ビールを飲ませてもらうような日本の高級肉牛になると、個室で育てられるし、それ以外でも牛舎に囲われて、時間がくると青草や複合飼料をエサに飼育される。

けれども本来の飼育は、牧場での放し飼いで、自然に繁った青草を食べさせて育てた。

そんな牛たちは、青草と一緒に土の上に落ちているものを何でも飲み込んでしまう。とりわけ金属類が好きらしい。そのなかに、もし牧場の柵の壊れた部分から抜けた釘や鉄片などが混じっていると、胃袋を傷つけて危険だ。

それを避けるために、牧場では牛の胃袋

に磁石を入れておく。磁石で金属をくっつけて、ほかに行かないようにするのだ。

磁石を入れる場所は、四つある胃のうちの二番目。特殊なパイプを使って滑り込ませておき、ある程度まとまったと思われる頃に取り出す。取り出すときは、胃袋にある磁石よりさらに強力な磁石を、パイプを通して飲み込ませて引き出すと、鉄くずをくっつけた先の磁石が引き寄せられて出てくるという仕掛けである。

常に胃に納まっている磁石は、牛の健康に害がないように薬品会社で作られていて、長さ六センチメートルくらいの棒状のものという。

ウルトラマンの主人公は、あわや怪獣になるところだった

『ウルトラマン』などの特撮作品で名をあげた円谷プロダクションだが、そもそもの始まりは三十分のテレビ特撮シリーズとして制作された『ウルトラQ』である。この実績で円谷プロは、毎週決まって怪獣が登場するというシリーズものを制作することになった。

そこで企画の最初に「科学特捜隊」という、常に怪獣と戦う組織が設定された。さらに、なんといっても怪獣が目玉だから、シリーズを通して登場する怪獣キャラクターがいたほうがいいという条件が加えられる。そのキャラ設定として宇宙怪獣が考え出された。ときにはゴジラくらいの大きさに変身できる善玉で、科学特捜隊に協力する怪獣だ。

名前も、宇宙生物としてSF小説に登場するベムからとって「科学特捜隊ベムラ

ー」。ベムラーのキャラクターデザインもカッパのような姿に決まった。

ところが放送局が、これでは地球を襲う側の怪獣と見分けがつかないと却下。そこで出てきたのが、変身ヒーロー「レッドマン」だった。正体不明で、どこからか現れると隊員の危機を救って、また立ち去る。モデルはアメリカのスーパーマン。大きさを怪獣と同じにして、宇宙からやってきたというベムラーの発想が受け継がれた主人公。

これが、のちに分身の兄弟を生むことになった「ウルトラマン」の原型となる。たしかにカッパのような怪獣が主役なら、シリーズはあれほど続かなかったかもしれない。

忠犬ハチ公の声を収めたレコードが存在する

人類と古い交流の歴史を持つ犬。その交流の長さ、深さから多くの涙を誘うエピソードを、洋の東西にわたって生んでもいる。

日本の場合、深く人々を感動させ、語り継がれてきたのが「忠犬ハチ公」の物語だろう。主人を送り迎えしていた習慣を主人の死後も続けて、春夏秋冬、渋谷駅で待ち続けた秋田犬は、いま銅像となって渋谷駅に立ち続けている。この銅像は、ハチ公が生きていた一九三四（昭和九）年に建てられた。ハチ公が死んだのはその翌年で、死後ハチ公は、剥製《はくせい》となって上野の国立科学博物館に展示されている。

そしてもうひとつ、在りし日のハチ公を偲《しの》ばせてくれる記念品が、一九九四（平成六）年のハチ公像建立《こんりゅう》六十周年の年に見つかり、渋谷駅の「忠犬ハチ公銅像維持会」によって保管されている。

　ある人が、父親の遺品を整理していて見つけ、同会に寄贈したレコードで、『純情美談　忠犬ハチ公』というタイトルがつけられている。ハチに呼びかけるような「雨の日も、風の日も……さぞつらかろう」という女性の声や、男性の声で十一年間も主人を待ち続けているハチ公の生涯を語る部分が録音されている。

　最後に「ウォ～ン、ウォ～ン、ウォ～ン」という物悲しいハチ公の遠吠えらしい鳴き声が入ってレコードは終わる。ハチ公像ができた頃に録音されたものらしい。レコード盤は傷みがひどく、今ではテープに再生録音したものでしか聞くことができない。

カーネル・サンダース人形は、日本生まれだった

ケンタッキー・フライド・チキンの創業者はカーネル・サンダース。名前までは知らなくても、どんな人物か姿形はたいていの人が知っている。

　白髪のメガネ顔、白いスーツにリボンタイをしてステッキを腕に……こんなご本人と等身大の人形が、各店舗の店頭に置かれているからだ。しかしこれは日本だけでのことで、本家のアメリカでは店頭にサンダース人形が置かれたことはなかった。

　ケンタッキー・フライド・チキンが日本に上陸したのは一九七〇（昭和四十五）

年。鶏のから揚げは知っていても「フライドチキン」という名に日本人はなじみが薄かった。まして専門店で買って食べるなどという発想はない。

そんな頃、カナダのフランチャイズ店を訪れた日本のケンタッキーのアメリカ人役員が、倉庫に眠っていたサンダース人形を発見。

帰国した彼は、すぐに同じものをマネキン会社に作らせて、日本中の店舗に飾らせることにした。テレビCMとともにサンダース人形も瞬く間に人気を得た。

広告塔ともなったサンダース人形だが、当のサンダース氏本人もその存在を知らず、来日した折に初めて対面したという。

今ではサンダース人形の宣伝効果を期待して、太平洋沿岸諸国からヨーロッパ、本家アメリカにまで人形を置く店舗が拡大している。もちろん人形はすべて日本製である。

ハイジャックの語源は、「ハーイ、ジャック」だった

飛行機を乗っ取るハイジャック。この恐ろしい犯罪の語源が、「ハーイ、ジャック」、つまり、軽い呼びかけの言葉だったとは、にわかには信じられないだろう。

その由来は、アメリカにおいて、一九一九年に禁酒法が制定されたことに端を発する。当時、メキシコやカナダから、密輸された酒がアメリカへと運ばれていた。その密造酒や密輸品を、トラックや船ごと乗っ取る強盗事件が頻発するようになった。密造酒をトラックごと奪う手口は、さもヒッチハイクするように見せかけて「ハーイ、

ジャック」と声をかけて近づくというものだった。ちなみにジャックは、アメリカでは一般的な名前の愛称である。

そこで、密造酒を狙った追いはぎを、ハイジャックと呼ぶようになったという。

時代は流れて、禁酒法がなくなると、密造酒の製造や密輸がなくなり、当然のことながら追いはぎであるハイジャックも姿を消した。

ところが、一九三〇年代から飛行機を乗っ取る事件が起こるようになる。そんななか、一九五八年、イギリスのザ・タイムズ紙が飛行機の乗っ取りについて、初めてハイジャックという言葉を使ったのだ。

「ハイ」は、英語で高いを意味する「high」にも通じる。アメリカのかつての時事用語の引用は絶妙といえよう。

タイタニック号には、一人だけ日本人が乗っていた

一九一二（明治四十五）年に起こった豪華客船タイタニック号の海難事故は、有名な話である。

この豪華客船にはたった一人だけ日本人の乗客がいて、悲惨な事故から生還している。細野正文氏という人物で、事故にあった当時は四十二歳だった。

細野氏は、鉄道院在外研究員としてロシアとイギリスに派遣されていた。各国での勉学を終えて、イギリスからアメリカ経由で日本に向かうべく、二等船客としてタイタニック号に乗船した。

不沈と謳われたタイタニック号が沈没しつつあるとき、細野氏は、死を覚悟して遺

書まで書いたという。しかし、最後の救命ボートで「あと二人！」という声を聞いたときに飛び乗って、からくも生き延びたのだった。

細野氏が最後にボートに飛び乗る様子を、他のボートからイギリス人が見ていた。そのイギリス人は、手記で強引にボートに乗った日本人がいると記し、細野氏を卑怯者扱いにしている。救命ボートに乗るのは、女性と子供が優先された。

救命ボートで助かった細野氏にはあらぬ噂が立てられ、誹謗中傷されたが、同氏は沈黙を守った。

細野氏の汚名が誤解であることは、彼の死後に発見された手記で明らかになる。それは、タイタニック号備えつけの便箋に記されたもので、甲板上の混乱や、細野氏が救命ボートに乗るにいたった状況も書かれていたのだ。

この手記は、タイタニック号の事件の第一級の資料とされた。

ちなみに、この細野正文氏はミュージシャンの細野晴臣氏の祖父である。

アンパンマンの頭の中身は、つぶあんである

世の中に、正義のヒーローの数は多いけれど、ひときわ特異な存在といえるのが「アンパンマン」だ。子供が好きそうなパンやケーキをモチーフとしたキャラクターが次々に登場し、見ているよりも「食べた～い」と感じる子供たちも多いようだ。

ところで、主役のアンパンマンのなかに入れる「あんこ」は、はたしてつぶあんなのか、それともこしあんなのか？　はたま

た季節によって、うぐいすあんになったりすることとあるのだろうか。

原作者のやなせたかし氏によれば、「つぶあんではありますが、偶然にできたものなので、成分やくわしい内容は、作ったジャムおじさんしか知りません」ということになる。

ただ、過去の作品のなかで、カレーあんやクリームあん、栗きんとんのあんに変身したことはある。クリームでは力不足を起こしているから、エネルギーとしての効率はやはり栄養価の高いつぶあんがいちばんということらしい。

またアンパンマンの変身は、その外見に及ぶこともあり、小麦粉生地のかわりにパイ生地、そうめん、大福餅などに変身することもある。

GLAYのライブの縦ノリは、地震に例えると震度四

ロックコンサートでは、「縦ノリ」といって、演奏に熱狂した観客たちがリズムに合わせて跳びはねる。

この縦ノリが、大阪市西区にある大阪ドーム一帯で問題になった。観客の縦ノリが地盤に伝わって、共振現象で周辺地域に地震のような振動を引き起こすというのである。

一九九七（平成九）年三月にドームが開業して以来、コンサートのたびに周辺で振動が発生して、家がきしんだり、鍋から具がこぼれたりするようになったのだ。

地元の千代崎連合振興町会が組織した「大阪ドームによる振動対策委員会」が調

査したところ、振動が最も激しかったのはＧＬＡＹのコンサートで、なんと震度三〜四ほどの揺れだったという。

震度四といえば、テレビの地震速報で報道されるほどの大きさである。それが縦ノリだけで起こるというのだからすごい。ＧＬＡＹに続くのが矢井田瞳やＪＵＤＹ ＡＮＤ ＭＡＲＹやB'zで、震度二〜三程度とか。若いファンが多いミュージシャンほど、揺れの激しい傾向があるそうだ。

地元の苦情を受けた大阪ドームでは、二〇〇四（平成十六）年、ついに、今後ロックコンサートには会場の貸し出しをしない方針を発表した。

そのため、ＧＬＡＹは、デビュー十周年を飾るドームツアーで、大阪ドームでの公演を断念している。

『サザエさん』への出演料は、七〇〇万円である

フジテレビ系列の長寿人気アニメ『サザエさん』では、数年前から、オープニングでサザエさん一家が各地の観光地を訪れる場面が流れる。

このオープニング、じつは、各地の団体や自治体などが製作費の一部として協力金を支払い、地元のPRを依頼しているのだという。申し込んできた地域を、近接地域が続かないように配慮しながら、順番に放映しているらしい。

では、ここに「出演」するための協力金はいくらぐらいなのか？

二〇〇一（平成十三）年一月六日付の『愛媛新聞』朝刊によると、同年一月から六月までの放映分に出演するため、愛媛県が負担した協力金は六三〇万円だったという。取り上げられたのは、瀬戸内しまなみ海道、道後温泉、松山城などだった。

また、二〇〇二（平成十四）年一月十一日付『岐阜新聞』朝刊と同年一月十三日付『読売新聞（中部）』朝刊によると、同年一月〜六月のテレビ放映分に岐阜県と県観光連盟などが支払った協力金は七〇〇万円だそうだ。このときには、岐阜市の金華山、多治見市の美濃焼き、高山市の「飛騨の里」などが紹介された。

二〇〇四（平成十六）年十月からは、やはり半年間の予定で鹿児島県の名所が登場した。鹿児島県は協力金の金額を公表していないが、おそらく愛媛県や岐阜県と同程度だろうと推測されている。

近ごろの暴走族は、『ドラえもん』のテーマ曲を大音量で奏でる

暴走族――オートバイで暴走する若者たちは昭和三十年代からいたが、組織化が急速に進んで「暴走族」と呼ばれるようになったのは一九七二（昭和四十七）年頃からである。

近年では、大集団の暴走族は減ったが、小グループによるそれは増えているそうだ。

なかには、たんに爆音を立てるだけではものたりないのか、爆音で音楽を奏でる暴走族もいるらしい。

二〇〇四（平成十六）年春、大阪府警が暴走族グループの現役やOB八二人を道路交通法違反の疑いで検挙し、そのうち二五人を逮捕した。ところがそのなかに、エンジンの爆音で『ドラえもん』や『メリーさんの羊』を演奏しながら暴走した男がいた。

爆音で音楽というと、首をかしげたくなるところだが、クラッチとアクセルを使って、エンジン音で高低をつくれるのだという。「アクセルワーク」と呼ばれているテクニックらしい。

かんたんなリズムならそれほど難しくないが、『ドラえもん』の曲を奏でるには、かなり高度な技術が必要だという。

ハイジのアルムのおじいさんは、殺人を犯した脱走兵だった

アニメの人気番組で、三十年以上も前の作品なのに今も人気ベストテンを募れば必

ず入ってくる『アルプスの少女ハイジ』。その主題歌で、教えておじいさん……と呼びかけられているのが、「アルムおんじ」だ。アルムとは、アルプス地方の放牧地の呼称だから人物の名前ではなく、原作でも名前は明かされていない。

アニメ作品では、多少の偏屈さはあってもハイジに慕われる好人物のように描かれているが、原作ではとんでもない人物であった。

富裕な農家の息子をカサに着て威張ってばかりいる不良息子というのが青年時代。跡を継いでからは酒とギャンブルに明け暮れて家を手放し、放浪の末ナポリで兵隊になっている。

その軍隊でケンカから人を殺すはめになるのだから、転落の勢いは止まらない。そして罪を償うどころか軍を脱走。また十五年間も放浪する。

ようやく結婚して落ち着き、息子を授かるものの、妻を亡くし、デルフリ村にやってきて大工として生活しはじめるとハイジの登場だ。息子も大工として独立、結婚して生まれるのがハイジである。ようやく平穏な老後がアルムおんじに訪れそうなとき襲ってきたのが、息子の事故死というアクシデントだ。

子供向けの物語の形を借りてはいても、アルムおんじの宗教心のなさが息子の不幸を招いたと村人が彼を責め、しだいに孤立していくさまを描いていて、この物語は本当はキリスト教に基づく宗教心を中心に据えたものであることをわからせてくれる。

アニメ版では時に哲学的なセリフもあって、山での半自給自足的な生活をする孤高の老人といった印象だが、原作ではアンチキリスト教の象徴ともいえる存在の人物である。

『あしたのジョー』の矢吹丈は、「たこ八郎」がモデルだった!?

雑誌連載時から人気を呼び、死んだ登場人物の告別式が実際に執り行われたという伝説を持つのが『あしたのジョー』だ。

高森朝雄（梶原一騎の別名）原作・ちばてつや作画で、のちにアニメ化もされたボクシング漫画である。

主人公矢吹丈が、貧しいボクシングジム経営者のおっちゃんに見出されて、不良少年から世界戦を闘うチャンピオンにまで成長する物語。告別式が行われたのは、ジョーの最初の、そして永遠のライバルとなる力石徹のものだった。

『週刊少年マガジン』で一九六八（昭和四十三）年から一九七三（昭和四十八）年までの五年間の連載中に、さまざまなライバルたちが登場して対戦を繰り広げた。しかし力石徹との死闘ともいえる対決が、やはり秀逸で、なんといっても打倒力石のために編み出したノーガード戦法が、ジョーのボクシングだ。

相手に打たせるだけ打たせておいてから、最後にカウンターパンチをくらわすというのがジョーの戦法である。

このノーガード戦法のアイデアをもらった実在のボクサーのモデルが、たこ八郎だったのである。パンチドランカーになって引退、のちにアホ役を務めるコメディアンとしてテレビのバラエティ番組などで人気になった。

ジョーは、最後はリング上で「真っ白に

なって燃え尽きた」と描かれたが、たこ八郎の場合は泥酔しての溺死という、エンドマークの打ち方が異なっている。

『男はつらいよ』の寅さんは、一度死んでいる

ギネスブックにも載る、映画のシリーズ最多作品数を誇るのが『男はつらいよ』（全四八作）である。同じ主役が一つの役を、これだけ長い年月（昭和四十四～平成七年まで二十七年間）をかけて演じ続けた例は世界にはない。

　主役の寅さんを務めた渥美清は、イメージを壊さないために、数本の特別な作品を除いて、映画に限らずほかの仕事をいっさい断っていた。それほど寅次郎役を大切にしたのは、ファンの気持ちを知っていたからだ。

　もともとの『男はつらいよ』はテレビドラマとして制作され、一九六八（昭和四十三）年秋に放映が始まった。連続テレビドラマの区切りは一年を四つに分けて十三週分を一クールにまとめる。

　その一クールの予定で始まったのに、評判がよかったので二クール放映され、ドラマは幕を閉じた。失恋の痛手で沖縄に旅に出た寅さんが、気分も新たにハブで儲けようとしてハブに噛まれて死ぬという結末だった。

　ところが、ファンがこれを嘆いて、最終回の放映直後からテレビ局に電話が殺到する。嘆くというより怒りで「どうして殺した！」という抗議ばかり。

　脚本も担当した山田洋次監督は、「寅さんのような型破り、社会の落伍者ともいえ

る常識のない人間は、生きづらい世の中になっていくという意味を込めて、あえて主人公を死なせるエンディングにした」という。視聴者は、無意識にそんな世のなかを否定していたのだろう。

抗議の多さに心苦しくなった山田監督は、ファンへのお詫びの気持ちで、一本だけ寅さん映画をつくるつもりで、反対する映画会社を説き伏せた。それが思わぬヒットで、息の長い作品へと成長したのだった。

実際のところ、映画化第一作は続編のことを考えておらず、異様に緊迫したストーリー展開で、観る者を笑わせるとともにハラハラさせる名作である。

『スターウォーズ』のヨーダ、モデルは日本人⁉

映画『スターウォーズ』に登場するヨーダは、奇妙な顔であることは確かだが、それでもなんだか愛らしい。

キャラクターのイメージスケッチでは、ヨーロッパの寓話に登場するような人物画だったと伝えられている。「森の妖精」といった感じで、老人のように印象のうすいものだったという。

それが完成作品のようなスタイルに変わった陰には、一人の日本人の存在があった、とマニアの間ではひそかに伝えられている。

ジョージ・ルーカス監督公認というわけではないが、その日本人とは映画脚本家の故・依《よ》田《だ》義賢《よしかた》氏である。名前からして、モデルであるという説が説得力を持つ。

依田氏は、『スターウォーズ』でヨーダの登場する『帝国の崩壊』制作当時は、すでに映画界からは身を引き、大阪芸術大学の教授を務めていた。しかしサンフランシスコで開かれた映画関連のイベントのとき、ルーカス監督と面識があったと証言する英国の映画評論家もいる。

この評論家トニー・レインズは、「依田氏がヨーダのモチーフになっている」と発言したこともあり、たしかに、いま写真で見る依田氏の風貌は、ヨーダにそっくりである。

「話のネタ」写真館①

東京の池上本門寺の仁王像のモデルは、アントニオ猪木

お寺の山門でよく見かける仁王様は、本名を金剛力士といい、もとは古代インドの神様だった。鎌倉時代につくられた奈良の東大寺南大門の仁王像はとくに有名だ。

全国にたくさんある仁王像だが、そのなかに、なんとあのアントニオ猪木をモデルにした仁王像がある。東京の池上本門寺の仁王像だ。

池上本門寺は、戦災で仁王門と仁王像を焼失し、一九七七（昭和五十二）年に仁王門、翌年に仁王像をそれぞれ再建した。その際、アントニオ猪木を仁王像のモデルにしたのである。

アントニオ猪木をモデルに選んだ理由の一つは、同寺が力道山の菩提寺で、節分にはプロレスラーが力士・プロ野球選手・芸能人らとともに豆まきをするなど、プロレスと縁の深い寺だからである。

それに、現代人は昔の人間と骨格や体格が変化しているので、モデルも現代人として、アントニオ猪木の筋肉の流れを参考にしたのだという。

この現代版仁王像をつくった彫刻家の圓《えん》鍔《つば》勝三氏は、従来の仁王像とは一味違うさまざまな工夫をこらしている。

たとえば、仁王像は両足を平行にして踏ん張る（いわゆる仁王立ち）のが一般的だ

隆起した腹筋が力強い仁王像は、高さ3m60cmある。

が、この現代版仁王像は片足をあげて踏ん張っている。また、天衣は下に下がるのが一般的だが、この像では上に高く舞っている。モデルも様式も新しいタイプの仁王像なのである。

プロ野球の試合で折れたバットは、実は箸になっていた

プロ野球ではバットが折れることはよくある。その折れたバットは、その後どうなるのか？

実は、折れたバットは、これまでほとんどが焼却処分されていた。試合中だけでなく、練習中にもバットは折れるから、その数は膨大な数に上る。実際、アマも合わせると、折れるバットの数は年に数十万本にも上るそうだ。

この折れたバットに目をつけたのが、福井県小浜市にある箸メーカーの「兵左衛門」。この会社では、プロ野球選手が折ったバットを再利用して、箸を作り、販売しているのである。その名も「かっとばし!!」という。

バットの原料はアオダモというモクセイ科の広葉樹である。弾力があってささくれにくいため、木製バットの素材としては最

適なのだが、樹齢七十年以上の成木から四、五本のバットしかできないうえ、最近では植樹が追いつかず、安定供給が困難な状態になっていた。

そこで、プロ野球OBらの野球関係者によるNPO「アオダモ資源育成の会」と、「兵左衛門」が協力して生み出したのが、折れたバットを再利用した箸である。箸へと生まれ変わった売り上げ金の一部は、「兵左衛門」から会へと寄付され、アオダモの育成に役立てられることになったのだ。

折れたバット一本から作ることができるのは、平均でせいぜい四～五膳で、すべて職人による手作り。

「かっとばし!!」には、それぞれの球団のロゴが入っており、大人用が一八九〇円、子供用が一五七五円。主にデパートや都内

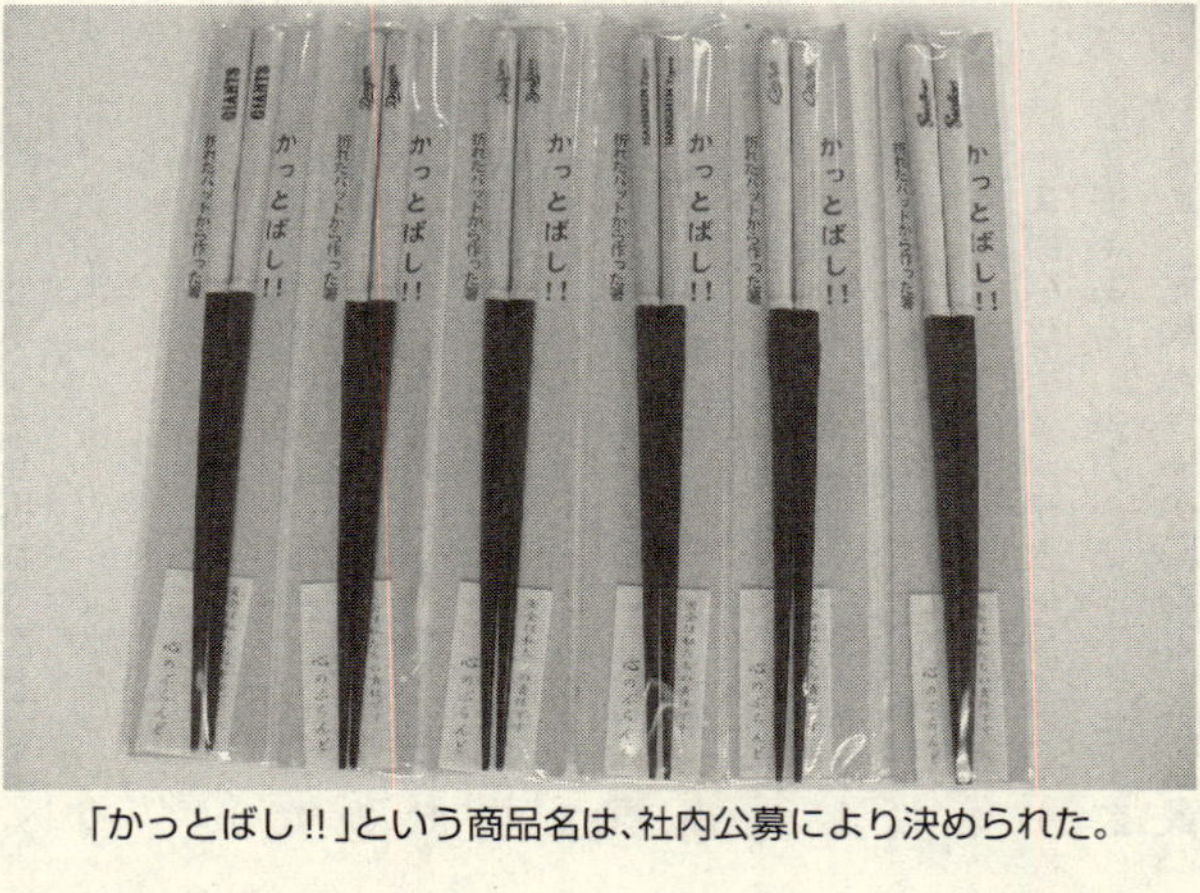

「かっとばし!!」という商品名は、社内公募により決められた。

の大型雑貨店などで販売されている。

折れたバットのグリップ部分も、靴ベラとして再生されており、こちらは「すべりこみ」と命名されている。

ちなみに、巨人時代に松井選手が折ったバットも持ち込まれたそうだ。ファンには垂涎《すいぜん》もののお宝だが、残念ながら、こちらは展示用の非売品である。

獰猛な小魚・カンディルは、人体に侵入して内臓を食いちぎる

南米のアマゾン川に生息し、人や動物を襲う獰猛《どうもう》な魚といえばピラニアだ。ところが、それよりさらに恐ろしいのがカンディルである。

川の泥水のなかに棲んでいるので、目は退化してほとんど見えないナマズの仲間。体長は三〜五センチメートルほどの小魚で、特徴はカミソリのような歯とトゲのように硬い胸びれや背びれだ。

カンディルは、小魚でも体のサイズに関係なく獲物を襲う。そしていったん襲おうと決心したカンディルに目をつけられたら、おそらく被害を免れることはできない。もちろんたった一匹でもだ。

カンディルの襲撃方法は、カミソリのような歯で嚙みつくこと。口で皮膚の表面を吸い込んでふくらんだところを、この歯で切り取り、その部分から中へ頭を突っ込んでいく。

この時点で気がついて引き抜こうとしても、硬い背びれや胸びれが引っかかって抜くことは不可能である。あとカンディルの進むままに任せるしかない。

口で嚙みつかず、大型の魚のエラ孔から

“吸血魚”カンディルのエラには、5本のトゲがある。

侵入することもある。そこから相手の肉をかきむしって血を吸うという。

この孔もぐりの特技が、もし集団で人間に発揮されたらどうなるか——。

間違って川に落ちることでもあれば、口や鼻はいうに及ばず肛門だろうが女性性器だろうが穴を見つけてあちこちから侵入し、やがては内臓まで食い尽くされてしまうのである。

ポッキーの発売当初の名前は、チョコテックだった

「ポッキー」といえば、お菓子の定番だが、意外なことに、発売当初は別の名前だった。

ポッキーが発売されたのは、一九六六（昭和四十一）年のこと。発売元の江崎グ

リコでは、それより三年前に発売した「バタープリッツ」が人気を集めていた。そこで、このユニークなスティック状のお菓子のスタイルを活かして、チョコレートを融合させたチョコスナックの開発に着手した。

だが、いざ開発を進めてみると、問題点が明らかになる。当初はタップリとプリッツ全体にチョコレートをかけていたのだが、そうすると食べるときに手がベトベトになってしまうのだ。

この問題を解決するために、最初のうちは銀紙で包むアイデアが検討されたが、そのうちにスティック全体をチョコレートで包むのでなく、持つところはそのままにしておくアイデアが浮上した。こうして約二センチの持ち手がついた新しいお菓子が誕生したのである。

大阪を中心に数十店のお菓子屋のみで試販された「チョコテック」。

誕生したお菓子は、チョコスティックをもじって、「チョコテック」と名づけられたが、本格的発売を前に、「ポッキー」という名前に変更された。食べるときの音が「ポッキン」という実に良い音がすることからつけられた名前だ。

ちょうどテスト販売の際には「ポッキン、ポッキン、新型チョコ」のキャッチフレーズが使われたというから、まさにピッタリの名前といえるだろう。

第3章

落ち込んでいる人をクスリと笑わせる46本

イギリスの情報機関MI5は、新規採用を新聞で募集している

スパイといえば極秘任務にあたる秘密の存在だが、最近はどうも様子が違うようだ。イギリスの情報機関「情報局保安部（MI5）」は、先頃新規職員採用の募集を新聞紙上で行った。

それによれば、「男は身長一八〇センチメートル、女は身長一七三センチメートルを上回らないことが望ましい」という。スパイ活動中に背景に溶け込むには、あまり身長が高すぎるのはよくないということらしい。

また、そのほかには、「物事を正確に記憶し、記録できる能力」があること、「運転がうまく、現実的な考え方ができ、機器類を使いこなせる」といった条件が提示されている。

「この程度なら、自分もスパイになれるかも⁉」と思った人も多いのでは？

MI5がこうして大々的に募集を始めたのは、国際テロの脅威に対抗するために、職員の大幅な増員を決めたことから。そこで、これまでの「秘密警察」のイメージを一新し、安全で安定した職場であることをPRする必要があると考えて、こうした公募を行ったのだ。

画期的なPR作戦が功を奏したのか、この公募に対して最初の週だけで三〇〇〇人もの応募者があったという。

ちなみに、有名な映画『007』のジェームズ・ボンド役の歴代の俳優は、いずれも身長オーバーで失格だとか。

ボクシングのサンドバッグには、砂は入っていない

ボクサーが一人でパンチの練習をするとき、よくサンドバッグを用いる。

このサンドバッグ、直訳すれば「砂袋」になるから、当然砂が入っているのかと思われがちだが、そうではない。

ボクシング用品メーカーによると、砂では、長く吊している間に袋の底の砂が固くなってしまうのだという。それを打つと手を痛めてしまうので、砂はサンドバッグの中身には向かないのだ。

実際にサンドバッグに詰まっているのは、細くしたフェルト、メリヤス、ナイロン生地、スポンジなどで、数人の職人が分業して手作業で作るという。

外国産のサンドバッグの中身は、おが屑か植物からとった繊維で、そもそも「サンドバッグ」とはいわない。「トレーニングバッグ」「パンチバッグ」などという。「サンドバッグ」とは、じつは和製英語なのだ。

日本でのみ「サンドバッグ」と呼ぶようになったのは、一説によると、日本にボクシングが入ってきたばかりの頃、なかに何を詰めたらいいのかわからず、砂を詰めたのに由来するという。

だが、まもなく砂では手首を痛めるとわかって、中身を変えたのだが、名前だけがそのまま残ったといわれる。

平城京の遺跡から大人のオモチャが発掘された

セックスはあくまで種の保存のための神聖な行為……というので女性の純潔といったものが尊ばれるようになるのは、ずっと下った時代のこと。古代は、性の面でかなりおおらかだったようである。

平城京の遺跡から発掘されたもののなかに、現代の大人のオモチャと共通するものがあることで、それがわかる。女性用の張り形、つまり人工ペニスである。

出てきた場所は、大膳寮《だいぜんりょう》という宮廷の食事を担当する役所のゴミ捨て場だった。ふだんは釆女《うねめ》と呼ばれる女官が六〇人以上も働いていたのが大膳寮だ。

釆女を務めるには独身が条件だったので、妙齢の女性のなかには悩ましい思いに駆られた人がいたことがわかる遺物である。発掘されたときは無造作に紙に包んであっただけというから、必死で隠さなければならないほどではなく、愛用者はおおぜいいたのかもしれない。

実物はウドカズラというつる草で作られた、長さ一八センチメートル、直径三センチメートルほどの、やや反りぎみの筒。根元にヒモまでくりつけられているリアルさだ。

同様の張り形は平城京ばかりか、宮城県や静岡県の遺跡からも見つかっていて、古代の性文化をしのばせてくれる。

『続《しょく》日本《にほん》紀《ぎ》』によれば、宮中では昼でも夜でも気の向いたときにセックスすると書かれているのに、その片隅での独身女性の密かな営みという対照もまた、平城京の性の実態である。

太陽系の六五六二番目の惑星は、「Ｔａｋｏｙａｋｉ」である

太陽系にある小さな天体を小惑星という。この小惑星は、第一発見者に命名権が与えられる。

新しい小惑星が発見されると、何回か太陽の周りを公転して、正確な軌道が計算されて確定するまで位置観測が続けられる。軌道が確定すると、通し番号がつけられて、発見者に命名権が与えられる。発見者は、アメリカのスミソニアン天文台にある国際天文学連合（ＩＡＵ）の小惑星センターに、自分が考えた名前を提案し、承認が得られれば名前が決定する。

通常、命名されることが多いのは、天文界や有名人の名前。しかし、「一六文字以内のアルファベットで表記できる」「発音ができて意味がある」「すでにある天体名と似ていない」など一応の基準がある程度で、厳格な決まりはない。そこで、ユニー

クな名前もたくさん登場している。

なかでも傑作なのが、六五六二番の「Takoyaki」。そう、大阪名物のたこ焼きである。地球から約四億キロメートルのところにある、おうし座で輝く一八等星で、二〇〇一年に大阪で開催されたイベントで子供たちが考えた名前が採用されたもの。

その他にも、八五八三番惑星の「Bouillabaisse（西洋の煮込み料理のブイヤベース）」、三七六七番の「DiMaggio（アメリカの野球の名選手ジョー・ディマジオ）」、七八二六番の「Kinugasa（日本の元プロ野球選手衣笠祥雄）」など、ユニークな名前がテンコ盛り。小惑星はまさに珍名・奇名の宝庫なのだ。

長寿番組『笑っていいとも！』の初代ゲストは桜田淳子

フジテレビのバラエティ番組『笑っていいとも！』は、お昼のテレビ番組の代表選手ともいうべき存在。

『笑っていいとも！』が放送を開始したのは一九八二（昭和五十七）年十月四日のこと。今でこそ、お昼の顔となったタモリだが、当時は毒気の強い笑いが持ち味で、異色タレントといった扱いであった。そのため、タモリの起用が決まったものの、フジテレビとしては、一クール（三か月）も持てば十分といった気持ちぐらいしか持ち合わせていなかったのだ。

ところが、いざ始まってみると、タモリは見事にイメージチェンジを果たし、片岡鶴太郎や高田純次、のちにレギュラーとなった明石家さんま、ダウンタウン、ウッチャンナンチャンなどの人気も手伝って、番組は打ち切りどころか、日本を代表する長寿番組となった。

その結果、生放送五〇〇〇回を迎えた二〇〇二（平成十四）年四月五日には、司会のタモリは生放送単独司会世界記録として、二〇〇三年度版のギネスブックに掲載されることに。番組自体も、二〇〇五年で二十四年目を迎える。

ところで、その『笑っていいとも！』で第一回から続いている「テレフォン・ショッキング」は、毎日ゲストが替わり、その日のゲストが次のゲストを紹介するという企画と、タモリとゲストのやりとりが楽しく、開始当初から看板コーナーとなっている。この第一回のゲストは桜田淳子だった（彼女が紹介した翌日のゲストは振付師の土居甫）。当時、大人気歌手だった桜田淳子から始まった「テレフォン・ショッキング」は、二十三年を経た今も、芸能人の友達の輪を繋ぎ続けている。

華麗な花「蘭」の語源は、人体の意外な部分！

女性に花をプレゼントするときは、バラの花を贈る男性が多いようだが、バラよりも女性の心を惑わすのが蘭だ。

蘭はとても高価なイメージがあり、花弁の大きさや、全体からかもし出す高級感は、他の花にはない独特のものがある。

しかし、蘭にはとても恥ずかしい過去がある。

蘭は英語でオーキッドという。この言葉

の語源はギリシャ語のオルキスで、意味は「睾丸」。蘭は二つの球根を持っており、そのうちの一つから花茎を伸ばして花を咲かせるのだが、この球根の形が、睾丸にそっくりなのである。

いわれてみれば、確かに形は似ているが、その名前をそのまま花の名前にしてしまうとは、あまりにも大胆といわざるを得ない。

また、蘭は古代ギリシャでは誘淫剤として使われていたし、球根から作ったサループという飲み物が、精力増進剤や媚薬として売られていたこともあった。

ハチランという種類にいたっては、ハチのメスが出す匂いと同じ匂いを放出してハチのオスを誘うというのだから、テクニックも相当なもの。

睾丸という名を持ち、手練手管でオスを誘う蘭。蘭をプレゼントされた女性がメロメロになるというより、相手に蘭を贈ろうと考えた男性が、すでに蘭の虜《とりこ》にされてしまっているのかもしれない。

メキシコ政府は、アメリカ密入国のハウツー本を無料で配っている?

豊かな生活を求めてメキシコからアメリカに不法入国する人は多い。米国移民局の二〇〇三年推計によると、米国内の不法移民は約七〇〇万人にのぼり、その七割がメキシコ人と推定されているという。

川や砂漠を越えての不法入国はたいへん危険で、毎年何百人ものメキシコ人が越境中に死亡している。

その危険を少しでも減らすためにと、二〇〇四年末にメキシコ外務省が発行した

『メキシコ人移民のためのガイド』という本が、アメリカで物議をかもしている。

この本は、約一五〇万部発行され、大人向けの人気マンガ本の無料付録などとして配布されたもの。メキシコ外務省のホームページでも読めるが、「厚手の衣類で川を渡ると、ぬれて重くなるので危険」「道に迷ったら電線や鉄道をたどれ」など、川や砂漠を渡って密入国するときに安全を確保する方法について、カラーの絵入りでくわしく説明されているのである。

アメリカへの入国方法については、「事前にパスポートとビザを取るのが安全」と前置きしているのだが、内容的にはアメリカ密入国のハウツー本ともとれる。

メキシコ外務省としては、不法入国者を止められないならせめて安全に……という思いなのだろうが、アメリカでは、「密入国をあおって、かえって悲劇が増える」と非難が噴出している。

ギャンブラーのお守り「女性の陰毛三本」には、意味がない

昔からバクチをする人の間では、「女性の陰毛は賭け事の守り神になる」といわれてきた。戦時中には、妻や恋人の陰毛をお守りとしてふところにしのばせ、出征した人もいたというし、今日のギャンブラーにも、女性の陰毛をお守りとしている人がいるという。

このお守りは、三本をふところにしのばせるのが正しい作法ともいわれる。

まことしやかに伝えられてきたジンクスだが、じつは、女性の陰毛を崇める信仰などはない。

昔の人は、女性が子供を産む能力を神秘的と感じ、女性の生殖器を生命力にあふれていると考えて、崇拝の対象とした。しかし、崇拝したのはあくまで生殖器であり、陰毛ではない。

それが、いつしか生殖器を保護している陰毛も生殖器と同一視され、生命力や神秘の力が備わっているとされるようになり、その力を貸してもらおうと考えるようになって、「陰毛はお守り」とされたようである。

陰毛なら持ち歩けるので、こういうジンクスが生まれたのだろうが、本来の女性信仰から考えるとあまり意味がない。「三本」に限定されるようになった理由は不明で、ご利益にも疑問が残る。

マムシがマムシを嚙んでも、死なない

世界にはコブラをはじめとする毒蛇がいる。日本にも沖縄に棲息するハブのほかに、本州にも広くマムシがいる。人の住む地域でも、山に近かったりするとマムシがすんでいて、「マムシに注意」の看板などを見かけることがある。

マムシは、暗いところや草の中に身を隠していることが多く、不意に嚙まれることもあり、大変危険である。

マムシの毒は出血毒という。人がマムシに嚙まれると、体内で血管が破壊されて内出血を起こす。呼吸困難に陥り、ときには死に至ることもある。

万が一嚙まれたときには、血清《けっせい》を注射し

てもらわなくてはいけない。マムシが棲息する地域の病院には、たいてい血清が置いてある。

では、マムシにとって、マムシの毒は危険なのだろうか。

答えはノー。マムシは自分の毒に対する抵抗力を持っている。そのため、マムシがマムシに嚙まれたとしても、牙で傷つきはするがすぐに元気を取り戻し、死ぬことはない。

ただし、すべての毒蛇は、同じ種類の蛇の持つ毒に対する免疫を持っているとは限らない。ちなみに、毒蛇の中でもとくに猛毒を持つコブラは、あまりに毒の力が強いため毒が体に回って、やがて死んでしまう。

しかし、蛇同士は争って嚙んだりすることはほとんどないようだ。そのため、マムシがマムシを嚙むことを見る機会は少なく、その目で確かめることは難しいだろう。

渋谷・道玄坂の由来は、「道玄」という追いはぎの名前から

東京の渋谷駅前には、スクランブル交差点から「道玄坂」が延びている。ファッションビルや雑居ビルなどが並ぶにぎやかな繁華街だが、この道玄坂の地名は、なんと「大和田太郎道玄」という伝説的な山賊の名に由来する。

大和田氏の祖は鎌倉時代の名士・和田義盛の一族だったが、和田氏が北条氏に滅ぼされ、さらに戦国時代末期の十六世紀、やはり一族で渋谷の支配者だった渋谷氏が滅亡すると、道玄の代にはついに山賊となっ

てしまった。

道玄は、現在の道玄坂近くに住みつき、坂の上にあった松の大木に登って厚木街道を見張った。そして、厚木街道に旅人の姿が見えると、手下たちに合図を送り、衣類や金品などを奪ったという。

その頃の道玄坂は、追いはぎが出没するような寂しい場所だったのだ。

厚木街道というと現在の国道二四六号線で、かなりの距離がある。この伝説が事実なら、道玄はずいぶん目がよかったようだ。

この道玄が見張りをした松の大木は、いつしか「道玄松」と呼ばれるようになった。そこから「道玄坂」の地名が生まれたといわれている。

山賊の親分だった道玄だが、晩年は反省したらしく、仏門に入り、道玄庵という庵でひっそり暮らしたそうである。

唱歌「蝶々」の二番は、スズメの歌である

「ちょうちょう　ちょうちょう。菜の葉にとまれ。菜の葉に飽いたら、桜にとまれ……」――誰もが知っている「蝶々」の歌だ。

この童謡はスペインの民謡で、明るい雰囲気が世界中で愛され、各国でさまざまな歌詞がつけられた。日本には「ボートの歌」として伝わったが、幕末～明治の国学者・野村秋足《あきたり》が作詞して、小学校の唱歌とされた。歌詞の前半は、東京付近で歌われていたわらべ歌という説もある。

ただ、これに二番の歌詞があることはあまり知られていない。

二番は、「起きよ　おきよ。ねぐらのすずめ。朝日の光の、さし来《こ》ぬさきに。ねぐらを出《い》でて、こずえにとまり、遊べよ　すずめ、歌えよ　すずめ」という歌詞だ。なんと蝶々ではなく、スズメの歌なのである。

作詞者も一番とは違い、稲垣千《ち》頴《かい》という人物だ。一番と二番を別人が作詞した歌というのも珍しい。

曲の軽快なリズムがあまりに蝶々のイメージにぴったりだったためか、いつのまにか二番の歌詞は歌われなくなり、忘れ去られてしまったのだ。

断食中にも、ウンチは出る

何日も断食したとき、ウンチは出るのだろうか？

ウンチのもとは食べた物のカスなのだから、何も食べなければ便通はないはず……と思ったら大マチガイで、ウンチは出る。

じつは、ウンチはすべて食べた物のカスというわけではない。食べた物が小腸を通っていく間に、古くなってはがれ落ちた小腸の細胞や粘液が加わり、さらに大腸では、腸内細菌やその排泄物が加わる。

人間の大腸には、約一〇〇種類、数にして一〇〇兆個ほどの細菌が棲みついているといわれている。食物とともに体内に入りこんだ細菌が、栄養豊富な大腸に落ち着き、大腸内の食物をエサとして盛大に繁殖するのだ。

それらの細菌のなかには、ビフィズス菌や乳酸菌など、人間の消化を助けてくれ、人が生きていくうえでなくてはならない働

きをするものもいる。
細菌といえども、数が膨大になればけっこう大きな体積となる。ウンチの一割近くが腸内細菌で、その排泄物や分泌物も含めると、ウンチの三分の一〜二分の一になるともいわれている。
これらは食べ物が口から入ってこなくても排泄されるので、食事をしなくても便通はなくならないのだ。

働きアリの二割は、ほとんど働かない

アリといえば、働き者の代名詞。イソップ童話にも、働き者のアリと、怠け者のキリギリスの物語があるように、アリの働きっぷりはよく知られている。

でも、アリのなかにも怠け者はいる。

北海道大学大学院農学研究科の長谷川英祐助手らが、カドフシアリ約三〇匹ずつの三つのコロニー（血縁集団）を人工の巣に移して、五か月間にわたって観察したところ、二割のアリが、ちっとも働かずにいることを発見したのである。

他の八割のアリが、エサを取ったり、女王アリや卵をなめて綺麗にするといった労働をしているのに対し、残りの二割のアリは、ただウロウロ歩いたり、自分をなめたりしているだけだ。

しかし、働かないからといって、二割のアリの存在価値がないとは言い切れない部分もある。大阪府立大学の研究によると、賢いアリだけの集団より、かなりアホと思えるアリを交ぜた集団のほうが、エサの回収率が高かったという結果があるからである。

つまり、働かないアリには、それなりの目に見えない役割があるのかもしれず、一見怠けているだけに見える行動も、実は、深い意味を秘めた行動かもしれないのだ。

そのあたりについては、北海道大学の長谷川助手も、働かないことで何らかの貢献をしている可能性もある、としており、今後の研究が待たれるところだ。

こうなると、気になるのは、怠け者のキリギリスのなかにも、もしかして働き者が何割か潜んでいるのではないか、ということだ。誰か実験・観察してみては？

東京駅の名所・銀の鈴、初代は紙製で現在は銅製である

東京駅の待ち合わせ場所として有名な「銀の鈴」。多くの路線が乗り入れる巨大迷

路のような東京駅でも、ここならば誰もが知っているので安心である。

ところで、この鈴は本当に銀でできているのだろうか？　答えはノー。初代は張り子で、現在のものは鋳銅の銀メッキ製だ。

銀の鈴がお披露目されたのは、一九六八（昭和四十三）年の六月十日のこと。その前年に、東京駅の助役が、何か待ち合わせ場所の目印になるものを作ろうと発案したのだった。

このときの初代銀の鈴は、竹で鈴の形を作り、和紙の上に銀紙を貼った張り子製だった。天井からぶら下げられ、胴の中にはスピーカーが仕掛けられて、鈴の音が流れるようになっていた。助役たちが、神仏具店の多い稲荷町を歩き、いくつもの鈴の音を聞き比べて音色を決めたという。この鈴の音は、一九七八（昭和五十三）年十月まで流されていた。

この一年後、東京駅名店会から鋳銅製のものが贈られ、これが二代目にあたる。そして、現在の三代目は、やはり東京駅名店会から一九八五（昭和六十）年二月に贈られたものである。直径七〇センチメートル、高さ九二・三センチメートルで、重さは八〇キログラムという堂々たるものである。

駅の改装に伴い、設置場所は何度か変わったが、大きな丸い鈴の姿は、待ち合わせの人の心をなごませている。

「トライアスロン」は、酔っぱらいの冗談から生まれた

水泳・自転車・マラソンの三種目を連続して行う「トライアスロン」は、苛酷な耐

久レースで、一九七〇年代のアメリカで誕生した。

それまでは各地で自転車とマラソンを組み合わせるなど、二種目か三種目を組み合わせたレースを勝手に開いて競っていた。それを「トライアスロン」という競技として有名にし、定着させたのは、一九七八年にハワイのオアフ島で開かれた「第一回アイアンマン大会」である。

アイアンマン大会の発端は、なんと酔っぱらいの冗談だった。

一九七七年、アメリカの海兵隊員が酒盛りをして、「水泳と自転車とマラソンでは、どれがいちばんハードだろう？」という話題で議論しているときに、ジョン・コリンズという隊員が、「それなら全部まとめてやればいい」と冗談をいった。「勝ったやつにはビールをおごるぞ」という話まで飛び出しているうち、ほんとうに大会を開くことになったのである。

アイアンマン大会は、当時のハワイで行われていた三・九キロメートルの水泳大会と一八〇・二キロメートルの自転車レースと四二・一九五キロメートルのホノルル・マラソンを一日に連続して行うという苛酷なレースで、一五人が参加し、一二人がゴールまでたどり着いた。

これが人気を呼んで、アイアンマン大会は恒例の大会となり、トライアスロンが世界に広まったのである。

マジックミラーは、魚のストレスを解消している

ただの鏡だと思っていたら、その裏側からは素通しのガラスで、こちらが何をして

いるかが丸わかりになってしまうのがマジックミラーである。

仕組みは単純。ガラスの裏側に水銀を塗ればただの鏡になるところを、水銀を半透明になるように塗るだけで作ることができる。ただし、ガラス面を明るい部屋に、水銀処理したほうを暗い部屋に向けて置くのがマジックミラーに仕立てるポイントだ。

これは窓にレースカーテンをかけたとき、日中の明るい戸外を室内からは見ることができるのに、外からは室内が見えないというのと同じ原理である。

当然だが夜になって室内に明かりをつけると、今度は暗い屋外の通りから室内が丸見えになる。常に明るいほうはガラスの反射が強くて鏡になり、暗いほうは反射が少ないので透けて見えているのだ。

水銀処理をするかわりに特殊フィルムを貼った、車やオフィスビルの窓も同じ原理だ。

近年は、このマジックミラーの原理がいろいろなところで利用されている。珍しいのは魚の水槽への活用だ。

活魚を扱う料理店では客のために水槽を並べ、商品を泳がせて展示する。ところが、中で泳がされている魚たちは人間にのぞき込まれるのがたいへんなストレスである。そこでマジックミラー製の水槽に替えると魚のストレスが減り、長持ちするという(もちろん、水槽のほうが明るくしてある)。当然ストレスのないぶん、味だってよいに違いない。

名横綱・朝潮の胸毛は、相手の額を切った?

力士を間近で見ると、意外にも、しっとりツルツルの餅肌が多い。土俵に転がされて体毛が擦り切れ、肌が磨かれるからだといった説もあるが、たしかに胸毛モジャモジャの力士は少ない。力比べという男らしさの極みを競うスポーツマンには珍しいかもしれない。

そんななかで、胸毛を誇ったのが昭和三十年代に活躍した高砂部屋の朝潮太郎。第四六代横綱にまで上り詰めた力士だ。

彼の胸毛は黒々と、見るからに剛毛だったが、実際、胸毛で同部屋の力士たちにケガをさせそうなほどだった。部屋で若手力士が朝潮を相手にぶつかり稽古をすると、朝潮の胸に突進した力士たちは剛毛で額を切りそうになることがたびたびだったという。

これよりあと、昭和五十年代から六十年代にかけて関脇まで勤めた青葉城も、濃い胸毛と長いもみ上げで評判になるが、朝潮にはかなわない。

ただ時代をさかのぼると、江戸時代の白真弓肥太右衛門は胸毛ばかりか腹、腕、肩までが体毛に覆われていたという。彼が毛深さ歴代力士ナンバーワンのようだ。

それなのに、彼の故郷・飛驒に残された錦絵には体毛がまったく描かれていない。故郷の人々に体毛だらけの裸の絵を見られるのは恥ずかしいと、わざわざ胸毛のない版を彫らせたというから、やっぱり力士には餅肌が似合うものらしい。

相撲の「ゆるふん」「かたふん」は、白星を取るための立派な作戦

力士は入門から順に番付をあげていき、

十両に昇進すると「関取」と呼ばれる身分になる。すると締め込みと呼ばれる取組用廻しに絹を使うことが許される。ツルツルした繻子《しゅす》や緞子《どんす》だ。

この締め込みの締め具合が、勝負のアヤを生み出す。

たとえば、対戦相手が上手を取ろうとしてもあまりにきっちり巻きつけていると、表面は滑るし、指の入るすきまさえなく、相手は廻しが取れない。

反対に締め方がゆるいと、廻しを取られたとき相手が力を込めると、幾重にか巻いているうちの上の一枚だけが伸びてずり上がる。相手は力が入らずそれ以上引きつけたり、投げを打ったりすることができないうえ、観客に対しても見端《ば》が悪い。

一般的に押し相撲を得意とする力士が、廻しを取られるのを嫌ってきつく締める「かたふん」を好む。ぎりぎりまでかたく締めようと、濡れると縮む絹織物の性質を利用して、霧吹きで水をかけながら締めることもあるほどだ。

昭和初期に活躍した巴潟《ともえがた》という関取は、小兵《こひょう》だったため廻しを取られるのを嫌ってガチガチに締めたことで知られ、そのかたさは控えに座っているとき腹痛を起こすほどだったという。

がっぷりと組む四つ相撲が好きな力士は、逆に「ゆるふん」にして相手の力をそごうとする傾向にある。

かつては黒か茄子紺と決められていた締め込みも、カラーが許可されてからは華やかになって観客を楽しませている。単に色を楽しむだけでなく、締めかげんをチェックするのもおもしろそうだ。

マクドナルドを「マクド」と略す大阪人は国際人!?

大阪人のせっかちさは「いらち」と呼ばれて、交通信号を守らないことがその代表として挙げられる。

赤信号で止まっているとき、交差する道路の信号が青から黄色に変わったのを確かめると、もう歩き出すというのである。それを少しでも防ごうと、大きな交差点の信号機には、次に青信号に変わるまでの待ち時間が表示されるものも生まれた。

ところがこの時間待ち信号表示が、大阪だけでなく中国の蘇州にも存在するという。中華系人種は平均的にせっかちなのか、香港やシンガポールにも同じような信号があるらしい。大阪はアジアの諸都市と共通項のある町だったのだ。

またアジア諸都市に似た大阪は、パリにも似ているという。

ファーストフードのマクドナルドを、東京ではその英文字ロゴからとってマックと呼び習わしているが、大阪では日本語をそのまま略して「マクド」と「ド」にアクセントをつけて呼ぶ。

フランスでも同じように「マクドー」と最後を伸ばすアクセントで呼んでいるというから、大阪人は国際的?

かわいい顔をしたパンダは、じつは肉食動物だった!

上野動物園に中国からパンダが贈られることになったとき、食糧であるササの調達が首都圏で可能なのかと話題になった。パンダ舎には笹竹が植えられて、ときには座り込んでササの葉をかじっている姿も公開されたため、誰もがパンダはササしか食べない動物と思い込みがちだ。

しかし野生のパンダは、熊猫といわれるとおりクマとそっくりの消化器官を持ち、腸は草食動物のように長くない。

かつてパンダが肉食動物だったという論文が、一九八〇年代の初めに中国の研究者たちによって発表されているし、一九九二年には肉食の事実がニュースにもなっている。中国四川省の省都・成都から二〇〇キロメートルほど離れた村での出来事で、一頭のパンダが山羊三一頭を食い殺したというものだ。

体型からどうしても俊敏に動けないパンダは、五十万～六十万年前から棲息していたといわれ、肉食をやめて山奥へ潜み、ササを主食とすることで種を保ってきたと考えられる。食べようと思えばササ以外も食べられる肉体構造だった。

たしかに上野動物園のパンダも、今はササのほかにニンジン、リンゴ、サトウキビ、米といった植物のほか卵、牛乳、馬肉など動物性タンパク質や砂糖や黄な粉といった食物を与えられているという。

ササ以外にも食べるなんて、パンダらしくない——と思うのは人間の勝手な思い込みか……。

パソコンのマウスを移動するときの単位は「ミッキー」

パソコンの画面上のカーソル操作や、図形情報の移動に使うポインティングデバイスのマウスは、mouse と綴ってハツカネズミとまったく同じである。形が似ているところからの命名だが、開発者はダグラス・エンゲルバートで、一九六八年のことだった。

　最初はx軸とy軸の動作を検出するため底に二つの車輪がついたものだったが、やがて車輪がボールに変わり、斜め方向の検出がスピードアップされた。

　このマウスの感度を表す単位が「ミッキー」だ。もちろんマウスから想像される代表的なキャラクター、ディズニーの生んだミッキー・マウスから借りたというシャレの命名だった。

　一ミッキーという単位は、一〇〇分の一インチだけマウスを動かすということだ。一〇〇分の一インチとは約〇・二五ミリメートル。

　命名者は、マイクロソフト社の社員だったプログラマーのクリス・ピーターズ。ジョーク好きだった彼は、マイクロソフト社のオフィス部門の副社長まで務めたあと、アメリカのボウリングのメジャーリーグと呼ばれるプロボウリング協会チェアマンとなった。

犬は笑うことができるが、じつはつくり笑いである

オオカミから進化して家畜となり、やがてペットとして一般家庭でも飼われるようになったのが犬である。

　そのおかげかどうか進化はまだ続いているようで、人間並みに表情が豊かになって、なかには笑う犬まで登場しているといわれる。

　犬が笑うときの表情は、鼻にシワを寄せ

て上唇を吊りあげて歯を見せるというもの。

犬を飼ったことのある人なら知っているだろうが、犬の言語はボディランゲージがほとんどだ。吠えるという形で声も使うが、たいていは体もなんらかの動きを見せている。笑っているときも、耳を後ろに伏せて、体をくねらせるという動きが伴っているという。

終戦直後に発行された『動物文学』には、研究者・観察者によってこの事実が紹介されており、それはかつてチャールズ・ダーウィンが笑う犬について書いたことと一致する。

それによると本当に犬は笑うらしいのだが、正確には愉快とかおもしろいという判断に基づくものではないという。人間と身近に暮らすことで、「笑顔」が「喜び」を表現するものであることを学習し、それを自分のものとして身につけてはじめて笑う。

飼い主が帰宅してうれしいというとき、この顔をすれば飼い主が喜んでくれると学習していればこの表情をつくる。飼い主がテレビを見て笑っていれば、自分も仲間入りしたくて同じ表情をつくる。これが犬の見せる笑いの正体だとされている。

美男子と伝えられる源義経は、じつは出っ歯で猫背の小男だった！

源義経は、源氏再興のために仇敵・平家の討伐で次々と武勲を立てながらも、後白河法皇と兄・頼朝の権力争いの板ばさみとなって命を落とした。

これが多くのテレビドラマや映画、芝居

に描かれる彼の一生で、悲劇の武将役を演じるのはいつも、その時代を代表するイイ男である。この時代を著した『源平盛衰記』のなかに、義経は美男子だったと書かれているから当然のことだろう。

義経の母である常盤御前も、敵将である平清盛が捕らえて愛妾にしたというから、かなりの美人だったことは『平治物語』の表現を借りるまでもなく明らかだ。ここからもイイ男ぶりが想像できる。

ところが『平家物語』で描かれる義経像は美男とはほど遠い。「色白で背が低く、出っ歯だ」という。この書では義経の戦功を正確に記述しているので、彼の風貌に関してのみ不正確なことを書く理由はないはずだ。

鎌倉幕府が出した義経手配書も同様の特徴を記している。こちらは物語ではなく書類だから事実として受け取ると、どうも源義経は、イイ男どころか醜男《ぶおとこ》だったようだ。

容貌はともかく、背が低かったのは事実で、残された義経の鎧から判断して身長は一五〇センチメートル程度しかなかったようである。鎧の背中の部分が緩められているところから見て、猫背だったらしいともいわれている。

ただ当時の「一対一」の武将同士の戦いから、騎馬戦という新しい戦法を編み出したのも事実だ。すると、政争の駆け引きもわからぬ、たんなる戦争好きなだけの野蛮な青年とその死という義経の実像が浮かびあがってくる。

室町幕府六代将軍・足利義教はクジ引きで選ばれた

治世者は世襲でというのが、古代天皇制以来の日本の歴史だった。だから鎌倉時代、室町時代と武士社会になってもそれが引き継がれた。

ところが、子供がいなかったり、幼かったりすると、跡目を誰にするかで問題が起こる。直系卑属がいなければ横につないで兄弟にするとか、それもなければ尊属にさかのぼって近親を探すといった具合だ。

室町幕府の足利義量《よしかず》（五代将軍）が十九歳で亡くなったとき起こったのが、まさにその問題だった。彼には子供もなければ兄弟もなかったので、四代将軍義持の兄弟たちに白羽の矢が立った。

ところが義持には四人の男兄弟がいた。そのうちの誰にするかが今度は問題だ。解決策として選ばれたのがクジ引きである。

クジというと後世の富クジのようにギャンブル色の強いものと思われがちだが、当時としては神聖な手段だった。クジは神を勧請《かんじょう》して証人にする「神判」と考えられていたからだ。鎌倉時代にも朝廷で後継者問題が起こったとき、北条泰時が幕府の執権として鶴岡八幡宮でクジを引いて後継者を決めたという例があった。

そこで足利家では、源氏ゆかりの京都三条八幡宮でクジ引きを行い、引き当てたのが出家していた義円《よしのり》だった。そこで彼は還《げん》俗《ぞく》して六代将軍義教となる。

クジで将軍になったというのが、相当のコンプレックスになっていたのだろうか、彼は人からバカにされるのを嫌った。もともと神経質でもあったため、どんな些細な間違いでも厳罰を科す恐怖政治に走った。通りで将軍の噂話をしていたというだけの理由で、首を斬られた商人がいたというエピソードを残しているほどだ。それが災いして、部下の赤松満祐《みつすけ》に戦勝祝宴に招かれて殺される。クジ引きから十三年後のことである。

黒船に忍び込んだ忍者が盗んだのは、乗組員の落書きだった

ペリー提督が引き連れてきた黒船艦隊については、幕府に限らず諸藩も何か独自の情報を手に入れようと懸命だった。

そんななか、黒船に忍び込むことに成功した藩が一つだけあった。津藩藤堂《とうどう》家である。成功の理由は藤堂藩の地元が伊賀上野だったため、伊賀忍者の伝統を受け継ぐ藩士を抱えていたためだ。

津藩の祖は戦国武将・藤堂高虎《たかとら》。関が原の戦いで東軍につき、伊予今治《いまばり》藩主だったが、その後、津藩と伊賀上野を合わせて加増されて移封してきた。そして代々、忍者や土豪を集め、士分に継ぐ身分を与えて組織化していたのだった。

ペリー来航は第一一代藩主高猷《たかゆき》の時代。彼は沢村甚三郎に命じて黒船を探索させた。そして沢村は侵入に成功し、いくつかの戦利品を持ち帰った。

それが、パン、タバコ、ロウソク各二つと、乗組員の書いた二枚の文書で、さっそく江戸屋敷の高猷に渡された。藩主はパン一個を賞味したということが記録に残っている。しかし、持ち帰った文書はただの落書きで何の情報ももたらさなかった。

忍び込んで密航しようとした吉田松陰が見つかって捕らえられたことを考えれば、さすが忍者である。

しかし、あえて侵入させた高猷に新しい意識はもたらしたようだ。津藩はいちはやく武備を整え、洋式軍隊の訓練をはじめているからだ。そこにはちゃんと忍者の子孫たちの鉄砲組も加えられていた。

世界最大の花・ラフレシアは、ハエを引き寄せる

寄生虫というのは、ほかの動物を宿主として寄生し、そこから栄養分をもらって命をつなぐ虫だ。

同様に植物にも宿主を持って寄生するものがある。代表的なのがスマトラやジャワ、ボルネオで見られるラフレシア属だ。

とくにスマトラ産のラフレシア・アーノルディは、世界最大の花としても知られている。

大きいものは花の直径が一～二メートルにもなる。これだけの大きさの花の命を、ほかの植物に預けるのだから図々しい。そして宿主になる植物はお人よしだ。

お人よしの宿主は、ブドウ科のミツバビンボウカズラ属というつる性植物である。ラフレシアはその根に寄生して寄生根で養分を吸収する。そしていきなり蕾《つぼみ》として花だけが顔を出す。茎も葉も持たないのだ。

花が咲くということは受粉したあと種子のある果実をつけるという、普通の植物と同じ種の保存法をとるということだ。種子の散布は小動物に食べられるか、くっついて運ばれるのか、はっきりしていないが、やはり宿主を見つけて根や幹のなかで二～

三年過ごし、時期が来ると前記のように宿主の幹から突然蕾が顔を出す。

果実をつけるための受粉に活躍するのはハエ。そのためにハエが寄ってきやすいよう香りを放つ。ラフレシアの花の香は腐臭ともいえるひどいものだが、ハエは喜んで何百匹と群がるという。

世界一奇妙な植物 その名も「キソウテンガイ」

アフリカのナミブ砂漠の一角に、ウェルウィッチアという植物がわずかだけ生息し続けている。和名では「キソウテンガイ」、そう奇想天外な見た目のままが使われている。

どこが奇想天外なのか——。

この植物は、砂漠の雨季に運よく発芽できたら、猛スピードで根を伸ばす。そして双葉を出したあと本葉が二枚出ると、その葉だけが生長を続ける。新しい葉を次々に出して世代交代しながら生長するという植物の鉄則に真っ向から逆らって、生涯に双葉と本葉の四枚だけしか持たないという異端の植物なのだ。

ナミブ砂漠は、植物の生育に必要な水分はまったくといっていいほどなく、日中は五〇℃にも気温が上がるし、砂嵐が舞い上がるという環境。そこで生息していくには、こういう奇妙な形にならざるを得なかったのだろうか……。

二枚の帯状の葉は広がり、幅数メートル、長さは一〇メートルを超えるものもあるという。

この大きさに生長するまでに一千年はかかっているといわれ、広がった葉の先のほうは一千年のときを経て縮れ、ちぎれ、枯れた部分もあって見るも無残な姿。平行脈にそって裂けるため、多数の葉が伸びているようにも見える。

古いものでは二千年を経ているといい、この生育を支えているのが水分を吸収するために砂のなかに長く伸ばした根だ。短くても一〇メートル、長いと二〇メートル近くになり、それもたった一本だけの命綱である。

ナミブ砂漠のあるナミビア共和国では保護植物となっているが、世界中の植物園等で植栽されている。京都の府立植物園では二〇〇四（平成十六）年夏に二株を根こそぎ盗まれて「奇想天外盗難事件」と新聞ダネになった。まるで意味のわからない奇想天外な見出しであった。

下っ端力士は、真冬でも浴衣一丁で過ごす

スポーツの世界は上下関係が厳しい。なかでも大相撲の世界ほど上下関係がはっきりしている社会は、最近では少なくなった。プロスポーツである以上、実力勝負で番付が上位になれば優遇されるのは当然で、縦社会になるのは当たり前だ。

相撲部屋に入門すると、最初は序ノ口、勝ち越していくと序二段、三段目、幕下と上がっていくが、ここまでは無給だ。十両になってやっと給金が支払われるようになり、関取と呼んでもらえる立場になる。土俵入りがあって化粧回しがつけられるようになる。その後が幕内で、おなじみの平幕・小結・関脇・大関ときて、最高位の横

綱で階段を上り詰めたことになる。

しかし、こうした番付の地位という公的立場が私生活にまで影響するという点で、力士社会は因習的とさえいえる。

代表的なのが衣装だ。最近は部屋にいるときの普段着にジャージー着用も認められているが、公式の席では必ず和服着用だ。だから番付下位の力士が部屋から場所中の国技館へ通う電車に乗るとしても、和服。

それも番付の地位によって、羽織・袴・帯から履物に至るまで、身につけていいものが決められている。

哀れなのは序ノ口と序二段だ。この地位にいる力士たちは、身につけていいのは浴衣《ゆかた》と下駄だけ。真冬でも足袋《たび》、マフラー、コートの着用は禁止されているのである。

ＳＭＡＰの意味は、「スポーツと音楽を愛する人たちの集まり」

ドラマでもバラエティでも、テレビでメンバーを見ない日はないほど大人気のグループが「ＳＭＡＰ」。ところで、メンバー全員の名前は言えても、グループ名がどういう意味か知っている人は、あまりいないのではないか。

ＳＭＡＰが結成されたのは、一九八八（昭和六十三）年の四月。Ｓは「SPORTS（スポーツ）」、Ｍは「MUSIC（音楽）」、Ａは「ASSEMBLE（集合）」、Ｐは「PEOPLE（人々）」の頭文字で、「スポーツと音楽を愛する人々の集まり」といった意味である。

結成以前は、一二人からなる「スケートボーイズ」というグループで、当時人気だった光ゲンジのバックダンサーとして、ダンスやローラースケートをしていた。一部の熱狂的なジャニーズファンには知られていても、一般の人には無名の存在だった。

この一二人のうち、中居正広、木村拓哉、森且行、草彅剛、稲垣吾郎、香取慎吾の六人が選ばれて、ＳＭＡＰのメンバーになった。しかし、意外なことに、ＣＤを発売しても伸び悩む時期が続いた。

人気が爆発したのは、バラエティ番組等で少しずつ知名度が上がってからである。その後、森且行がオートレーサーに転身するため脱退し、現在の五人のグループとなったのである。

芽キャベツは、大きくなってもキャベツにならない

シチューなどによく用いられる芽キャベツは、名称から、キャベツの芽だと思っている人が多い。

だが、芽キャベツはキャベツの芽ではなく、いくら育ててもキャベツにはならない。これは、キャベツと同じくアブラナ科の植物で、祖先を同じくする親戚ではあるが、まったく別種の植物なのだ。

キャベツは、一つの植物の葉が全体的に重なりあって一つの球になるが、芽キャベツは、あの小さな球が一つの植物というわけではない。葉のつけ根に、たくさんの芽キャベツがブドウの房のように、五〇～六〇個もぎっしり集まってできるのだ。

この、葉のつけ根に「側芽」とか「わき芽」と呼ばれる小さな芽が、スーパーなどで見る芽キャベツの正体なのだ。

キャベツにもわき芽はあるが、これが結球して芽キャベツになることはない。キャベツと芽キャベツは、結球する部分が最初から違うのだ。

この芽キャベツは、原産地は地中海沿岸で、原生植物だったといわれている。英名を「Brussels sprouts」といい、どうやらベルギーのブリュッセル付近で改良されて栽培されていたようだ。日本には、明治の初めに伝わったといわれている。

中華鍋は、パラボラアンテナの代わりになる

衛星放送用のパラボラアンテナは、地上波用のアンテナと違って、おわんのような形をしている。

パラボラアンテナは、波長の短い電波だけとらえればいいので、地上波用のアンテ

ナのように大きく張り出す必要はない。しかし、衛星から送られてくる電波をとらえるためには、それらを集中して受ける部分が必要だ。

そこで、おわん型のアンテナで電波を受けて反射させた電波を付属の受信機に集めているのである。

つまり、電波を反射する素材でできた同じような形のものなら、受信機と組み合わせれば、パラボラアンテナの代わりになる理屈だ。

ちょうど中華鍋がパラボラアンテナによく似た形をしている。プラスチック製品だと電波が透過してしまうが、中華鍋は金属なので電波を反射する。

できるだけ大きな中華鍋を用い、電波が反射したときの焦点となる位置を探して受信機を固定する。これを放送衛星の方角に向け、同軸ケーブルで受信機とテレビのチューナーを接続すれば、原理的には衛星放送を受信可能というわけだ。

ただし、中華鍋の大きさなど、諸条件によって違ってくるので、必ず映るとは限らない。また、映ったとしても、性能は本物のパラボラアンテナにはかなわない。

名古屋城の初代・金のシャチホコは、金の茶釜になった

名古屋城の天守閣は、一九四五（昭和二十）年五月の空襲で焼失し、一九五九（昭和三十四）年に再建された。現在の名古屋城の金のシャチホコも、そのとき新たにつくられた二代目だ。

だが、江戸時代以来の初代のシャチホコがまったく失われてしまったのかという

と、そうではない。

名古屋城では、空襲の前、城内で移動可能なものを少しずつ近くの寺院に疎開させていた。金のシャチホコも、南側のメスを取り外し、三階まで降ろしていた。そこで空襲を受けてしまったのだ。

それでも、メスだけでも三階まで降ろしていたのは不幸中の幸いだった。オスは天守閣と一緒に焼失してしまったが、メスは、焼け跡から金塊となって見つかったのだ。

この金塊は、一時は米軍に接収されたが、一九六七（昭和四十二）年に、大蔵省を経て名古屋市に返還された。

名古屋市では、この初代シャチホコの残骸で金の茶釜二つをつくった。今では二つとも天守閣の保存庫に保管されている。以前は特別な日に用いたこともあり、この金の茶釜のお湯で入れたお茶を飲むと寿命が延びるといわれていた。

ファックスもメールもない時代に、新聞社は伝書鳩で原稿を送っていた

新聞記者は、遠く離れた取材地から本社に原稿を送ることがよくある。現在は、ファックスやメールを使えば、楽に原稿が送れるわけだが、そうしたものがなかった時代にはどうしていたのだろうか。

実は、昭和三十年代まで、日本の大手新聞社では、原稿送稿に伝書鳩を使っていた。たとえば、朝日新聞社では、一八九五（明治二十八）年から一九六〇（昭和三十五）年まで、伝書鳩が使われ続けた。

当時の各新聞社には、鳩係がいて、屋上などに鳩を飼育する小屋もあった。そこで

飼われていた鳩たちは、いざ記者が取材現場に出かけるときには、一緒に現場まで連れて行かれた。そして、記者が書いた原稿を入れたアルミの管を足につけて、東京の本社へと一直線に戻ってきたのだ。

　そのスピードはハンパではない。鳩の時速は約六〇キロメートル。風に乗れば一〇〇キロメートルを上回ることもある。富士山頂から四十五分ほどで東京有楽町の朝日新聞まで戻ってきた鳩もいたというから、まさに新幹線並みのスピードである。

　一九五三（昭和二十八）年に、イギリス女王エリザベス二世の戴冠式に、皇太子時代の天皇陛下が訪英した際にも、その途中の船でくつろぐ皇太子の写真を送るために鳩が使われた。そして、毎日新聞社の鳩が約四〇〇〇キロメートルを飛び、見事に日本に帰還。朝刊では、皇太子の写真とともに、お手柄の鳩の写真も掲載されたのだった。

　その後、通信手段の発達とともに、新聞社から伝書鳩は姿を消した。朝日新聞が伝書鳩の飼育をやめたときには、約二〇〇羽の鳩が都内や近県の希望者に無料で配られたという。

裸足のアベベは、最初の一〇キロメートル、靴をはいていた

　一九六〇年にローマで開かれたオリンピック。陸上競技の花形であるマラソンで優勝をさらったのが、エチオピアのアベベ・ビキラ選手だった。

　レース前の予想では下馬評にも上らなかったアフリカの無名選手の、二時間十五分十六秒二という当時の世界最高記録での優

勝に、世界中が驚いた。そして、さらに話題となったのが、彼がゴールのコンスタンチン凱旋門に裸足《はだし》で飛び込んできたことだった。

マラソンコースには、ローマの遺跡を紹介しようと石畳のままの部分も多かったから、走ることで起こる足裏へのショックは強いものがあったはず。それを走りきったことへの驚き――。

以後「裸足のアベベ」の冠が彼につけられることになった。しかし本当のところは、彼は最初から裸足で走ったわけではなかった。

およそ一〇キロメートルのあたりまで、彼はきちんとシューズを履いていた。ただ「靴がもどかしく、裸足のほうが走りやすい」と感じたアベベ選手は、途中で靴を脱いだのだ。

彼は、四年後の東京オリンピックでは靴をはいて出場して優勝。史上初めて五輪マラソン二連覇も達成した。

靴があろうがなかろうが彼の強さの秘密は、親指のつけ根部分が非常に大きく、蹴りに強さがあるようだというのが、ローマ、東京とアベベ選手の走りを見た日本の陸連関係者の感想だった。

ハットトリックを決めた選手は、本当にシルクハットがもらえた

ハットトリックといえば、サッカーの用語としておなじみである。一人で一試合に三点以上の得点を挙げることを指す。

けれども、これはサッカーに限ったものではなく、アイスホッケーでも使われるが、もともとはクリケットから生まれた言

葉だった。

クリケットは、イギリスの国技ともいわれる紳士のスポーツで、野球のルーツでもある。投手と打者の対戦で行われるが、中身は野球とはかなり異なっている。一試合を行うのに二日も三日もかかり、合間に昼食時間があるという悠長なスポーツ（だから暇を持て余している紳士にだけできるスポーツともいえる）。

これだけ時間がかかるのは、投手がアウトをとるのが非常に難しいためだ。そのため、一試合に一〇〇得点といったバスケットボールよりすごいスコアになることもある。

だからこそ、ボールを投げる投手が打者の打ち取り方に優れたワザを見せたとき、特別に評価されることになった。それが、三球で三人の打者を倒したとき贈られるシルクハットである。

ここから「三」という数字が一人歩きを始め、のちに点の入りにくいサッカーやホッケーの試合で、一人で三得点を挙げた選手を指してハットトリック達成というようになった。

「ミノルタ」の社名の由来は、「稔る田」である

一九八五（昭和六十）年に、オートフォーカス一眼レフという、本格的メカでありながら素人でも簡単に扱えるという機種を発売して、人気を呼んだのがミノルタカメラだ。

ドイツ製品が全盛だった一九二八（昭和三）年に、ドイツ人技師二人と日本人が組んで「日独写真機商店」を開業したのが、

ミノルタのスタート。一九三三（昭和八）年には「Machinery and INstruments OpticaL by TAshima」と、創業メンバーの日本人の名を取り入れた英語で、大文字部分を組み合わせたブランド名を誕生させる。

ＭＩＮＯＬＴＡは、日本語にして漢字表記すれば「稔る田」にも通じる。これは創業者の田嶋氏が、母親から「稔るほど頭を垂れる稲穂かな」の精神を忘れず、いつでも謙虚であれと教えられたことに由来するものでもあったという。

一九三七（昭和十二）年には、国産初の二眼レフカメラを開発して地歩を固めた。戦後になると、一九六二（昭和三十七）年にアメリカの宇宙船に世界初の宇宙カメラとして「ミノルタハイマチック」が採用されるなど、国内パイオニア・カメラメーカーとしての地位はゆるぎないものとなる。

一方で事務機器などへ事業の門戸を広げ、一九九四（平成六）年には社名からカメラをはずしてミノルタだけとし、二〇〇三（平成十五）年にはコニカと合併してコニカミノルタとなった。

ワニは輪になって、子ワニのためにプールを作る

ワニは、日本には棲息しておらず、あの姿なので、親近感はわきにくい。というより、見た目だけの印象で恐怖感が先に立つ人も多そうだ。

しかしワニの子育ての生態は、じつに子ぼんのう。

一般的に爬虫類は、卵を産んだら産みっ放しなのに、ワニは卵がかえるまでまるで鳥類が卵を抱くように見守り続ける。それ

以前に、泥や草をこねて卵を産むための塚を作る点も、鳥の巣作りに似ている。卵を外敵から守り続け、いざ孵化《ふか》すると二〜三か月は一緒に過ごして子育てをする。ときには、その期間が一年に及ぶこともあるという。

子とともに過ごす期間は、まだ泳ぎに慣れない子ワニをじっと見守り、ときには自分の体に這い上がらせたり、口にくわえて陸地に運んだりもする。その世話ぶりの極致は、子ワニのために作るプール。

自分の頭と尾を近づけて輪になり、水を囲い込んでプールの状態にする。子供が下手な泳ぎでどこかに流されて迷子になったりしないよう、全身を使ってガードしているのである。

硬い体を丸めるというのは、ワニにとってかなりの負担になる。それをあえて行い、わが子を見守る姿は、児童虐待などを生む人間社会の文明とかけ離れたところにある母の愛の形である。

イカの足は一〇本だが、そのうち二本は腕である

イカの足は一〇本あるが、そのうちの二本だけが長い。

これは海のハンターと呼ばれることもあるイカの優秀な武器で、触腕と呼ばれるもの。エサを捕獲するのに活躍する、腕のような存在である。

ほかの足と異なり、吸盤が先のほうに集中しているのも、自在に動かしながらのハンティングに、より有利である。

また、イカは体内に水を取り込み、小さな穴から噴射させることで推進力を得て、

時速一〇～三〇キロメートルで泳ぐことができる。その最中に触腕をヒラリ、ヒラリと動かしてエサを獲る。そしてほかの八本の足で、捕獲したエサを押さえながら口へ運ぶ。

この触腕と推進力に加えて、もう一つ、巨大な目が獲物の存在を遠くからでも見つけるレーダーとなって、イカを優秀なハンターにしている。世界中で五〇〇種近くもいるというイカのうち、最大のものであるダイオウイカでは、目の直径は四〇センチメートルもあるという。

ダイオウイカは無脊椎動物のなかでも最大の種で、大きいものは体長二〇メートル近くになる。海中から触手が伸びてきて船上の人間をさらうなどと大航海時代の船乗りたちに語り継がれた魔物の正体は、おそらくダイオウイカだったに違いない。

哲学者ルソーは、尻を叩かれるのが好きだった

『社会契約論』や『エミール』の著作で知られるフランス人哲学者ルソーは、奇妙な性癖の持ち主だったと伝えられている。

思索を深めていくと、常人には理解しがたい変人になってしまうのか、彼は、マゾヒストだったというのだ。おまけに彼がその趣味に走ることになったきっかけも、ちゃんとわかっている。

一七二三年、彼が十一歳のときのことだ。ジュネーブに近い町の牧師宅で起居していた彼は、牧師の一人娘から「お尻ペンペン！」という子供相手ならではのお仕置きを受ける。

しかし、そこが哲学者に成長する少年の面目躍如で「苦しみと恥辱のなかで、もう一度それを感じたいという欲望が生まれた」と、のちに自ら『告白』で書き記している。要するに、ある意味多感な少年だったようだ。

結局、お仕置きが本来の目的を果たしていないことがバレて、お尻叩きは二度で終わってしまう。

この経験が「倒錯や狂気をもたらす奇妙な趣味」となって、大人になった彼から離れない。道ですれ違う女性に、次々に「叩いてほしい」と尻を突き出すような奇行に走らせ、「おうへいな愛人にひざまずき、命令に従い許しを乞う」というスタイルの恋愛にのめり込ませるのだった。

ピサの斜塔は建設途中からすでに、傾いていた

　イタリア観光名所として必ず挙げられるピサの斜塔。高さ五四・五メートル、八層の鐘楼《しょうろう》からなるこの大聖堂の建築は、二百年をかけて十四世紀末に完成したというイタリアを代表する寺院建築でもある。

　ただ、工事着手から十年目、三層目に取り掛かったところですでに傾き始めたようだ。そのため設計変更や修復で、建設がたびたび中断したために工事期間が長くなった。しかし、時間がかかってもデザインに破綻がないなど、建築物としての評価も高い。

　その象徴が上部の二層で、傾斜のバランスをとるため下層部の傾きと逆の方向にわざと傾けた構造になっている。建築後に傾いたのではなく、傾いても大丈夫なように建設されたのだ。

　工事中に傾いた原因は、地盤が軟弱だったためだとされるが、おかげで今も傾斜が進んでいる。だいたい十年間で一・一分（一分＝一度の六〇分の一）というわずかなものではあるが、倒れることのないように基盤強化工事が今も続く。現在の傾斜は、わざと傾斜させた部分を除く七層目最上部から地上に垂直線をおろすと、基礎部分と四・二メートルの差があるというものだ。

『およげ！たいやきくん』の子門真人の収入は五万円だった

レコードセールス約四五〇万枚という、

シングルでは最高の記録を持つのが『およげ！たいやきくん』だ。

テレビの子供向け番組から誕生したもので、一九七五（昭和五十）年の年末に発売された。主人公の「たいやきくん」がサラリーマンの悲哀に通じるということで、大人を巻き込んでの思いがけない大ヒットであった。

おかげで版権を持つテレビ局とレコード制作会社は潤ったが、計算外の事態に陥ったのが、レコーディング歌手の子門真人《しもんまさと》。

レコードの場合、作詞・作曲・歌唱者それぞれに印税が支払われる。ただ印税の支払い方法には二種あって、売り上げに応じて支払う場合と、買い取りという形で売れようが売れまいが一定額を払うというもの。

子門は、レコードの初回プレスが三〇〇〇枚と知って、一枚一円の印税より五万円の買い取りという契約をしてしまった。初回プレス枚数からもわかるように、これほど売れるとは期待されていなかったのだ。

子門も、本職は音楽出版会社の制作マンでレコーディングはアルバイトという感覚だったから五万円で十分だと考えていた。

大儲けしそこなった子門は、「大金を手にしなくてよかった」「お金はなくても人生は楽しめる」と、満足しているようだ。

ピカソの本名は、長すぎて本人も覚えられなかった

抽象画という新しい世界を切り開くと同時に、祖国スペインの巻き込まれた戦乱に心を痛め、その思いをキャンバスにぶつけた画家ピカソ。

パブロ・ピカソとして知られているが、彼のフルネームは、パブロというファーストネームと、ピカソというファミリーネームだけにとどまらない。

パブロ・ディエゴ・ホセ・フランシスコ・デ・パウロ・ファン・ネポムセノ・マリア・デ・ロス・レメディオス・シプリアノ・デ・ラ・サンティッシマ・トリニダッド・ルイス・イ・ピカソ。

父をはじめ祖父、伯父など七人の名前をすべて盛り込みながら命名されたため、こんな長い名になったという。

日本でも赤ちゃんに命名するとき、父親や祖父の名の一文字をもらうことは少なくない。母親の一字と父親の一字を組み合わせるといった例も多い。

ピカソの親も同じ思いだったに違いない。考えられる幸運な人たちの名をすべて息子につけてしまったのである。

しかし、本人はあまりに長い名前を自分でも覚えられなくてパブロ・ピカソで通した。だからフルネームは、一八八一年十一月十日の出生届に添えられたものが残っているだけである。

☺ アホウドリは、アホではない！

動物や植物の名前には、色や形、行動などそれぞれの特性が色濃く反映されることが多い。しかし、そんななかでアホウドリは、なんとも不名誉な名前を与えられてしまっている。

「アホウ」であるとされるのは、すぐ人間に捕まってしまうことからきている。

アホウドリは、歩き方は不器用だし、飛

び立つまでに時間がかかる。しかし、これには、生物学的な理由がある。アホウドリは、大きな翼をもっている。その体の構造上、向かい風で助走するか斜面を駆け下りないと飛び立てないのだ。

また、彼らがすぐに捕まってしまうのは、言い換えれば人に対して警戒心を抱いていないということだ。このことは彼らの繁殖地の多くが、周りを海に囲まれた無人島であることも関連していると考えられる。

以上のことをふまえると、アホウドリは「アホウ」、つまり能力が劣っているとはいえない。そもそも鳥や生物の能力は、それぞれの環境に合わせて培われてきたもので、優劣などをつけるのは不可能ではないか？

こうして考えると、人間の名前のつけ方のほうがあてにならない。なぜなら、アホウドリは、中国では「信天翁」と呼ばれており、それは彼らのまったく別の一面を表している。

つまり、アホウドリはむやみに餌を捕まえたりせず、ただ水際にたたずみ、近くを魚が通ったときに、その魚を捕らえるというのである。このことから、中国では「信天翁」は、自然のままに悠々自適で過ごすイメージになっているのだ。

平和の象徴である鳩が、かつて五輪の聖火台で焼き鳥になった

オリンピックは平和の祭典ともいわれている。平和の象徴といえば鳩。オリンピックに鳩は欠かせない存在だ。

オリンピック憲章のなかには、開会式

で、「聖火の点火に続いて、平和を象徴する鳩が解き放たれる」ことが明文化されている。したがって、オリンピックの開会式典では、さまざまなアイデアをこらした演出が行われるが、鳩は必ず「出席」することになっているのだ。

しかし、鳩にとって式典は命がけの「仕事」である。実際、オリンピックでは鳩が犠牲となる事件が起こっているのだ。

昔のオリンピックで行われていた競技では、鳩は射撃の「的」とされたこともあった。それは、一九〇〇年にパリで開かれた第二回大会でのことだ。その名も「ライブ・ピジョン・シューティング」、つまり「生きた鳩撃ち」。このときの優勝者は、二一羽の鳩を打ち落としたベルギーのレオン・ド・ルンデン選手である。しかし、この競技はこの大会限りで、以後、的に鳩が使われることはなくなった。当然といえば当然のことだろう。

ところが、一九八八（昭和六十三）年の第二四回ソウル大会で、鳩に再び災難が降りかかる。開会式で、規定どおり鳩が解き放たれた。そのうちの数羽が聖火台のふちにとまっていたところに聖火が点火されて、逃げ遅れて焼かれてしまったのだ。ソウル大会で犠牲となった鳩を悼んでか、一九九八（平成十）年の長野での冬季大会では鳩型の紙風船が放たれている。

式典に鳩が解き放たれることが規定されている限り、鳩はこうした危険にさらされていることになる。すべての鳩が空に飛び立ってくれることを祈るばかりである。

平安時代の女をとりこにした光源氏は、一八〇センチメートルの大男だった⁉

日本の文学史上、長い年月を越えて、多くの人に親しまれている作品に『源氏物語』がある。同作品は、現代語に訳されたり漫画として描かれたりと、古典のなかでも最も現代人に受け入れられている。

それは、美しい登場人物が織り成す恋愛物語というわかりやすいテーマであることが要因と考えられる。さらに、登場人物の様子が丁寧に描かれていることが、読者を物語の世界に引き込んでいくのではないだろうか。作品を追っていくと、さまざまな人間関係とともに、その人物の体格についても書かれている。

主人公の光源氏を例にとってみよう。光源氏は、現存する日本の物語史上、男性主人公が長身として明確に設定された最初である。といっても具体的な数値が記されているわけではない。いろいろな状況描写などから推定してみると、身の丈は一八〇センチメートルほどと思われるのだ。

平安時代の平均身長は、女性が一四八～一五一センチメートル、男性は一五九～一六三センチメートルといわれているから、フィクションとはいえ目立っていたことは間違いないだろう。現代を除くと日本史上では、平安時代は最も長身の時代だったが、現在の基準でも光源氏なら通用するレベルだ。

さらに、『源氏物語』の人物は、加齢による変化の描写もある。長身の光源氏は、二十代のころは「ひどく面やせて見えるのが美しい」と表現されていた。しかし、三十

一歳になると「以前は背ばかりそびえて見えたが釣り合いが取れてきた」と、中年太りのきざしがわかる。

こうした、人物の描写が、読者に物語の世界をイメージする助けとなっているのである。

アポロ一四号の船長は、月面でゴルフをしていた

宇宙旅行があと四十年もすればかなり身近なものになるだろうということはすでに紹介したとおり。宇宙で一週間も過ごすようになると、せっかくだから、宇宙で何かして遊びたい。

例えばゴルフ。月面にゴルフコースを作るなどというのはいかがなものか？

そんなことはまだ夢の夢と思っていた

ら、実はすでに月面でゴルフを楽しんだ人物がいた。

その人物とは、アポロ一四号の船長アラン・B・シェパード。一九七一（昭和四十六）年に月面着陸船で月面に軟着陸したシェパード船長は、探査活動を終えたあと、サンプル採取器のシャフトの先端にアイアンヘッドを取りつけ、二個のゴルフボールをショットしたのである。

最初のショットはなかなかのナイスショットで、飛距離十分。ゴルフボールは飛び去り、あっという間に見えなくなった。

第二打は三〇メートルほど飛び、月面でバウンドを数回繰り返した。二打目はミスショットだったようだ。

しかし、どちらのショットでも、ボールは最終的にはるか彼方へと飛び去ってしまった。シェパード船長がすばらしい飛距離の腕前だったわけではなく、月面は重力加速度が小さく、空気抵抗がないため、地球上でショットする一〇倍以上の飛距離となるからである。

アポロ一四号の乗組員は初の月面ゴルフを体験しただけでなく、月面リアカーともいうべき二輪のハンドカートを初めて使用したし、次のアポロ一五号では、月面車（LRV）での月面ドライブも行われている。月面車は電動式で、時速一八キロメートル。アポロ一五号の乗組員は、月面上を二八キロメートルに渡ってドライブしたのである。

第4章

張り詰めた職場の空気をなごませる 45本

男性は三・五m、女性は一二・五mのトイレットペーパーを毎日使っている

あたり前の話だが、男性と女性では、トイレットペーパーの使用量は、かなり違っている。一回あたりの量が違うのではなく、使う回数が断然違うのだから、これは仕方がない。

では、どれぐらい違うかというと、男性の場合は一日に三・五メートル、女性だと一二・五メートルという調査結果がある。一般家庭で一日一人あたり五メートルという調査もある。

歴史を遡っていくと、庶民が用を済ませたあとで紙を使うようになったのは、江戸時代の後半とされる。平安末期の『餓鬼草紙』には、町角らしい場所で若い女性や子供が排便し、その周辺に紙が散らばっている様子が描かれているため、この時代からすでに庶民も紙で尻を拭いていたという説がある。対して、当時は貴族階級でさえも紙は貴重とされていたから、尻拭きに紙を使うというのは考えにくいという反論もある。

ただ、戦国時代にはすでに武士などは紙を使っていたらしく、関が原の合戦のあと、敗退する石田三成が野糞をしたあとの紙が残っていたために、徳川軍に発見されて捕らえられたという話は有名だ。しかしこれも、もしすでに庶民が紙を使って後始末をしていたなら、紙を使った人物が石田三成だとはわからなかったはずで、当時はまだ身分の高い人間しか紙は使っていなかったのだろうということが見てとれるのである。

基本的には、身分の高い人が紙を使い、それ以外の人は、小便は自然乾燥、大便は藁やヘラで拭いたり、タライのお湯で洗っていたようである。

体温が四二℃を超えると人間はゆで上がる

体温計の目盛りは四二℃までしかない。これ以上になったら、どうすればいいのだろう？

心配しなくても、それ以上の熱が出たら体温計の必要はなくなる。人間は、四二℃以上の熱が続くと、死んでしまうからだ。

大人が健康なときの体温、つまり平熱は三六℃前後で、脳の視床《ししょう》下部《かぶ》にある体温調節中枢によってコントロールされている。風邪などで体温が上がると、この体温調節中枢が、体の内側の熱を表面に運んで熱を逃がし、汗を出して熱を放散する。こうして、一定の体温が保たれているのだ。

しかし、四二℃近くの高熱が出た場合、ごく初期ならばこうしたコントロールがなされるものの、長時間続くと調節がきかなくなる。そして、卵のたんぱく質が六〇℃で固まるように、人間の体を構成しているたんぱく質も四二℃を超えると固まってしまう。とくに、脳の神経細胞がやられると再生は困難である。

一度固まったたんぱく質は、温度が下がっても、もとには戻らない。つまり、人間の体温の上限は四二℃であり、その熱が続いた人間は、ゆで上がって死んでしまう。体温計は、生きている人間の熱を計るためのものである。四二℃までしか表示がない根拠は、ここにある。

中国の歴史的建造物・故宮（紫禁城）には、スターバックスがある

中国・北京のシンボルともいえる故宮（紫禁城）は、現在は博物館となっている。そこは、かつては明朝・清朝の歴代皇帝が住む宮殿だった。

世界遺産ともなっているこの有名な歴史的建造物の敷地内に、アメリカのコーヒーチェーン店・スターバックスがある。

スターバックスは、一九九九年に北京に一号店をオープンして以来、中国に何十もの店を次々と開いた。その一つが二〇〇二年夏、故宮の広場の片隅に開店した故宮博物院店なのだ。

開店にあたっては、「コーヒーのような『洋派飲料（外国の飲料）』は、故宮の文化的・歴史的雰囲気を壊してしまう」と反対の声が起こったが、どうやら、店の看板をはずすことで妥協したようだ。

店側も、歴史的建造物というのを考慮して、周囲の雰囲気に合わせた外観とした。「星巴克珈琲」という店名もひかえ目に掲げられ、店自体も小さい。

魚座の人は、交通事故を起こしやすい!?

女性向けの雑誌などでおなじみの星座占いが、なんと警察の交通事故の統計にまで登場した。徳島県警察本部が、一九九一（平成三）年から二〇〇三（平成十五）年までの交通死亡事故一〇五六件について、事故を起こした運転者の星座別統計をとり、ホームページで発表したのだ。

それによると、ワーストワンは「魚座」一〇九件で、二位は「山羊座」の一〇二件。最も少なかったのは「蠍《さそり》座」の七三件だったという。

べつに星座占いを本気にしたわけではなく、星座を通して県民に事故を身近に感じてもらい、交通安全意識を高めるのが狙いだったらしい。

この試みに対して、「おもしろかった」「興味深い」と好意的な意見とともに、「税金の無駄遣い」という批判もあったという。

これに刺激されてかどうか、同様の調査を、北海道警と兵庫県警も行っている。

二〇〇〇（平成十二）年から二〇〇二（平成十四）年までの北海道の死亡事故一四三三件を対象にした道警の調査では、なぜか徳島県と同じく、最も多かったのが「魚座」で、二位が「山羊座」、最も少なかったのが「蠍座」だったという。

また、兵庫県警が一九九九（平成十一）年に行った調査では、県内で死亡事故を起こした八〇〇人のうち、最多が「魚座」で、最少が「蟹座」だったそうだ。

なぜかどこでも魚座の事故が多いのは偶然なのか？

じつはストレスを測定する機械がある

現代人の七〜八割が、なんらかのストレスを抱えているといわれている。しかし、ストレスというのは目に見えず、はっきりした形もないことから、自分がどれだけ多くのストレスを抱えているのかを実体として捉えることが難しい。また逆に、さほどストレスを感じているわけでもないのに、何事につけてストレスのせいだと片付けてしまう場合もある。

ところが『どくたーストレス』を使えば、ストレス度を測定することが可能なのだ。

『どくたーストレス』は、石川県金沢市にある医療・健康機器ベンチャー企業の「センサ」が開発・販売をしているストレス測定器である。人間の体は、興奮状態のときに交感神経が優位になり、リラックスしているときには副交感神経が優位になる。交感神経と副交感神経のバランスが崩れると、ストレス状態に陥ってしまうのである。

『どくたーストレス』は、体に影響がない微弱な電流を流し、流れ具合などから血行を判断し、頭部と両肩、胸部のストレス度を測定するというもの。測り方は、頭に電極のついたヘアバンドをつけ、機械の取っ手部分を両手で握るだけ。約一分で、それぞれの部位のストレス値が表示される。

交感神経と副交感神経がバランスの取れた状態を五〇パーセントとし、イライラなど交感神経のストレスが高ければ一〇〇パーセントに近づき、うつなどのストレスが強ければ〇パーセントに近づく数値が表示されるという仕組みだ。

人間には、数値には表れない精神的・肉体的なストレスもあるので、数値だけで完全なストレス度を判断することは難しいが、一応の目安として客観的に自分のストレス度を判断する材料にはなりそうだ。

現段階では、価格が五六万円と高額のため、病院やエステサロン、温浴施設、フィットネスクラブ、ホテル内設備、健康保険

組合などが設置しているケースがほとんどだが、この先、低価格化が進めば、熱や血圧のように、ストレスも自宅で測定する時代がやってくることだろう。

優雅な音色を奏でるハープだが、演奏するのは重労働

ハープといえば、美しい女性が奏でる優雅な楽器というイメージが強い。

しかし、古代エジプトに描かれているハープ演奏の絵は、男の奴隷に限られており、女性の奴隷が演奏しているのは、もっぱら笛などだ。

その理由は、ハープという楽器を演奏するには非常に強い力が必要だからである。

一般にいうハープとはグランド・ハープのことで、七本のペダルがあり、足が吊り

そうになるほど、激しく忙しく動かしている。これだけでも相当大変なのに、ハープの強い張りの弦をはじくためには、腕や指にとても大きな力が要る。また、指で直接弾くから、指先に大きなダメージが加わり、プロでも力配分をせずに何時間も弾いていれば、指が水ぶくれや血豆だらけになるほどなのだ。

できた水ぶくれや血豆は、針でつぶして薬を塗り、絆創膏を貼って……。しかも、しょっちゅう弾いているうちに指の皮が堅くなると、ハープの音までが堅くなってしまうので、日夜シコシコと爪用のヤスリで指の腹の堅い部分を削り取るというおまけまでついてくる。

それでも女性奏者は、どんなに血豆ができていようと、あくまで指先をしなやかに動かし、長いドレスで忙しく動く足を隠しながら、優雅に美しく演奏をしている。そのドレスから出ている二の腕は、たとえきゃしゃに見えても、その見た目以上にたくましいということか……。

自殺は、月曜日の夜明けに多発する

月曜日に気分が憂うつになるのは、誰しもよくある。そのためか、月曜日に自殺する人は、ほかの曜日よりも多い。

厚生労働省が、二〇〇三(平成十五)年の国内の日本人の自殺者数を曜日別に集計したところ、男女ともに、月曜日が最も多かったのだ。

同年の自殺者数は、過去最多の三万二一〇九人で、祝日・年末年始を除く月曜日の一日平均自殺死亡数は、男性八〇・七人、女性二七・三人で、一週間のうち最も多かった。

逆に、土曜日は、男性五三・五人、女性二一・二人で、曜日のうちでは最も少ない。祝日・年末年始の自殺者は土曜より少ない。

やはり、月曜日には死にたい気分になる人が多く、ゆっくりくつろげる土曜日や正月には、人はあまり自殺しようとは思わないのだろう。

時間帯別の統計もあって、男性は午前「五時台～六時台」がピークとなっており、午前「〇時台」に第二の山がある。

これに対して、女性は、午前「十時台～十二時台」がピークで、午前「五時台～六時台」が第二の山となっている。五時台～六時台の早朝は人目につきにくい時間帯なので、男女とも自殺者が多く、女性に午前十時台～十二時台の自殺者が多いのは、家族を送り出してひとりで家にいる時間帯だからではないかと見られている。

自動車教習所も、転校できる

夏休みに郷里で車の免許を取ろうとしたが、試験に合格しないうちに夏休みが終わろうとしている……。あるいは、自動車教習所に通っている途中で、就職や転勤などのため引っ越しすることになった……。

そんな場合、自動車教習所を転校することもできる。公安委員会の指定自動車教習所同士なら、基本的にカリキュラムは同じなので、それまで通っていた教習所で履修証明をもらって、転校先の教習所に提出すればよい。この手続きで、すでに受けた技能・学科学習は、次の教習所でも有効となるはずだ。

ただし、教習期限は延びない。また、お金に関しては、次の教習所に引き継ぎ……というわけにはいかない。

やめるとき、学科・実技ともに未消化分を返してくれる教習所もあるが、一度払ったお金は返却しないという教習所も多い。

転校先では、通常の半分の入学金と、残っている学科と実技分を支払うのが一般的だが、教習所によっては、もっと多くの金額を請求されることもある。

教習所の授業料は統一されておらず、各校まちまちなのだ。

結局、途中で転校すれば、費用面では、一つの教習所だけで卒業した場合に比べて、高くつくのが一般的のようである。

投票用紙は、選挙後も大事に保管している

選挙が終わって当落が決まったあと、投票用紙は、次の選挙まで大切にとっておかれる。公職選挙法により、当選者の任期中は市区町村の選挙管理委員会で保管すると定められているのである。

投票用紙は、ダンボール箱に入れて封印され、カギ付きの倉庫で厳重に保管される。

すぐに処分しないのは、投票結果について不服を持つ人が訴訟を起こす場合があるからだ。

たとえば、一～二票差で負けた候補者だと、ほんとうに自分の負けに間違いないのか、疑惑を持つ人もいる。また、選管の不

注意で無効票が発生した場合などにも、「無効にされた票のなかに自分への票があって、それが有効なら逆転当選となるのでは？」と訴える人が現れることがある。そんな場合に備え、投票用紙を証拠品として残しておくのだ。

実際、候補者から異議が上がって再点検することはけっこう多いという。

当選者の任期が終わったあとは、焼却する自治体が多いが、なかにはシュレッダーで粉砕してからリサイクルする自治体もある。どちらにせよ、記載事項のプライバシーが漏れないように機密処理される。

千葉県松戸市の「すぐやる課」は、ヘビ退治まですぐやった

「お役所の対応はいつも遅くて……」

そんな市民の不満の声を打ち消すように、今から三十年以上も前に誕生したのが、千葉県松戸市の「すぐやる課」だ。

一九六九（昭和四十四）年、松戸市の松本清市長は、議会で「すぐやる課」を設けたいと表明した。市民のために陳情をすぐ解決する部署を、市役所に作りたいというのだ。

さすがに立派なコンセプトだけに、課の設置そのものには誰も反対できなかった。だが、ネーミングについて「そんなふざけた名前の課はまずいのでは？」という声が上がった。それでも市長は、「小学生にでもわかる言葉でないといけない」と主張して、一歩も譲らなかった。

こうして同年十月六日に誕生したすぐやる課は、「すぐやらなければならないもので、すぐやり得るものは、すぐにやりま

す」をモットーに、市民からの様々な陳情に対応した。おかげで、市民からは大好評で大忙し。当初は二人の人員でスタートしたものの、あまりの忙しさにわずか四日後には五人体制に増員された。

　現在も、松戸市の「すぐやる課」は人員も増えて健在だ。庭の草刈りや家の掃除といった個人的なことには応えられないが、「スズメバチの巣を取り除いて！」「玄関にヘビが出た！」「側溝の中に鍵を落としてしまったので、ふたを開けて欲しい」といった、市民の幅広い要望に即座に対応している。まさに市民の強い味方である。

　ちなみに、当時の松本清市長は、ドラッグストアで有名な「マツモトキヨシ」の創業者としても知られている。

お札の新渡戸稲造が礼服姿なのは、息子の結婚式だったから

　一九八四（昭和五十九）年、新五千円札の顔として登場した新渡戸稲造《にとべいなぞう》は、農政学者であり教育学者として活躍した人物である。あまりポピュラーではなかったので、「新時代の二宮尊徳」などと紹介されたりしたが、日本より海外で知る人ぞ知る存在だった。

「太平洋の架け橋」になりたいと志を立てた青年時代の夢をかなえ、国際親善に尽力したためだ。その実践というわけでもないのだろうが、彼の妻はアメリカ人女性メアリー。

　お札に使われた肖像は、このメアリー夫人とともに写った記念写真から起こされた

ものである。

撮影されたのは一九一七（大正六）年、東京帝国大学の教授を勤めていた五十六歳のとき。息子の結婚式に際して、正装姿を撮ってもらったのだ。だから立ち襟のシャツに慶事用の白いネクタイ。

オリジナルの写真を見ると、息子の結婚を迎えてほっとしたような表情で少し首を傾けている。彼には首を右に傾ける癖があったといい、この写真でも同様だ。ただ、リラックスしすぎた印象がお札には向かないと考えられたのか、肖像画にするとき修正が加えられ、首の傾きはなくなっている。

これまで発行された紙幣のうち、礼服姿なのは彼だけだし、メガネをかけた人物としても、一九五一（昭和二十六）年発行の五〇円札に登場した高橋是清《これきよ》に続く二人目だった。

銀行の長・頭取は、歌舞伎の「音頭取り」のことである

銀行は株式会社である。普通、株式会社のトップの人は「社長」と呼ばれるのに、なぜか銀行だけが社長の地位にある人を「頭取」と呼ぶ。

その理由は、日本の銀行の歴史が非常に古いからなのだ。

日本に初めて銀行制度が誕生したのは一八六九（明治二）年のことで、当時は「為替会社」と呼ばれていた。このとき、トップの人間を指す言葉として採用されたのが「頭取」である。その三年後に名前が「銀行」と変更されてからも、「頭取」という名前は残された。

やがて様々な株式会社が生まれ、他の企業が「社長」という名前を採用しても、銀行だけはそのまま「頭取」という言葉を使い続けたのである。

そもそも「頭取」というのは、「音頭を取る人」「音頭取り」に由来し、雅楽や能楽、歌舞伎などの首席奏者、主奏者のことを呼ぶ言葉だった。これが転じて、集団の長を指す言葉になったのである。

現代でも、長となって働くことを「音頭を取る」と言い、「喧嘩の手打ちの音頭を取る」とか、「旅行の音頭取りをする」などと使われている。

ただ、地方銀行や信託銀行では、頭取ではなく社長という名前を使っているところもあるし、都市銀行のなかでも、社長制を続けていた銀行もあった。銀行だから「頭取」でなければならないというわけではな

く、あくまで昔の呼び名が残っているだけというわけなのだ。

昭和天皇が愛用したミッキーの腕時計は、軍用時計のリサイクルだった

一九七八（昭和五十三）年五月、昭和天皇は土佐清水の「海のギャラリー」を見学した。その際の姿が女性週刊誌のカメラマンによって撮影された。

写真の昭和天皇の袖口から覗いていたのは、なんとミッキーマウスの腕時計だったのだ。これは一九七五（昭和五十）年にロサンザルスのディズニーランドを訪れた際にプレゼントされたもので、昭和天皇はそれを大いに気に入っていたという。昭和天皇は、ミッキーマウスの隠れファンだったのである。

こうしたキャラクター時計が誕生したのは、実は軍用時計からの活用だった。

第一次世界大戦が終焉し、使い道がなくなった軍用時計の在庫品を、アメリカの会社が安く払い下げてもらい、ミッキーマウスの文字盤に交換して、二ドル九八セントという格安価格で販売。これが子供に大うけで、大ヒットとなったのである。

キャラクター時計が軍用時計から生まれたものなら、腕時計もまた、戦争をきっかけに生まれた。

十九世紀末まで、人々は腕時計ではなく懐中時計を愛用していた。女性向けのブレスレットウォッチはあったが、男性には時計を腕に巻くという習慣がなかったのだ。

一八九九年に南アフリカのボーア人が建てた国を支配しようとイギリスが攻め込んだ。南ア戦争（ボーア戦争）がそれで、そ

のときイギリス人将校が、懐中時計を革のベルトで手首に巻きつけて使用したのが腕時計の始まりだ。

多数の兵士が参加する軍事作戦で時計は欠かせないが、武器を持ったまま時間を確認するのに、懐中時計はあまりにも不便。このイギリス将校の機転によって腕時計の便利さが実感され、一九一一年にはカルティエの「サントス・デュモン」が初めて商業的に量産されることになる。

「カルピス」の命名に一役買った作曲家・山田耕筰

乳酸菌飲料の「カルピス」は、カルピス社の創業者・三島海雲がモンゴルで飲んだ発酵乳をヒントに考案した。

商品のネーミングとしては、英語のカルシウムの「カル」にサンスクリット語（梵語）を組み合わせた造語が三案、候補として最後に残った。「サルビス（練乳）」を組み合わせた「カルビス」、仏教で五味《ごみ》（牛乳の精製過程における五段階の味）の最高位「サルピルマンダ（醍醐味）」を組み合わせた「カルピル」、五味の次位とされる「サルピス（熟酥《じゅくそ》）」を組み合わせた「カルピス」である。

この三案のうち「カルピス」が採用されたのは、「赤とんぼ」「からたちの花」などで有名な作曲家・山田耕筰による。

三案のうちどれがいいか迷った三島海雲が、思いあぐねて山田耕筰に相談したのである。

「カルピスが最も語呂がいいから、これにすれば大いに繁盛するでしょう」

山田のアドバイスにより、商品名は「カ

ルピス」に決定した。

三島としては、サンスクリット語の意味からは「カルピル」にしたかったようだが、山田の助言を取り入れて語呂のいいネーミングにしたのである。

このカルピスは、一九一九（大正八）年にカルピス社の前身のラクトー社から発売された。

韓国では、温泉マークは旅館のマークでもある

地図記号でおなじみの温泉マークは、群馬県安中市の磯部温泉が発祥地とされている。一六六一（万治四）年に書かれた判決文「上野国碓氷郡上磯部村と中野谷村就野論裁断之覚」の添付図に温泉マークのような記号が二か所記されており、専門家の調査によって日本最古の温泉マークとわかったのだ。

この発見によって、磯部温泉は「温泉記号発祥の地」として有名になり、磯部公園内に最古の温泉マークを描いた碑、長寿館という旅館の前に「最古の温泉記号を描いた絵図」の碑が建てられている。

日本独特の地図記号というイメージの強い温泉マークだが、じつは韓国でも用いられている。

韓国の町を歩くと、いたるところで温泉マークを見かける。韓国をはじめて訪れた日本人が、「なんと温泉や銭湯が多いのか」と思って、みんなびっくりするといわれるほどだ。

だが、韓国では、温泉マークの利用範囲が日本より広い。温泉や銭湯だけでなく、風呂付きの旅館も目印として温泉マークを

掲げているので、日本の町よりひんぱんに温泉マークを見かけるのである。

アディダスとプーマは、兄弟ゲンカによって生まれたブランド

サッカーのスパイクをはじめ、スポーツ用のシューズやウェアで人気の高い「ADIDAS（アディダス）」と「PUMA（プーマ）」。この二大ブランドの創始者は、じつは兄弟だった。

アディダスの創始者はアドルフ・ダスラー、プーマの創始者はその兄のルドルフ・ダスラーで、ふたりはドイツのバイエルン地方にあるヘルツォーゲナウラッハという町に生まれた。

兄弟は靴づくりの家に生まれて育ち、やがてスポーツ好きのアドルフがスポーツシューズづくりに力を入れるようになった。愛称の「アディ」から「アディのシューズ」と呼ばれて人気が高まったのだ。

そこで一九二〇年、兄弟はダスラー兄弟商会を設立し、ルドルフが販売、アドルフが製造を担当した。事業は順調で、ダスラー兄弟社はオリンピック選手の靴をつくるほどの人気メーカーに成長した。

このダスラー兄弟社が二つのブランドに分かれたのは、兄弟ゲンカが原因らしい。一九四八（昭和二十三）年、二人はケンカがもとでそれぞれ別の会社を設立したのである。

こうして誕生したアディダスとプーマは、同じ町で川をはさんでいがみ合った。一時は地域ぐるみの派閥争いにまでなりながら、それぞれ独自に発展を遂げ、ともに世界的なブランドとなったのである。

現代人の肩凝りを治すには、八〇〇ガウスの磁気が必要

磁気ネックレスから、小さな磁石に絆創膏をつけてツボに貼る「ピップエレキバン」のような商品まで、肩凝り治療に効果を発揮するといわれる磁気。

磁気の力の働くところに水を流すと電流が生じるので、人間の体にも電流が流れて、それが治療効果を発揮するのか？　それにしては「ピップエレキバン」の場合、CMでもおなじみのように磁力の強さを「八〇〇ガウス」といって、電流を表すアンペアとは使われる単位が異なる。どうも体に流れる電流とは関係ないようだ。

実はガウスとは、電流とは関係なくて、磁石そのものが持つ磁力の強さの単位なのである。磁力をN極とS極を結ぶ糸のようなものと考え、その糸の密度を一平方センチメートルあたりで表す単位がガウスである。

一平方センチメートルに、この磁力線が八〇〇本あるのが八〇〇ガウスというわけだ。

では、八〇〇ガウスという磁力はどのくらいの強さか――。南北の方向を知るときの方位磁石で数ガウス、メモ貼りつけ用マグネットで八〇～一〇〇ガウスだから、強力さからすると現代人の疲労の度合いは激しいようだ。

科学者の世界にはびこるセクハラの厚い壁

セクシャル・ハラスメントというのは、

今やセクハラと略されて日本語化しているが、もちろんもとは英語である。女権の確立しているアメリカから日本へ伝えられたものだ。

ところが、科学の世界ではセクハラどころか女性差別ともいえる扱いが、女性科学者たちを悩ませている。五〇〇人にも達しようかというこれまでのノーベル賞受賞者のなかに、二回も受賞したキュリー夫人を含めても女性が三〇人ほどしかいない。平和賞や文学賞はそれぞれ一〇人近く受賞しているが、物理学賞、化学賞、生理学・医学賞は二～六人ほど。これは、とりわけ科学者たちの間で、女性は助手程度という風潮が強いからだという。

代表的な被害者がロザリンド・フランクリンだ。彼女は二十世紀最大の生物学的発見といわれるDNA分子構造の解明に大きく貢献しながら、ほかの三人の科学者にノーベル賞という栄誉を与えて、若くして世を去ったのである。

ノーベル生理学・医学賞を受賞したのは、DNA分子構造をX線解析法で調べたモーリス・ウィルキンスと、その結果に基づいて分子模型を構築したフランシス・クリックとジェームズ・ワトソン。

ロザリンドは、ウィルキンスの共同研究者だった。しかもX線解析写真においてはウィルキンスより優れたものを残し、クリックとワトソンも彼女の写真があったからこそ模型が作れたという世間の評価は定まっている。しかしウィルキンスは、ロザリンドをあくまで助手として軽んじたらしい。

結局三人がノーベル賞を受賞したのは彼女の死後のことだったし、同一業績に関する受賞者は三人までという制限もあって、彼女が生きていたとしても現実に受賞できたという保証はない。しかし彼女の不遇は、今も女性科学者を悩ませている象徴的な問題である。

緑茶に含まれる「カテキン」は、胃ガンには効果がある？　ない？

抗酸化物質としてワインに含まれるというポリフェノールが注目されると、同種のカテキンもスポットライトを浴びることになった。

とくに日本人の食事や飲みものに欠かせない緑茶に含まれているところから、注目された。そこでさまざまなデータが集められることになった。

茶どころで名高い静岡県は、ガン死亡率が全国平均より低いが、市町村別でもとくにお茶の生産地は死亡率の低さが目立った。ただし、カテキンは一煎目ですべて出きってしまうので、濃いお茶にして一度いれたら茶葉を替えるほうが効果が高い。さらに一日に一〇杯以上のお茶を飲む人は、ガンの危険率が低下するなど……。

集められたデータからこうしたことがわかったのだが、さらにデータ集めが進むと、カテキンのガン予防効果に疑問符がつくという説が登場する。

三万人を対象にした調査で、緑茶をどれだけ飲んでも胃ガンの発症率には何の関係も及ぼさないことがわかった。それどころか、男女別データでは、男性の場合、緑茶の飲みすぎは逆にガンの発症率を高めているのではないかという結果も出たのだ。

こちらはまだ、最新のデータと調査であ

り、研究成果としての認知度は低い。

CDを虹色に輝かせているのは、「0」と「1」の数字

CDやDVDの素材になっているのは、ポリカーボネートというプラスチックの一種で、表面にアルミメッキが施されている。アルミメッキは、レーザー光をあてたときに反射させるためだ。

そしてポリカーボネートの円板には、信号化されたデータが記録されている。この記録がピットと呼ばれる小さな窪みだ。「0」か「1」かで表された信号の数は、CDで五〇～六〇億個もある。

ピットの幅が〇・五ミクロン、深さは〇・一ミクロンという極小なもの。一ミクロンは一〇〇〇分の一ミリメートルだから、肉眼でその窪みが見えるものではない。見ても平らな一枚の円板にしか見えない。厳密にいえば、「0」はピットが刻まれず、「1」だけが窪みだから、まさに表面はツルツルしただけの板である。

このディスクのピットにレーザー光をあてて反射した光を電気信号に変えると、音や映像に変わるのがCDやDVDの基本的な仕組みだ。

ところが、太陽光がこのピットにあたると、CDは虹色に光る。太陽光では音や映像に変えることはできないが、窪みに当たって光の屈折や分散が起こるため、虹と同じようにディスクが光り輝くことになるのだ。

現象としては雨上がりに見られる空の虹と同じで、大気中では水滴がプリズムの働きをして太陽光を七色の虹に分解するが、

ポリカーボネート板ではピットが水滴と同じ役割を果たしているわけである。

モモがトレードマークの桃屋は、実際にモモを売っていた

海苔《のり》佃煮《つくだに》を主力商品に、ザーサイやメンマなど中国惣菜まで瓶詰め商品をラインナップしている「桃屋」のロゴマークは、ずばりモモだ。ご飯のおかずが商品で果物とは何の縁もないのに不思議だが、実はこの会社、かつては果物も取り扱っていたのだ。

中国向けに野菜や果物の缶詰を製造販売する桃屋商店として、一九二〇（大正九）年に創業し、実際に桃屋ブランドのモモ缶などが存在していた。

しかし、社名に「桃」がつくのは取扱商品だったからではない。

創業者の小出孝男氏が、中国では古くからモモが吉兆のシンボル、長寿をもたらす果物とされた縁起ものだということを知って、中国相手の商売をはじめるとき店名にしたものだ。

さらにシンボルマークには、よく見るとモモの下に横向きの矢が添えられている。桃矢と桃屋をかけていると同時に、吉兆を射止める、つまり消費者の心を射止めようという願いが込められたものなのだ。

ちなみに今も流れる三木のり平のアニメCMは、一九五八（昭和三十三）年からという息の長さを誇る。

ノーベル平和賞の授賞式だけがオスロで開かれる理由

発明家アルフレッド・ノーベルは、ダイナマイトの発明で莫大な資産を築き、その財産を基に財団を設立して賞を設けることを遺言とした。

財団は基金の管理はするものの、受賞者の決定には、各賞ごとに選考委員会を設けて人選にあたるように、という遺言内容だ。さらに彼は、自分がスウェーデン出身であるにもかかわらず、平和賞だけはノルウェーの国会議員五人があたるようにと、特別の指示も残した。

当時はスウェーデンとノルウェーは、スウェーデン国王を君主に戴く連合国家を形成していたものの、両国間は緊張関係にあった。

歴史で見ると、一八九六年にノーベルが没し、遺言による第一回ノーベル賞授賞式が行われるのが一九〇一年、ノルウェーの独立は一九〇五年である。

そんな歴史の流れのなかにあって、あえてノーベルが平和賞だけはノルウェーに選んでほしいと遺言したのは、おそらく自分の発明品が戦争に利用されることになったことへの悔いがあったからではないかといわれている。

「国家間の友愛、常備軍の廃止または削減、そして和平会議の開催に最大のあるいは最善の貢献を行った」というのが、ノーベルの残した平和賞受賞資格者の定義だ。

ノルウェーの選考委員はこれに基づいて選考し、授賞式も自信を持って首都オスロで開催しているのである。

文明堂のカンカン・ベアのしっぽが長いのはネコだから

テレビコマーシャルで、長年にわたってCMソングや主役のキャラクターを変えない企業はいくつかある。しかしパターンも同じとなると珍しく、カステラの文明堂はその代表といえそうだ。

「カステラ一番、電話は二番、三時のおやつは～」という歌に合わせた、クマの人形のカンカン踊りである。

初登場は昭和三十年代のモノクロテレビ時代で、以来クマの人形のデザインは何代か変わったがダンスは同じ。

キャラクターとパターンは、一九六二（昭和三十七）年にオーストラリアから来日したノーマンとナンシーのバーク夫妻が演じたマリオネット・ショーを見た文明堂の岡本社長が思いついたもの。

キャラクターのデザインと製作は、ナンシー夫人の手によるもので、ネコをイメージした人形だったが、日本ではクマのほうが人気があるということで子グマにされてしまった。

それが、カンカン踊りの最後に振るしっぽがネコまがいの長さとして残されているといういわくつきのキャラクターとなる。

さらに音楽は夫妻がショーに使っていた「天国と地獄」をそのまま使い、文明堂が昭和初期に電話帳の広告に使ったコピーをそのまま歌詞にしてのせたという。

どこまでも伝統のお菓子らしい、伝統のコマーシャルである。

大阪人のエスカレーターでの左側通行は、武士社会の名残!?

東京と大阪では文化や習慣などでいろいろな違いがある。そのなかでもまごつくのがエスカレーターを利用するときの違いだ。エスカレーターを歩く人、立ったままの人の位置関係が、東京と大阪では逆なのである。

東京では左側が止まっている人、右側が歩く人だが、大阪では右側に立った人の左側を「いらち」な人が気ぜわしく歩くという図になる。

考えてみれば、道路交通法では「車は左・人は右」と定められているから、東京のエスカレーターで歩く人の右側通行は規則どおりということができる。

ではどうして大阪だけが道交法を無視して左側通行の習慣が生まれたのかというと、おそらく武士社会での人の左側通行の習慣の名残だろうといわれている。

武士が刀を差すのは左腰で、もし右側を歩けばすれ違う者同士の鞘《さや》がぶつかってしまう。無用の鞘あては避けなければならない。そこで人の左側通行が自然発生したのだった。

江戸時代、町人の町として発展した大阪に、武士社会の名残が見られるという逆転現象といえそうだ。

なお、ロンドンやパリのエスカレーターでは、大阪と同じ光景が見られる。

グレーのオフィスが多いのは、アメリカ軍の置き土産

日本のオフィスは、近年になって若干のカラー化が見られるとはいえ、グレーに囲まれているところがほとんどだ。

戦前までは、デスクや棚も木製で茶色に囲まれていた日本の事務所も、第二次世界大戦後になって占領軍として進駐してきたアメリカ軍がオフィスを設けることになって変貌する。

アメリカ軍には、オフィス用機器に関して構造やサイズのほかに、色を陸軍は松葉色、海軍と空軍がグレーで揃えるという決まりがあった。日本国内ではそのときから、占領軍の中心を占めていたアメリカ空軍のためにグレーのスチール製事務機器を製造するようになった。

それ以前に、アメリカでは塗料会社であるデュポン社が、オフィス環境には精神を落ち着かせる効果のあるグレーが向くという提案をしていた。ごく初歩的な色彩心理学に基づいたものだったとはいえ、塗料を売るためのキャンペーンだった。

戦後にはじまったグレーのオフィス機器は、製造費が安上がりなうえ、塗料の塗りムラができにくいという長所があったため、やがて日本のオフィスにも取り入れられるようになったのであった。

日本人の平均貯蓄額が一〇〇〇万円なんてウソ!?

総務省によると、日本の勤労者世帯の平均貯蓄額は、一九九〇（平成二）年以降一〇〇〇万円を超えて下回ることがない。バブル後のリストラや自己破産者数増加の報道が続くなかでも相変わらずの発表である。

絶対にそんなはずはないと、自分の預金通帳を眺めて感じる人も少なくないだろうが、実のところ総務省の発表には数字のカラクリが隠されている。

総務省のいう貯蓄とは、ふだん使う銀行や郵便局への預貯金の総額だけではない。預貯金に加えて、生命保険や火災保険、損害保険、株式、公社債、投資信託のような金融商品すべてを含めた額である。

家族持ちなら生命保険の掛け金を毎月相当額払っているだろうし、マイカーを持っていれば車両保険だってかけるし、マイホームは火災保険や地震保険に加入している。

さらに一部の高額所得者や資産家が大幅に平均額を引きあげているという事実もある。

普通のサラリーマン家庭では、実際の預

貯金合計額は、せいぜい四〇〇〜五〇〇〇万円くらいだといわれている。

徳川吉宗が、奥女中のリストラに、美人を選んだワケ

享保《きょうほう》の改革を断行して名君の誉《ほま》れが高い八代将軍徳川吉宗は、庶民に倹約を強いるのだからと自らも厳しく律している。

粗衣粗食を率先したほか、金食い虫である大奥の経費削減を試みている。

女性ばかりの大奥は、年間経費が二〇万両（約一六億円）もかかったといい、そのほとんどが奥女中の人件費や服飾費、食費などだった。

将軍につく女中には定員があって二〇〇人余り。さらに別に正室にも二〇〇人ほどがついた。加えて身分の高い女中にはその世話係の女中がついたから、多いときは数百人の女中が雇われていたことになる。おまけに奥女中は終身雇用……。吉宗は、思い切って人員削減を試みる。

難しいのは、数百人に及ぶ女中のなかから誰を選ぶかである。そこで吉宗は考えた。大奥のなかでも美女といわれる五〇人の名前を書いて届けるように命じたのである。

命じられた部下は、吉宗が紀州時代に正室を亡くしていたから、側室選びのつもりだろうと考え、とびきりの美人の名を書き出すと、なんと吉宗は彼女らを解雇要員としてしまった。

誰もが認める美女なら、大奥を出されても嫁のもらい手に困らないだろうという、先行きの生活までを配慮しての選択だったのだ。

リストラを免れたのはいいが、「大奥にでも雇っておかなければ行き場がないだろう」という理由で残されたのでは、ブスといわれたも同然。彼女たちはどう思っていたのだろうか……。

通勤ラッシュに長時間残業 平城京の役人は現代のサラリーマン!?

日本で最初のサラリーマンといえば、はじめて律令政治の形が整って造営された都・平城京の役人だろう。

豪族出身の藤原氏など官位が五位以上の高級官吏は、役所である平城宮の近辺に住むことができるし、馬や輿《こし》で通った。

しかし名もない六位以下の下級官吏の住む家は役所から離れた都の南端だった。その距離は七キロメートルほどもあり、約二時間はかかるところを毎日歩いて通った。おまけに勤務時間は日の出からだ。おおよそ現代の六時半くらいが平均だろう。

官吏は、一二〇人くらいの貴族を含めて一万人近い人数に達したというから、馬も輿も徒歩の人もみな、役所目指して出勤する道路は、さしずめ現代のラッシュ時の駅コンコースのようだったに違いない。

高級官吏は午前中だけで仕事を終えて帰るが、下級官吏の仕事はその後の処理だから、終わるのは日暮れ後ということもあったようだ。そこで下級官吏はまたテクテク二時間歩いて帰宅する。家に着けば深夜ということもあったに違いない。

遠距離通勤、通勤ラッシュ、残業、深夜帰宅……。まるで現代サラリーマンそっくりである。

けれど楽しみもないわけではなかった。

『万葉集』には通勤途中の出来事を詠んだとしか思えない恋の歌が収載されていて、通勤電車のなかで恋が生まれたような例が、平城京の役人にもあったようである。

鹿児島市には、なぜか村役場が二つある

都会に暮らして、電車は十分も待たずにやってくるという暮らしに慣れていると、役所の本庁舎へは電車一本で行けないことですら不満である。しかし、ぜいたくをいうものではない。自分の村に役所がなく、よその町まで出かけなければならない離島の村だって存在する。

役所の利用者は地域住民なのだから、彼らの交通の便がいちばんいい場所に役場が置かれるのが理想である。

ところが離島がいくつか集まって村を構成している自治体では、一つの村に役所を置いてしまうと、その島の人は便利でも、ほかの島の人は用事があるたびに船に乗らなければならない。

これでは住民サービスに不公平が生じるというのが行政側の悩みとなる。

そもそも離島なのだから、本島あるいは本土とは直接の船便があっても、離島同士の船便がないというところだってある。それなら、どの島からも均等に船便がある場所に役所を置くのが公平で便利に違いない。

こうした理由で、鹿児島県三島村と十島村は鹿児島市に村役場を設けた。

三島村は薩摩半島の南五〇キロメートル付近の硫黄島・竹島・黒島の三島からなり、十島村はトカラ列島の一部を構成する

七つの島で成立している村。村民は、不平もいわず鹿児島市へ手続きに出向く。

また沖縄県の竹富町も、竹富島のほか、西表島・波照間島・黒島などの住民との不公平感をなくすため、あえて石垣島（石垣市）に町役場を置いている。

一般人が、お札の「すかし」を造ると罪になる

にせ札防止に細かい工夫がされているはずの新札にも、すでに偽造のものが登場している。パソコンとスキャナーとプリンターがどんどん進化したためといわれている。

ただ、どうしてもパソコンでは造れないのが「すかし」だ。

すかしは、紙の厚さを変えることにより、光にかざすと薄い部分が透けて見えるという原理を利用したもので、「白すかし」と「黒すかし」がある。

便箋などで、透かすと花模様やハートマークなどが見えるものは、模様部分だけ紙の厚さを変えるという簡単な「白すかし」の方法だ。

にせ札防止に効果の高い「黒すかし」は、逆に部分的に厚くして浮き出させるもの。正確には、お札では白黒両方のすかし技術が駆使されていて、さらに防止効果を高めている。

両者を組み合わせると、濃淡の差がはっきりし、立体感を出すことができるからで、この技術に関しては日本が世界一である。

そして「黒すかし」は紙幣に使われているところから、一般の企業が製品などに取

り入れることが禁止されている。「すき入紙製造取締法」によって罰則もきちんと定められている。

名古屋名物「ういろう」は、タン切り薬に似ていた

餅とぎゅうひの中間のような口あたりが独特の和菓子が「ういろう」だ。羊かんのような棹菓子で、東海道新幹線のなかで名古屋名物として売られているし、車窓から広告看板を見ることもある。名前は知っていても、はてどんな意味だろうと、和菓子らしからぬ名前にとまどう。

和菓子といえば、菊とか萩とか、月や雪やしぐれといった花や自然現象を使った名前が多いなかで、日本語ではないような言葉だ。

現代ではたしかに耳慣れないが、時代をさかのぼって江戸時代に行けば、誰もが知っている名前だった。漢字で「外郎」と書く漢方薬だった。

一七一八（享保三）年には、歌舞伎で二代目市川団十郎の「外郎売《ういろううり》」が初演されており、これは今も成田屋のお家芸、十八番として伝えられている。内容は、江戸の町で「外郎」を売り歩く薬売りの、効能などを述べる口上を早口言葉で真似したりするもの。

芝居になるほど庶民に親しまれた薬は、タンを切るとか頭痛に効くとされていた。この「外郎」の一つである透頂香《とうちんこう》に形や色が似ていたことから菓子の名に使われた。

ただ、言葉として意味がわかりにくいのは「外郎《ういろう》」がもともとは中国語だからだ。外郎とは中国で、薬、祭祀などを司る官庁

の職員、礼部員外郎《れいぶいんがいろう》のことだ。元の員外郎だった人物が室町時代に来日して博多に住み、家名も「外郎《ういろう》」とした。そして売り出した薬が「外郎薬」となったのだった。

隅田川花火大会は、もともとコレラと大飢饉の厄払いだった

日本の夏の夜空を彩るのが、花火大会である。花火が日本に伝来したのは天正年間（一五七三～一五九二年）だといわれ、のちに江戸の街でも流行し始める。だが、砲声とまぎらわしかったり、火災の危険があるということで、江戸幕府は町中での花火を禁止し、大川筋や海岸での打ちあげのみを許していた。

隅田川の川開きに花火がつきものになったのは、一七三二（享保十七）年の災厄が原因だといわれている。この年は、西日本一帯にイナゴが大発生するなどで大飢饉となり、多数の餓死者を出した。そのうえ、コレラが流行して、さらに多くの死者を出した。

そこで八代将軍吉宗は、鎮魂と厄払いの意味を込めて、翌年の五月二十八日の川開きの日に水神祭りを挙行させた。その際、隅田川沿いの船宿と料理屋が、許可を得て費用を負担し、花火を打ちあげた。

そのとき打ちあげた花火は二〇発程度で、花火師は六代目の鍵屋弥兵衛。現在とは比べものにならない質素なものだったが、それでも花火は年中行事となって、江戸っ子の歓声を浴びた。花火の技術も進歩し、「玉屋」「鍵屋」が、仕掛けのおもしろさや華やかさを競い合った。

この隅田川の花火大会は、二百七十年を

超える長い歴史のなかで、幕末の動乱期や第二次世界大戦時、さらには高度経済成長期には交通事情悪化と警備上の問題で中断されたこともある。しかしそれらを乗り越えて今も夏の風物詩として、にぎわっている。

バンジージャンプは、成人式の度胸試しから始まった

バンジージャンプの始まりは、スリルを味わうための遊びではない。成人式の儀式として受け継がれてきた行事だった。

オーストラリアの東側、太平洋に浮かぶバヌアツ共和国にあるペンテコスト島では、「ナゴール」と呼ばれる儀式が行われてきた。森から木を切り出して高さ三〇メートルほどのヤグラを組み、少年たちがそのてっぺんからダイビングするのである。少年たちの足には、植物のツルが命綱として結ばれているので、地面すれすれで危うく跳ね上がるが、頭を下にして地面めがけて真っ逆さまに飛び降りるのは、かなりの勇気がいる。

少年たちは、この通過儀式を経ることで一人前の男として認められ、飛び降りることができなかった者は、肩身の狭い思いをする。のちには、収穫の行事としても行われるようになり、最近では観光客の人気を集めている。

この風習を、遊びとして楽しめるようにしたのは、ニュージーランドのA・J・ハケットである。一九七八（昭和五十三）年にパリのエッフェル塔で披露した。その後、ニュージーランドのクイーンズタウンにバンジージャンプ台を建てて、足にゴム

ひもを結んで行うようになった。

「バンジー」とは、体を結ぶ伸縮性のあるロープのことといわれているが、語源ははっきりしていない。

子供たちの一五パーセントは、死者が生き返ると思っている

近年、子供による殺人事件や傷害事件が何度も世間を騒がせた。最近の子供たちは、人を死なせたら取り返しがつかないと、ほんとうにわかっているのだろうか？

二〇〇五（平成十七）年一月に長崎県学校教育課が発表したところによると、県内の小中学生を対象にした「生と死のイメージ」に関する意識調査で、「死んだ人は生き返る」と答えた生徒が、なんと一五・四パーセントいた。それも、小学生より中学生のほうが多かった。

簡単にリセットできるテレビゲームの影響か……と思うのは早計で、「ゲームでリセットできるから」と答えた生徒は七・二パーセントの少数派。それより、「テレビや映画などで生き返るところを見た」「生き返る話を聞いた」という生徒が大多数を占めた。そのほか、霊魂・幽霊・生まれ変わりなどを信じている生徒もけっこういたようだ。

これ以前にも、日本女子大・中村教授の調査で、「一度死んだ生き物が生き返ることがあると思う」という中学生が五割弱もいるという報告がある。

また、旭川医大・岡田教授の調査でも、「死んだ人はけっして生き返らない」と答えた中学生は半数に満たず、小学生より少なかったという。

どうやら、身近な人の死の体験が希薄なため、中学生ぐらいになって、映画やテレビなどの影響で死のイメージが揺らぐ子供がけっこう多いようだ。

お年玉付き年賀ハガキは、最近までアメリカに送れなかった

年賀状をアメリカの友人に送りたい……というとき、近年まで、お年玉付き年賀ハガキを用いたら配達してもらえなかった。その理由はハガキの下についている懸賞部分にある。

外国の宝クジを買うのを法律で禁じているのは、日本もアメリカも同じ。日米に限らず、外国の宝クジ購入はご法度《はっと》という国は世界に多い。

これはお年玉付き年賀ハガキにも適用される。年賀状がメインで懸賞部分は付録のようなものとはいえ、いちおう懸賞には違いない。したがって、海外の多くの国で違法な宝クジ扱いされてしまうのだ。

アメリカからは、一九九六（平成八）年、「お年玉付き年賀ハガキの持ち込みを禁止する」という注意が当時の郵政省に送られてきた。

そのため、日本側は、懸賞部分をマジックで黒く塗りつぶすなどの処置をとっていたが、量が多いため処理しきれない。なかにはそのままアメリカに届いてしまうハガキもあった。

そこで、日本とアメリカで協議した結果、一九九九（平成十一）年十一月から、塗りつぶさずにそのまま送ってもいいと決定。現在では送れるようになっている。

エレベーター内で表示板を見あげるのは、他の人と目を合わせなくするため

エレベーターに乗り込むと、つい上方にある階数を示す表示板を見つめてしまうものだ。

それを自分だけのクセだと勘違いしている人も多いようだが、そうではない。これは、多くの人に共通する傾向だ。

なぜそんなことをするかといえば、他人とのアイコンタクトを避けるためである。エレベーターという狭い空間のなかで、他人と目を合わせるのは、なんとなく気まずい思いをする行為だ。そこで、それを避けるために、自然に表示板を見あげてしまうのだ。

エレベーターに乗っていると、時間の進

行が遅く感じられるが、これは、他人との距離が極端に近くなることで、誰もが緊張し、感覚が鋭敏になり、一刻も早くその状態から逃れたいという気になるからだという。楽しい時間はあっという間に過ぎ、イヤな時間は長く感じられる心理がなせるものなのだ。だから、なおさら他人と目を合わせることを避けるのである。

これと同じことは電車のなかでも見られる。電車に乗っていると、本か新聞を読むか、ケータイの画面を見る。でなければ、中吊り広告などに目をやってしまう。これもまた、至近距離にいる周囲の乗客と目を合わせないために取ってしまう行動なのだ。

飲み残しのコーヒー牛乳が、缶コーヒー誕生のヒントになった

季節を問わずたくさんの人々に飲まれている缶コーヒーだが、それを最初に販売したのはUCC上島珈琲である。

その開発のきっかけがユニークだ。当時のUCCの上島忠雄社長が、ある日、駅の売店でビン入りのコーヒー牛乳を買って飲んでいたときのこと。列車の発車までには飲み干せると思って買ったものの、実際には予想より早く列車が出発することに……。ビンは返却しなければいけないため、社長はコーヒー牛乳を飲み残したまま、慌てて列車に飛び乗った。

倹約家の社長は、列車に乗ってから考えた。「もっと、いつでも、どこでも手軽に

飲めるコーヒーがあれば……」。

そこで思いついたのがビン入りではなく、缶入りのコーヒーだ。缶ならビンのように破損の問題や、回収洗浄などの面倒な作業の必要もない。

だが、商品化までには多くの問題が発生した。とくに缶の成分である鉄イオンが、コーヒーに含まれるタンニンと結合して、黒く変色してしまうことが大きな問題だった。そこで、缶の内側に特殊コーティングをすることで解決を図り、一九六九（昭和四十四）年四月に、日本初の缶コーヒーが誕生したのである。

当時の諸外国には缶コーヒーは存在しなかったから、これは日本初というだけでなく、世界初の缶コーヒーということになる。

ブービー賞はもともと、最下位に与えられる賞だった

スポーツならなんだっていちばんになるのがいいに決まっている。

ただゴルフコンペだけは、勝者への表彰と同時に、ブービー賞というビリから二番目の人への表彰がある。さすが紳士のスポーツ、フェアに戦っていれば敗者といえども称える価値があるという精神のあらわれのようである。

ならば真の敗者である最下位の人の表彰でもいいはずだ。それをあえてビリから二番目にする理由は何なのだろうか？

もともとブービーというのは、スペイン語の「ボボ（bobo）」に由来する。大航海時代に不用意に帆にとりのことで、カツオド

まって船員に捕らえられることが多かったため、「バカ・アホ・マヌケ」というような意味を持つことにもなった言葉である。

これが英語で「ブービー（booby）」となって、競技の最下位、ゲームでビリになった人を意味するようになる。だからゴルフコンペでも、ブービー賞といえば最下位の人のことだったのだ。

ところがブービーに表彰があるとなると、これをねらうのは簡単だ。優勝は無理だけれど、ミスを連発して大たたきすれば確実に最下位になれる。ブービー賞を狙ってわざと悪いスコアに甘んじるという紳士にあるまじき行為に出る人も増えてくる。

そこで、狙っても取れるものではないビリから二番目の人を表彰するように変わったのが、今のブービー賞である。

電車のリクライニングシートは、実はＧＨＱの要請で作られた

飛行機は当然ながら、ＪＲでも新幹線や在来線特急の座席はリクライニングシートが備わっている。私鉄でも長距離の特急や観光バス・長距離バスに採用しているところも多い。

これだけリクライニングシートが広まるきっかけになったのは、戦後の日本に駐留したＧＨＱ（連合国軍総司令部）のおかげといっていい。

第二次世界大戦後、連合国の総司令部として日本を統治下に置いていたＧＨＱの将校は、日本国内を移動するときに利用する列車の乗り心地の悪さに辟易していたらしい。

ついには民間運輸局部長のシャグノン中佐を通じて、リクライニングシートの導入が国鉄に申し入れられる。しかし国鉄にしてみれば「?」という状態。リクライニングシートなど見たこともない、というのが本音だったのだ。

それを知った中佐は、アメリカからシートの設計図を取り寄せて国鉄に提供し、ようやく日本での開発が始められた。占領軍の圧力ではあったが、このことがなければ日本の列車の乗り心地に関する開発は、もっと時間がかかったかもしれない。

国鉄はすぐに車両の改造にとりかかった。そしてリクライニングシートを備えた車両を従来の二等車と区別するために、「特別二等車」とした。東京〜大阪間にこの車両を連結した「特急つばめ」が走ったのは一九五〇（昭和二十五）年のことだった。

オリンピックの競泳は最初、海・川・湖で行われた

水泳は、世界記録の更新が目覚ましい競技の一つだ。選手たちの肉体改造や水着の開発も進んでいる。そして、天候に左右されることのない屋内プールは水泳競技の舞台として、もはや欠かせない。

しかし最初から環境が整っていたわけではなかった。オリンピックは屋内プールがない時代からあったので、自然のなかで行われていたのである。

一八九六（明治二十九）年にアテネで行われた第一回大会の水泳競技は、近くのゼア湾で行われた。大会の開催時期は四月。そのときの水温は一三℃程度だったとい

う。現在の水温は二四℃以上に保たれているというから、そのコンディションの過酷さは想像に難くない。少しでも体温を奪われないように、ワセリンを塗って泳ぐ選手もいたという。

第二回のパリ大会は、セーヌ川がせき止められた場所で競技が行われ、第三回セントルイス大会でも郊外の湖が使われた。プールが使われるようになったのは、第四回のロンドン大会からである。

世界の強豪が集まる大会でもそんな具合だったのだから、日本のオリンピック代表選手選考会も羽田沖の海だ。ドラム缶を組んでいかだを浮かべたところが飛び込み台だった。

もともと水泳は、海や川、湖などで泳ぐために生まれていったものだから、自然のなかで行うのも間違ってはいないはず。でも、今もそのまま自然のプールで行われていたら、これほどタイムは縮まっていないだろう。

世界初の女性客室乗務員は、ナースが機内サービスしていた

飛行機の乗客の世話は、もともと副操縦士の役目だった。また、初期には男性の乗務員エア・スチュワードが乗務するものであった。

航空業界で初めて女性客室乗務員（スチュワーデス）が登場したのは、一九三〇（昭和五）年のことだ。乗務させたのは、現在のユナイテッド航空の前身であるアメリカのボーイング航空。

きっかけとなったのは、エレン・チャーチという二十五歳の女性である。彼女は看

護師であり、飛行機操縦の経験もあったことから、客室乗務員として雇ってほしいと、ボーイング社に売り込んだのがきっかけだ。同年五月の初めてのフライトで、エレンは、一一人の乗客を世話している。

その後、同社ではサンフランシスコ〜シカゴ間の便に搭乗するために七名が採用された。エレンの影響からか、当時のボーイング社のスチュワーデスの採用には、看護師の免許取得が必須だった。ほかにも条件が細かく決められており、具体的には、年齢は二十五歳以下、身長は一六三センチメートル以上で以下、体重は五二キログラム以上であることが求められた。

ユニホームは白衣と、いかにも看護師らしい。業務内容は、オイルの点検や搭乗案内、渡航中の乗客の保安、コーヒーのサービスが中心だったが、日本でも一時、「エア・ナース」と呼ばれていた通り、スチュワーデスは雲の上の看護師だったのだ。

電車の人身事故現場処理は、駅員がやる

列車で人身事故を、まっさきに知るのは運転士だ。目の前で起こった出来事に対して、運転士は、まずブレーキハンドルを非常制動位置に切り替え、非常警笛《けいてき》を鳴らす。短い警笛数回のあとに長い警笛が一回の組み合わせで、「パパパパパーン」という音だ。警笛のなかでも、耳慣れない独特の鳴らし方だ。そして、電車が止まるのを待つ。

この非常警笛を聞いた駅員は、すぐに音の鳴る場所に駆けつける。駅構内だけでなく、業務にあたっている駅の近くの踏切な

どでも同じだ。

　現場では、状況を確認して、最善の処置をするのは、ほかの事故と変わらない。しかし、列車での事故がほかと違う点は、車内にいる乗客のために早く列車の運行を再開させなければならないということだ。

　人の命にかかわることは警察が関与するものだが、警察を待っている余裕はない。なぜなら、警察の現場検証がひとたび始まってしまうと、それが終わるまで列車は動かせない。乗客にも大きな影響を与えてしまう。

　そのため、鉄道職員は、遺体をいち早く線路内から別の場所へと移動させる。警察の到着前に自分たちで処置をして、ひとまず列車を動かしてしまうのだ。遺体の全部が見つからない場合には、警察の検証のために長い時間運行がストップすることになるが、警察がしばらく猶予をくれることもあるそうだ。鉄道職員には、こうしたつらい業務もあるのだ。きちんとした輸送のために、彼らは体を張っているのである。

鉄道マンには、神経性大腸過敏症と痔持ちが多い!?

「職業病」は、どの職業でも少なからずある。なかには、切実につらい病気に悩まされる職業もある。その一つが鉄道運転士だ。

　多くの乗務員が悩まされているのは神経性大腸過敏症だという。運転士はトイレに行きたくても、仕事の特性上それがかなわない。「行きたくても行けない」――これが、精神的な苦痛となり、腹痛へとつながっていくのだ。どうしてもガマンできなくなった時、運転士は、列車無線でSOSを出し、乗務員の詰所の駅で運転を代わってもらうこともあるとか。

こうした状況に陥らないためにも、運転士や車掌は業務につく前に必ずトイレに行く。しかし、これがまたもう一つの職業病、痔への道でもある。人よりも多く行くことが多いので肛門を痛めてしまうことがあるのだ。

運転士は、運転時の姿勢が災いして、さらに痔になりやすい。前方をよく見ようとすると、椅子に浅く腰掛ける体勢になる。椅子の先端によって肛門の周辺の血流が妨げられると血行が悪くなるのだ。

以上の二つの病気のほかにも、狭い運転席に缶詰になる運転士は、運動不足のため太りやすいそうだ。車掌は、揺れる車内を歩き回ることから、腸が弱いなど、いろいろと苦労するようである。

となると、彼らの食事も気になるところ。鉄道マンの食事は、駅内で済ませることがほとんどのようだ。以前は、当番制で自炊をしていたそうだが、今は合理化のため、調理専用のスタッフが食事を作るシステムを取り入れているところが多い。

一台で救命と消火ができる消防救急車が登場した

二〇〇五（平成十七）年一月、千葉県松戸市の消防局に、消防車と救急車の両方の機能を持つ「消防救急車」が納入された。消防救急車の導入は、日本で初めてのことだ。

松戸市では連絡を受けてから現場到着までの時間を五分以内とする目標を達成した

が、救急の出動が増えて「五分救急体制」を維持することが難しくなってきた。

対策として初めにとられたのは、救急隊員の資格者を消防隊に加える「赤い救急隊」というものだった。しかし、消防自動車での出動だったため、傷病者を搬送することができない。

そこで、消防車としても救急車としても利用できる車をつくることになった。

導入が決まったのは、「消救車」と名づけられた車両。これが、総務省消防庁によって法規上は「消防車」として扱い、呼称は「消防救急車」と決められた。

車体後部には消防用のポンプが備えられており、毎分二四〇〇リットル、ドラム缶約一二本の放水能力を持つ。これは、一般的な普通消防ポンプ車と変わらない。

救急車としての設備も充実している。救急車定置型人工酸素蘇生・酸素吸入装置、電動吸引機、血圧計、二台のストレッチャーなどが備わっているのだ。救急隊員が心臓マッサージを行いやすいスペースも確保された。

サイレンも、おなじみの消防用の「ウーウー」という音と救急用の「ピーポー」の両方が出る。まさに一台二役の「消防救急車」の一台の値段は、三三〇〇万円。同じ能力の消防車と救急車を一台ずつ購入するよりも、約五〇〇万円が節約になるということだ。

かつてのイギリスでは紅茶よりもコーヒーが主流だった

ヨーロッパでは、十七世紀に喫茶の風習が始まった。イギリスにもこの風習が広まるのだが、当時人々に愛飲されたのは、意外にも紅茶ではなくコーヒーである。一六五〇年、オックスフォードにユダヤ人がコーヒーハウスを開店すると、一六五〇年代から一六六〇年代にかけて次々にコーヒーハウスができた。

このコーヒーハウスは、現在のただの喫茶店とは少し趣が異なる。入場するには一ペニーが必要で、飲み物などのオーダーは別に支払うのだ。また、入れるのは男性のみ。

店内には新聞や雑誌が備えられていて、自由に読むことができる。さらに、店内は人々が議論を交わしたりと、いわば男性だけの社交の場だったのだ。

コーヒーハウスが流行した時代は、ピューリタン革命直後。民衆の政治への関心と熱気は今ださめやらぬ状況だ。

そこへ、ピューリタン革命時に亡命していたチャールズ二世がフランスから帰国し、王政復古となって、スチュアート朝の支配が復活する。王権強化には、民衆の政治熱は邪魔だったので、その温床となるコーヒーハウスは、権力者にとって目の上のたんこぶといった存在だった。そこで一六七五年に突如コーヒーハウス閉鎖の布告を出したものの、民衆の非難に抗しきれず、わずか十一日で撤回した。

その望みが潰えると、政府もコーヒーハウスにスパイを送り込んで、世論操作や危険人物の監視を行うために利用していたという。

ところで、コーヒーハウスには、まだあまり知られていなかった紅茶も置いてあった。このことが、イギリスでの紅茶の普及につながっていったようである。

第 5 章

会話が煮詰まって困ったときの54本

東京タワーと五重塔は、同じ地図記号である

東京タワーは、テレビ電波の送信塔だ。機能としては電波塔ということになる。それなのに、実際の地図を見ると電波塔のマークにはなっていない。

ガイドブックに掲載されている簡略化された地図だからではない。地図の本家である国土地理院の作成する二万五〇〇〇分の一の地形図で「高塔」の地図記号が使われているのである。

もともと「高塔」のマークというのは、給水塔、時計台、火の見やぐら、展望台などにつけるもので、周囲より高い建造物を示す記号だった。だから、札幌の名所である時計台も、現在では周囲のビル群に見下ろされているのに、やはり高塔のマーク。

その意味では、たしかに東京タワーは周囲から図抜けて高いからいいのかもしれない。が、高塔マークになった本当の理由は『地形図図式の手引き』（日本地図センター発行）が教えてくれる。

「東京タワーなど観光の目的を兼ねる塔は高塔の記号で表す」とされている。だから横浜のマリンタワーも同じ記号だ。

また寺院の五重塔も、かつては「梵塔」という記号があったが、戦後の地図記号整理が行われたときに廃止されたため、今では高塔のマークが使われるようになっている。かくして歴史の古い木造の五重塔と鉄骨の東京タワーは同じ地図マークで表記されているのである。

狂牛病の原因となった肉骨粉は、現在セメントの原料に使われている

狂牛病（ＢＳＥ）問題で肉骨粉という言葉が一躍有名になった。肉骨粉が狂牛病のそもそもの原因であることがわかったからである。

それ以後、肉骨粉は当然ながら使用されていないはず、と思っている人が多いだろうが、実は肉骨粉は現在も生産されており、私たちの身近な場所に存在している。

日本国内で生産されている肉骨粉は年間約四〇万トンにも及ぶ。そのうちの三〇万トンは、豚や鳥のもので、残りの一〇万トンが牛の肉骨粉だ。

豚や鳥の肉骨粉は、現在でも飼料として使用されているが、牛のものは、飼料としては使用することができない。しかし、牛を処分すれば、どうしても肉骨粉は出る。以前は商品として流通していたものだけに、突然販売できなくなると、メーカーは困ってしまうのだ。

そこで、国は、なんとかして肉骨粉を他のことで利用できないかと考え、白羽の矢を立てたのがセメントだった。経済産業省などがセメントメーカーに肉骨粉処理の協力要請を行い、セメントメーカー側が、技術面、環境面などを検討した結果、セメント原料として受け入れることに決まった。

肉骨粉は密閉容器に入れられたまま、一〇〇〇～一五〇〇℃の温度で燃焼しているセメントキルン（セメント窯）のなかに入れられる。これにより、狂牛病の病原体といわれるプリオンが完全分解されるので、安全に再利用できるのだ。

こうした処理を受けたうえで、肉骨粉はセメント材料の一部としてリサイクルされている。肉骨粉入りのセメントは、建物などのコンクリートに使われるのである。

ただ、肉骨粉をセメント原料にするには、それなりのお金がかかる。この費用は国が肩代わりをしており、三年間で五七八億円もの処理費が計上されている。結局、国民の税金で処理されているわけで、リサイクルとはいえ、その費用はあまりにも膨大だ。

自分の歯を預かってくれる銀行が日本にある

歯科矯正治療のために抜いた歯や、親知らず、事故などで抜けてしまった歯を見て、「健康な歯なのに、もったいない」と感じたことはないだろうか？

人は、やがて年をとると歯も弱くなり、抜かなければならないケースも出てくる。抜いたあとは処置をしなければならない。入れ歯は、歯科医療技術が向上し、従来ほど違和感を感じずにすむようになったとはいえ、費用がかかるし、噛み応えを感じないという難点もある。

こうした問題点をクリアするためのよい方法は、健康なのに抜かざるをえなかった歯や、事故などで抜けてしまった健康な歯を保存し、将来抜かなければならなくなったときにそれを使用することである。

ただ、一見簡単そうに見える自分の歯の保存・移植は、実は難しい問題を抱えている。歯の根と骨の間には、歯根膜というクッションの役目を果たす組織がある。この歯根膜が、抜歯《ばっし》の際に傷つき、そのまま移

植するとトラブルが起きることが少なくないのだ。しかも、歯が抜けてすぐに移植しないと歯根膜は機能しなくなってしまうため、移植に時間的な猶予がなく、保存して使うことができなかったのである。
　しかし、ここにきて、歯の再利用が可能になった。広島大学大学院医歯薬学総合研究科の研究グループが、抜けた歯の歯根膜の再生に成功し、また歯の長期間の冷凍保存に成功したのだ。
　この技術を利用し、広島大学のベンチャー企業「スリーブラケッツ」が、親知らずなどの健康な歯を抜いたあとに冷凍保存し、奥歯や前歯に加工して再利用する「ティースバンク（歯の銀行）」を開設した。費用は歯一本あたり三万円で、移植時の治療費を含めると約一三万円。二〇〇四（平成十六）年五月のバンク開始以来、二十〜三十代の若い女性を中心に、バンクを利用する人が増えているという。

中部国際空港は、世界で唯一空港内に銭湯がある

海外旅行の帰りに、空港でお風呂に入れる……。

そんなユニークな国際空港が、二〇〇五（平成十七）年二月、愛知県常滑《とこなめ》市に誕生した。成田空港や関西空港と並ぶ海外への空の玄関口「中部国際空港」である。

中部空港は、日本初の本格的民間空港だ。トヨタ自動車など民間が五割、国が四割、残りを愛知県などが出資する空港会社が運営する。

不況下でも元気な名古屋の民間企業が産み出しただけあって、民間ならではの発想が満載されている。なんでも収益の四割を非空港系収入で稼ぐ観光スポットをめざすとか。その一環として、日本初の空港展望風呂「宮の湯」がオープン。空港の銭湯は、おそらく世界でも初めての試みだろう。

この銭湯は、旅客ビル内の商店街「ちょうちん横丁」の一角にある。浴室内は特殊な空調設備によって湯気がこもらないようになっており、すっきりした視界で、お湯に浸かりながら飛行機が離着陸するところや伊勢湾を展望できる。

また、「宮の湯」には、サウナやジャグジー、エステ、ヘアサロンも併設されている。

観光スポットをめざすだけあって、中部空港のウリは銭湯だけではない。約一〇〇もの店舗が入った商店街は、日本やヨーロ

ッパの古い街角をモデルにしたテーマパーク風になっており、今までの空港とは一味違った雰囲気だ。

海面から一〇メートル下の水中に、ポストがある

　和歌山県南部のすさみ町には、なんと水深約一〇メートルの海中にポストがある。「最も深い水中にあるポスト」としてギネスブックにも掲載された海中ポストだ。

　このポストは、ダイビング施設「ノアすさみ」前の海中にある。昔ながらの赤い丸型一号ポストで、すさみ町郵便局の正式な施設である。

　すさみ町郵便局によると、この海中ポストは、一九九九（平成十一）年の「南紀熊野体験博」で、共催イベントの一つとして設置されたという。

　郵便物の回収は郵便局員が行わなければならないが、郵便法では、海中にある時点では「郵便物」とみなされないので、「ノアすさみ」のダイバーが回収している。地上に引きあげたあとは、「郵便物」として郵便局が扱う。

　もちろん、水中だから、ふつうの紙のハガキは使えない。「ノアすさみ」で売られている専用のハガキ（一枚一五〇円）を用いる。ハガキの素材は、ダイバーが水中での筆談に使う合成紙と同じだ。

　専用ハガキが全国どこにでも届くというので、ダイバーたちに人気が高く、毎年平均三〇〇〇通のハガキが投函されるという。

　海中ポストは、フジツボやカキが付着して汚れてくるので、手入れも必要。これま

で幾度か、クレーンで引きあげて掃除をしたが、そのとき、ポストを住みかにしていたエビが大量に出てきたこともあったそうだ。

大リーガー・イチローは、じつは次男である

大リーグのマリナーズで活躍しているイチロー選手は、本名を鈴木一朗という。

伝統的に、日本では「一朗」や「一郎」は長男につける名前とされているが、イチロー選手は次男だ。次男に「一朗」と名づけるのは珍しい。

そこでそのワケを、イチロー選手のお母さんの鈴木淑江さんにたずねた。イチロー選手のお兄さんの名前は一泰《かずやす》さんで、ともに彼らの祖父の銀一さんが名前のルーツだ。

「銀」という字は名前につけにくいが、「一」は縁起がよさそうなので、名前にもらったという。

また、それぞれの名前には、二人が生まれたときのお父さんの気持ちがこめられている。

お兄さんが生まれたとき、お父さんはサラリーマンをしていたので、「一に安泰」という気持ちから「一泰」、イチロー選手が生まれたときには、独立して商売をしていたので、「一に明るくあるように」と「朗」の字をつけたという。

「ふつうは次男に〝一〟をつけないようですが、主人もあまりそういうことを気にしなかったようで」とのことだった。

北朝鮮では三つ子が生まれると、家族全員に勲章が与えられる

日本には「子宝」という言葉があるが、北朝鮮でも子供は国の宝とされている。ことに、兵役の対象者や労働力の不足が目立つようになった近年では、「多多益善」を人口政策に掲げている。かつての日本が「産めよ、殖やせよ」をスローガンとしたのとよく似た状況である。

北朝鮮では、検診を受けて三つ子以上の妊娠が判明した妊婦は、すぐに最高級の産院である平壌産院に移されて、特別扱いされる。通常の妊婦は、入院したとしても食料や燃料、薬などを自分で用意しなければならないが、三つ子の妊婦にそんな心配はいらない。

さらに、出産後も、缶詰やリンゴ、卵、ローストダックなどの高級な食料品がふんだんに与えられる。さらに三つ子専門の医師や保育士が一人一人について、万全の支援がなされるという。四歳までは一か月に一回、その後は三か月に一回と、十六歳までは定期健康診断もやってくれる。

それればかりではない。家族全員に、金総書記から勲章が与えられ、二階建ての豪邸もプレゼントされる。食料不足、物不足のなかで、すさまじいほどの特別扱いである。

称賛されるのは三つ子に限らない。子供が三人以上いる女性には、特別の食料のほかに補助金が支給される。その額は、労働者の平均月収よりも高いというから、かなりの金額である。また、八人以上子供を産んだら「努力英雄」の称号が与えられると

いう。

埼玉県には、東京都練馬区がある

全国には飛び地を持つ市町村がいくつもあるが、なかでも珍しいのが東京都練馬区だ。埼玉県新座《にいざ》市片山三丁目のなかに、一区画だけぽつんと飛び地が入りこんでいるのである。

この飛び地の住所は「練馬区西大泉町一一七九」で、一万分の一の縮尺のロードマップにちゃんと載るぐらいの広さがある。練馬区との県境まで五〇メートルちょっとというのも、地図上からわかる。

練馬区のホームページによると、二〇〇五（平成十七）年四月一日現在、八世帯一八人が住んでいるという。

そんな小さな飛び地でも、新座市とは別の町内会をつくり、税金や選挙も、学校やゴミの収集なども、すべて東京都の扱いになっている。

全国の飛び地には、江戸時代に藩の飛び地だったところや、川筋が変わったために飛び地になった区域が多い。しかし、この練馬区の飛び地のように、住宅地のなかに一区画だけ入りこんでいる例は珍しい。

こんなややこしい飛び地が生まれたのは、明治以降の東京の発展に原因がある。

東京は絶えず周辺地域を組み入れながら拡大を続け、その過程で、隣の埼玉県との境界が何度も変更された。どうやらそのとき、埼玉県のなかに東京都の一区画だけが取り残されてしまったものとみられている。

水死者を意味する土左衛門は、実在する力士の名前だった

土左衛門という水死者を意味する隠語は、なにも警察用語ではない。江戸時代からある古い表現で、実在した力士の名に由来するという説がある。

その力士の名が、成瀬土左衛門。一七二四（享保九）年六月に行われた、江戸・深川八幡神社の興行が初土俵。

奥州出身の彼は、色白が特徴。おまけに力士らしく太っているのはいいのだが、その太り方が鍛えられた筋肉によるものではなく、ただの脂肪太り。締まりがなくプルンプルンしていた。

現代では、一般人が水死体を見ることなどめったにないが、当時は大川への身投げなど、人々は水死体を目にすることが多かったのだろう。水死体が水分を含んでふくらみ、青白くブヨブヨしていることを知っている人は多かった。

力士・土左衛門の体つきを見たとき、人々はとっさに「まるで水死体みたいだ」と感じたところから、比喩が逆転して、水死体を土左衛門というようになった。

土左衛門の由来には、そのほか、「ドブン」と水に落ちるときの音からだとかの説もある。

国土に海がまったくないのに、ボリビアには海軍がある

南アメリカのボリビアには、海がない。いや、一八二五年にスペインの植民地だったボリビアが独立を成し遂げたときには海

のある国だったのだが、チリとの国境である硝石地帯を巡っての戦い（一八七九～八三年）でチリに敗れ、海に面した資源豊富なアタカマ砂漠を含むアントファガスタ州を失ってしまったことで、完全な内陸国となってしまったのだ。

　ボリビアの国旗には、一〇の星が描かれているが、これは州の数である。現在のボリビアには州は九つしかないが、残りの一つこそ、チリの領土とされてしまったアントファガスタ州なのである。

　ボリビアは豊富な鉱物資源を持つ国だが、かつてはクーデターでめまぐるしく政権が変わるなど、南米のなかでもとくに政治・経済面で不安定な国であった。一九八〇年代にはインフレ率二万パーセント以上を記録したこともある。

　そんなボリビアに、ちょっと珍しいものがある。

　なんと、海がないのに、組織として独立した海軍を保有しているのだ。とはいえ、海がないから、当然、海軍は海で訓練をすることができない。そこで仕方なく、海軍はティティカカ湖やアマゾン川の支流で訓練している。

　海軍基地はなんと三八一二メートルという、富士山よりも高い場所にある。

鉛筆一本で、原稿用紙二五〇〇枚分書ける

　鉛筆の芯を削ることなく、全部使いきった場合、一本で約五〇キロメートルもの線が書けるというデータがある。フルマラソンの距離をはるかに上回る長さの線が、鉛筆一本で書けてしまうというのである。

四〇〇字詰め原稿用紙に換算すると、およそ二五〇〇枚は書ける計算になる。これは大長編小説一冊分にも相当する量だ。もちろん、使用する文字にもよるが、画数の多い少ないを平均すれば、そのくらいの分量を書くことも不可能ではないのだ。

ただ、通常、鉛筆は削って使うものなので、まわりの木の素材と一緒に芯も削ってしまう。だから原稿用紙二五〇〇枚分というのは、あくまでも単純計算としての目安だ。

しかし、鉛筆は数ある筆記用具のなかでもダントツで長持ちするということはいえる。

ためしにボールペンと比較してみよう。ボールペンのインク芯の太さは鉛筆の芯の太さとそれほど変わらない。しかし、本体の端から端まですべてに芯が入っている鉛筆に対して、ボールペンのインク芯は新品でも本体よりも短い。

しかし、決定的な差は実際かける長さである。ボールペン一本で書けるのは、約一・五キロメートルにすぎないのだ。

血液は流れていないのに、植物にも血液型がある⁉

赤い血が流れていない植物にも、なぜか血液型がある。

通常、人間の血液型を調べる場合には、抗体と赤血球をまぜて反応させることで、血液型を特定する。しかし、植物の場合には、植物自体を細かく刻んだものに、血液検査に使う抗Aや抗Bといった抗体を作用させる。そしてどの抗体が結合するかを調べるという方法をとる。

こうして調べていくと、ツバキやダイコンはO型、アオキはA型、セロリはB型、ソバ、バラはAB型などとなっていくのである。

血が通っていない植物に「血液型」が存在するというのは、不思議な話だ。じつは、植物には、糖タンパクという物質が含まれていて、これが血液の凝固を起こす性質を持っている。したがって、検査のときに、人間の血液型と同じような反応を起こしているのである。

この植物の「血液型」が、ミステリーの原因になったことがある。ある殺人事件で現場の血痕から血液型を調べていた。すると、血痕のついていない被害者の枕から、AB型の反応が見つかったのだ。実は、この枕にはソバ殻が使われており、ソバがAB型の血液と同じ反応をするためにこうした不思議な現象が起こっていたのだ。

いずれにせよ、植物の「血液型」はあくまで検査による反応が起こるだけのもの。血液型による性格診断などが仮に、科学的に立証されても、植物にはあてはまらないのでご注意を。

不況とは無縁のセンセイ方のお給料は月額一三七万五〇〇〇円

金持ちニッポンなどといわれるが、実は日本は莫大な赤字を抱えている国である。その台所事情は火の車であり、その結果、二〇〇二（平成十四）年四月からは、国会議員の歳費（いわゆる給料）が一割カットされることになった。こんなことは戦後初めてで、いかに国家が財政難にあえいでいるかがわかる。

こうなると議員の先生方にも不況の波が押し寄せているように思えるのだが、内情をチェックしてみると、やはり議員はあくまで議員である。どんなに国の懐が侘しくても、ちゃんと一般人とは比較にならないほど高待遇を受けているのである。

議員の歳費は、「国会議員の歳費、旅費及び手当等に関する法律」(歳費法)で決められており、そこには「一般職の国家公務員の最高の給料額より少なくない歳費を受ける」とある。その結果定められている額が月額一三七万五〇〇〇円で、そのほかに、ボーナスが「月額×一・四五×四・〇五」分支給されるので、これが年間約八〇七万円。つまり、年間にして合計で二四五七万円の歳費がもらえることになる。

これだけでも相当な高給取りなのに、国会議員の先生方には、ほかにもさまざまな特典がある。

まずは、通信や交通の経費にあてる「文書通信交通滞在費」。毎月一〇〇万円ずつ支給され、すべて非課税だ。さらに、「JR無料パス」なども交付される。

つまり交通費はほとんどタダなのに、議員が公務で派遣されれば、別に旅費が払われ、おまけに日当までつく。

公設の議員秘書はつけてくれるし、議員会館や議員宿舎も提供され、費用はすべて国持ち、いや、厳密にいえば国民持ちというわけだ。生活に四苦八苦しているというのに、議員の先生をグリーン車に乗せてあげている日本国民は、ほんとうに太っ腹である。

銭湯の壁に富士山を最初に描いたのは、静岡県出身の画家だった

銭湯といえば富士山。お風呂屋さんの壁には、たいていペンキ画と呼ばれる絵が描かれていて、富士山が圧倒的に多かった。富士山といえば日本の象徴的な山であり、どこの銭湯に描かれていても不思議ではないとはいえ、やはり気になる。なぜ富士山なのか？

そもそも銭湯にペンキ絵が描かれるようになったのは大正の初めのことで、東京千代田区の神田猿楽町にあった「キカイ湯」という銭湯が元祖だ。

「キカイ湯」はすでにないが、その場所には、ペンキ絵発祥の碑が建っている。「キカイ湯」というのは薪《まき》でなくボイラーという「キカイ釜」でお湯をわかしていたため名づけられたらしい。

さて、そのきっかけだが、「キカイ湯」の店主が、子供連れのお母さんもゆっくりお湯に浸かれるようにと、なんとか子供がおとなしくお湯に浸かっている方法はないものかと考え、壁に絵を描くことを思いついたのだ。さっそく、画家の川越広四郎氏に描いてもらったところ、川越氏が描いたのが富士山だったという。

ただ、女湯には、子供が喜ぶようにとの配慮からか、機関車や自動車などの乗り物が描かれており、富士山が描かれたのは男湯の壁だった。

富士山なら裾広がりで縁起がよく、誰でも知っているために親しみがあり、さらに日本人の富士山信仰もふまえて選んだといわれているが、実は川越氏が静岡県の出身

だったということも、富士山が選ばれたことと無関係ではないだろう。

　ちなみに、富士山の絵には、手前に湖や海が描かれていることが多い。これは、絵の中に水を描くことで、銭湯内と風景を一体化させようという目論見からである。自然の中でお湯に浸かっているような気分を狙った構図というわけだ。

実は女性も、離婚後半年待たなくても再婚することができる

　男性は、離婚をしたり、妻が死亡した場合、その翌日には再婚することができる。ところが女性の場合は、離婚や夫の死亡後、六か月が経過しないと再婚できない。これは民法第七三三条の「再婚禁止期間」で定められている。

　同じ人間なのに、男性と女性でどうして差があるのだろう。

　実はこれは、女性が再婚後に子供を産んだ場合に、その子が前夫の子なのか、現夫の子なのかをはっきりさせるための決まりだ。子供が生まれた後で、どっちの子なのかもめることがないよう、六か月という待機時間を法律が用意したのである。

　では、女性は、どんな理由があろうと、六か月を経過しなければ結婚できないのだろうか？

　実は、この法律にも例外はある。同じ第七三三条には、「離婚する時に、前夫との間の子供を宿していることが医学的にはっきり証明されていれば、六か月を経過しなくても、その子供を出産した日以降なら、いつでも再婚できる」と解釈できる文言が明記されているのだ。

逆に、前の夫の子供を妊娠していないということを証明することができれば、こちらも早めの再婚が可能となる場合もある。病院で検査を受け、妊娠をしていないという証明書を手に入れれば、すぐに次の男性と結婚できることもあるのだ。
とにかく一刻も早く再婚したいという人は、医者の証明書を手に入れよう。

服薬用法の「成人（十五歳以上）」には、体重五〇キログラム以下の人は含まれない

市販の薬を飲む際には、用量や服用間隔など、使用上の注意書きをよく見て確認してから飲むことが大切だ。

その使用上の注意書きで服用量の目安にされているのが、大人、子供、幼児といった区別で、たいてい十五歳以上が大人（成

人）とされている。本来成人といえば、日本では二十歳からを指すが、なぜか薬の場合は十五歳が成人なのだ。

その理由は、「日本大衆薬工業協会」によると、十五歳になれば体の機能面は大人と同じように発達していると考えられるからだという。

薬の服用量は、本来年齢とは何ら関係がなく、大切なのは、飲む人の身長や体重、体表面積やホルモンなどの代謝機能がどういう状態にあるかということである。つまり肉体的な総合機能を判断した結果、十五歳ならば大人と同量を服用しても過剰投与で体調不良を起こす心配はないだろうというわけである。

逆にいえば、たとえ二十歳を過ぎていようと、肉体的な総合機能が大人と判断するほどに成長していなければ、大人の服用量を飲むのはやめて、子供の服用量にしたほうがいいということになる。

実際、注意書きには省略していることが多いが、「十五歳以上」という区分には、もう一つ「体重五〇キログラム以上」という条件がついている。

もし体重が四五キロしかないなら、たとえ大人であろうと、市販薬の服用量は子供分で十分ということになる。

しかし、市販薬は安全性を第一に考えられているため、たとえ五〇キログラムの体重に達していなくても、十五歳を超えていれば大人の服用量で基本的には問題がないとして体重の条件は省略されていることが多いのだ。

宝塚歌劇団は、プールを改造した劇場で歌っていたことがある

宝塚歌劇団の誕生は、一九一三（大正二）年七月一日のこと。創設者は、当時阪急電鉄の社長だった小林一三《いちぞう》である。

明治末から大正末期にかけて、関西では私鉄が競い合って大阪から四方へと線路を延ばしていた。阪急電鉄（当時は箕面《みのお》有馬電気軌道）も同様だったが、ほかの私鉄が大阪と都市を結んでいたのに対し、阪急電鉄が大阪と結んでいた箕面や宝塚は人なんてほとんど住んでいない。やがては有馬温泉まで鉄道を延ばすつもりではいたが、その時点では他社に太刀打ちできるはずもなかった。

そこで当時はまだ専務だった小林氏が、宝塚を一大観光地にしようと提案し、一九一一（明治四十四）年に宝塚新温泉を開き、翌大正元年にパラダイスという大娯楽場を作った。この大娯楽場は大変な人気を博したが、一つ誤算だったのは、せっかく作った室内プールにさっぱり人が来ないこと。そこで小林氏は、プールの水槽を客席、脱衣場を舞台に作り直して、ここで催し物を開き、合間の余興として少女たちの唱歌隊を出演させたのである。これが、後の宝塚少女歌劇となったわけで、やがて宝塚新温泉を訪れる客は、全員が少女歌劇目当てと言われるほどの人気を博すことになるのである。

ところで、宝塚歌劇団は女性だけの歌劇団だが、長い歴史の中では、男性が在籍したこともあった。

一九一九（大正八）年、宝塚音楽歌劇学

校と名前を変え、八名の男子生徒を入学させた。小林氏は、男女混合の新劇団を作って、新しい日本演劇を作り出そうと考え、男優養成に乗り出したのだ。

ところが、同じ年に二期生まで迎えたというのに、男優養成の選科は一年を待たずに解散となった。乙女の団体だった場所に男子が混じることに対し、女子生徒も父兄も、そして見物客までが強く反発したからである。

ちなみに、男子生徒が存在したことは、宝塚歌劇団の歴史から完全に抹消されている。

香川県民は、五右衛門風呂でうどんをゆでる!?

香川県では、新築や改築をした新しい風呂場でうどんを食べるという風習がある。同県の西部を中心とした一部の地域の話だが……。

お風呂のお湯にうどんを泳がせて食べるわけではなく、うどんの丼を風呂場に持ちこんで食べる。お湯に浸かりながら食べる家もあるし、浴槽にお湯を張る前に服を着たまま風呂場で食べる家もあるという。

この儀式は年配の人から行い、「中風にならないように、長生きするように」と願いながら、うどんを食べる。一家の主《あるじ》一人だけですます家も、家族全員が行う家もあるそうだ。

どうして新しい風呂場でうどんを食べるのか？

理由は定かでないが、うどんはもともと年中行事や仏事などで食べるハレの食べ物で、香川県には「初風呂うどん食え」という諺もある。そこから、新しい風呂ができたお祝いにうどんを食べるようになったともいわれている。

また、この儀式は、新しい五右衛門風呂でうどんをゆでた風習がルーツになっているという伝えもある。五右衛門風呂の釜のような浴槽でほんとうにうどんをゆで、そのゆで汁に浸かると健康にいいとされていたそうだ。

この風習に、ハレの日にうどんを食べる風習などが合わさって、新しい風呂場でうどんを食べる風習が誕生し、何年何十年に一度の儀式ながら、伝えられ続けてきたのかもしれない。

うなぎの血には、猛毒がある！

新鮮なうなぎなら刺身にして食べられるのでは……と思っている人は、試すと危険だ。うなぎやアナゴなどのうなぎ目魚類には、血液中の血清にタンパク質の猛毒が含まれているのである。

この血清毒はうなぎ目魚類の体内で作られる。その血液を人間が大量に飲むと、下痢・血便・嘔吐・発疹・チアノーゼ・呼吸困難などの症状が出て、ときには死に至るといわれている。

調理をするとき、うなぎの血が飛びはねて目や口に入っただけでも、粘膜が炎症を起こすので危険だ。目に入ると痛むうえに、まぶたが腫れたり、膿が出たりして、半日以上は違和感が残り、頭痛まで起こってくる。

もしも手などに傷があり、傷口からうなぎの血が入ると、化膿するともいわれている。

そのうえ、うなぎには、表面のヌルヌルにも血清毒以上に猛毒の粘膜毒がある。

調理するだけでもこんなに危険なのに、刺身にして食べれば体内に血清毒が入ってしまう。どのみちうなぎの刺身は渋くてまずいそうだから、刺身で食べようとは考えないほうがいい。

ただし、この危険な血清毒や粘膜毒も、加熱すれば無毒となる。加熱済みの蒲焼きなどを買ってきて食べるぶんには安全なのだ。

英国王室のせいで、金メダルを逃したマラソン選手がいた

オリンピックのマラソンの距離は、かつては四〇キロメートル前後で、厳密に決まったものではなかった。現在の四二・一九五キロメートルは、一九〇八年の第四回ロンドン大会の距離を採用して統一したものである。

実は、このロンドン大会のとき、マラソンコースの距離は、当初の予定では二六マイル（約四一・八四二キロメートル）だった。だが、国王エドワード七世が「バルコニーから観戦したいのでウインザー城の庭園からスタートしろ」といいだしたため、三八五ヤード（約三五二メートル）手前からスタートすることとなった。

この延長のために金メダルを逃した気の毒な選手がいた。イタリアのドランド・ピエトリである。

ピエトリは、四〇キロメートル付近で先頭に立ちそのまま、ゴールのあるシェファードブッシュ競技場に入った。もしもコー

スが当初の予定どおり二六マイルなら、彼はすんなり金メダルをとっていたはずだった。

だが、ゴールを目前にして、ピエトリは疲労のあまりコースと逆方向に曲がってしまい、警告されて戻る途中に何度も転倒した。疲労困憊《こんぱい》して失神寸前だったのだ。

そのうちアメリカのジョニー・ヘイズが競技場に入ってくると、競技役員がピエトリを助け起こし、手を貸してゴールまで連れていった。むりやり優勝させてしまったのだ。

一度は一位として発表されたピエトリだが、アメリカの抗議により失格となった。だが、後日、イギリスのアレクサンドラ皇后から優勝杯と同じ金杯が贈られた。

また、競技役員の一人であった作家のコナン・ドイルから、「シャーロック・ホームズより」と刻まれた金のシガレットケースを贈られたという。

皇室も、納税は義務づけられている

国庫から皇室に支給される経費には、天皇一家の生活費「内廷費」、各宮家の生計費「皇族費」、天皇や皇族の公的活動費「宮廷費」があり、「所得税法九条」により非課税と定められている。

だが、皇室にはこれ以外にも私的財産からの収入があり、そちらに対しては所得税などの国税や地方税の納税義務がある。

終戦直後にGHQ（連合国軍総司令部）の指示によって皇室財産が国庫に納められたとき、その一部が「お手元金」として残されたのだが、皇室の私的財産はどうやらそれがベースらしい。

この私的財産である預金の金利や株式の配当には所得税がかかるし、遺産相続したときには相続税がかかるのだ。

また、昭和天皇は生物学の著作を多数出版したが、こういった著作による印税は私的経済行為なので、皇室経済会議などの議決を必要としない代わり、税金は納めなければならない。

内廷費・皇族費・宮廷費は国庫からの支出なので毎年公表されるが、私的な財産や収入の金額は、プライバシーとして公表されていないので、皇室が毎年どのぐらい税金を支払っているかは定かでない。

フグは、わざわざ毒を取りこんでいる

フグにはテトロドトキシンという毒がある。食べると、神経の興奮を伝えるのに重要な働きをする細胞膜がうまく働かなくなり、神経や骨格筋がマヒを起こす。まず、くちびるや指先のしびれ・腹痛・嘔吐といった症状からはじまり、呼吸困難や血圧低下を起こし、ついには呼吸ができなくなって死んでしまう。素人が自分で調理して食べるのは非常に危険な魚である。

毒を持つのは天然フグの場合で、実は閉ざされた生け簀《す》で毒のないエサを与えて育てた養殖フグには毒がない。この無毒の養殖フグにフグ毒を混ぜたエサを与えると毒を持つようになる。

つまり、フグは生まれつき毒を持っているのではなく、わざわざ毒のあるエサを食べて毒を体内に取りこみ、猛毒を持つようになるのである。

テトロドトキシンは海中の細菌によって作り出される物質で、これを食べた巻貝やヒトデ類が毒を持つようになる。フグはその毒のある巻貝やヒトデ類を好んで食べるのだ。

ふつうの魚なら、テトロドトキシンを蓄積した生物を食べると死んでしまうが、フグは、ふつうの魚の三〇〇～五〇〇倍もテトロドトキシンに対する抵抗力があるから平気である。

わざわざ毒のある生物を食べて毒を貯えるのは、身を守るためだ。フグは、大型の魚が近づいてくるとフグ毒を放出する。すると大型魚は毒に気づいて食べるのをやめるというわけだ。

日本人が好む納豆 そのルーツは中国雲南省

健康食品として人気がある納豆。その発見・発明のきっかけについては、大豆を運んでいた農民だったり、大豆を兵糧《ひょうろう》にしようとした武将だったりと、さまざまな説が語られている。

そして日本独自の食品ゆえに、外国人にはとても食べられないものだと決めつけがちだ。

しかし、ヒモ解くと発酵食品に限定しなければ、少なくとも、大豆栽培と藁《わら》づとの材料になる稲作が行われているアジア各国には、納豆と類似食品があり、日常的に食べられている。

文化人類学者の中尾佐助氏の説によれ

ば、中国の雲南省で作られていた無塩発酵大豆が、現在の日本で食べられている納豆のルーツ、糸引き大豆だという。そこから西へはネパール、インドネシアへと伝わっていき、東へは朝鮮半島経由で日本に伝わったと考えられている。

つまり、これらの国のほか、タイ、インド、ブータン、韓国などに、今も雲南省のものと似た無塩発酵大豆が存在するということである。

ではその糸引き大豆が、日本ではどうして「納豆」と呼ばれるようになったのかといえば、禅寺の納所《なっしょ》と呼ばれる事務担当の僧によって大陸から伝わった製法で作られていたためらしい。

・すでに鎌倉時代に書かれた書物に「納豆」の名が見える。

師走の京都では、一〇〇人以上のサンタがマラソンをする

近年の京都では、毎年クリスマス頃にユニークな光景がみられるようになった。鴨川河川敷の丸太町橋から四条大橋までの約一・四キロメートルを、おおぜいのサンタクロースがマラソンで往復するのである。

この「サンタクロースマラソンin京都」は、二〇〇二(平成十四)年から始まった。

発起人は地元のマラソン愛好家。琵琶湖を泳いで渡る「琵琶湖スイムマラソン」に参加したのがきっかけで、マラソン大会を作りたいという気になったとか。以前にサンタの扮装でマラソンに出て楽しかった経験から、サンタクロースマラソンを思いついたという。

大会に要する費用は、参加者たちの参加費のほか、地元の飲食店などのスポンサーによって賄われ、多くのボランティアたちに支えられている。

第一回大会には子供からお年寄りまで約五〇人が参加。年々参加者が増え、二〇〇四(平成十六)年の第三回大会には、一〇〇人以上のサンタが走った。スタートの合図は、カランカランというハンドベルの音だ。サンタの衣装は主催者側で用意するものの、自前の参加者もいるという。

第一回大会前には、「そんなことをして何になるのか?」と冷たい声も上がっていたらしいが、今やすっかり冬の京都の名物イベントの一つとなっている。

多摩川にホタルを蘇らせた炭の浄水パワー

備長炭《びんちょうたん》をポットに入れておくと水道水がおいしい飲料水になるし、炊飯器で米と一緒に炊くとご飯のうまみが増す。あるいは箱や籠に入れて置いておくだけで室内の空気を浄化したりと、炭は家庭でも大活躍中だ。

　これは、木炭の原料である樹木の持つ性質のおかげだ。

　根から水分を吸収して枝や葉に運ぶ役目の導管とその周囲にあるごく小さい穴が、炭焼き窯で焼かれて炭化したときスポンジ状の穴として残される。

　その穴の表面積を合計すると、木炭一グラムあたりで三〇〇～一五〇〇平方メートルにも及ぶ。この広い表面に、水や空気中の汚れやニオイを吸着するので、樹木は強い浄化力を発揮するのである。

　ウバメガシから作られる備長炭のような白炭ほど、その穴の数が多くて浄化力に優れているといわれている。ナラなどから作られるふつうの黒炭でも、もちろん効果が高い。

　生活排水が流れ込んで汚れた川に、この炭の浄化力を利用して悪臭や汚水退治に成功している例は各地にある。トン単位の木炭を細かく砕いて袋に詰め、生活排水路に沈めておくのである。

　多摩川の支流では、二～三年かけて、清流でなければ生息できないはずのホタルの飛び交う姿が見られるまでになったという。

　同じような試みは日本各地で行われてい

て、長野県鬼無里村《きなさ》では木炭を村おこしのテーマとするとともに、高価な白炭を浄水フィルターにした浄化槽を設置して効果をあげている。

ホタルの明かりで本を読むなら何匹のホタルが必要か?

すこし前まで卒業式の歌として定番だった「蛍の光」は、中国の晋の時代の故事に基づいた歌詞で始まる。

車胤《しゃいん》という若者は、貧しさのために明かりを灯す油すら買えなかった。そこで彼はホタルを数十匹集めて袋に入れ、その点滅する明かりで書物を読んだ。

また孫康《そんこう》という青年も貧しかったため、冬は窓の外に積もった雪明かりで勉学に励んだという。

ここから生まれたのが「蛍雪の功」という言葉で、どんな状況に置かれても勉学に励み、努力すれば立身出世を遂げられるという意味だ。

しかし実際には、いくら雪が積もろうと月が出ていなければ照り返しはないし、ホタルの光などわずかなもので、数十匹で、おまけに袋ごしではおぼつかない。

実際にホタルの研究者がホタルを集めて実験したところ、一〇〇〇匹ずつを籠に入れて両脇に置けば、なんとか書物が読める程度の明るさが得られたという。

アメリカ通貨の「$」マークは、アメリカを「発見」したスペインにちなむ

日本の通貨単位である「円」は、記号で表すと「¥」である。エンを「EN」とす

ると「イン」と読まれかねないので、「YEN」と表記することにして、その頭文字Yを記号化して生まれている。

　ところがアメリカ通貨のドル（dollar）は、どこにも「D」の面影がない。それどころか、はっきりSとわかるアルファベットに縦二本線が引かれたものだ。

　なぜSが使われることになったのかというと、アメリカ大陸を「発見」した国スペインのSにちなんだからだという。そして縦線が二本入ったのは、スペイン本国の南側、地中海への出入り口であるジブラルタル海峡にある「ヘラクレスの柱」を表しているのだという説がある。

　ヘラクレスの柱とは、ジブラルタル海峡の東側にある、ヨーロッパ側のフェルセン岬と、アフリカ側にあるジャバル・ムーサ岬のこと。ギリシャ時代、ここが世界の西の端と思われていたことの名残をとどめる名称だ。なにしろギリシャ神話では、力持ちのヘラクレスが天空を支える柱をかかえていたことになっているのだから。

　今は世界一の大国となったアメリカも、通貨記号を見る限り、最初はスペインに制覇された大陸だったことの尾を引いているのだろうか。

　一説には合衆国の意味の、United StatesのUとSを組み合わせたものだともいわれている。

江戸時代、象には大名並みの位が与えられた

　南国の動物である象が初来日したのは鎌倉時代とされる。その後、室町時代にも渡来の記録があるが、大々的に庶民に話題に

なったのは、江戸時代のこと。

時の八代将軍吉宗が見たいといったのに応えて、中国人商人がベトナムから一七二八（享保十三）年に、つがいの象を連れてきた。メスは三か月後に死んでしまうが、オスだけが長崎港から東上の旅につく。前もって宿場に立派な馬屋を用意して宿泊所とするようにとか、エサを調達しておくようにとか、また牛や馬の鳴き声で驚かせてはいけないから、通りから離れたところに隠しておくようにといったお触れが出されるほどの仰々しさ。VIP待遇だったようである。

こうした大騒ぎでまず京都に着くと、時の中御門《なかみかど》天皇が見たいというので御所に連れていくことになった。ところが、御所へは位階のないものは参内することができないのが決まり。

そこで急遽、象に官位が授けられることになった。「広南従四位白象」というのがその官位名だが、従四位といえば大きな大名並みである。

これでようやく天皇に朝見《ちょうけん》できた象は、まさに大名行列で中山道、美濃路を経て東海道を下り、無事に江戸に入る。将軍さまの拝謁後はしばらく江戸の町を象ブームが席巻したと記録されている。

飼育費のかかることから、倹約家の吉宗が民間払い下げを命じたこともあったが応募者の中に適任者がおらず、来日から十三年間、象大名は浜御殿で隠居生活を送って生をまっとうした。

裏磐梯の湖の底には、かつての宿場町が沈んでいる

雲仙の普賢岳《ふげんだけ》噴火が田畑を埋めて地形を変えれば、雄山《おやま》の噴火は三宅島全島避難という苦境に陥らせた。しかし危険と同居しながらでも帰島が叶ったから三宅島はまだ救われる。

一八八八（明治二十一）年七月の磐梯山大爆発は、町一つをそっくり湖の底に沈めるという悲劇を生んでいる。

磐梯山の北に位置する檜原《ひばら》湖、五色《ごしき》沼といった湖沼群は、裏磐梯高原と一緒にこの噴火でできたものだ。

大爆発で吹き飛ばされた岩石は、それまでの山頂部の砕屑《さいせつ》物を含めて三〇億トンともいわれた。

この岩石や噴出した溶岩流・火山灰で、檜原川、長瀬川、中津川がせき止められて生まれた湖沼群は三〇〇を数えるといい、地形が大幅に変わったことがよくわかる。

いちばん大きな檜原湖が、しだいに水をたたえていくにつれ、米沢街道の宿場町だった檜原の集落は次々に水の下に姿を消し、爆発の年の冬には完全に水没したという。

今もその宿場町は、檜原湖最深部の北側に明治時代の姿のまま眠っているといわれている。

時速七〇キロメートルを超えた火山泥流は、ほかにも一〇余りの集落に被害を及ぼし、あまりのスピードに逃げ切れなかった四〇〇人を超える人々の命も奪った。

火山列島日本は、どこの町をも村をも同じ運命に導く危険を秘めている。

ヒマラヤには、自分で温室を作る植物がある

温室は、外気から植物を守るための部屋。囲う素材はガラスやビニールで、太陽熱を利用して室内を暖房装置で暖めることもできる。湿度に関しても乾燥を防ぐなどして、一定に保つことができる。

こうして人工的に植物に用いている装置を、自身で作る植物がある。ヒマラヤの高山植物セイタカダイオウ（タデ科）だ。苞葉《ほうよう》という、本来は小さい花を保護する働きの葉が、大きく生長して半透明のすりガラスのようになって全体を覆う。大きなものは一・五メートル以上にもなり、その姿は白い半透明の葉が円錐形にそびえたつので見つけやすい。

ヒマラヤの高山帯は積雪期間が長く、年間平均気温も低い。植物の生育が可能な期間は、標高五〇〇〇メートルでは年間に五十日しかないといわれるほど。

その地帯に屹立《きつりつ》するのがセイタカダイオウ。大きな葉をはがしてみれば、中には小さな花がたくさん咲いている。苞葉のおかげで晴天の日なら一五～二五℃、雨や曇りの日でも一〇℃以上に中を保っていられるのだ。

さらに苞葉は、標高が高いために強くなっている紫外線から花を守る働きもしている。

またワタゲトウヒレンという植物は、上のほうにある葉が作る白い綿毛が真ん中にある花を守っている。こちらはセーター植物といわれており、いかにも暖かそうだ。

どちらも、環境に合わせて自助努力を惜しまない植物だ。

電線に止まった鳥は、感電することがある

電線に鳥が止まっても感電しない。

これはさまざまな好条件が重なっているから感電しないだけで、鳥だって止まり方、止まる場所によっては感電することがある。

まず止まる場所だが、これは家庭へ電気を送る電線に止まっているからこそ無事なのだ。発電所から変電所へ、変電所から送電所へといったような、山間部でよく見られる高圧電線では感電死する。

これらの電線には三〇万ボルト、五〇万ボルトという高圧電流が流れているため、強力な電磁界が生じていて、電線に近寄ることすらできない。

次に止まり方だが、鳥は一本の電線に二本の足をそろえて止まる。もともと鳥の足の皮膚抵抗は人間のものより強いし、そろえた足の間の間隔も狭い。電位の高いほうから低いほうへ流れている電流の電位差は、鳥の足の間隔くらいでは生じないから鳥の体内に電流が流れることはない。

ただ、大きい鳥が、家庭用の二本の送電線の片方に右足、片方に左足というようにまたいで止まると、感電死する。この二本の電線は変圧器の事故に備えて一本が地面に接地して〇ボルトになっているから、一〇〇ボルトの電流が流れているもう一本の電線との間に電位差が生じるためである。

同じように、一本の電線に止まっていても、広げた羽がうっかりもう一方の電線に

触れると電流が流れるため感電してしまう。

国道は五〇七号線まであるが、そのうち四八本は存在しない

国道とは、道路のうち、とくに重要と思われる国の管理下に置かれた道路を指す。血管でいえば動脈にあたる幹線道路ということになる。

それだけに、早くから開けた土地同士を結んでいたものが国道に指定されたケースが多く、ナントカ街道という名称を持つものも多い。しかし、そのままの名では固有名詞が多すぎて、無縁の土地の人は混乱するし、管理もしにくいというのでナンバリングされた。

今では一号から五〇七号まであるが、国道の総数が五〇七本というわけではない。欠番がかなりあるのだ。

最初は道路の重要性に応じて一級国道に一番から一〇〇番、二級国道に一〇一番からの番号を与える計画だった。ところが交通網の発達で級数による区別が無意味となったため、すべてを一般国道にまとめた。そのため、そのときまでに誕生していた一級五八号線を最後に五九号から一〇〇号までが欠番になっている。

一〇一番以降で欠けている数字は、途切れ途切れに別のルートだったものが、間に両者をつなぐルートが完成して一本の国道になったというような場合だ。具体的には一〇九号から一一一号、二一四号から二一六号までが欠番となっている。

かつて「九九」は、数の大きいほうから唱えていた

「いんイチが、いち。いんニが、に……」と、とにかく丸暗記するしかなかった掛算の九九。小学校の算数であるが、のちの数学の基礎となることは言うまでもない。

九九は、すでに奈良時代頃に中国から伝わっていて、当時も算術の基本中の基本だった。時代が下って「読み書きそろばん」という学問の基礎を教えた寺子屋でも、長屋の子供たちまでが現代の小学生と同じように九九を暗記させられた。

ただ、いつの時代も覚え方が同じだったとはいえない。九九の掛け合わせる数字が違っていたわけではない。暗記方法が逆だったのである。

中国から伝わった当初は「くク、はちじゅういち」「くハ、しちじゅうに」というように、数の大きいほうから順に唱えて覚えていた。

藤原京、平城京、長岡京、平安京と、当時の都の遺跡のどこからも、九九を書いた木簡が見つかっていて、そのどれも「九九八一」から書き始められているので、それがわかる。中国の木簡も同様だ。

これが十三世紀に入って中国が元、明の時代になると、小さいほうから数えるようになって、日本には室町時代にその暗記法が伝わる。日本では両方の暗記法を併用した時代がしばらくあって、江戸時代初期、ようやく小さいほうからに定着した。

中国で数の多いほうから暗唱したのは、学問が特権階級の人だけのものだったため、わざと難しいほうから暗記する方法が

とられたのではないかといわれる。なんともイヤミな方法だが、確たる証拠があるわけではない。

チューインガムの生みの親は、プロカメラマンだった

チューインガムの「ガム」が、ゴムを意味することはよく知られている。

今ゴムというと石油製品の合成ゴムが中心だが、本来は植物樹脂。樹脂は弾力があって、力が加わると簡単に形を変えるがすぐもとに戻る性質がある。植物樹脂は、噛めば歯の健康にいいし、樹脂の香りによっては口中がさっぱりする清涼剤にもなる。

だから古代ギリシャの時代から、樹脂を口にする習慣は生まれていた。

アメリカでも、先住民族たちが松の木からとった繊維を噛んでいた。それが、アメリカでのチューインガムの原形になる。

これに工夫を加えて松ガム「スプルース」を商品化したのが、メイン州のジョン・カーティスという人物。自宅のストーブで温めて作ったといい、一八四八年のことだった。しかしあまりに松ヤニ臭くて売れるところまではいっていない。

少し遅れて、天然ゴムの代わりになる物質の研究を始めるのが、元プロカメラマンのトーマス・アダムス。彼は研究に行き詰まって、目の前の代用品にしようとしていた樹脂をヤケクソで口に放り込む。それがチューインガム誕生であった。一八七一（明治四）年のことである。

樹脂はチクルで、熱帯アメリカに生えるサポジラという常緑樹からとれる（サポジラはチューインガムノキともいわれる）。

産地メキシコの先住民たちは、昔から口に入れて噛む習慣を持っていたのだが、ほかの土地の人たちが知らなかっただけのことだった。

　噛みごたえと味に確信を抱いたアダムスは、自力で工場を建てて製造を開始。売り出されたチューインガムは世界中に広まったのである。

きつねの好物は、油揚げではなく〝油もの〟

きつねの好物は油揚げ。きつねが神様のお使いを務めているといわれる稲荷神社には、油揚げやいなり寿司が、よくお供えされている。

　だが、どうやらこれは、コジツケと誤解による言い伝えのようだ。

　そもそも、「稲荷」とは「稲生《いねな》り」のことで、米の生産をつかさどる神のことである。この神様は、別名「御食津神《みけつかみ》」といい、「みけつ」はみき（酒）と、けつ（食べ物）が一つになった言葉。「みけつかみ」が「三狐神」とされたため、いつの間にか、きつねは稲荷神のお使いとされてしまったらしい。

　また、きつねが油揚げを好むというのも根拠がない。

　動物学者たちが、研究のためにきつねを捕獲する際に餌に使うのは、もっぱらフライなどの油ものだそうだ。これは油の臭いが遠くまで飛散するためで、油ものはきつねばかりではなく、他の動物をもよく引きつける。きつねも、魚などの餌よりも、油もののほうに寄ってくるという。

　油揚げも油の臭いを発してはいるが、せ

っかく油揚げを使ったというのに、きつねは捕まらなかったこともあるそうだ。

結局、きつねと油揚げが、同じような色をしていることから、並べて語られているうちに、好物ということになったのではないかと考えられている。

世界最高齢者のキューバ人は、自称百二十五歳!?

現在存命中の世界最高齢記録は、ギネスブックのホームページによると、男性はプエルトリコ在住の百十三歳、女性はオランダ在住の百十四歳となっている。

ところが、この二人よりも年上だという男性がキューバに現れた。

二〇〇五年二月九日、キューバ人の平均寿命を延ばす手助けをする高齢者の団体「百二十歳クラブ」の会合で、なんと自称百二十五歳の男性がみつかったのだ。

この男性はベニト・マルチネスさんといい、一八八〇年にハイチで生まれ、一九二五年にキューバに移住し、サトウキビ畑の作業や道路工事に携わってきたという。

本人の記憶でも身分証明書でも一八八〇年生まれとなっているが、記憶に不確かなところがあり、身分証明書の生年も少しあやしいところがある。

とはいえ、百二十歳クラブ会長のセルマン博士が調べたところ、少なくとも百十九歳か、その少し下の年齢に達していることは確実で、ギネスブックに世界最高齢者として載っている二人より高齢なのはほぼ間違いないという。

百二十歳クラブの会合でマルチネスさんが語った長寿の秘訣は、「コーヒーとたば

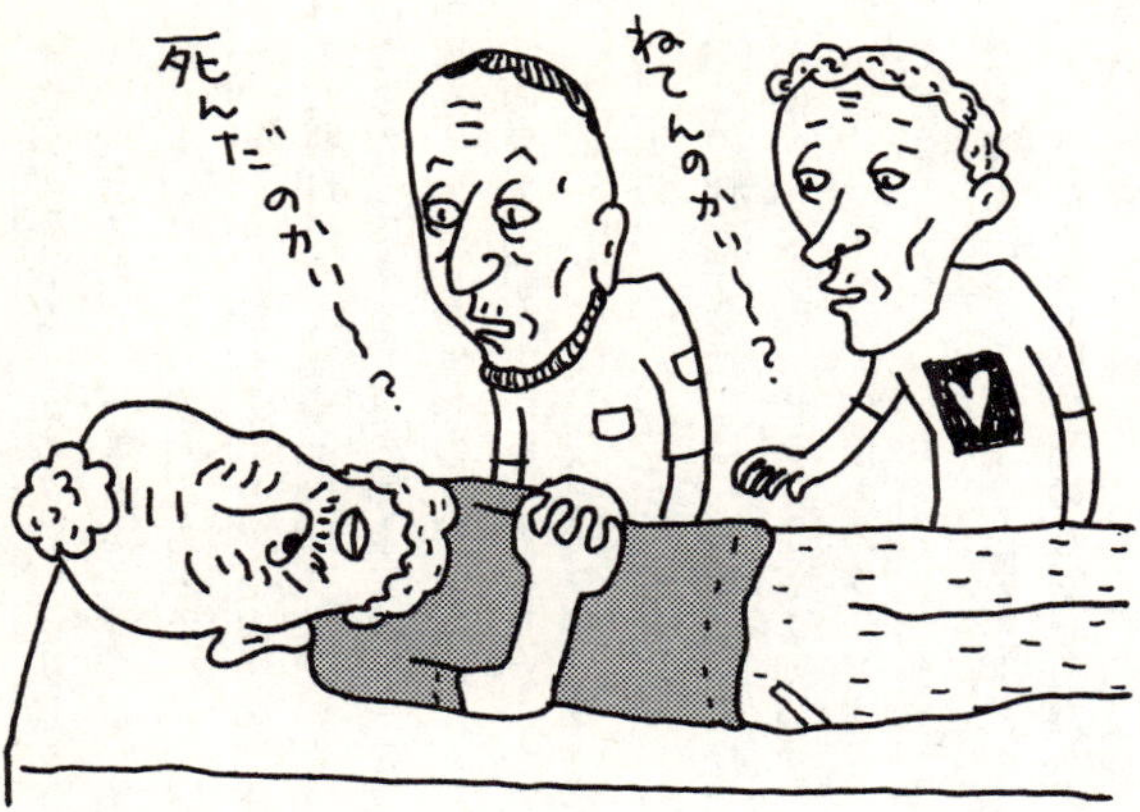

こと女性への愛情」だそうである。

不吉な数字一三も、アメリカの一ドル紙幣に使われていた

アメリカなど欧米では、数字の「一三」を忌み嫌う国が多い。

なぜこの数字が嫌われるかといえば、イエスの最後の晩餐で、彼を裏切ったユダが一三番目の椅子に座ったからなど、キリスト教の教えで不吉な数字だといわれるため。

そして、イエスが十字架にはりつけられて処刑されたのが金曜日だったことから、「十三日の金曜日」はキリスト教にとって、最高に不吉な日だとされているのである。

そのため、ズバリこの日をタイトルにした『13日の金曜日』というホラー映画のシリーズまである。

それほど不吉な一三なのに、過去にアメリカで発行された一ドル札のなかでは、大活躍していたというからおもしろい。

一九三五年に発行されたアメリカの一ドル札に押印《おういん》された国璽《こくじ》（国印）は、翼を広げた鷲の絵である。鷲の頭上には一三の星が輝き、そのくちばしのリボンには、一三文字のラテン語が書かれ、右の爪がつかんでいるオリーブには、一三枚の葉がついている。また、左の爪は一三本の矢をつかみ、鷲の胸を守る楯には一三本の縞模様。さらに、一三階段のピラミッドまで描かれている。ピラミッドの頂上のラテン語も一三文字だ。

これほど一三にちなんだ図柄が多いのは、アメリカ独立時の州の数が一三だったためである。

欧米人にとっては不吉な一三だが、かつて栄えたマヤ文明では神に関係の深い神聖な数とされた。また、日本では、陰暦三月十三日に、十三歳になった少年少女が虚空《こくう》蔵《ぞう》菩薩に参詣する「十三参り」という風習も残っている。時代やお国柄によって、数字の持つ意味はさまざまというわけだ。

昔は、倒れたボウリングのピンを、ピンボーイが投球ごとに並べていた

現在のような一〇本ピンを使うボウリングが日本に伝わったのは、今から九十年ほど前のこと。ただし、当時は現在のように自動的にピンがセットされるわけではなく、倒れたピンはピンボーイと呼ばれる係員が、投球ごとにいちいち手作業で並べていた。実に面倒な作業が必要だったのだ。

ボウリングのピンが、とっくりの変形のような奇妙な形をしているのは、重心が下にあって座りがいいため。同時に、持ちやすく、立てやすいことから、ピンボーイが作業しやすいというメリットもあって、あのような形になったのではないかと考えられている。

　また、かつてのボウリングは九本でプレイされていたといわれる。

　九本ピンのボウリングは、古代エジプトに起源を持ち、近代ヨーロッパでも流行した。やがて、移民たちの手によってアメリカ大陸にも伝わったが、十九世紀半ばにピンを何本倒すかにお金を賭けるギャンブルとなって、大流行するようになった。

　こうした事態を憂慮したコネチカット州やニューヨーク州の当局者は、このゲームを禁止する法律を作り、「ナイン・ピンズを禁ずる」と条文を定めた。

　だが、これを見た庶民は考えた。「ナイン・ピンズはダメでも、テン・ピンズ、一〇本ピンならOKだろう」。

　こうして九本ピンのボウリングに代わって、一〇本ピンを使う現在のボウリングができ上がった。庶民による法律逃れの巧妙な作戦が、現在のボウリングの原形だったのである。

天皇が愛用しなくても、宮内庁に納めていれば「宮内庁御用達」という

「これは宮内庁御用達の由緒正しい品物です」というように、まるで最高級商品の代名詞のように使われている「宮内庁御用達」。だが、実はその制度は存在しておらず、現在では、表示に法的根拠はまったく

ない。

かつてはそうした制度が存在していた。一八九一（明治二十四）年、宮内庁の前身である宮内省は、皇室に生活用品などを納める業者に対して、「宮内省御用達」の制度を設けた。

その後もこの制度は続き、第二次世界大戦の敗戦後に、新たに宮内庁が誕生してからも、「宮内庁御用達」制度として存続した。だが、それも一九五四（昭和二十九）年に廃止。

それ以来、公式にはこの制度は存在しない。ただし、誇大広告に利用しなければ、宮内庁向けに納品している商品について、「宮内庁御用達」と表示しても問題はないとされているのである。

さて、ここで注意してもらいたいのが、宮内庁御用達はあくまでも宮内庁に納品さ

れている品物だということで、天皇家が愛用しているかどうかはまた別の話だ。実際、かつて「宮内庁御用達」をうたった納豆が売られた際に、「天皇家でそんなに納豆を食べるのか」と調べてみたら、その納豆は宮内庁食堂に納品されているものだったという。

宮内庁御用達だからといって、やたらにありがたがるのは考えもののようだ。

寺子屋の授業料は、現在のお金に換算すると二万円

江戸時代の庶民の学校が寺子屋だ。江戸時代には全国で一万五〇〇〇もの数があったといわれている。

一般に寺子屋には、七五三の祝いが終わると入学することになっていたとされるが、実際には入学年齢はまちまちで、早い子供は五歳、ふつうは六歳、遅くても七、八歳で入学するケースが多かった。

この入学年齢からもわかるように、寺子屋は義務教育だったわけではない。教える師匠たちも僧侶や書家、浪人などがボランティア精神で勤めていたため、「束脩《そくしゅう》」と呼ばれる入学金や「謝儀《しゃぎ》」と呼ばれる授業料についても、明確な決まりはなかった。

そこで、親たちはお互いに相談しあって、二〇〇〜三〇〇文のお金を支払っていた。

こうして支払われたお金は、現在のお金に換算すると合計で二万円程度ではなかったかと考えられている。また、その他に、節句や盆暮れなどに、お礼として贈り物をしたり、お金を集めて渡したりすることも広く行われたようだ。

生活の苦しい庶民が通う寺子屋でも、これだけの負担をしていたのだから、昔の親も子供の教育費は惜しまなかったようである。

ただし、これはあくまでも一般的な寺子屋のケース。将軍のお膝元である江戸や大都市の大坂、京都などでは、一〇〇人以上も生徒がいる巨大寺子屋があり、授業料に関する規定もしっかり決められていたという。

村八分のときも火事と葬式だけはつきあった

仲間はずれを意味する「村八分」という言葉。いかにも集団でいじめをするようなイメージがあるが、もともとは、村で決まりごとを破った人に対して行う厳格な処罰規定だった。

江戸時代の村の規則では、「冠（元服）」「婚」「病気」「建築」「葬式」「火事」「水害」「旅行」「出産」「年回忌」の一〇の行事については、村の人々が協力し合って行う習慣になっていた。しかし、村の規則を破った人に対しては、村中が相談してこうした近所づきあいを拒否した。これが村八分である。

ただし、ここで注意したいのは、「村八分」であって、「村十分」ではないということ。実は、一〇の行事のうち、「火事」と「葬式」については、特別につきあうことになっていた。つまり、完全につきあいを断ってしまうわけではなかった。だから、「村十分」ではなく「村八分」なのだ。

「村八分」という言葉は、もとは「村はぶく」「村はじく」が語源とされる。それが

「村八分」と書かれるようになったのには、こうした背景があったと考えられる。いかにも、義理堅い日本人を象徴するような言葉ではないか。

原稿用紙が四〇〇字詰なのは、お坊さんの二十五年に及ぶ執念による

一般に市販されている原稿用紙は、ほとんどが四〇〇字詰だ。小説などのコンクールでも、「四〇〇字詰原稿用紙で一〇〇～二〇〇枚」というように、四〇〇字詰原稿用紙を基準に制限枚数が決められることが多い。

このように原稿用紙が四〇〇字詰なのは、江戸時代のお坊さんの執念によるものだ。

京都の黄檗山万福寺《おうばくさんまんぷくじ》は、曹洞宗、臨済宗とともに日本三大禅宗といわれる黄檗宗《おうばくしゅう》の本山。その住職だった鉄眼《てつげん》禅師というお坊さんは、大蔵経《だいぞうきょう》という膨大な量のお経を印刷して刊行することを決意した。大蔵経は、一六五四（承応三）年に黄檗宗を日本に伝えた明の僧隠元《いんげん》和尚が持参したものである。

印刷するにあたっては、まずは印刷用の木版を手作業で作らなければいけない。そこで、鉄眼禅師は、二十五年もの歳月をかけて、六万枚という大量の木版を彫りあげた。これが、鉄眼版といわれる大蔵経だ。

この木版の字詰が二〇×二〇の四〇〇字詰だったことから、これにならって原稿用紙の字詰が決められたといわれている。原稿用紙の字詰には、鉄眼禅師の信仰にかけるすさまじい執念が込められているわけだ。

また、このときに彫られた字体が、現在の明朝体のルーツだといわれる。

ホクロから長い毛が生えてくるワケ

眉毛のきわにホクロがあると、なぜかそこに生える毛だけが黒く長くなって目立つ。あるいは体のどこかにホクロがあると、そこからも黒く長い毛がヒョロヒョロと伸びている——という人もいる。

これは、ホクロそのものが皮膚の細胞異常が原因でできるためだ。

表皮の下にあるメラニン産生細胞が、なんらかの理由で活性化し続けると皮膚に異常が発生して黒ずむ。この色素性母斑細胞が盛り上がったものがホクロであり、一種の皮膚奇形といえる。

母斑細胞とは皮膚の下〇・二ミリメートルまでの表皮のなかにできるもので、細胞同士が結合する器官を持たないため隆起しやすいのである。

一方、体毛も、表皮細胞が変形したもので、細胞の活性化が毛根に影響を与えてしまう。すると異常に長い毛に育つことになる。

人間の体毛は産毛《うぶげ》も含めてたくさん生えているが、母斑細胞は毛の根元にある毛嚢《もうのう》に集まりやすく、それだけに毛も生えやすいようだ。

マラソンの途中で、車に乗って優勝した選手がいた

マラソンレースは、陸上競技のなかでももっとも人気のある競技といってもいい。

オリンピックに限らず、世界大会の代表選手選考会を兼ねた国内レースは必ずテレビ中継され、沿道には小旗を振る多くの観衆を集めている。こんななかでズルはできるはずもない。ところが、かつては沿道の観衆もまばらだったのだが、なんと途中を走らずにゴールして、優勝を勝ち取った選手がいた。

一九〇四年、アメリカで初めてオリンピックが開かれたセントルイス大会でのことだ。

あまりの暑さのために、アメリカ人選手フレッド・ローツはレースの途中で座りこんでしまっていた。そこにたまたま車が通りかかり、乗せてもらった。本来ならこの時点で棄権だ。しかしそのまま車に乗って、あと八キロメートルという地点で車が故障。

ローツ選手は、これ幸いと車を降りて再び走り始め、一位でゴールイン！　競技場の観衆からは大歓声を受けた。しかし、運転手が遅れてかけつけてきたため、インチキがバレてしまい、優勝は取り消し。

彼は「ほんの冗談だった」と弁解したものの、度が過ぎていたためオリンピックから永久追放……。

このときのレース、暑さは相当のものだったようで、出場選手三一人のうち完走者は一四人。正式な優勝者は同じアメリカ人選手トーマス・ヒックスで、タイムは三時間二十八分五十三秒というオリンピック最低記録である。

サナダ虫を飲んで五〇キログラムも減量したオペラ歌手がいた

虫下しの薬は、今ではペット用くらいしか知られていない。しかし野菜の栽培に人糞が使われていた時代には、家庭常備薬として不可欠なものだった。

回虫に寄生されると、栄養の吸収が妨げられ、とくに子供の成長には影響が大きかったからだ。しかし人間の腸内に寄生して、栄養分を吸い取ってくれるのなら、肥満の人には最適のダイエットになる。

と思ったら、すでに実行した人物がいた。二十世紀の歌姫といわれたマリア・カラスだ。

彼女はデビュー当時、すでに一〇〇キログラムを超える体重があった。たしかに声量が求められるオペラ歌手に、ある程度の体重は必要だ。しかし、これではいくらなんでも重量オーバーで、ついにはパトロンから、減量しなければ援助を打ち切ると宣告される。

そこで彼女がとった究極の手段が、サナダ虫を体内に飼うことだったという。サナダ虫は中性脂肪が大好物というから、ダイエット向きといえなくもない。

ダイエット効果の真偽のほどはともかく、たしかに彼女は半年間に五〇キログラムの減量に成功。ファッショナブルなスタイル、優雅な身のこなしのレディになったという。

秀吉が楽しんだ「人間将棋」、天童市では今も毎年やっている

とにかく派手で豪華なことを好んだという豊臣秀吉だが、この太閤の発案として記録されるのが、伏見城で行った人間将棋だ。

まだ豊臣秀次が関白だった時代。伏見城での花見の宴の折、小姓や腰元を将棋の駒に見立てて動かし、勝負を行った。

この行事にちなんで桜の季節に「人間将棋」というイベントを現在も行っているのが、山形県の天童市である。全国の将棋の駒の九五パーセントを生産しているという町ならではの行事だ。

二〇〇〇本もの桜の木のある舞鶴山に、大きな野外ステージが設けられて将棋盤となる。ここに勇壮な鎧兜《よろいかぶと》をつけた武者が駒とともに立ち、対局者の指示によってステージ上を移動するのである。対局者にはプロ棋士が招かれ、将棋の女王コンテストなども行われる、北国に春を告げる催しである。

人間を駒にしてゲームの勝敗を競うという発想は、外国にもある。

イタリアのマロスティカ市では古くから「人間チェス」が開かれている。十五世紀に決闘の代わりにチェスで勝負をつけた実話がそもそもの起こりで、今も当時のコスチュームを使う。ナイトは本物の馬だ。

ちなみに、同市と天童市はこの祭りが縁で、一九八九（平成元）年に姉妹都市となった。

かつてオリンピックの水球の試合で、プールが血で赤く染まったことがある

スポーツと政治は切り離して考えなければいけない。これは理屈ではわかっていて

も、応援にはナショナリズムがつきもので、ときに混乱を招く。モスクワ五輪を西側諸国はボイコットしたし、ロスアンゼルス五輪では東欧諸国の参加を見なかった。

しかし不参加ではなく、実際のオリンピックの試合で、国際紛争が原因で血を見たことも、かつてはあった。一九五六年のメルボルン・オリンピックでのことである。

舞台となったのは水球の準決勝、ハンガリー対ソ連の試合だ。水球はもともとが荒々しいスポーツで、選手たちも血気にはやりがちになる。水面下で足を蹴ったり引っ張ったりは当たり前で、見えないだけに審判も細かい判定は難しい。一方で水面上のファウルは見つかりやすく、ゲーム中の選手たちは不満も含めて熱くなるのだ。

たまたま開会の一か月前、ハンガリーの首都ブダペストで反ソの大きなデモがあり、ソ連軍が介入してハンガリー動乱が起こっていた。そんななかで行われた試合で、ハンガリーが四対〇とリードしたまま残り五分となったとき、ハンガリー選手がソ連選手に顔を殴られ、目尻を切って血を流した。

水面上での流血にみるみる水が赤く染まっていく。これによって両チームの選手は乱闘を始めてしまったのだった。結果は中止であった。

古代エジプトには、聖水自動販売機があった

日本ほど自動販売機が多い国はないといわれている。

現在のような自動販売機が最初に出現したのは、十九世紀後半に入ってからのこと

だ。ニューヨークにガムの自販機が、パリにワインの自販機が登場しており、それぞれのお国柄もうかがえる。

しかし、無人でありながらモノをお金と交換することができるという自販機（自販器）の元祖は、すでに紀元前三世紀にエジプトで誕生していた。考案したのは数学者で技術者でもあったギリシャ人アレキサンドリアのヘロン。売っていたのは礼拝用の「聖水」である。

ヘロンはアレキサンドリアで活躍していたが、聖水自動販売器の構造図を残している。それはコインが落ちたときの重みで下に設置した皿が傾き、「てこ」の原理によって水の出口をふさいでいる蓋が上がり、受け皿が傾いている間だけ蛇口から聖水が出てくるというもの。

こうして書くと難しく感じるが、現代の

水洗トイレの仕組みに通じるものだ。違いは「てこ」を動かすのがコインの重量かタンクについたハンドルかだけのこと。聖水であれ洗浄用水であれ、水だからできる仕掛けでもある。

　しかし、ヘロンの自販機がじっさいにどこかの教会に設置されたかどうかはわかっていないが、不思議な仕掛けにありがたみが増しただろうことは想像できる。

「おじゃん」という言葉は、火消しの鐘の音から生まれた

　結果が失敗に終わったときなどに、「おじゃん（になった）」と言うことがある。意味はわかるが、言葉の由来がわかりにくい。

　この語源は、江戸時代、火事のときに鳴らす鐘の音にあると言われている。

　江戸の町にはいたるところに鐘つき台が設置されていた。この鐘は、火事の場所が遠ければゆっくり二つ半つく、火が迫ってきたときには連続して早くつくというふうに決まっていた。鐘の音で、周辺の人々に危険を知らせていたのだ。そして鎮火すると、ゆっくり二つつくのだが、これが「おじゃん」だ。火はおさまったが、その火事では多くの家々が燃えてしまった……そんな様子を表す音が、悪い結果に終わったことと結びついたと考えられている。

「火事とけんかは江戸の華」といわれたように、江戸の町には実際に火事が頻発していた。三〜五日に一度は江戸のどこかで火事が起きていたという記録があるほどだ。

　しかも、当時の建物はすべて木造で、下町には長屋が連なっていたため、小さな火元

が原因で、大火事になることも珍しくなかった。だから、こういった言葉が生まれても不思議ではないというわけだ。

しかし、「おじゃん」の語源は、同じ江戸時代の「じゃみる」という言葉であるという説もある。この言葉は、物事が途中でだめになるという意味の動詞だ。この説によれば、「じゃみる」の連用形である「じゃみ」に接頭語がついた「おじゃみ」がもとになったとされる。

頑丈なはずのスペースシャトルに、キツツキが穴をあけた

一九九五年六月八日に予定されていたスペースシャトル・ディスカバリーの打あげが中止になった。宇宙船に取りつけられた外部燃料タンクがキツツキによって損傷を受けたためだった。

原因場所だった燃料タンクは、スペースシャトルの打あげから約九分で切り離され、大気圏で燃え尽きる。しかし、途中でお役ご免となるものとはいえ、キツツキに穴をあけられるくらいヤワなもので大丈夫なのか？

実際に燃料が入っているタンクは金属性で、キツツキに穴があけられるものではない。しかし、その周囲は、厚さ五センチメートルほどの断熱材で覆われている。スペースシャトルの燃料は低温の液体燃料のため、断熱しておかないと蒸発してしまうのだ。

断熱材の素材は、ポリウレタンフォームという合成樹脂で、クーラーボックスに使用されているものと同じである。軽量で低コスト、そして高性能と、断熱材の素材と

しては申しぶんない。ただし、木に穴をあけることができるキツツキなら、簡単に穴をあけられるのである。

　この断熱材は紫外線によって茶色に変色するという。だから、木の幹だとかん違いして餌を求めてきたキツツキが、虫がいると思って穴をあけたのだろうと考えられている。こうしてキツツキがあけた穴は、七一もあったという。これでは完全に断熱できないし、タンクの温度が均一ではなくなってしまう。そこで打あげを中止して補修することになったのだった。

関東と関西では、学生の呼び方が違う

　小・中学校や高校は、入学してからの年数を表す場合、「○年生」という呼び方が使われている。

　ところが、大学は「○年生」と呼ぶとは限らない。関東の大学では、ほかの教育機関と同じ「○年生」と呼ぶが、関西では、「○回生」というのである。

　呼び方の違いは、東大と京大の教育システムの違いからきているという説がある。

　東大では、創立時から各学年の履修カリキュラムが決められていた。その単位をとらなければ、次の学年に上がれないという「学年制」というシステムが、「学年」という呼び方に結びついたという。

　一方、京大では、ドイツの大学をモデルに、卒業までに履修カリキュラムがとれれば良いという柔軟な「科目制」を採用していた。「レベル」というニュアンスに近い「学年」という言葉は、このシステムには当てはまらない。しかし、便宜上、在籍年

数を示すために、「○回生」という言葉が使われるようになったといわれている。

つまり、呼び方の由来を考えるならば、関東では一年生から二年生に上がれずに留年すると、もう一回一年生になるのに対し、関西ではどんなに単位が取れていなくても、年度が変われば一回生から二回生になる。関東では、四年生がいちばん高い学年になるが、関西では在籍が許される限り、五回生、六回生……となっていくのだ（当然のことながら、大学によって違いはある）。

また、東西の違いとは別に、北海道では「○年目」と呼ぶところもあるそうだ。これは旧制北大予科時代に学生が言い出したのが発端とされている。

浜名湖でうなぎの養殖を始めたのは、養殖業者の単なる直感からだった

うなぎといえば、浜名湖の名物。その歴史は、江戸時代にまでさかのぼる。土用の丑《うし》の日にうなぎを食べて体力をつける習慣は、江戸時代からあった。当時のうなぎはすべて天然モノで、浜名湖のうなぎももちろん同じだった。

現在、浜名湖は、むしろ養殖うなぎの産地として有名で、それは明治時代から名産品となっている。浜名湖の湖畔には、うなぎの養殖地としての素地があった。

まず周囲に製糸工場が多かったことがあげられる。製造過程で使われる蚕の繭から生糸をとると、サナギが残る。このサナギがうなぎの餌になるのだ。

さらに浜名湖は、うなぎの養殖に必要な稚魚しらすうなぎ採取ができるうえ、育てるための水も豊富にあった。気候や地形も適していたのだ。

うなぎを育てる条件に適しているだけでなく、本州の中間地という立地は流通にももってこい。そんな恵まれた環境だったこともあり、何人かの人物が浜名湖で養鰻業を始めた。しかし、うまくいかなかったようである。

そして一八七九（明治十二）年、東京の深川でうなぎを養殖していた服部倉二郎は、出張で浜名湖畔を通りかかった。列車の窓から、この周辺がうなぎの養殖に適していると直感した服部氏は、一八九七（明治三十）年に、舞阪《まいさか》で事業を開始した。これが、今の浜名湖の養鰻業の発展につながった。別の土地で、同じ事業をしていたとはいえ、服部氏の直感があったことがきっかけだったとは、不思議なめぐり合わせがあったのかもしれない。

熊本城主・細川忠利は、家紋に似ていたレンコンが大好物だった

辛子レンコンは熊本の代表的な郷土料理である。レンコンの穴に辛子味噌をつめたものを、固めの天ぷら粉をつけて揚げたものだ。この料理には、おもしろいエピソードが残っている。

熊本城主である名君・細川忠利は、病弱だった。そこで見舞客が辛子レンコンを作って献上したところ、たちまち病気が治ったというのだ。

レンコンには、実際、体力促進や止血・造血作用、利尿作用などの効果が期待でき

る。忠利の病気がなんであったかは不明だが、辛子レンコンが病気からの回復のきっかけになったというのは、あながちまったくの作り話ではなさそうだ。

そしてまたレンコンは、その切り口がちょうど細川家の家紋である「九曜《くよう》」に似ていることも、忠利を喜ばせたようだ。

以来、辛子レンコンは、門外不出の料理として、殿様だけにしか食べることのできない料理となった。

熊本城の外堀はレンコンで埋め尽くされ、蓮根堀と呼ばれたくらいだ。阿蘇山の火山灰が多く含まれる堀の土は栽培に適していたのである。

長らく、細川藩の特別メニューだった辛子レンコンは明治維新で庶民も口にできるようになった。そして現在も、酒の肴などとして多くの人から愛され続けているのだ。

辞書にもない姓「十さん」は、鈴木さんとも読める

日本ほど姓の数が多い国はない。万の単位を数えることは確かで、なかには珍名さんもいる。「九」という姓は一文字で数の9だから「いちじく」さんと読むという珍しい名前もある。

反対に多いのが「鈴木」さんで、日本で一番目か二番目かに多いという姓だ。「鈴木」という姓は、実際にある樹木の名をとったのではなく、神霊が宿る木を大和言葉で「ススキ」とか「スズキ」といったのに漢字をあてはめたものといわれている。

「スズキ」の音に漢字をあてただけだか

ら、「寿々木」「涼木」などと書く例もある。わかっているだけで五七種あるという。漢字の音を考えずに、「スズキ」の意味をとって文字をあてるなら「聖木」さんでも、「神木」さんでも、「霊木」さんでもいいのかもしれない。

これらの「すずき」さんと同じように、神霊の宿る木を表す字を姓にしている例がある。

「寸」さんで、この字は、縦の棒が神霊の木そのものを表し、横の線が神木である目印に使われたもの。

しかし、この姓を「すずき」とは読まない。「えだなし」「もげき」「もぎき」である。木ではあるが枝がないから「えだなし」、枝がもげているから「もげき」「もぎき」と読む。「九」さんと同じ発想で、文字からきたダジャレの感がしないでもない。

せっかくだから「寸」さんを、「すずき」さんと読んでもかまわないとも思える。現在は北海道と徳島県に数戸あるだけの姓「寸」だが、本当に「鈴木」に改名した人もいるという。

「話のネタ」写真館②

秋田県には、「ナマハゲ通」検定試験がある

秋田県の男鹿半島には、大晦日に恐ろしげな扮装をした「ナマハゲ」が家々をまわる風習がある。その地元・男鹿市で二〇〇四（平成十六）年十一月、なんと「ナマハゲ伝導士」第一回認定試験が行われた。

ナマハゲの意義や継承状況などの基礎知識を学んでもらうことにより、本物のナマハゲファン、男鹿半島観光応援者になってもらおうという主旨で行われた試験で、合

昭和53年に国の重要無形民俗文化財に指定されているナマハゲ。

格したからといっても、「ナマハゲ伝導士証」とピンバッジをもらえる以外、何も特典はない。もちろん、ナマハゲは職業ではないので、就職などのメリットもない。まったく趣味の認定試験である。

それでも興味を持った人は多く、九四人が受験するという大人気だった。

当日は、試験は夕方の五時からで、朝から試験の時間までは、「真山伝承館」や「なまはげ館」などの「視察研修」と、ナマハゲの歴史などの「講義」が行われた。視察研修と講義は試験合格に向けての開催だが、試験に必須というわけではない。朝の視察研修から参加するのも、午後の講義から出るのも、試験だけ受けるのも自由だった。

試験は選択形式と筆記式の問題が一五問で、ナマハゲの扮装をしての実技試験などは行われなかった。

試験の結果、九一人が合格したというから、みんなしっかり勉強したようだ。

JRの運転士は、一〇万円の目覚まし時計を使っている

始発電車の運転士や車掌などの乗務員は、前夜から仮眠室に泊まる場合が多いが、寝過ごしてはたいへんだ。かといって、仮眠室には、深夜の電車を運転してきて眠ったばかりの人などもいるので、大きな音の目覚まし時計を使うわけにもいかない。

そこでJR東日本では、運転士らの寝過ごし防止のため、ベッドに仕掛ける目覚ましを開発した。セットしておいた時間になると、ベッドのマットの下に仕掛けておい

た空気袋に空気が送り込まれ、腰のあたりが弓なりに持ちあげられる。さらに七秒間隔でこの空気袋がふくらんだりしぼんだりするので、とても寝ていられなくなって目を覚ます……という仕組みである。

これならほかの人を起こさずにすむし、ふつうの目覚まし時計と違って、アラーム音を止めてまた眠ってしまうということもない。これのおかげで、寝過ごした運転士らはまず目が覚めるという。

ＪＲの業務用だった特製の目覚まし時計だが、二〇〇三（平成十五）年七月にフジテレビ系列の番組『トリビアの泉』で「ＪＲ運転士は絶対に起きられる目覚まし時計を使っている」と紹介されると、視聴者から問い合わせが相次いだ。

そこで、ＪＲ東日本では、二〇〇四（平成十六）年七月から、この特製目覚まし時

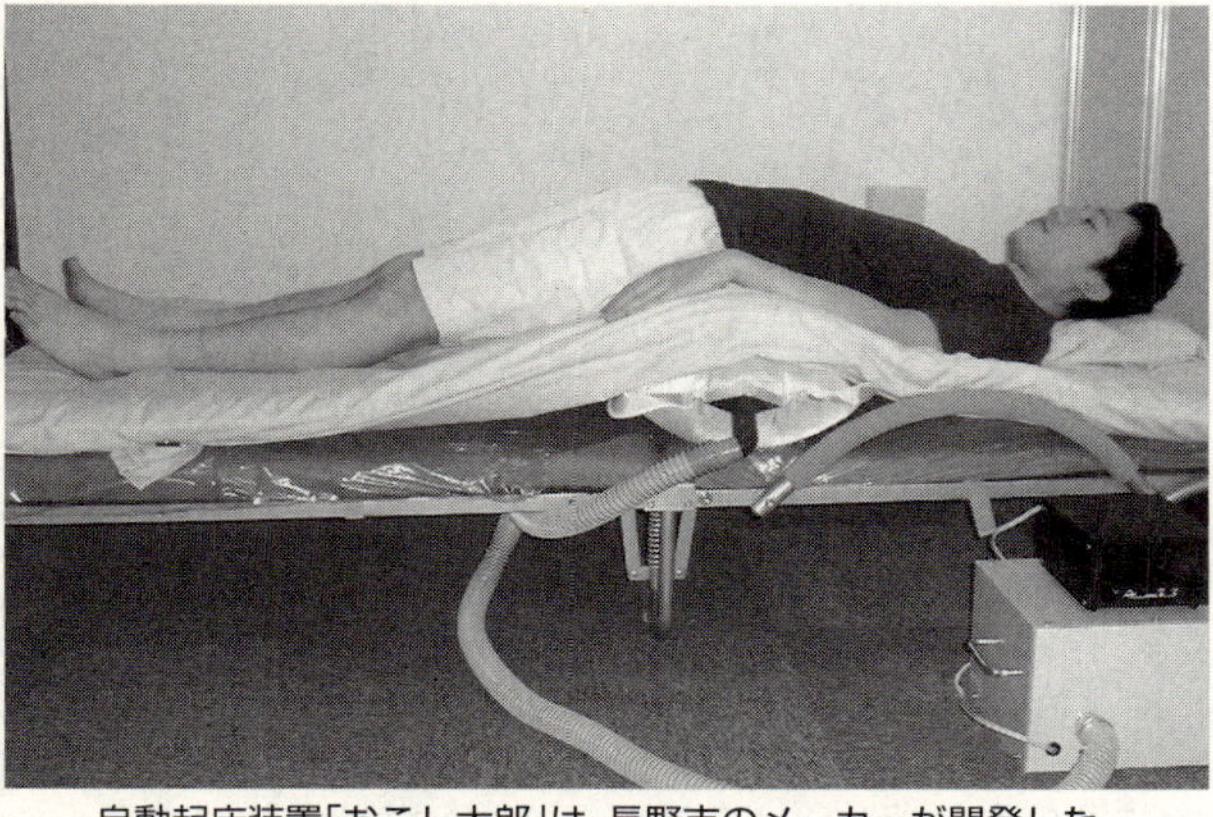

自動起床装置「おこし太郎」は、長野市のメーカーが開発した。

計を自動起床装置「おこし太郎」と名づけて、価格九万八〇〇〇円（税・送料込）でインターネット通販に踏み切った。販売台数は、十一月には早くも一〇〇台を超えたそうである。

未だに謎は解明されずキノコが闇夜に光るワケ

ホタルのように光を発する生物の存在は一般にも知られている。だから光を発する仕組みや発光物質の正体についても、専門家の研究が進められている。

ところが植物のなかにも光るものがあることは、あまり知られていない。いちばん有名なのがツキヨタケだろうか。別名「鬼火」「Fox Fire」といわれているぐらいだ。

このキノコは、平安時代末期に著された

ブナの幹に生えた「ツキヨタケ」。写真は裏側から撮影したもの。

『今昔物語』にもワタリ（和太利）の名で登場しているくらい、昔からその存在が知られていた日本産の発光植物だ。そして当時から毒性のあることが知られていたという事実が、物語の内容から察せられる。

憎んでいる相手にヒラタケだとだましてワタリを食べさせようとするのである。

この内容からもわかるように、ツキヨタケは食用のヒラタケと同じように枯れた幹に発生し、形状も似ていれば群生するところも似ていて、間違えられやすい。

ホタルなどの場合、発光という機能がなんのために使われているかはわかっているが、キノコの場合なぜ光るのかはまだ不明だ。ようやくツキヨタケの発光原因物質の正体がランプテロフラビンだと確かめられた段階である。

四角い太陽は、行いのいい人だけが見られる？

煤《すす》で曇らせたガラス板を通して見る日食の日の太陽は丸い。

それなのに、太陽が四角に見えることが、皆既日食よりもっと頻繁に起こって、運がよければ見ることのできる土地がある。北海道の別海《べつかい》町や標津《しべつ》町だ。

とくに別海町の野付《のつけ》湾では、四角い太陽が昇ってくる。といっても、本当に太陽が四角くなるわけもなく、光の屈折によって変形して見えるだけのこと。しかも気象条件がそろっていなければならないので、見られるとしても年に数回だけである。

極寒の二月頃、気温がマイナス二〇℃以下になり、上空には暖かい空気があるという日の早朝に限られる、蜃気楼の一種だ。

野付湾沿岸では晴天が続くと、放射冷却が起こる。昼間に太陽で温められた空気が夜の間に上空に上り、そのとき地表の熱も奪われるのだ。風もなく空気が澄んでいれば熱は上空に逃げやすく、明け方の地表温度は極限まで下がる。

すると上空の暖かい空気と冷たい空気の境目で光が激しく反射・屈曲するので、蜃気楼現象となる。こんな日の朝に四角や、ときには六角形の太陽が昇る。

野付湾に面した尾岱沼《おだいとう》の白鳥台が、四角い太陽がきれいに見られるスポット。とはいえ、日の出時間は早く、気温が零下となると、いくら早起きは三文の徳といっても、かなり決意のいる四角い太陽とのご対面だ。

尾岱沼からは、とくに寒い冬の日には太陽が六角形に見えることも。

第6章

恋人と気まずい雰囲気になったときの51本

コアラの盲腸の長さは、体長の三倍ある

コアラの盲腸は驚くほど長く、体長の約三倍にあたる二メートルもの盲腸を持っている。これほど長い盲腸を持つ動物は、ほかにいない。

その秘密は、コアラが常食にしているユーカリの葉にある。

ユーカリの葉は繊維質で固く、油分が多い。そのうえ生物に有害な青酸という毒素を含んでいる。コアラの盲腸のなかには、ユーカリの葉を消化分解するバクテリアや青酸を分解する酵素があり、時間をかけて消化や解毒を行うので、コアラはユーカリを食べることができるのである。

ユーカリの葉の消化や解毒には驚くほど時間がかかる。ユーカリを食べたあと、それが糞として体外に出るのは一週間後だ。

この消化・解毒に必要なバクテリアや酵素は、母親コアラから赤ちゃんコアラにと受け継がれる。

コアラの赤ちゃんが離乳期にさしかかると、母親は未消化のユーカリの葉を尻から出して、離乳食として赤ちゃんに与える。尻から出すといっても、この離乳食は糞とはまったく別物である。

この離乳食のなかには、ユーカリの葉を消化するバクテリアも青酸を解毒する酵素も含まれており、赤ちゃんコアラの体のなかに定着する。そのおかげで、赤ちゃんコアラもやがてユーカリの葉を食べられるようになるというわけだ。

「冬ソナ」のヨン様のカツラは、なぜか出版社が発売している

「韓流ブーム」に沸いた二〇〇四（平成十六）年の日本。そのブームの火つけ役ともいえるのがドラマ『冬のソナタ』であり、主人公のミニョンを演じたペ・ヨンジュン。彼は日本の中年のおばさんに大人気となり、ヨン様と呼ばれ、韓国人気男性俳優の中でも、ダントツの人気を誇っている。

そのヨン様のファッションも、日本で大流行し、ヨン様と同じヘアスタイルができるカツラ、ヨン様と同じメガネなどが、ヨン様なりきりグッズとして大いに売れているのである。

実は、そのカツラを作っているのは韓国のカツラのトップメーカー「ベルニケ」社で、日本で発売しているのは、「キネマ旬報社」という出版社だ。キネマ旬報社では、過去に韓国の映画グッズなどを手がけた経験があることから、人気の「冬ソナ」のカツラが韓国にあるということを聞きつけて輸入を決断した。

とはいえ、当初は、キネマ旬報社も、ここまでのヒット商品になるとは予想もしておらず、「一〇個ほども売れればいい」といった程度の気持ちで、同社のインターネット通販の呼び込み商品として企画されたに過ぎなかったのだ。

ところが、二〇〇四年五月にインターネット上で発売を開始したところ、一万二八〇〇円という高額にもかかわらず、たった一か月で二〇〇個を突破するほどの人気ぶり。その後も四十代、五十代のおばさんを中心に売れ続け、キネマ旬報社では予想外

の売れ行きに嬉しい悲鳴を上げる結果となった。

ちなみに、カツラは人毛三〇パーセントを含む本格的なもので、ヨン様タイプのライト・ブラウンの男女兼用モデルと、チェ・ジウ演じるユジンの黒いショートタイプの二種類がある。セットで買えば夫婦で「冬ソナ」気分。若かりし日の純愛気分が蘇る……!?

チワワの頭頂部は頭蓋骨が閉じていない!?

世界最小の犬として人気のチワワの魅力は、なんといっても「アップル・ヘッド」と呼ばれる丸いドーム形の頭部だ。

でも、このアップル・ヘッドは、チワワにとっていちばんの弱点でもある。

チワワの頭をそっと触ってみると、頭蓋骨の中央に隙間があって、柔らかくへこんでいるように感じられる。チワワは泉門という頭頂部の頭骨が薄く、子犬のときは開いているのがふつうだが、発育とともに徐々に骨ができて、閉じていく。しかし、たとえ閉じてもとても薄い骨だし、なかには、骨が閉じず、頭頂部が開いたままになっているチワワもいる。

こんな状態だから、チワワは頭頂部の衝撃にとても弱い。頭頂部をぶつけたりすると、重大事に発展することもありえるのだ。躾けのつもりで頭部を叩いたりすれば、これは直接脳を叩いているようなものだから要注意! その時は何ごともなくても、成犬になってから水頭症を発症する場合もある。

部屋のなかで自由に走り回らせたとして

も、小さなチワワならさほど邪魔にはならないが、頭をソファやテーブルなどにぶつけたら大変だし、高い場所から飛び降りさせるのも危険が伴う。チワワは、幼い子供を育てるような気持ちで、繊細な注意をしながら育てよう。

「ネコふんじゃった」は、ロシアでは「犬のワルツ」

「ネコふんじゃった」という曲は誰もがどこかで耳にしているはずだ。

この曲は、明治時代の後半以降にアメリカから伝わったらしく、昭和の初めころからピアノの黒鍵の練習曲として使われるようになった。ただピアノの練習曲としての正式な楽譜は存在しない。

原曲は、おそらくロシアの作曲家・ピア

ノ奏者アントン・ルビンシュタイン（一八二九～一八九四）の手になるとされている。しかし、これも直筆の楽譜があるわけではないし、記録もない。ただ彼が演奏旅行で回ったヨーロッパ各地やアメリカで、この曲が広く知られているところからの推測だ。

今では、わかっているだけでも三〇を超える国でこの曲が親しまれていて、二〇を超える国で異なる名前で呼ばれている。ルビンシュタインの故国ロシアでは、「犬のワルツ」というタイトル。

リズミカルなところが小動物を連想させるのだろうか、ドイツやベルギー、オーストリアでは、なんと「のみのワルツ」。ところがオランダに渡ると、同じのみでも「のみのマーチ」、チリでは「犬のポルカ」とリズムも変わる。

さらに、アメリカやイギリスでは箸（Chopsticks）にされ、フランスやスイスではカツレツ、スペインではチョコレートと食物イメージも多い。ほかにもアヒル（キューバ）やロバ（ハンガリー）、猿（メキシコ）、豚（スウェーデン）も連想されている。ちなみに、日本と同じネコを連想したのは、韓国、台湾、フィンランド、ブルガリア、ルーマニアなど。

アップル社の創業者は、大のビートルズファンだった

アップルコンピューターの、よく知られたロゴマークがリンゴ。

これは、アップル社の創業者であるスティーブ・ジョブズが、大のビートルズファンだったところから、ビートルズのレコー

ド会社である「アップル・レーベル」を意識して使ったものといわれている。

マークのデザインを依頼されたアートディレクターが最初に提案したのは、なんでもないリンゴのシルエットを描いたものだった。それを、端っこを少しだけかじった形にしたのもジョブスだった。

つまり、リンゴを「かじる（bite）」と、コンピューターで使われる二進数単位の「byte」をかけたシャレのマークだ。

もともとアップル社の命名は、リンゴが木から落ちるのを見て万有引力の法則を発見したニュートンにちなんだもの。しかしロゴマークがビートルズのレーベル・ロゴと似ていたことによってアップル・レーベルと商標権に関して訴訟になる。

いったんはコンピューター分野に限ってのみ使用というので和解金を払って決着するのだが、アップル社が音楽配信事業を始めたことで再び提訴され、こちらも巨額の和解金を支払うことになった。

今では単純な「Ｍａｃ」の新しいロゴマークも生まれているアップル社だが、社名が変わらない限りビートルズとの縁は切れそうもない。

キューピーは、実は男の子である

マヨネーズ会社がキャラクターに使っておなじみのキューピーさんは、一九〇九年、アメリカに生まれたキャラクターである。明治の終わりごろの話だ。

ローズ・オニール女史が、ローマ神話に登場する恋の神・キューピッドをもとに発表したイラストが大人気となり、日本にも伝わった。

大正時代にはセルロイドのキューピー人形が大流行しているから、日本に伝わったのは早い。

そして日本で初めてマヨネーズを発売しようとしていた会社が、この流行のキャラクターを商標にすることを思いつく。商品が「お年寄りから子供まで幅広く愛用されたい」という選定の理由が、当時のキューピーさんの、年齢を問わない人気ぶりをうかがわせる。

一九二二（大正十一）年に商標登録した、現在の「キユーピー㈱」がその会社だ。

キューピッドは、神話のなかでは愛の女神ビーナスの子供。ローマ神話の人物とはいうものの、原形はギリシャ神話にあって、エロスにラテン語の普通名詞をあてたものだ。

エロスは肩に翼をつけて、恋の矢を放つ少年として古くから宗教画などにも描かれてきた。だからセルロイド人形も背中に小さな翼をつけている。

♡日本人の八四パーセントは、キャラクター商品を持っている

子供の頃、アニメなどのキャラクターを描いたズック靴や帽子、ノートや下敷きなどを愛用したり、キャラクターの人形で遊んだりした思い出は誰しもあることだろう。

このキャラクター商品所有率を調べた興味深い統計がある。

一九九九（平成十一）年に発表されたバンダイキャラクター研究所の調査による

と、日本人のなんと八四パーセントがキャラクター商品を所有しており、五十～六十代でさえ、所有率は女性で七三パーセント、男性で五四パーセントに上ったというのである。

一人が持っているキャラクター商品の数も多い。平均で一〇～一九個、小中学生では四〇個も五〇個も持っている子供がざらにいる。

また、キャラクター商品と接することで得られる効能では、「やすらぎ」をあげた人が最も多く、約六八パーセント。

キャラクター商品というと、「かわいい」と思って持っている人が多そうなイメージがあるが、どうやら今日では、ストレスに疲れた人々が癒しを求めて愛用しているケースが多いようだ。

自由の女神は、ニューヨークには建っていない

ニューヨークのシンボル「自由の女神」は、高く掲げた松明《たいまつ》までの高さ四五・三メートルという巨大な像だ。一八八六年にフランスから友好の印として贈られたもので、アメリカ建国の基本理念「自由」を象徴している。

この自由の女神像がニューヨークに建っていないというと、誰しも驚くだろう。

自由の女神が建っているリバティ島は、たしかにニューヨーク湾に位置しており、ニューヨーク市内からよくみえる。もちろん、ニューヨークの観光スポットでもある。

だが、実はリバティ島は、地理的にはニ

ユーヨーク市でもニューヨーク州でもなく、ハドソン川をはさんで隣接するニュージャージー州に属する。ハドソン川の中央が両州の州境となっているのだが、その州境をまっすぐニューヨーク湾まで延ばせば、リバティ島はニュージャージー州側に入るのだ。

ただし、自由の女神を訪れた観光客がおみやげなどを買ったときの税収入は、建設時の取り決めに基づいて、ニュージャージー州ではなくニューヨーク州に入る。

しかも、自由の女神は贈り主のフランスに敬意を表し、フランスのほうを向いて建てられたため、ニュージャージー州に背を向けている。

ニュージャージー州民のなかには、これに腹を立てている人もいるらしい。

韓国の女性は、大学生以上になるとまぶたが二重になる!?

韓国では、女性の美へのこだわりが強く、化粧をしないで人前に出たりすると、とんでもないマナー違反とされるという。美容整形への考えも、日本とはずいぶん違っている。

日本では、美容整形をした芸能人はそのことをひた隠しにするが、韓国ではあっさりしたもの。一例をあげると、一九九三年に『明朗十八歳』の大ヒットを飛ばした歌手のハン・ソギョンは、歌がヒットしそうになった途端、ぱっちりした二重まぶたに変身した。

そればかりか、一般の人でも、手術を受けることに抵抗感を覚えない。親が娘に整形手術をプレゼントするのも、就職試験の面接で落ちたからと美容整形に駆け込むのも、もはや珍しいことではない。大学生になると二重まぶたが多いのは、韓国では当たり前だし、最近では、男性の整形手術も増える一方だという。

かつての韓国では、儒教の影響もあって、「親からもらったからだに傷をつけるなんて……」と、整形手術は非難された。しかし、韓国が豊かになった一九八八年のソウルオリンピック前後のころから、「美しくなるためならOK」と整形ブームが起こり、それが現在に至っているのである。整形を隠すどころか、友人知人が整形をしたのに気がつかないと怒られるという。

整形の料金は、平均して日本の半額くらい。この安さが魅力なのか、日本から韓国へ渡って整形手術を受けるというツアーを組んでいる旅行会社もある。

O型の人は、蚊に刺されやすい

蚊に刺されやすい人とそうでない人がいるといわれている。さまざまな説があるが、実際に蚊に刺されやすい条件はある。

血液には、各血液型によって含まれる物質が異なっている場合がある。その一つが糖物質。蚊はO型の糖物質は、他の血液型に比べて花の蜜に近いと感じるらしい。つまり蚊は、四タイプある血液型のうち、O型の血液がいちばん好きなのだ。

蚊の好き嫌いは、汗、唾液などにも表れる。

汗をよくかく人などは、蚊が感知する情報が伝わりやすいため、蚊が集まりやすくなる。

人間の体からは、水蒸気や二酸化炭素が排出されているし、口からは乳酸も出る。蚊はこれを感じ取ることができるために人に寄ってくるのだ。お酒を飲んだときは、呼吸によって二酸化炭素の排出が多くなるので、蚊が感知する可能性は高まる。

また、蚊は温度でも人間の存在を感知する。そのため、体温の低い人よりも高い人のほうが狙われやすい。だから、俗にいう「老人より赤ちゃんのほうが蚊に刺されやすい」のは、体温が高いためなのだ。

つまりO型で高体温の人は、汗をかいたりお酒を飲んだりすると、さらに狙われやすくなる。

なお、蚊はいつも血を吸っているわけではない。産卵期で高タンパクの栄養が必要になると血を吸いにくるのだ。

ベビースターラーメンは、従業員のおやつだった

ロングセラーのお菓子として人気がある「ベビースターラーメン」は、一九五九(昭和三十四)年に「ベビーラーメン」という名前で発売された。

発売したのは三重県の松田産業という会社。もともと、一九四三(昭和十八)年に竹ぼうきの製造や製粉、製麦、搾油、黄な粉製造を事業としてスタートし、その後、インスタントラーメンの製造を始めた。

そのインスタントラーメンの製造工程では、多くの麺のかけらがこぼれ落ち、そのまま捨てられてしまう。そこで、創業者の松田由雄は、「なんとかしてこれを有効利用できないものか」と知恵を絞った。

そして考えられたのが、集めた麺のかけらをいったん湯で戻し、味付けして揚げるというもの。これを従業員のおやつとして提供してみたところ大好評。

そこで、ついに商品化が検討され、かわいくて、小さいおやつという意味で、ベビーラーメンとして発売されたのだ。一〇円という安さも受けて、ベビーラーメンは発売と同時に大ヒット。

一九七一（昭和四十六）年には、「子供向けスナックの中でいちばんになりたい」という願いから、「スター」を加えて、現在の「ベビースターラーメン」という商品名に。

ちなみに、松田産業は現在は「おやつカンパニー」という社名に変わっている。従業員のおやつから生まれたヒット商品にふさわしい社名といえるかもしれない。

ポパイのパワーアップの源は、かつてはキャベツだった

アメリカの人気漫画『ポパイ』は、主人公のセーラーマン（水夫）のポパイが恋人とともに仇役を相手に大活躍する物語。ポパイが、大好きなほうれん草の缶詰を食べて怪力を発揮し、敵と戦うのが大きな見せ場だ。

そんなヒーローのポパイだが、意外なことに最初に新聞連載漫画『シンプル・シアター』に登場したときは、ただの脇役だった。しかし、その強烈なキャラクターが子供たちの人気を集めるようになり、やがて主役級の扱いになっていった。

そして、一九三三年に、フライシャー兄弟によって短編アニメ映画シリーズにな

り、その人気は不動のものに。

このアニメには、おなじみのほうれん草を食べるポパイが登場する。だが、最初に登場した新聞漫画で、ポパイが食べていたのはほうれん草ではない。実は、相棒が投げるキャベツを食べて怪力になったのだ。

それがほうれん草に変わったのは、「いったいあんなにデカいキャベツはいつ手に入れたのか？ どこに隠し持っていたのか？」という素朴な疑問から。その不自然さが問題になり、当時のアメリカでポピュラーだったほうれん草の缶詰が採用された。

同時に、キャベツを投げていた相棒は、「お役御免」となり、登場しなくなってしまったのである。

ダイヤモンドは、ダイヤモンドで磨いている

ダイヤモンドは、地球上に存在する自然物質のなかでは最も硬いとされる。

それなら、どうやって指輪などのアクセサリーに仕立てるまでの研磨ができるのか？ 誰もがこの疑問を抱く。

答えは簡単だ。ダイヤモンドで磨いているのだ。

ダイヤモンドは、鉱石としては正八面体の単結晶。結晶面に沿って、鉄や銅などの薄い刃状のものをあてて叩くと、割ることができる。ダイヤモンド鉱山から掘り出してきた原石は、適度な大きさに砕かれたあと、角度を見ながら割れやすい面に刃をあてて叩き割る。

そのあとで八面体に合わせた細かいカットを施すのだが、研磨剤としてのダイヤモンドが登場するのはここから。薄い板の先にダイヤモンドの粉をつけた用具で磨く。いくつもの面をつけたブリリアントカットなどはこうして仕立て上げられる。

その結果、正八面体とダイヤならではの屈折率が生み出す輝きが生まれる。

女性の唇が赤いのは、メスザルが発情して性器が赤くなるのと同じ

メスの動物は、自分が発情すれば、オスになんらかのサインを出し、オスはそのサインによって興奮していく。サルの場合は、メスは性的に興奮すると性器が大きく膨らみ、充血して赤くなり、顔もほんのりと赤くなる。

ここまでわかりやすくサインを送られれば、いくら鈍感なオスでも、メスの気持ちはよくわかる。ところが、人間の場合は、サルのようなあからさまなサインがないから、どうもわかりにくい。「彼女は絶対その気がある」と思って誘ったのに、すげなく断られてしまったり、女性が一生懸命アピールしているのに、男性がちっとも気づいてくれなかったりと、つまらないすれ違いが起きてしまうのである。

でも、実は人間の女性もちゃんとオスにサインを送る方法を持ち合わせている。その場所は唇で、性的に興奮すると、女性の唇は赤みを増して膨れてくるのだ。

女性が興奮すると、女性ホルモンの代表格であるエストロゲンが働き出す。エストロゲンは発情ホルモンといわれ、性欲を起こすことが主要な働き。

このエストロゲンが活発になると、唇や耳たぶなどが赤くなる。

とはいえ、唇の変化は、サルのメスの変化に比べれば些細なものであり、男性に簡単に気づいてもらえるほどインパクトのあるものではない。

結婚指輪は、花嫁をさらうときに使ったヒモの名残である

現代で「略奪愛」といえば、大好きな人を、その夫や妻から奪って手に入れることを指す。

しかし、そもそも結婚というのは、略奪から始まったともいえる。

男性は、目当ての女性の家へ数人の友人を伴って訪れ、花嫁を拉致していたのである。友人の役目は、花嫁の抵抗を防ぐためであり、縛り上げて連れ出すときの手助けをすることだ。

略奪されて連れてこられた花嫁は、足かせで男の家につながれていたというのだから、もちろん女性を尊重しないやり方といえる。

この時、花嫁を縛ったヒモや、花嫁をつないでいた足かせの名残が、現代の結婚指輪だといわれている。

「輪」には始まりも終わりもないことから、指輪が永遠の愛のシンボルとなったという説もあるが、結婚指輪の起源としては、略奪の際のヒモ説も有力とされている。これが事実なら、指輪は愛の証ではなく、束縛の証として現代に残ったことになる。

また、略奪された花嫁の家族は、怒って石や槍を花婿に対して投げつけたといわ

れ、これが、ハネムーンに出発する新郎新婦の車に結び付けられている空き缶の由来らしい。

とはいえ、最初から空き缶が結ばれていたのではなく、かつては靴が結びつけられていた。古い時代のイギリスでは、花嫁を略奪した花婿に、槍や石ではなく靴を投げつける習慣があったため、そこから靴が結びつけられることになったのだ。これがやがて空き缶に変わり、今も習慣として残っているというわけである。

♡女性の胸は二つではない！副乳といわれる隠れオッパイがある

乳房は子供に乳を含ませるために存在しているものであり、哺乳類のメスならば、必ず乳房を持っている。しかし、人間以外の哺乳類の乳房は、人間の女性のようにふくよかで美しい曲線を描くものではなく、ただ乳首が並んでいるだけだ。どうして人間の乳房だけが、ふくよかなのだろう？

実は、人間の乳房が膨らんでいるのは、機能とはまったく関係がなく、単なるセックスアピールのためなのだ。

人間に発情期がなくなり、常に男性を惹きつけておかなければ子孫を残すことができなくなった女性は、胸を膨らませることによって、男性の目をひくようになったというわけである。

乳房の数は、一度に産む子供の数と関係があって、多産な動物ほど乳首の数が多い。一度に一〇頭もの子供を産む豚には七対一四個もの乳首がある。人間は一度に一人というのが一般的なため、乳首は二つあれば十分というわけである。

ただ、実際には乳首を三つ、四つと持っている人間もいて、これらは副乳と呼ばれている。

人間の乳腺の原型は、胎児のときは脇の下から内股の付け根あたりにかけて、体の左右に九対ほどつくられる。しかし、発達するのは左右一つずつで、それが左右の乳房となるのだが、ときおり退化せずに残っている人がいるのである。

ふつうはイボかホクロぐらいの大きさなので、自分でも副乳の存在に気づいていない人もいるが、人によっては副乳が膨らんで乳が出る人もいる。

ちなみに、乳房の大半は単なる脂肪である。乳房が小さくても授乳の能力には関係がないので、貧乳でも心配する必要はまったくない。

和式トイレの「きんかくし」は、「金」を隠すのではない！

和式トイレの前方にある「きんかくし」は、男性の前を隠すという意味からつけられた名称――ではない。「きんかくし」の「きん」はもともと「金」ではなくて「衣」の意味で、女性のための設備だった。

きんかくしのルーツは平安時代にまでさかのぼる。平安貴族の広い屋敷にはトイレはなく、板張りに畳を一枚だけ敷いた「樋殿《ひどの》」という一画で、「清筥《しのはこ》」とか「おおつぼ」と呼ばれる携帯用便器を用いて用を足した。

清筥・清箱は高さ八寸（約二四センチメートル）、幅九寸（約二七センチメートル）ほどの箱で、後方にT字型の板を立てられるようになっていた。

十二単《じゅうにひとえ》のお姫様が用を足すときには、侍女たちに打掛けと袴を脱がせてもらってから清筥にまたがり、T字型の板に十二単の長い裾をかけた。この板のおかげで十二単を汚さずにすみ、おしりを隠すこともできたのだ。

このT字型の板を、衣で隠すという意味から「衣隠」と呼ぶようになり、やがて「キヌカクシ」が訛って「キンカクシ」になったといわれている。

その後、鎌倉時代になってこの板が便器の前に移動すると、いつしか本来の用途も語源も忘れ去られた。そのうえ、鎧の胴の下に垂れている草摺《くさずり》を「きんかくし」と呼んでいたため、そちらと混同されて、「金」を隠すから「きんかくし」だと勘違いされるようになったという。

イタリア料理「カルパッチョ」は、画家の作風から命名された

イタリア料理の前菜「カルパッチョ」はイタリア料理店にかぎらず、フランス料理店や居酒屋にも、「スズキのカルパッチョ」や「白身魚のカルパッチョサラダ」などがよくメニューに載っている。

この「カルパッチョ」は、一九五〇年頃、イタリアのベネチアで誕生したというから、料理としては新しい。バーの店主が、医者に厳しい食事制限をいい渡された常連客の貴婦人のため、北イタリアの「カルネ・クルーダ」という伝統料理をアレンジして、生の牛ヒレ肉の薄切りにマヨネーズとマスタードを混ぜたソースを網の目状にかけて出した料理が始まりだ。

すっかりその料理が気に入った貴婦人は、店主に料理の名前を聞いた。そこで店主は料理の名を「ビーフ・カルパッチョ」と答えた。そのとき店主の頭に浮かんだのは、ルネサンス期のベネチア派の画家ビットーレ・カルパッチョだった。カルパッチョは主に宗教画を描いた画家で、赤と白の色使いの作品が多かったので、店主は、赤い肉と白いソースの配色からカルパッチョを連想したのである。

このあと、「カルパッチョ」はイタリアに広まっていった。

やがてカルパッチョには、牛肉ではなく魚を用いたものも登場し、「薄く切ったナマモノ」料理を「カルパッチョ」というようになっていった。日本でカルパッチョの人気が高いのは、もともと日本人が刺身好きだったからだといわれている。

アメリカのバージニア州は、英語のバージンから

アメリカのバージニア州の名前は、その誕生当時にイギリス女王だったエリザベス一世にちなむものだ。彼女自身が「バージン・クイーン（処女王）」と呼ばれていたこともあって、まだ開拓の手のつけられていない処女地という意味も込められていた。

今日本語で「処女」というとき、男性との性体験のない女性を指す。そこから人が足を踏み入れたことのない土地を未開の処女地といい、同様の意味ではじめての作品を処女作、だれも登っていない山を処女峰などと呼ぶ。

しかし中国伝来の漢字本来の意味からすると、処女というのは性体験とは直接の関係を持たず、そのまま英語のバージンの同義語ではなかった。

「処」という文字は、名詞の場合「ところ」を意味して、今でも「食事処」「休憩処」のような使われ方をしている。

これが動詞になると「居る」を意味することになり、「処女」というのは、「家に居る娘」のことで性体験の有無をどうこういうものではなかった。それが転じて、未婚で家に居る娘なら、当然のことながら男性経験もなく、英語でいうバージンにあたるというので性交渉未経験の女性に「処女」という字があてられたようだ。

オレンジペコーは紅茶なのに、中国福建語が語源

紅茶は葉の種類によって、コーヒー同様

にさまざまな味の違いがあることが知られているが、その種類名は本場イギリスでつけられたものがほとんどである。

単純に生産地で分類したり、ブレンドの仕方、あるいは香りづけの方法で分けたりして、さまざまにネーミングされ、それらの英語名が当然のように日本でも通用している。

ところが、オレンジペコーだけは英語と中国語の合体したものだ。

まず「オレンジ」はいれたときにきれいなオレンジ色を出すことからつけられた。

次に「ペコー」は、もともとお茶の木が若く柔らかい芯芽を出したときに摘んで、微発酵させた中国、福建省の「白毫銀針」というお茶にルーツを持つ。その白い産毛のようなものがついた芯芽を福建語で「白毫（ペーコー）」と呼び、それがイギリスに伝わって、pekoe と書かれるようになったのだ。

今では芯芽ではなく枝の先端から二枚目の若い葉を摘んで作る紅茶が、オレンジペコーと分類されることになった。イギリスへの伝来当初、名前どおり銀の針のようによれるのは芯芽の部分の茶葉だけだったが、製法が発達してふつうの茶葉でもペコー同様に細くよれるようになったためだ。

ビタミン剤チョコラＢＢは、チョコレートとコーラの融合だった

チョコラＢＢは、製薬会社のエーザイが発売している女性向けのビタミン剤だ。アルファベットのＢは、ビタミンＢ剤であることを表している。では、チョコラはチョコレートを連想させるが、実際には成分に

含まれていない。

たしかにネーミングのきっかけはチョコレートだった。創業者である内藤豊次氏が、チョコレートを主剤にしてコーラ飲料が作れないか、売り出すとしたら商品名は、二つを合わせて「チョコラ」にしようと、戦前からひそかに温めてきた。

その名前に、ビタミンB_2剤であるところからBを二つ並べてつけ加えフルネームとしたのである。エーザイの、息の長い主力商品だ。

ところでこのエーザイという会社、内藤豊次氏が最初「桜ヶ岡研究所」を設立して誕生させた一号品が婦人衛生材料だったところから、「日本衛材」の名でメーカーとして創業したもの。

それがビタミンEの研究が成果をあげ、さらに心臓・喘息の薬の開発にも成功して、衛生材料のメーカーから一般医薬品会社へと業態を変えていくのに合わせて、「衛材」をカタカナ表記にして改名したものだ。

カタカナ社名にするという決断も内藤社長みずからが下したもので、桜ヶ岡研究所時代に思いついたというチョコラと並ぶ傑作といえそうだ。

サトちゃんがマスコットになったのは、象が長生きと健康の象徴だから

薬局の前に置かれた象のマスコット人形でおなじみの佐藤製薬。

この企業が、イメージキャラクターとして象を初登場させたのは、一九五五（昭和三十）年だった。印刷物にイラストとして使われたもので、今のサトちゃんよりもっ

とホンモノの象に近いデザインで、鼻もかなり長い。

象が選ばれたのは、哺乳類としては寿命が七十~八十歳と長く、なかには百歳までも生きるものがいるから、健康と長寿のシンボルにふさわしいというのが理由だった。

デザインが今の形に変わってディスプレイ用の象が登場するのは一九五九（昭和三十四）年の、今上《きんじょう》天皇陛下のご成婚の日。四月十日が誕生日ということになるが、まだ名前はなかった。

ご成婚記念として名前は一般から公募され、応募総数約四万六六〇〇通のなかから「サトちゃん」に決まり、新聞やテレビで大々的に発表されたのが十月九日という、半年をかけた大事業だった。

今では一九八二（昭和五十七）年生まれの妹「サト子ちゃん」も加わって、ただのマスコットから飛躍。目覚まし時計やティッシュボックス、トースターといったグッズまで登場して変わらぬ人気を保っている。

家を支える大事な柱には、大黒様が宿っている

家計を中心になって支えているお父さんを一家の大黒柱と呼ぶが、これは家という建物の中心となって支えている大黒柱に由来する。

現在のようなツーバイフォーといった方式の家が誕生する以前、日本の家屋は入り口が土間になっていて、奥の畳が敷かれた座敷とつながっている様式だった。

この土間と座敷の境に立てられて、文字

どおり家屋を支える柱が大黒柱と呼ばれるものだ。

大黒というのは、日本の記紀神話に登場する大国主命《おおくにぬしのみこと》が、インドのシバ神にルーツを持つ大黒天と一体化して生まれた神様だ。その大黒様の宿る柱が大黒柱なのだ。

本来の大黒天はインドではマハーカーラという憤怒の神とされていたが、中国に渡ってなぜか台所の神となり、日本には天台密教が伝えて比叡山の守護として扱われるようになる。諸寺院では大黒天の絵を台所の柱に貼って祀っていたという。

同時に、大国と大黒がどちらも「だいこく」と読めることから当時は当たり前だった神仏混淆が起こり、民間にも広まっていった。そして、ただの台所の神から家を守る福の神となった。大きな袋をかついだその姿は、七福神の一人にもなっているから、おなじみだろう。

さて、室町時代に民間家屋建築の様式が整ってくると、屋台骨を支える中心の柱に、寺を見習って大黒様の絵を描いたお札を貼って縁起かつぎする習俗も生まれ、そこから柱そのものの名になった。今はお札を貼りたくても、そもそも大黒柱がない家が多いようだ。

シャネルの香水「No.5」は、「5尽くし」で発表された

デザイナーとしての地位を築いたココ・シャネルが、満を持して自分のドレスに合う香水として初めて売り出したのが「No.5」だった。

後にハリウッド女優のマリリン・モンローが「夜はシャネルの五番を着て眠る」と

発言したことで、いちやく世界に名を広めることになった香水である。

ココは、香水の開発をロシアの天才調香師といわれるエルネスト・ポーに依頼した。彼はココのためにいくつもの作品を工夫し、一番から五番までと、二〇番から二四番までの試作品を提出した。

そのなかでココがいちばん気に入ったのが五番目の作品で、それをそのまま名称として「№5」を発表することにしたのだった。

世に出たのは、一九二一年の五月五日。ココ・シャネルの五回目のコレクションの日だったといい、この縁起かつぎから、ココがどれほど香水発表に力を入れていたかがうかがえる。

またネーミングも言葉でなく作品番号そのままで売り出したことは、画期的だった。今もナンバー香水は少数派だ。

ココの香水は別の意味でも注目に値する作品である。それまでの植物や動物から抽出した天然香料だけで製造されたものと違って、合成香料が使われていて、現代の主流となっているさまざまな香水のさきがけだったのである。

雪の結晶は、すべてが六角形ではない！

雪の結晶は乳業メーカーの雪印のマークで知られているように、顕微鏡で見るとデザインされた宝飾品のような美しさの六角形だ。しかもそのどれ一つをとっても同じ形はなく、すべての形が異なっているというまさに自然の造形美が見られる。

これは雪のもとになる水の分子が、もと

もと六方向に対称的に並んで伸びていて、気温や湿度によって凍り方の形を変えるため、柱が伸びたり枝分かれが起こったりしてさまざまな形を創り出すことから生まれる。

ただ、気温や湿度が形を生むということは、結晶になるときの周囲の温度や水蒸気の量といった条件しだいでは、並んだ分子がきちんと同じように伸びたり枝分かれするとは限らない。六角形が変形して三本だけ柱が伸びたようになったり、二本の針が並んだようになるだけのものもある。

いちばん知られた扇形や樹枝のような角を出した六角形は、気温がマイナス一五℃くらいで水蒸気が飽和状態のとき形成されるようだ。いずれにせよ、雪の結晶はすべてが六角形ではないのだ。

温度が高くて〇℃からマイナス五℃くらいだと、六角の板や針状になり、マイナス二〇℃以下だと六角柱という立体が形作られ、南極のようなマイナス三〇℃以下の所では四角や神社の御幣《ごへい》のような形のものが誕生しやすくなる。

今では、こうした気温と湿度の異なるいろいろな条件を与えれば、人工的に雪の結晶を作ることができるほど研究されている。

ネコは、死に場所を探したりしない！

室内飼育に限られているネコには起こりにくいことだが、家の出入りが自由な外出ネコは、死期が近づくと自ら姿を消すといわれている。

二、三日姿を見ないと心配していたら、

物置の隅で冷たくなっていたというのならまだいい。遺体も見つからないまま日が過ぎて、「高齢だったし、どこかでひっそり死んだんだろう」と飼い主を嘆かせるネコもいる。

　ここから、ネコは死期を悟ると家を出ていくという俗説が生まれた。

　しかし、ネコは本当に死に場所を探して出ていったわけではない。姿を隠そうという気持ちはあっても、死ぬことを覚悟しているわけではないのである。

　ネコは基本的に慎重な動物だ。犬のように群れをつくらないから、自分の身は自分で守るという習性を持つ。そこで、どこか体調が悪いと感じると、人目につかない場所にひっそり隠れて体力を回復しようと図る。

　ずっと一緒にいる飼い主には、体調不良

はわかる。病院に連れていくことだってできるのに……というのは人間の立場。どんなにかわいがってもらっていても、人間との接触はネコの野性や本能の部分を疲れさせている。

そこで、ひっそり一人になりたくて、人と接触したり敵に襲われたりする心配のない秘密の場所に身を隠す。飼い主に叱られたときソファの下に逃げ込んだり、部屋の隅にうずくまったりするのと同じ心理に基づく行動だ。

結果的に体力が回復せず死を迎えることもあるわけで、飼い主は「ああ、死ぬのがわかって出ていったのだ」と、人間の立場に置き換えて勝手に考えているだけなのである。

♡ 北海道でも、十一年周期で赤いオーロラが見られる

オーロラは、フィンランドやスウェーデン、カナダのような北極圏に位置する土地のある国でしか見られないとされている。

磁気が影響しているので、南極や北極のような極地より緯度六四度から七二度のあたりがいちばん出現しやすいためだ。

オーロラの発光は、太陽から流れてくる荷電粒子プラズマが、地球の磁気圏のわきで発電を起こしたときのエネルギーが、大気とぶつかって産み出すもの。

だから、ふだんは高緯度地帯でしか見られないオーロラも、太陽の活動が活発でプラズマ放出が多いときは、低緯度地帯でも見られることがある。日本では、北海道に

そのチャンスが多い。

ただ、北海道では高緯度地帯のような虹色の帯にはならず、赤い単色のオーロラになる。

太陽の活動は十一年周期が目安だから、前回一九八九（平成元）年に赤いオーロラが見られた北海道では二〇〇〇（平成十二）年に期待がかけられた。たしかに大あたりで二〇〇〇年四月七日、十一月七日、十一月二十九日に観察されている。すると次は二〇一一（平成二十三）年があたり年ということになるのだが……。

かつてはさらに低緯度でも見られたことがあったようで、『日本書紀』などに、「紅気」「赤気《せっき》」と記されているのはオーロラのことのようだ。

お肌をスベスベにするヒアルロン酸は、鶏のトサカから抽出している

ヨーロッパや中国では、鶏のトサカは古くから宮廷料理の食材として珍重されてきた。なかでも、十六世紀のフランス国王アンリ二世の妻、カトリーヌ・ド・メディチは、トサカを好んで食べたと伝えられている。それにまたトサカは、美容食としても貴婦人たちに好まれていたのである。

これは迷信ではなく、科学的にも根拠のあることで、トサカに含まれているヒアルロン酸という物質には、肌をスベスベにする働きがあるのだ。

ヒアルロン酸は、人間にもある。細胞と細胞をつなぐ役目をしており、関節液の主成分で、関節の軟骨を保護して動きをなめ

らかにしている。赤ちゃんの肌は張りがあってみずみずしいのに、年をとるにつれて肌がかさつき、しわが多くなるのは、ヒアルロン酸が減ったためである。

鶏のトサカには、このヒアルロン酸が約〇・三パーセントと豊富に含まれている。取り出されたヒアルロン酸は、関節症の薬や、白内障や緑内障の手術時の眼内注入剤、角膜の保護液などに使われている。

もちろん、美容上の効果も注目されており、最近では美容整形のシワ取り注入剤としても使用されている。

涙とともに出る鼻水は、実は涙である

悲しいときやうれしいとき、悔しいときなど、涙が出て止まらなくなる。そんなときは、鼻水も一緒に出てきてティシュの箱が手放せなくなるが、実はこの鼻水も涙なのである。

涙が出てくるのは、感極まったときばかりではない。上まぶたにある涙腺から、少量ではあるが常に流れ出ており、ほこりなどが眼球についてもこの涙が洗い流し、傷つかないように守っている。一人の大人が一日に流す涙は、〇・五〜一ccほどだという。

通常ならば、分泌された涙のうち一部は大気中に蒸発し、残りは目から鼻に通じる鼻涙管という細い管に流れているのだが、少量のため気づくことはない。しかし、感情が高ぶったときは、自律神経が涙腺を刺激するので大量の涙がどっと出る。これが目からあふれ出すと同時に、鼻涙管にも流れこむ。鼻涙管を通っても、大量であると

乾く間もなく、鼻の穴からどんどん出てきてしまう。これが、泣くと出てくる鼻水というわけ。

なるほど、泣くと出てくる鼻水は、風邪をひいたときの鼻水とは違い、透き通ってサラサラしている。女優さんは、演技で涙を流しても、鼻水は出さずに美しいままだが、思えば驚くべきテクニックである。

ラッコはお気に入りの石を、ポケットに携帯している

海にプカプカ浮かんで、おなかに乗せた石に貝をぶつけて殻を割るラッコ。あの石は、エサの貝が手に入ったとき、どこかそのへんから拾ってくるのだろうか？

そうではない。ラッコはあの石を大切にしており、ずっとポケットに入れて持ち歩いて（泳いで？）いるのだ。ラッコのポケットは、脇腹のあたりにある毛皮のたるみ。そのたるみを、ちょっと引っ張り上げれば、そこがポケットになるというわけだ。そんなポケットでは、中身がこぼれ落ちそうな気がするが、そうでもないから不思議なものだ。

持ちきれないほどの貝を見つけたラッコは、ポケットにしまいこむ。どれだけ入るかと、ラッコにどんどんアサリを与えてみたら、二十数個もしまいこんだという報告もあるくらいだ。石やエサだけでなく、おもちゃにでもするのか、貝の破片など、どう見てもガラクタを入れているラッコもいる。

ラッコがエサを割るときに使う石は、自分なりのこだわりがあるようで、お気に入りの道具といえる。岩にへばりついたまま

の好物のアワビを、この石で叩き割って食べることもある。

中には、石をポケットに入れないラッコもいて、そんな場合は陸地に置いておくそうだが、ちゃんと自分の置き場が決まっているようだ。

厳寒の地・南極に、なんと温泉がある！

南極といえば、一年中厚い氷に覆われた厳寒の地だが、実は、火山もあれば温泉もある。

南アメリカ大陸の対岸が南極半島。この半島の北西岸のサウスシェトランド諸島は火山列島で、その一つ、デセプション島には温泉が湧いているのだ。

デセプション島は、海底火山の頂上部が海上に突き出してできた島で、中央部のカルデラの一角が海とつながって、フォスター湾になっている。十九世紀初め頃から捕鯨船やアザラシの狩猟船の基地とされてきた波の静かな良港だ。

温泉は、このフォスター湾のペンデュラム・コーブと呼ばれる浜辺一帯で、海岸近くの海底から湧き出している。

湧水口からは一〇〇℃近い熱湯が噴き出し、付近の海水を温める。南極なのに海水浴ができるというので、観光客に人気のスポットだ。

浜辺の砂は地熱で熱く、海水温は四〇℃ほどに温まっているが、調子に乗って遠くまで泳ぐと、〇℃近くの酷寒の海になってしまう。

このデセプション島は、一九六七年と一九六九～一九七〇年に噴火を起こしたこともある。とくに一九六七年の噴火では、島内にあったアルゼンチン、イギリス、チリの基地が破壊され、閉鎖に追いこまれている。

女性用シャツの合わせが右前なのは、男性に脱がせてもらうため!?

一般に、女性のシャツの合わせは右前(右上前)で、男性は左前(左上前)になっている。

では、どうして女性のシャツが右前かといえば、かつてのヨーロッパの高貴な婦人たちに由来するという説がある。

その昔、ヨーロッパでボタン付シャツのような縫製に手間のかかる服は、上流階級の婦人しか着ることができなかった。そうした婦人たちは自分で服を着ることなどなく、召使たちに着せてもらうのが普通だった。そこで、召使たちがボタンをかけやすいように右前になったというのである。

確かに、右前なら、他人がボタンをかけたり、はずしたりしやすくなる。

そこで、こんな説も登場してくる。女性のシャツの合わせが右前なのは、男女同士が愛し合うときに便利なため。女性の服が右前だと、男性は利き手の右手が使いやすく、スムーズに服を脱がせやすい。だから、女性の服が右前になったというのだ。

この説は、現在ではかなり有力な説になっている。

女性の憧れのティファニーは、ファンシーグッズ店から始まった

女性が憧れるジュエリーブランドのティ

ファニーは、ニューヨークの五番街にある高級宝飾店が発祥の地だ。その店は、オードリー・ヘプバーン主演の映画『ティファニーで朝食を』の舞台になったことでも知られている。

だが、ティファニーは最初から高級宝飾店だったわけではない。ティファニーの生みの親チャールズ・ルイス・ティファニーが、友人のジョン・B・ヤングとともに一八三七年に開いたブロードウェイの店は、文房具や陶器などを中心とした雑貨の店。今でいうファンシーグッズ店だった。

その後、ヨーロッパの装身具を扱ったのに続いて、宝石や銀製品なども扱うようになり、ジュエリー関連の商品が中心になっていく。

とくに、一八七八年のパリ万国博覧会に出展した銀細工が金賞を受賞。アメリカ企業が銀細工でそうした賞を受賞したのは初めてとあって、ティファニーのジュエリーの評価を世界的に高めた。

また、一八八六年には、一粒のダイヤモンドを六本の爪で支える「ティファニー・セッティング」を確立。ジュエリー界に大きな反響を巻き起こした。

一九四〇年には本社を五番街に移し、一九五五年になると、ティファニーは実業家ウォルター・ホービングに買い取られた。彼は、宝飾デザイナーとパートナーシップを結び、数々のすぐれたジュエリーを作り出した。同時に、ブランド名とともに、そうしたデザイナーの名を明確にすることで、さらにステータスを高めていった。

こうしてファンシーグッズ店から始まったティファニーは、世界を代表するジュエリーブランドに成長したのである。

マスクメロンの「マスク」は、ムスクのような高貴な香りのこと

全体に網目があるのが特徴で、高級なフルーツの代表格であるマスクメロン。「マスク」という名前は、網目がマスク＝仮面をかぶっているように見えるからつけられたと思われがちだが、そうではない。

マスクメロンの「マスク」はムスク(musk じゃ香)に由来する。高貴な香りとされるじゃ香と同じような素晴らしい香りがするために、そう名づけられたのだ。

さて、そうはいっても、やっぱり気になるのはあのユニークなマスク＝網目だ。いったいどうやってできるのだろうか。

マスクメロンは皮よりも中身のほうが早く成長する。そのため、内側から強い圧力がかかって皮がひび割れる。このひび割れ部分をふさいでいくうちに、コルク層が発達してあの網目模様ができるのである。

また、マスクメロンにはT字型のツルがつきものだが、これは一つのメロンに一本の木のすべての栄養を注ぎこんで実らせた証。一本の木に三個だけ実をつけさせ、しばらくしてそのなかのいちばん良いものだけを残して、後の二個は切ってしまう。T字型のツルは、そうした選りすぐりの実である証拠なのだ。まさに高級フルーツにふさわしい育て方である。

ラコステ家は、娘もゴルファーのスポーツファミリー

ワニのマークのラコステは、スポーツウエアのトップブランド。とくにテニスやゴ

ルフのウェアとして人気が高い。それもそのはず、創業者一家は、自らテニスやゴルフをプレーしたスポーツファミリーだったのだ。

ラコステは一九三三年にルネ・ラコステによって創業された。フランス人のルネはテニスプレーヤーとして知られていた。それも、全米、全英オープンの優勝経験があり、世界ランキングで一位になったこともある超一流プレーヤーだ。

現役時代の彼のニックネームは「ワニ」。一説には、狙った獲物は逃さない粘り強いプレースタイルから、アメリカの新聞社が名づけたといわれる。そこで彼は、一九二七年の全仏トーナメントから、ワニのマークを縫いつけたウェアを着て試合に登場した。それが現在のラコステのマークのルーツである。

そんなルネの妻と娘もまたスポーツウーマン。二人ともゴルフプレーヤーとして活躍した。

ルネ・ラコステは、一九二九年に引退し、その四年後に自分のニックネームだったワニを商標登録して、スポーツウェアの製作を始めた。その中心となったのが、テニスウェアとゴルフウェア。自らがプレーしたテニスと、妻と娘がプレーしたゴルフにかかわる商品をビジネスの軸にすえたのだ。

ラコステが世界の一流ブランドへと成長していったのは、創業者一家のスポーツ経験のおかげかもしれない。

♡テニスの「サービス」は、本当に召使のサービスだった

テニスの試合では、攻撃側の選手が最初に打ちこむ第一球を「サービス」と呼ぶ。これでポイントを稼ぐと「サービス・エース」となって、ゲームを有利に進められることになる。

そのためにも、持てる力いっぱいの得意球を放つ。だから相手にとっては、サービス（service）すなわち「奉仕」とはかけ離れた球になるのに、誰も不思議とも思わず自然に口にする。

これは、テニスというスポーツのルーツをたどっていくと謎が解ける。テニスのルーツは、フランスに生まれたジュ・ド・ポームというゲーム。貴族たちがコートの中

で球を打ち合う遊びだった。

つまり、相手を打ち負かすことではなく、ラリーがどれだけ続くかを楽しむゲームなのだ。日本の羽根つき、蹴鞠《けまり》といった遊戯も、続けることを楽しんだ点では同じといえる。

そのジュ・ド・ポームでは、ご主人様がゲームを楽しめるよう、最初はコート外に控えた召使が、打ちやすい球を投げこむことで始められた。つまり第一球は召使の奉仕によるものだったのだ。

やがて、その球の打ち合いが、相手を打ち負かすというスポーツとしてスタイルを変え、第一球もプレーヤーが打つなどとルールを整えていった。それでも第一球の呼び名だけは、ルーツの名残でそのまま残されることになったのである。

CMの「この木なんの木」には、かわいい白い花が咲く

テレビCMの種類に企業イメージCMというのがある。その代表が、日立製作所の「この木なんの木」という歌が流れるCM。そこに映る樹木は、遠景ではあるが、こんもりと小山のように半球形に葉を繁らせ、地面を覆うように濃い影を落とす。葉の下には、わずかに太い幹が直立しているらしいことがうかがえる。歌詞どおり「気になる木」だ。

気になる木の正体はハワイにある木で、現地ではモンキーポッドと呼ばれているマメ科の植物。「レインツリー」とも呼ばれているが、繁る葉の作るまるで傘を広げたときのような形とは関係がない。学名は「サ

マネアサマン」といい、西インド諸島が原産である。

生長が速いので大木に育ってはいても、CMに登場するのは樹齢二百年くらいしかたっていないらしい。

巨木には、生命維持のために光合成をしてくれるたくさんの葉が必要になり、モンキーポッドにはあの映像にあるだけの葉が必要ということだ。そして巨木のわりに咲く花は小さくて白くかわいい。

傘は、雨の降らない砂漠の国で生まれた

今傘といえば、ふつう雨傘を意味している。天気予報でも、雨の予想は傘で表現され、その開き具合で降雨確率の高さを示したりする。雨の多い北陸地方では「弁当は忘れても傘を忘れるな」という格言を生んだりもしている。

しかし、傘の誕生は紀元前一四〇〇年のメソポタミアにおいてで、本来は照りつける太陽をさえぎる日傘としてだった。英語の umbrella のもともとの意味は「小さな影」で、日陰を意味するラテン語の umbra からきている。

古代ギリシャやローマでも、この用具は取り入れられた。それでも、あくまで女性の日除けのためで、男性が用いることはなかった。

ただ、傘に防水のための油を塗って霧雨《きりさめ》に対応できるようにしたのも、古代ローマの女性たち。それからは雨傘としての使用が徐々に増え、十八世紀に入るころまでにはヨーロッパ中に広まる。この時代に至ってもまだ男性は、傘などという軟弱な小道

具には手を出さないとつっぱっていた。

男性が傘を持つようになったのは、十八世紀のイギリス人で、貿易商でもあり旅行家でもあったジョナス・ハンウェーを嚆矢《こうし》とする。彼は軟弱と非難されるのもかまわず、雨傘としての使用を約三十年ほど続ける。そして十八世紀末、彼の亡くなるころになってやっと、紳士たちも傘の便利さに気づく。第一、雨のたびに馬車を呼ぶより、ずっと安上がりだったからだ。

写真撮影でいう「チーズ」は、本当は撮られるほうがいう

卒業式などの行事や結婚披露宴などの写真撮影で、写す側の人が被写体の人たちにかける言葉が「はい、チーズ」だ。

これは、たぶん「チーズ」といったときの口の形が「イ～」と横に開いて、にっこり笑ったときのような表情が作れるからだろうといわれている。どこでいわれるようになったか不明だが、アメリカの一地方で「セイ、チーズ！」というのが慣例だったものが、日本に伝わったともいう。

ところが、日本人は、チーズと口にするとき、最後の「ズ」まできちんと発音してしまうため、「ウ」と口をとがらせた状態でシャッターを押されてしまうことになる。

これでは怒ったような表情になってしまうことがわかったから、実際にカメラに向かうと「チーズ」という人は少なくなった。写されるほうに定着はしなかったものの、シャッターを押す人が被写体に向かって「チーズ」と声をかける習慣だけが残ったのだった。

かつて『男はつらいよ』の寅さんは、「は

い、バター」と独特のイントネーションで声をかけ、周囲を笑わせていたが、このほうが使える手かもしれない。

体重計には、北海道用と沖縄用がある

ヘルスメーターは北海道用・沖縄用と製品が区別されている。電気も使わず、ただ人が乗って重さを量るだけなのに、なぜ変えなければならないか——。それは日本の地形が原因だ。

日本列島は南北に長い。地球の自転による影響を受ける重力は、北と南ではわずかだが違いが生まれるのである。

デジタル式や目盛り式の家庭用ヘルスメーターは、バネのたわみで量る仕組みになっている。北海道と沖縄の二〇度という緯度の差は、およそ〇・一パーセントほどとはいえ、北海道のほうが下へ引っ張る力が強いという形で表れてくるのだ。

その差を考慮して、家庭用ヘルスメーターは、北海道用、沖縄用、さらに中間をとった本州用と三種類の設定で売っているメーカーが多い。

正確なデータが必要な病院用では、さらに細かく分類して日本中を一六の地域に分け、それぞれの地域専用のものが製造されているという。

地下鉄「三越前」駅は、東京で唯一企業名のついた駅名

鉄道の駅の名前は、たいていが町や土地の名前である。ほかに固有名詞を使うことがあるとしたら、寺や神社などの名所旧跡

や、学校などの施設の名前か、私鉄が自社で経営している遊園地などの名前くらいだ。

そんななかにあって東京で唯一、企業名が駅名になっているのが、東京メトロの「三越前」駅だ。

この駅の誕生は、実は地下鉄の線路が敷かれる前から三越側が仕掛けた広告戦略だった。日本初の地下鉄として、現在の銀座線が浅草〜上野間の開通を目指して工事中だった一九二六（大正十五）年のこと。将来もし路線が延びるのなら、三越と地下鉄の駅を直結させたいと三越側が申し入れた。

駅の建設費は三越側の負担だというので、資金繰りに苦しんでいた当時の東京地下鉄道会社にしてみればありがたい話だ。駅のショーウィンドーを三越が独占使用することで契約が成立し、路線の延伸で実際に駅が開業したのは六年後の一九三二（昭和七）年。

このとき三越が負担した駅の建設費用は四六万三〇〇〇円。現在の価値に換算すると七〇億〜八〇億円ぐらいだろうか。それでも地下鉄が止まるたびに「三越」の名を連呼してくれるのだから、宣伝効果は高い。

東京地下鉄道も三越への返礼として、駅のホームはほかよりも約一〇メートル長くし、ホームから改札口まではエスカレーターを設置した。さらに改札からデパートまでの通路にはイタリア産大理石を敷き詰めるという豪華ぶりだった。

女性専用車両は、明治時代にすでに存在していた

東京の私鉄・京王電鉄が導入したのをきっかけに、ほかの私鉄やJRにもお目見えした通勤電車の女性専用車両。最初の試みは、酔っ払い客の多くなる深夜の下り電車限定だったが、好評だったことからJRなどでは朝のラッシュ時にも設けられている。

痴漢に間違われる可能性が減るので喜ばしいという男性の声もあり、おおむね好評である。

たしかに女性と男性が同じ車両でギュウ詰めになれば、誤解も生じやすい。分けられたほうが安心という心理があって当然だ。そう、この心理は古来変わるものではなく、すでに明治時代、女性保護のための専用車両は存在した。

ただ通勤女性用ではなく、列車通学する女学生のためだった。沿線に女学校の多かった中央線に、通学時間帯に限って婦人専用車が設けられたのだ。

提案したのは日露戦争の英雄として名高い乃木希典《まれすけ》。学習院院長だった彼が、女学生の親からの陳情を受けて鉄道省に要請したものだ。

もともと男女交際に対する目の厳しかった時代のこと。痴漢対策というより、ただ女学生と同じ車両に乗りたいとか、ひそかに心を寄せる女学生にストーカー的行為に及ぶ男性の存在を恐れてのものだったようである。

生命賛歌「てのひらを太陽に」は、ひどく憂鬱な気分で書かれた

『アンパンマン』の作者として子供たちに人気のやなせたかし氏には、もう一つ長い人気を保っている作品がある。絵ではなく歌だ。

「ぼくらはみんな生きている」で始まる「てのひらを太陽に」の作詞者が彼なのだ。人間も動物も自然と共生していることの喜びを歌ったもので、「生命賛歌」ともいえるものだ。

一九六一（昭和三十六）年に、NET（日本教育テレビ、現・テレビ朝日）のニュースショー番組で今月の歌として紹介された。歌ったのは宮城まり子さんだったが、それほど評判になったわけではなかった。

その三年後に、NHKの『みんなのうた』で同じ宮城まり子さんが歌ったが、やはりブームというには及ばないほどで終わる。

ところが翌年、男性四人組のボニージャックスがレコーディングして、暮れの『紅白歌合戦』で歌ったところ人気に火がついた。以来ずっと、元気がもらえる歌として歌い継がれることになった。

しかし元気をもらえる気になるのは聴くほうの思いこみで、作詞者はこのとき非常に落ちこんだ気分の状態で作ったのだという。

仕事に目標を持てず、暗い部屋に閉じこもってうつうつとしていたとき、たまたま懐中電灯を手のひらにあてたら、血管が透けてみえた。それでハッとして詩が生まれ

たのだそうだ。歌詞のように太陽に透かしてみたのではなかったのだ。いや落ち込んだなかで自分を励ますために作った詩だから、聴くほうも元気をもらえたのだろう。

車の助手席には、ホントに助手が乗っていた

「車の運転席の隣の席はなんという?」と聞かれたら、なんの迷いもなく「助手席」と答えるだろう。では「どうして助手席と呼ばれているか」という質問に、あなたは答えられるだろうか。

その始まりは、タクシー業界の用語であるといわれている。タクシーが登場した大正時代、運転手の隣には、「助手さん」と呼ばれる人が座っていたのだ。

当時の車は、エンジンをかけるときにクランクをまわさなければならず、手間がかかった。しかも、乗客は着物姿だったから、車高の高い車の乗り降りも困難だった。

そのため、運転手の見習いが同乗して、運転手や乗客の手助けを行う慣習が生まれたようだ。それが「助手さん」で、彼らは地図を見ながら道順を指示したり、業務上の雑務もこなしていた。「助手席」という言葉は、彼らから生まれ、定着していったのだ。

その後、昭和になると人件費があがったため、助手さんは姿を消す。しかし、「助手席」という言葉だけは残ったというわけ。実際のところ私たちも、助手席に座っている人物が、運転手のサポートをする場合が多い。今でも、「助手席」という名前

は、「言いえて妙」な名称なのかもしれない。

♂と♀のマークは、もともとは占星術の記号だった

♂と♀のマークが初めて使われたのは一七五三年のこと。スウェーデン人のリンネという人物によって作り出された。リンネは植物学者で、「植物分類の父」とも呼ばれている。そして、記号を考え出すことにも長けていた。

この記号は、占星術で使われていた記号がもとになっている。約四千年前、現在のイラン・イラク地方で花開いた、バビロニア文明から生まれたものだ。

この占星術では、太陽の周りを回る惑星が記号で表されており、それらの惑星には、ギリシャ神話に出てくる神々の名前がつけられている。木星は全能の神ジュピター、火星は戦いの神マース、金星は愛と美の女神ビーナスといった具合だ。

そして火星を意味する戦いの神マースは、男性を象徴している。手に槍と盾を持っていたことから、その形を表す♂が記号として使われていた。これが、男性、つまりオスのマークになった。

同じように、金星を表す女神ビーナスは女性を象徴している。彼女は手鏡をもって美しい自分の姿を映していた。その手鏡が、♀という記号になり、女性やメスを表すものとして使われるようになったのだ。

♂♀の記号を見て、「あれ、どっちがどっちだったっけ?」ということがある人は、槍と盾が男性、手鏡が女性と覚えておこう。

テディ・ベアのテディは、ルーズベルト大統領の愛称だった

アメリカ大統領セオドア・ルーズベルトは、任期中の一九〇二年、ミシシッピ州とルイジアナ州の境界争いの解決のためにミシシッピ州を訪れた。

このとき狩りを行ったが、結局獲物を捕らえることはできなかった。滞在の最終日に、大統領が獲物をしとめた気分を味わえるように、ある人が小熊を捕らえてきて差し出した。しかし、ルーズベルトは小熊を撃つことはできないと、断ったのだ。

翌日のワシントン・ポスト紙には、「ミシシッピでのけじめ」という漫画が掲載された。ルーズベルトが鎖につながれた小熊にライフル銃を向けることを拒んでいる様子が描かれていた。両州の問題に大統領が権力を行使するのはよくないというメッセージを、狩りのエピソードを使って示したのだ。

この新聞を見た菓子職人モリス・ミットムは、小熊が助かったことを喜び、漫画の小熊をモデルに熊のぬいぐるみを作ってホワイトハウスに贈った。この熊を「テディ・ベア」と呼びたいというメッセージとともに。

これに対しルーズベルトは、テディ・ベアを受け取っただけでなく、今後生まれてくる兄弟の熊のぬいぐるみにも「テディ・ベア」と呼ぶことを許可した。「テディ」は、ルーズベルトの愛称なのだ。

大統領からのお墨つきをもらったモリス・ミットムは、大統領からの手紙とホワイトハウスに送った熊のぬいぐるみの兄弟

を自分の店のショーウィンドーに飾った。

大統領と同じテディという名前の熊は、たちまち大評判。買い求めたいという注文が殺到したのである。

ちまたで見かける三毛猫は、ほとんどがメスである

三毛猫はすべてメスだといわれているが、これは遺伝子に関係がある。

ネコも人間と同じように、性別はX染色体とY染色体とで決まる。XYならオスでXXならメスとなる。

毛色も染色体に関係してくる。黒い毛色になる遺伝子も茶色の毛色の遺伝子もともにX染色体に乗っている。一つのX染色体に二つの色が同時に乗ることはできない。三毛猫は、この二色が含まれているのだから、X染色体が一つのオスではなく、二つのメスになる。

ところがごくまれに、オスの三毛猫も存在することがある。

いろんな説が論議されたが、いちおうの決着がついたのは一九八四年のことだ。そこで出されたのは、性別を左右する染色体がモザイクになっているという理論だ。たとえば、XYとXYのモザイクになっているとする。この二つのXYに含まれる「X」と「Y」はそれぞれ別のものである。したがってXは二つ存在することになり、茶と黒の毛色になることが可能となる。しかし、Y染色体もあるからオスとなりうるというわけだ。

三毛猫から、遺伝子の組み合わせの妙をうかがい知ることができるのだ。

サメのオスは二つのペニスを、メスは二つの子宮を持っている

サメの繁殖手段は交尾であるが、交尾時、オスはメスにかみつく。オスはパートナーとなるメスを見つけると、追いかけてはかみついてメスをおとなしくさせようとする。そして、交尾の際にも、体を固定するためにメスの胸びれにかみつくのだ。ホオジロザメのように歯の鋭い種類のサメも同じ行動をするため、交尾の時にはメスは傷だらけになってしまうのだ。

では、サメのオスとメスはどのように見分けるかというと、腹びれのあたりを見れば容易に判断ができる。オスには、腹びれのあたりにクラスパーと呼ばれるペニスがある。

クラスパーは、腹びれからできている。成長して性成熟期になると、腹びれの骨や組織が急速に発達し始めるのだ。腹びれは左右二つあり、したがってクラスパーも二つある。

一方、メスはどうかというと、オスと同様に生殖器が二つある。卵を育て、胎児に栄養を与える子宮が左右にあるのだ。多くの硬骨魚類がたくさんの卵を産むのに対し、サメは優秀な子供のみを産み、育てる。しかし、成長までの危険を考えれば子供の数が多いにこしたことはない。そこで、二つの子宮で、少数精鋭ながらもできるだけ多くの子孫を残すのである。

女王蜂は、何匹もの雄蜂と空中セックスをする

蜜蜂は、一つの巣に多くの仲間とともに暮らしているが、産卵は一匹の女王蜂のみ。

繁殖時期は、四月下旬から六月中旬くらい。女王蜂は羽化してから一週間を過ぎると、単身で交尾飛行に飛び立つ。そして五〜二十分ほどの間に交尾して戻ってくる。

一方の雄蜂も、羽化して二、三週間後になると毎日昼間に、女王蜂を求めて空に向かっていく。巣を離れて初めて、生殖本能が目覚めるのだ。繁殖時期には、晴れた日ともなると多くの雄蜂が巣から出かけていく。

女王蜂の放つフェロモンを感じ取った雄蜂たちは、女王蜂を追いかけ、ライバルに先駆けて女王に追いついたものが、「王」となれる。栄誉を勝ち取った雄蜂は、空中で女王の背面から六本の足をかけて馬乗りになると、交尾器を女王蜂の腹部にある刺針室に挿入する。すると、雄蜂はのけぞり、麻痺状態になってはばたきも止まる。その後、交尾標識を女王蜂の腹部先端に残した雄蜂は、女王蜂から離れて地上に落ちて死んでいく。

一匹の女王蜂は、この一度きりの交尾飛行の間に交尾を六〜八回ほど行う。これによって複数の群れからの雄蜂と交配することで、近親交配の確率を低め、多様な遺伝子を確保することも行っているのだ。

♡ 勇ましい火消しは、江戸の女性にモテモテだった

江戸の町に火事が多かったというのはあまりに有名。

幕府も手をこまねいているわけではなか

った。六万石以下の大名で編成された大名火消しを設置したり、旗本に火消し役を命じる定火消しの制度を作って消防活動の整備に当たったのだ。

しかし、江戸の火消しといえば、「いろは四七組（のち四八組）」からなる町火消しである。前の二つの組織の誕生から遅れること約五十年の一七二〇（享保五）年に、享保の改革の防火対策として、火消し組合を再編成して設置された。

町火消しは、火の手の先回りをして風下の建物を迅速に壊すことで延焼を食い止めるのが仕事だ。その構成要員は、しだいにとび職が多くを占めるようになる。けんかっ早くてアウトローな性格が多いとび職を、社会のつまはじきにせず、重要な役割を任せることは、治安を守る幕府の知恵だったのかもしれない。

また、「火事とけんかは江戸の華」という言葉が知られているが、ほかの組との持ち場争いのけんかなどで、気性の荒い町火消しは、女性にとっても魅力的に映ったようだ。

「与力、相撲に火消しの頭《かしら》」が、江戸女性の理想の男とされていた。その中で火消しは、当時、気《き》っ風《ぷ》のよさが売りものだった。江戸の女性たちは、軟弱な男は上方者だと嫌っていたから、気性の荒い町火消しは好みのタイプだったのだろう。しかも、火事のときにはヒーローだったわけだから、町火消しが女性にもてたのも当然のことだったのかもしれない。

愛人との浮気がばれた源頼朝は、妻からの仕打ちに逆ギレした

鎌倉幕府を開いた源頼朝と妻政子は、優れた政治手腕を発揮した夫婦であるが、やはり夫婦にありがちなトラブルを抱えていた。夫の浮気である。

頼朝には亀の前という愛人がいて、鎌倉のはずれにある、小中《こちゅう》太《た》光家《みついえ》という家来の家に住まわせていた。そして、正妻の政子が第一子のお産の時期ともなると、亀の前をより近い伏見広綱の家に移させて、亀の前のもとに通っていたのだ。

この事態を、政子に密告した人物がいた。政子の父、北条時政の後妻で、政子にとっては継母である牧の方だ。

牧の方からの密告を、牧の方の父である牧宗親から聞いた政子は、激怒。宗親に、亀の前のいる伏見広綱の家を襲わせたのだ。亀の前と広綱はなんとか逃れたものの、家は破壊された。

これに逆上したのが、浮気の張本人、頼朝だ。しかし、妻政子には後ろめたさからか直接言えないため、怒りの矛先は襲撃した宗親に向けられた。頼朝は宗親を叱責して、まげを切り落としてしまう。まげを切られることは、武士にとって誇りを奪われる屈辱的なことだ。

人間関係のもつれは、これでは終わらない。北条時政は妻の身内が辱めを受けたとして、義理の息子である頼朝のもとを去ったのだ。

浮気問題によって次々と怒りと報復の連鎖を起こした結果、幕府を支える重要人物たちの関係はギクシャクしたものとなる。しかし、頼朝は懲りることなく、政子が妊娠しているときには浮気をして問題を起こしていたようだ。

第7章

ビジネスの場で思わず相手をうならせる49本

『サザエさん』の視聴率が上がると、株価が下がる⁉

TVアニメ『サザエさん』は、長年にわたって高視聴率を維持してきた国民的人気番組。

近ごろこの『サザエさん』に由来する、「サザエさん症候群」なる言葉を聞く。日曜の夕方、『サザエさん』をみながら、「これで休みも終わりか」と憂うつになる症状だ。番組の内容そのものではなく、たまたま日曜の夕方に放映されていることから生まれた現象といえる。

同じく、日曜の夕方に放映されているのが原因で起こる興味深い現象が、大和総研によって指摘されている。『サザエさん』の視聴率が低い時期には株価が上がり、逆に視聴率が上がると株価が下がる傾向があるというのである。

ニューヨーク市場で株価が下がると翌日の東京市場の株価も下がるというのはよく知られているが、なんと、ニューヨーク市場より『サザエさん』の視聴率のほうが、東京市場と連動性が強いというから驚きだ。

どうして『サザエさん』の視聴率が上がると株価が下がるのか？

景気が悪くなると、日曜日でも外出せず、『サザエさん』をみながら夕食を食べる人が増える。つまり、『サザエさん』の視聴率は、景気の変動を敏感に反映し、株価が動く前兆となっているのではないかと思われる。

それで、『サザエさん』の視聴率が上がると、株価が下がるのだろうと分析されている。

最近のパトカーの赤色灯は、ブーメラン型である

パトカーの赤色灯は、かつては円筒形か横長だったが、近年はブーメラン型が多い。

このブーメラン型の赤色灯は、商品名を「エアロブーメラン」といい、一九九六（平成八）年から導入された。

以前の円筒形の赤色灯は光っている面積が小さく、横長のは横からはみえにくい。そのため、赤信号のときに赤色灯を点滅させながら交差点を横切ろうとしたパトカーが、一般車両に横から突っ込まれるという事故が相次いだ。

そこで、「横からもみえやすい赤色灯を」という意見が出て、ブーメラン型に変更されたのだ。

さらに、二〇〇〇（平成十二）年からは、屋根から六〇センチメートルの高さまでせり上がるブーメラン型赤色灯が導入された。

そのきっかけは、一九九八（平成十）年十二月七日の夜に起こった事故である。滋賀県内の名神高速道路で、交通事故処理のためにパトカーのトランクを開けて機材を取り出そうとしていた警官が、後ろから走ってきた車に追突されて殉職したのだ。

原因は、パトカーの赤色灯が、トランクを開けた状態では後ろの車にみえないという点にあった。

この事故の苦い経験から、赤色灯は、モーターで高くあげることのできる可動式に切り替えられていくことになったのだ。

実は携帯電話は、金鉱より金が採れる！

都会には大きな金山が眠っている――といったら、誰もが驚くことだろう。しかし、これは事実である。金山の姿は目にすることができないが、実は膨大な量の金や銀などの貴金属を生み出す山が、都会には確実に存在しているのだ。

その山の正体は、携帯電話やパソコンなどの電子機器。

ここ数年、携帯電話もパソコンも、次から次へと安価でスペックの高いものが発売され、消費者は新しいものに取り替えている。とくに携帯電話は、どんどん機能がアップするため、短期間で新しい機種へと変更されていく傾向にある。

その分、古い機種は捨てられていく運命にあるのだが、実は携帯電話などの電子機器の基盤類には、金や銀、銅、パラジウムなど一五種類もの金属が含まれており、これを精錬すれば、大量の金属を取り出すことができる。

実際、携帯電話一トンあたりに含まれる金の量は三八〇グラムにもなり、これは通常の鉱石の一〇倍近い含有率である。銀は一・五キログラム、銅は九〇キログラムだ。

今や電子機器の廃品は「都市鉱山」とまで呼ばれており、新たなリサイクルビジネスとして注目を浴びている。臭素や塩素、プラスチックなどの不純物が含まれるという欠点もあるが、資源の少ない日本にとって、廃基盤類から生み出される金属は貴重な資源なのだ。

近年では、年間の廃携帯電話は五〇〇〇万台ともいわれているが、リサイクル率は三割程度。現在、NTTドコモなどの通信回線業者では、リサイクルを推進し、利用者が安心して回収に出せるように、回収後の流れなどをわかりやすく説明して協力を求めるとともに、個人情報の漏洩などに対する不安を取り除く努力を始めている。

バチカン市国を守る衛兵は、すべてスイス人である

ローマ法王の住むバチカン市国では、ミケランジェロのデザインといわれる制服を身につけた衛兵が絶えず巡回し、観光客の人気の的となっている。

あの衛兵になるには、年齢十九〜二十五歳の独身男性、身長一・七四メートル以上、カトリック教徒、スイス人という条件がある。

場所がイタリアなのにスイス人限定とは奇妙に思えるが、これは中世の歴史に由来する。

スイスは、十三世紀末に神聖ローマ帝国の支配下にあった三つの州がスイス同盟を結んで武装蜂起して、十七世紀半ばに独立国となった。その過程で外国に傭兵を派遣するのを重要な産業としてきた。

スイス人の傭兵はバチカンでも働き、十六世紀に神聖ローマ帝国カール五世がバチカンを攻撃したとき、約一五〇人のスイス人衛兵が法王を守って戦死した。

その勇敢さをたたえて、以来、バチカン市国の衛兵は、スイス人でなければならないとされるようになった。

ただし、スイスの国籍があれば、スイス

出身でなくてもかまわない。二〇〇三年には、三二人の衛兵が採用されたが、そのうちの一人はインド出身でスイス人の養子となった男性であった。

「空弁」がヒットしたが、なんと「バス弁」もあった!

ここ数年、ちょっとしたブームを巻き起こしているのが「空弁《そらべん》」である。「空弁」は空港で売られている弁当のことで、二〇〇四(平成十六)年の流行語大賞の候補になるほど話題になった。

昔は空港の弁当といえば、一日に四〇～五〇個も売れればヒット商品といわれたものだが、ここ数年、空弁の人気はうなぎのぼり。一日に一〇〇〇個ほども売れる空弁が登場し、各地の空港は空前の弁当ブームに沸いているのである。

この人気は、ほとんどの国内線で機内食が廃止されたことが大きな理由の一つだ。さらに、インターネット予約が普及したおかげで、出発十五分前に搭乗可能となり、空港に早くから出向いてチェックインし、出発までの長い時間を利用してレストランで食事をするという必要もなくなったからだ。

しかも空弁は、一つ六〇〇円前後から一〇〇〇円程度と、駅弁に比べると価格も安め。狭い機内で食べやすいように、サイズはコンパクトなB5判サイズ以下なので、ちょっとしたおやつ感覚で食べることができるし、匂いが出ないように工夫されているので、周囲に気を使う必要もない。

人気の火つけ役ともなった『みち子がお届けする若狭の浜焼き鯖寿司』(六切入り

九〇〇円、四切入り六〇〇円）は、成田・羽田・大阪・関西・中部などの各空港で発売されており、機内での食事用だけでなく、お土産としても大人気。わざわざ空弁を買うために空港にやってくる人までいるほどだ。

そんななか、ついに登場したのが「バス弁」。西鉄ステーションサービスが九州・福岡の西鉄天神バスセンター内で、高速バスの乗客向け弁当として二〇〇四年七月一日から販売を開始した。

料金は六〇〇円から一〇〇〇円までの四種類。地鶏飯やがめ煮（筑前煮）、辛子明太子など福岡ならではのメニューをふんだんに盛り込み、九州の食材を数多く使用して作り上げている自信作だ。

世界一高い場所にある郵便局に、なぜか日本製のポストがある

スイスのユングフラウ山は標高四一五八メートルだが、三四五四メートルのユングフラウヨッホまで、登山電車で登れる。

この登山電車の終着駅・ユングフラウヨッホ駅前にあるユングフラウヨッホ山頂郵便局は、世界一高い場所に位置する郵便局だ。駅近くの展望台からの風景を楽しんだ観光客たちにとって、その感動を絵はがきや手紙に書いてすぐに出せる便利な郵便局といえる。

この郵便局には、日本で昔よくみかけた赤い丸型ポストがある。富士山五合目郵便局から贈られた日本製ポストだ。

富士山五合目郵便局は、標高二三〇五メ

ートルの富士スバルライン五合目にある。四月〜十一月開設の簡易郵便局で、一九九三（平成五）年にユングフラウヨッホ山頂郵便局と姉妹提携した。そのとき、日本に送る郵便専用として、このポストを寄贈したのである。

ポストの左側には、ドイツ語と日本語で、「国際山岳郵便局姉妹提携」の寄贈文が掲示されている。

南太平洋のバヌアツ島には、郵便局員が駐在する海底郵便局がある

最近では、郵政民営化の問題で何かと話題になっている日本の郵便局だが、世界に目を向けると実にユニークな郵便局が存在する。

南太平洋のバヌアツ島にあるのは、なんと海底郵便局。二〇〇三年六月にオープンした郵便局で、もちろん世界初の海底郵便局だ。

水深三メートル程度の海底に、陸上のような立派な局舎ではないが、それでもイカのような形をしたボックス型の郵便局が置かれている。ちゃんとダイバーの格好をした郵便局員まで駐在している。

郵便局の主な利用者は、海底を泳ぐ魚たち——といいたいところだが、さすがにそんなことはなく、人間のダイバーやシュノーケラーたちが利用する。特殊加工されたはがきや切手を使って海底から直接郵便を出すのである。

バヌアツ共和国は、八三の島々から構成されており、海や火山など豊富な自然を抱えている。とくに海の美しさは言葉にできないほどで、それを目当てにたくさんのダ

イバーが訪れる。ユニークな郵便局が誕生したのも、そうした人々に島の魅力をアピールしようとしたのだろう。

地下鉄の駅で目にする「乗換えマップ」は、主婦が発明した

首都圏を走る地下鉄などの駅では、ホームにユニークな案内図が掲示されている。どの車両に乗れば、乗換え口にいちばん近いかが一目でわかる「乗換えマップ」だ。

この乗換えマップを発明したのは、福井泰代さんという二人の子供を持つ専業主婦。彼女は、子育てをしながら発明に凝り、いくつかのアイデア商品を発明していた。

一九九六（平成八）年の夏の暑い日、福井さんは、ある駅で子供を乗せたベビーカーを押しながら、エレベーターを探して右往左往。その間に子供が暑さでぐったりしてしまった。

この経験から、福井さんは、「エレベーターや階段の位置がわかり、乗換えにも便利な地図があれば」と考えた。そこで、それから五か月かけて、東京の地下鉄の階段やエスカレーターを徹底的に調べあげた。こうしてできたのが、あの乗換えマップだ。

完成した乗換えマップを採用してもらうため、福井さんはあちらこちらの会社に足を運んだ。最初はあまり反応がよくなかったものの、あきらめずに売り込みを続けた結果、タウン情報誌やシステム手帳の会社などが採用。そしてついに営団地下鉄（現・東京メトロ）でも採用されることになったのだ。

これを機に会社を起こした福井さんは、インターネットや携帯電話へのナビゲーションソフトなど、応用商品の開発・販売にも進出し、業績を大きく伸ばしている。

アメリカには、人体の冷凍保存を請け負う会社がある

医学が発達した現代でも、治療が難しい病気はたくさんある。だが、今は治せなくても、さらに医学が発達した未来なら簡単に治せるようになるかもしれない。

そこで、アメリカでは、こんな変わったビジネスが登場した。なんと遺体を冷凍保存してくれるというのだ。

ある会社では、全身を冷凍保存するのに一二万ドル、頭部のみ保存する神経保存でも五万ドルが必要。そのほかに、終身会員になるための費用が二万ドルもかかる。そのほかの会社も、多額の費用が必要だ。

しかも、彼らが必ず未来に生き返るという保証はない。技術の発達した未来でも、一度死んだ肉体を蘇らせることができるかどうかは、今のところまったく見通しのない話。

それでも、現在アメリカでは約九〇人が実際に冷凍保存状態に入っていて、申込者は数百人もいるという。

また、有名人の冷凍保存を計画する人々も登場している。たとえば、かつて大リーグで四割打者となったテッド・ウィリアムスの頭部を冷凍保存しようというもの。息子が計画しており、「父を利用した金儲け」という批判も出ている。

それればかりか、サッカーのスター選手デビッド・ベッカムを冷凍保存する計画まで

ある。「ベッカムはイギリスの宝だから、死後も伝説は永遠でなければならない」と、未来のベッカム復活を目指す。もっとも、ベッカム本人や周辺は、まったく相手にしていないというから実現の可能性は低いようだ。

アメリカの二五セント硬貨は、州ごとにすべてデザインが違う

アメリカでは、州ごとに違うデザインの硬貨が存在する。

これはクオーターと呼ばれる二五セント硬貨。現在進行中の「アメリカ五〇州硬貨発行プログラム」では、一九九九年から二〇〇八年の十年の間に、州の成立年代順に一年に五州ずつ、合計五〇州の二五セント硬貨を発行することになっている。

その硬貨は、表こそ同じジョージ・ワシントンの肖像だが、裏面には各州の歴史や特色を取り入れたデザインが施される。多くの州では、デザインを公募し、最終的に知事が決定している。

たとえば、すでに発行されているニューヨーク州は、自由の女神像に「自由への玄関」という文字をデザイン。また、カントリーミュージックの故郷テネシー州は、バイオリンとギター、トランペットを描いている。

なお、この硬貨はフィラデルフィアとデンバーの二つの造幣局で生産されていて、コインの表側のワシントンの肖像の右側に「P」とあるのがフィラデルフィア製、「D」がデンバー製となっている。

こうした州の特色を取り入れた硬貨は、アメリカの歴史と地理、多様性を学んで欲

しいという意図から始まったプロジェクトだ。だが、それだけでなく、硬貨マニアのコレクターズアイテムになるなど、世界的に大きな話題になっている。

「モーゼの奇跡」よろしく、韓国では二・八キロメートルも海が割れる

韓国の珍島《チンド》では、「現代版・モーゼの奇跡」と呼ばれる不思議な現象がみられる。年に何度か、沖合の茅島《モド》まで約二・八キロメートルにわたって、一時間だけ、四〇メートル幅の道が現れ、歩いて渡れるようになるのだ。

伝説によると、その昔、トラの被害に怯えた珍島の人々が対岸の茅島に逃げたとき、桑ばあさんだけが逃げ遅れた。桑ばあさんが毎日のように家族との再会を竜王に祈ると、竜王はその願いを聞き届け、海の水を分けて、両島を結ぶ道を作ってやったという。

実際には、海の水面の変化と潮の干満が原因で起こる現象だ。

この場所は海底が盛り上がっているため、海水面が低くなる四～五月に、干潮で海面がさらに下がると、この海の道が現れる。

潮の干満などによって海に道ができる場所は世界に何か所かあるが、常に同じ幅の道ができるというのはここぐらいのものだろう。

毎年春、珍島では、この現象を記念して「霊登祝祭《ヨンドウン》」が催され、多くの観光客が訪れる。一九七五年にフランスの駐韓大使が母国フランスの新聞に紹介して以来、世界中に知れ渡り、海外からの観光客も多い。

また、海の道には、逃げ遅れたタコやカニやナマコなどの海の幸が大量に取り残されるので、それを捕ろうといっせいに繰り出す人々の姿もみられる。

韓国には、キムチが作れるハイテク冷蔵庫がある

キムチといえば韓国の代表的な食べ物。韓国人のキムチ好きは有名だが、一九九五年からはなんとキムチ専用冷蔵庫まで登場している。

キムチ専用冷蔵庫は、人気が出て各メーカーが競争するうち、機能がどんどん充実していった。そのため、近年の製品はたんにキムチを冷蔵するだけではない。キムチの種類ごとに保存温度を調節したり熟成の度合いを調節できたりする製品。

たとえばある製品は、「キムチ選択」「熟成選択」「味選択」という三種類の選択ボタンがあり、「キムチ選択」ではキムチの種類、「味選択」では「発酵の進んでいない味」「標準の味」「発酵の進んだ味」から一つを選べる。

もっと新しい最近の代表的な製品では、キムチの種類に合わせて最適な環境で発酵させ、そのあと七十二時間でキムチを最もおいしく食べられる温度帯にもっていき、その状態で四か月間保存できる。

一年中おいしいキムチを食べられるうえ、この冷蔵庫は、キムチに限らず、生鮮食品の新鮮長期保存にも適しているというので、韓国の主婦たちの間で爆発的な人気だ。今や花嫁道具の一つとなっているほどである。

さらにこのキムチ冷蔵庫は海外にも知れ渡って、さまざまな国に輸出されている。日本にも入ってきているので入手可能だ。

BSチャンネルが奇数だけなのは、偶数を韓国が使っているから

ラジオやテレビの放送には、それぞれの局で使っていい周波数が割り当てられている。ただ、あまりに近い周波数だと混信が起こる。

そこで、たとえば地上波テレビなら、東京では、一・三・四・六・八・一〇・一二といったとびとびの数字が与えられている。

この数字は便宜的にわかりやすくしたもので、テレビ用周波数九〇～二四〇メガヘルツを、六メガヘルツずつの周波数帯に分割してナンバリングしていったものだ。3

チャンネルと4チャンネルが隣り合っていても大丈夫なのは、間に緊急無線用の周波数帯が挟まれていて、営業放送用には使えなくしてあるからだ。

衛星放送でも同じだ。こちらは一・三・五・七・九・一一・一三・一五の八つのチャンネルが使えるようになっている。

もちろん混信を避けるための空白地帯ではあるのだが、間の二・四・六・八・一〇・一二・一四・一六の八つのチャンネルは、お隣の韓国に割り当てられている。

けれど日本と韓国のこの近さでは、九州あたりでは隣り合うチャンネルで混信が起こりそうな気がする。しかし実際のところ、衛星放送から出る電波は、地上波とは異なり、周波数領域に多少の重なりがあっても混信が起こることはない。

一万円分の買物の代金を、すべて一〇〇円玉で払うことはできない

もしも一万円の買物をするとき、一〇〇円玉だけで支払おうとしたら、店員は拒否できるだろうか？

文句をいうかもしれないが、お金である以上、「ダメ」とはいえないはず……と思うところだが、実は受け取りを拒否することができる。「通貨の単位及び貨幣の発行等に関する法律」第七条で、「貨幣は、額面価格の二十倍までを限り、法貨として通用する」と定められているのだ。

たとえば一二〇円の商品を買うとき、一〇〇円玉一枚と一円玉二〇枚を出しても、同じ額面の硬貨は二〇枚までなので、店員は「数えるのがめんどうだから」と拒否す

ることはできない。

だが、一二円の物を買うのに、一二円分を一円玉一二枚で払おうとすれば、店員は受け取りを拒否できる。

ただし、受け取ってはいけないというわけではない。受け取っても、拒否しても、どちらでもいいのだ。

これは、一九三八（昭和十三）年に施行された「臨時通貨法」第三条の「一円ノ臨時補助貨幣ハ二十円迄ヲ限リ法貨トシテ通用スル」がもとになっている。「臨時通貨法」はその後の一九八七（昭和六十二）年に廃止され、前記の「通貨の単位及び〜」に変わった。

ちなみに、これは貨幣だけに適用される法律で、紙幣は何枚でも無制限に使える。たとえば一〇万円の商品を買うのに、一〇〇〇円札一〇〇枚で支払ってもかまわない。

日本には経度と緯度に「三」が一二個並ぶ地点がある

経度と緯度に、「三」がなんと一二個も並ぶ場所が日本にある。東経一三三度三三分三三秒と北緯三三度三三分三三秒が、高知市を流れる江ノ口《えくち》川の河口付近で交わるのだ。

同じ数字が一二個も並ぶ地点は、日本ではここだけだ。世界でも、陸上ではアフリカ大陸やスマトラ島など九か所しかないという珍しい地点である。

そこで、一九六二（昭和三十七）年、高知ロータリークラブがこの地点の南岸にモニュメントを建て、「地球三三番地」宣言を行った。

当時はまだテレビがさほど普及しておらず、台風情報をラジオに頼っていた時代である。台風上陸常襲地の高知県の人々に、少しでも「東経」「北緯」という言葉に親しみを持ってもらえば、台風のときの位置確認に役立つのではないかというのが、この宣言の狙いだった。

さらに一九九一（平成三）年から、高知市が町おこしのために「地球三三番地フェスティバル」をスタートさせた。翌年三月三日、予算三三三万円をかけて三三三匹の鯉を購入し、近くの小学校の三年三組の生徒三三人によって江ノ口川に放流するというイベントが行われたのだ。

現在、地球三三番地の正式地点（江ノ口川の川の中）にはシンボル塔が建ち、その南岸には五メートルほどのモニュメントが建てられている。また、江ノ口川を横切ってシンボル塔とモニュメントの西側を走る道路は、「地球三三番地通り」と呼ばれている。

エルニーニョ現象が続くとあの「アンチョビ」が消滅する!?

天気予報などを見ていると、「エルニーニョ現象」という言葉をしばしば耳にする。エルニーニョとは、スペイン語で幼児キリストを意味する。南米のペルー沖では毎年十二月になると沿岸に北から暖流が入り、海面水温が上昇する現象を、クリスマス時期にちなんでエルニーニョと呼ぶのである。

このエルニーニョは、ペルー沿岸で発生するが、それとは別に、ペルー沿岸から赤道沿いに東太平洋の日付変更線付近までの広域にわたって水温が上昇することもある。これがエルニーニョ現象であり、気象庁では、月平均の海面水温が六か月以上連続して〇・五℃以上プラスになった場合をエルニーニョ現象と定義している。

数字だけでみればわずかな水温上昇なのだが、エルニーニョ現象は、地球規模の天候の異常をもたらすほどの大きな影響力を持っている。

しかも、エルニーニョ現象がもたらす影響は、天候異常だけにとどまらない。ペルー沖といえばアンチョビ（小イワシ）漁が盛んで、アンチョビはペルーにとって外貨獲得のための貴重な産物だ。

ペルーでアンチョビが多く獲れるのは、深層からの養分を多量に含む冷たい海水がペルー沖で湧き上がるからで、この海水がアンチョビを育むのだが、エルニーニョ現象によって海水温が上昇すると、アンチョビは不漁になってしまうのである。

東京タワーは、資金不足で三三三メートルになった

一九五八（昭和三十三）年に「日本電波塔」として誕生した東京タワーは、映画の中でガメラやモスラなどの怪獣に何度も壊されたが、今も堂々と東京の空にそびえたっている。

その東京タワーをじっくり観察してみると、なんとなくデザイン的に下のほうがやや開いているように見える。実は、これは、東京タワーは本来もっと高く作られるはずだったからなのだ。

東京タワーは総合電波塔だから、関東一円に電波を発信するという役目があり、そ

のためには三〇〇メートル以上の高さが必要だった。どうせ建てるなら世界一の高さにしようということになり、当時、世界で最も高かったパリのエッフェル塔の三二〇メートルをはるかに凌ぐ三八〇メートルという高さにすることが決まったのだ。

ところが、いざ建設を始めると、建設途中で資金が不足してしまった。すでに塔の下のビル建設は先行していたため、ビル建設で費用を抑えることはできない。仕方なく高さを削ることになった。それでもせめてエッフェル塔よりは高く、しかも人々が覚えやすい高さがいいだろうということになり、数字をそろえた三三三メートルとなったのだ。

総工費は二八億円で、当時のお金にすれば膨大な費用を投じて完成したわけだが、実は四七メートル低くしたことで、その工事費用は五〇パーセント以上も安くなったのだという。

AMラジオ局の周波数は、必ず九の倍数である

華やかさはないが、地道に固定ファンをつかんでいるのがAMラジオ放送だ。

そういう人ならラジオ局の周波数は記憶ずみだろうが、たまにスイッチを入れようとして、あれ、NHKは五九……四だか五だかと迷うことがあったら、「九」で割り切れる数字を選べば間違いはない。日本のAMラジオ局の周波数は、必ず九で割り切れることに決まっているためだ。

日本のAMラジオが使うことのできる周波数は五三一〜一六〇二キロヘルツと世界での取り決めがなされている。国内では、

この範囲内で希望するラジオ局に周波数を割り当てなければならない。

周波数は、近すぎると混信が起こるから ある程度の間隔をおいて帯域を決める必要がある。

割り当てる周波数を検討しているときにわかったのは、上限も下限も九で割り切れる数字だということだった。そこできちんと九ヘルツごとに区切って出てきた数を、申し出のあった局に振り分けた。

八〇〇とか一〇〇〇とかキリのいい数字にしておいてくれれば覚えやすいし合わせやすいのにと思っても、下一ケタまできちんと計算して指定されているからこそ雑音なく聴取できる。

シャープペンは家電メーカーのシャープが開発した

シャープペンシルは、その名前から外国生まれのようなイメージがあるが、実は日本生まれの文房具。その生みの親は、大手電機メーカー「シャープ」の創設者・早川徳次だ。

ここで、「なるほどね。シャープが生み出したから、シャープペンシルなのか」なとど納得した人もいるだろうが、話はまったくの逆。シャープペンシルを生み出した人物が創設した会社だからシャープなのである。

早川徳次は、明治生まれの金属細工職人だ。大正時代にはすでに小さな店を持って商売をしていたのだが、二十一歳のある日、「繰り出し鉛筆」というものを知った。これは、アメリカのキーランが「エバーシャープ」という名で一八三八年に発表したもので、明治時代に日本に輸入されていた。

当時の繰り出し鉛筆は、材料はセルロイドで、壊れやすく、子供のオモチャのようなものに過ぎなかった。それでも興味を持った徳次は、金属細工職人の腕を生かし、ニッケルや真鍮などを使って、大人が使えるしゃれた筆記具を生み出した。一九一五（大正四）年のことで、徳次はこれを「早川式繰出鉛筆」と名づけて販売を開始した。

最初はまったく売れなかった繰出鉛筆だったが、横浜の商館から注文が入ったのをきっかけに、アメリカやヨーロッパから注文が入るようになったのだ。こうなると日本人も興味を持ち、国内業者からも注文が入り、繰出鉛筆は大ヒット。

徳次はさらに改良を進め、太すぎた芯をもっと細くし、見た目もかなりスッキリとなった。そのスタイルが実にシャープだったことから、繰出鉛筆は「シャープペンシル」と改名され、さらに優雅な感じを与えるために「エバー・レディ・シャープペンシル」という名で商標登録されたのである。

その後、徳次は関東大震災で妻子を失い、ショックから大阪へと移り住み、震災の一年後の一九二四（大正十三）年に大阪に「早川金属工業研究所」を設立した。これが現在のシャープの前身である。

ジェット機は、ストーブに使う灯油を燃料に飛んでいる!?

石油は、原油から精製する過程で、沸点の低いほうから順に、ガソリン・灯油・軽油・重油に分けられる。

自動車の燃料はガソリンだが、ジェット機の燃料は、意外にも石油ストーブなどに用いられている灯油だ。灯油にジェット燃料添加物としてイソプロピル・アルコールと酸化防止剤を多少加えているので、ストーブ用の灯油とまったく同じというわけではないが、基本的にはほとんど同じだ。

ジェット・エンジンは、ガソリンでは揮発性が高すぎてうまく作動しにくく、灯油を用いると最もうまく動く。それに、ガソリンより灯油のほうが低温でも凍結しにく

い、発熱量が大きく、安全性も高いなど、さまざまな点でガソリンよりジェット燃料に適しているのである。

ただし、小型機ではガソリンを燃料にする場合もある。

この場合、自動車用のガソリンと同じものは使えない。飛行機用のガソリンは、厳しい気象条件でも順調に気化してエンジンに供給されなければならないので、自動車用のガソリンより高品質に精製されなければならないのだ。

また、ガソリンがノッキングと呼ばれる自然爆発を起こしてピストンなどを壊す恐れがあるので、飛行機用では、それを防止する薬品も混入されている。

大活躍！　液晶パネルの元祖は、コレステロールだった

液晶パネルは、電卓の文字表示板やノート型パソコンのディスプレイで普及し、最近は薄型テレビの受像機にまで進化してすっかりおなじみとなった。

液体の流動性のある性格を持ちあわせている分子の固まった結晶状態であるところから、英語で「リキッド・クリスタル」と名づけられていたのが、日本語では「液晶」となった。

一八八八年、オーストリアの植物学者が、固体であるコレステロールに熱を加えると透明になるその過程の、白く濁ったときの状態の性質に、固体と液体の中間の性質があることを発見した。それが、液晶の

この世への登場。

ただし、この液晶が表示装置として利用できることがわかるまでにはかなりの時間が必要だった。

液晶パネルは、いわば半透明の油のような状態の液晶の分子が、電圧をかけられると並び方が変化して色が変わるということを利用したものだが、それをブラウン管のかわりに使う研究が始まったのは一九六三年で、五年後にようやく不完全ながら液晶を利用した表示装置が開発された。

そして初めて表示装置としての商品化に成功したのが日本の電機メーカー、シャープで、一九七三（昭和四十八）年、液晶画面の電卓を発売したのだった。

当初は高価な素材だった液晶も、その後の研究で一万種類以上が発見され、さらに何種類もの有機物をブレンドして製造することも可能になった。これがコンピューターの小型化も促し、ノート型パソコンの普及にも大きな力となったのである。

二酸化炭素の塊・ドライアイスは、リサイクルのエコ商品

ドライアイスは二酸化炭素の塊だ。気体である二酸化炭素を冷凍機でマイナス三〇～五〇℃に冷やして液体にしたあと、大気中に噴射して固体にする。できあがった固体の体積は、もとの二酸化炭素の一〇〇〇分の一ほどになってしまう。

二酸化炭素は空気中に存在していて、人間の吐く息にも含まれている。だから、ドライアイス製造のために集めるのは簡単なようだが、空気中にはわずか〇・〇三パーセント程度しか存在しない。

地球温暖化を促進する温室効果ガスのなかでも最大の犯人とされたのがこの二酸化炭素。京都議定書でも排出量の制限が盛り込まれたほど大気中に増えているとはいえ、商品化するほど集めるのは大変な作業である。

ところが、この作業を容易にしているのが、地球温暖化の元凶とされる石油である。

石油化学工場では、水素などを製造するときに副産物として二酸化炭素を含んだガスが発生する。これを隣接するドライアイス製造工場にパイプで送り込み、精製したあと急冷して液化させ、さらに固体化させてドライアイスとして製品化している。

石油化学工場がそのまま二酸化炭素のガスを排出すれば、不純物を含んだ環境汚染物質になるところを、立派に再生させているドライアイスはエコ商品なのである。

「形状記憶シャツ」は、ホルマリン漬けにされている

洗濯後にノーアイロンで着られるワイシャツといえば合成繊維と決まっていたが、今では綿シャツにもノーアイロンですむものが登場している。それが「形状記憶シャツ」だ。

もともとアイロンがけが必要なシワができるのは、綿繊維のセルロースのため。アイロンがけできちんと並んでいた繊維は、洗濯で折り曲げたり押さえつけたりされると細かいセルロースの結合がずれて、そこにシワが生まれる。

そこで、繊維の結合を強力にしてずれることのないよう化学処理して生まれたのが

「形状記憶シャツ」だ。

メーカーによって、形態安定とか形状保持といったネーミングはいろいろでも、化学処理方法はほとんど同じ。

綿や綿ポリエステルの布地をふつうに裁断してシャツに仕立て、ホルマリンなどのガスを吹きつけると、綿繊維の結合が固定される。たくさん吹きつけて強く固定しすぎるとシャツがガチガチ、ゴワゴワになって着心地が悪くなるので、その固定かげんがメーカーなりの工夫となる。

簡単にいえば、動物実験などで標本をホルマリン漬けにして保存するが、ワイシャツもホルマリン漬けでシワのない状態が永久保存されていると考えていい。

日本初登場の缶入りウーロン茶は、食品業界タブーの色だった

ウーロン茶人気に火がついたのは、健康ブームが背景にある。消化を促す働きがあって、食べすぎ、飲みすぎに効く。あるいは便秘を解消してくれる。脂肪を洗い流して痩身効果がある……。

いずれにしろ中国茶の代名詞ともなったウーロン茶は、一九八一（昭和五十六）年の缶入りの登場で手軽に飲めるようになったこともあって人気を呼ぶ。

けれども、この缶入りウーロン茶を売り出した伊藤園にとっては缶の色を黒にしたことは大きな賭けだったともいえる。

食品業界では、中身をおいしく見せるためには、パッケージに黒を使うことはタブ

ーとされていたからだ。それまで黒を使っていたのは、苦みを印象づけようとした甘さを控えたチョコレートくらいだった。

缶の色が黒になったのは、発売当時の伊藤園社長の案だったというが、そういえばウーロン茶は漢字で「烏龍茶」と書く。カラスの色は黒だからふさわしいといえなくもない。

もともと烏龍茶の名がついた理由が、茶葉の色がカラスの羽の色のように黒くて、形が龍のようだからという説もあるくらいだから、黒缶が似合うのも当たり前かもしれない。

かくして黒缶で火がついた中国茶ブームは、ウーロン茶に続きプーアール茶、ロンジン茶など数多くの種類があることも知られるようになり、無糖飲料の一番人気商品となっている。

高分子吸収体は、紙おむつだけでなく農業にも貢献している

オシッコをたっぷり吸収すると宣伝されている紙おむつの素材として使われるのが高分子吸収体だ。正しくは高吸収性高分子化合物といい、吸収ポリマーと呼ばれることも多い。

吸収ポリマーはトウモロコシのデンプンを利用する研究の過程で発見されたもので、緻密な網目構造を持っている。この網目構造が水を取りこむ能力に優れていて、水を吸収すると網目が広がり、水をゼリー状に固めて外に漏らさない性質がある。

吸収ポリマーの保水能力は、一グラムで一リットル近い水を吸収できるという。なんと一〇〇〇倍に対応できるほどの能力で

ある。水分以外の成分が含まれるオシッコでも五〇〇倍は確実という。

ということは、紙おむつに織り込んだとしてもほんの少量ですむから、小さな赤ちゃん用の紙おむつに利用するには最適な物質といえる。

さらに少量でも保水力が高いという性質は、農業にもうってつけだ。

たとえば土に混ぜると、まかれた水や肥料を逃がさず留めておけるので作物の収穫量を上げられる。乾燥した場所で発芽は無理という土地でも、保水させた吸収ポリマーで種子をくるむと発芽が可能になる。

また人工スキー場では、細かくした吸収ポリマーに水を含ませて凍らせ、人工雪として利用しているところもある。まさに高分子吸収体は八面六臂《ろっぴ》の大活躍なのだ。

最初の電柱の架線工事は、松並木をそのまま使った大胆工事

明治維新の文明開化で日本にもたらされたものの代表が電信だ。一八七一（明治四）年八月九日には、すでに東京から長崎までの電信線工事がはじめられている。ヨーロッパと上海、上海と長崎を結ぶ海底線の工事計画があり、欧州各国から着工を急がされていたからだ。

工事監督には外国人技師が招かれ、長さ七メートル、直径一五センチメートルほどの杉丸太を四キロメートルあたり七〇本ずつ立てていくという、突貫工事が始まる。

柱を立てる予定地に林があれば伐り倒し、畑があれば農作物を刈り取らせるという荒っぽいものだったようだが、電柱に利

用できるものなら何でも利用するという手間を省く工夫もしている。

利用されたのは東海道の松並木だった。今の横浜・保土ヶ谷から西で、松の立ち木やケヤキを選んだと記録されている。箱根～三島間では杉の木も利用されている。

保土ヶ谷の工事に関しては、枝を張った松の木に横木を打ち込んで電信線を据えつけている当時の錦絵が残されていて、現物は今、東京・千代田区にある逓信博物館に展示されている。

箱根～三島間の杉の木は、そのとき腕木を差し込んだ跡が、生長して地上数十メートルの高さにまでなったといわれている。

そのほか竹も電信柱の代わりとされたようで、生長する樹木に電線を張り渡すという不可思議なことが行われたのであった。

カラー効果が自殺者を減らしたロンドンの名物橋

日本で自殺名所として挙げられるのは断崖絶壁が多い。イギリスでは橋の上から身を投げる自殺が多かったようで、ロンドンにその名物橋があった。

テムズ川にかかるブラックフライア・ブリッジで、名前のとおり黒く塗られていた。

テムズ川にはほかにも橋が架けられているのに、ここだけが自殺の場所に選ばれる理由をあれこれ考えると、黒という色がいけないのではないかということになった。

黒は、一般的には闇や恐怖や悪事を連想させる。一説では、統合失調症患者は黒い色から死をイメージして恐怖感に駆られることもあるという。いわば絶望を象徴する色なのだ。

そこで橋の色を緑色に塗り替えたところ、自殺者は三分の一ほどにも減ってしまったという。緑は自然界にあふれる植物の色であり、心に安らぎをもたらす色といわれてきた。その色の採用が功を奏したのである。

心に迷いを抱き、フラフラと橋の上までやってきたとき、橋が黒いと心はますます沈んで死ぬ気の引き金を引く。緑色だと落ち着いて考え直すきっかけを与えるという色彩心理学の実用例である。

日本初のボーナス支給企業は、三菱商事

たとえ半額にカットされようとも、支給されるだけでありがたい――今の不況下におけるサラリーマンのボーナス観だろう。

ボーナスは日本では賞与といい、給与とは別に与えられる賞金といった形のものだった。これを、日本で初めて支給したのは、三菱商事の前身である三菱商会だった。

一八七六（明治九）年のことで、年に一回の決算期に社員に支払ったという。それが後に多くの会社に広まっていった。

欧米でボーナスといえば、利益があったとき初めて株主などにその一部を特別配当の形で支払うもののことである。

その特別配当の名を借りて、勤め人に年に二回の賞与を支払う習慣が生まれるのは大正時代の末期になってからだ。それも臨時給与の形で六月と十二月の二回支給されるようになる。

六月と十二月が選ばれたのは、盆と暮れであり何かと出費が多い月だからという日本の儀礼風習にのっとったもの。江戸時代の商家の藪入りと同じ感覚である。

このいかにも日本的な習慣の裏側では、ボーナス支給を見込んで毎月の給与が抑えられているのが通常である。月給の別払いであることはローン返済にボーナス分も組みこまれることからもわかる。

それでも、会社の手当てが手厚いしるしと思われて愛社精神を育て、日本のかつての高度経済成長に大いに貢献したのだった。

根はジャガイモ、茎はトマト　その作物の名は「ポマト」！

農作物の品種改良は、昔から行われている。収穫の増加を中心として、促成栽培用や寒冷地向け、あるいは干ばつに強いなど目的はいろいろだが、ほとんどは品種の掛け合わせ、つまり交配によっている。

ところが近年はバイオテクノロジー技術の進歩で、遺伝子組み換えから遺伝子組みこみ、細胞融合とあらゆる手段が試みられ育種が行われている。

この技術のうち細胞融合によって作り出されたのが「ポマト」だ。名前から想像がつくだろうが、ポテトとトマトの融合である。

地上の茎にはトマトの赤い実がなっていて、地下茎にはジャガイモがゴロゴロというのが「ポマト」の正体である。

ただ実用化して、経済作物として成功というところまで至るにはまだまだ時間がかかる。

ほかにも似たような研究で、オレンジとカラタチの細胞融合植物「オレタチ」とか、ハクサイとキャベツ（和名カンラン）を融合させた「ハクラン」、キャベツと小松菜を交配した雑種をバイオの技術で育成した「千宝菜《せんぽうさい》」という野菜もある。

異なる品種を交配した新品種には種子ができないものが多いのだが、胚ができればそれをバイオの技術で培養して幼植物に育てることは可能だ。その胚ができないとき、細胞融合技術を使うことになるわけだが、ポマト栽培があちこちで見られるようになる日はいつか——。

日本の天然水は、ヨーロッパでは加工水

日本の水道はなんといっても安全で軟水だから、ヨーロッパのように硬水の水道が飲めなくて「飲み水を買う」ようなことはしなくてすむ。

長くそういわれてきたが、健康志向からヨーロッパのミネラルウォーターが人気を集めた。

火付け役はレマン湖畔の泉から取水した「エビアン」だった。硬度二九一・〇と、欧州に湧く天然水のなかでは硬度が低く、フランスでは「赤ちゃんのミルクを作る水」といわれていた。

「エビアン」が軟水に慣れた日本人の口に合う味だったというので、日本国内で湧いているミネラルウォーターもボトリングされて市販されるようになった。商品名もさまざまで、ナントカの自然水とか、どこそこの天然水といったネーミングで競い合っている。

それらの水は、輸入・国産品を問わずカルシウムやマグネシウム、ナトリウム、カリウムなどを含み、飲むだけでミネラル摂取ができる。

しかしヨーロッパのミネラルウォーターの基準は厳しい。含まれるミネラル分の量が定められているし、無殺菌が条件だ。そのために「エビアン」では、源泉の周囲一〇キロメートル四方が自然保護区になっていて、建造物はいっさい禁止とされている。

アルプスの雪解け水が浸透した大地によって濾過されて泉となるのだから、土地そのものを汚染させないためだ。

その点では日本のミネラルウォーターは加熱殺菌されているため、ヨーロッパの基準では本当の天然水ではなく、加工水になってしまう。

桜島近辺の住人には、火山灰予報が欠かせない

九州では阿蘇山が火山として名高いが、都市部からは離れた山岳地帯にある。裾野も広く、牧場や観光地帯になっていて、大きな噴火でもなければ穏やかで住民生活に深くかかわることは少ない。

ところが同じ九州の桜島は、桜島自体にも裾野の鹿児島湾沿岸にぐるりと街が開けて、人が生活している。海を隔てて目と鼻の先の大隅半島と薩摩半島の沿岸地帯にも市街地が広がっている。

だから桜島の上げる噴煙の量によって、生活が大きく左右される人たちがたくさんいる。

風向きによっては細かい火山灰が降って

きて洗濯物を汚すので、干すことができない。灰が降ると農作物に影響するので、農家は収穫の時期に神経を配らねばならない。人によっては外出時にマスクが必要かどうか判断する。

そのために鹿児島気象台では、ここならではの予報をしている。火山灰を運ぶのにいちばん大きく影響する「桜島上空およそ一五〇〇メートル付近の風」を告知するのである。

朱肉のいらないスタンプには、塩が使われている

宅配便が届いて、「印鑑をお願いします」。ハンコそのものは見つかったけれど、朱肉やスタンプ台が見つからずアタフタ……。

そんなときに便利なのが、朱肉のいらないシヤチハタの印鑑だ。

スタンプ台のトップメーカー、シヤチハタが、「スタンプ台とゴム印をなんとか一つにできないか」と、新商品の開発に乗り出した。スタンプ台のメーカーがスタンプ台不要の商品を作ろうというのである。

新商品開発陣はたちまち難問にぶつかった。スポンジなどと違って、ゴムにはなかなかインキが浸透しないのだ。

そこで、目をつけたのが不良品のゴム。不純物が混じって穴ができたゴムには、ちゃんとインキが浸透した。技術者たちは、それをヒントに、ゴム印用のゴムを作るときに、細かい粒々を入れて焼き、その後でその粒々を取り出せば細かな穴が開いたものができると考えた。

しかし、その粒に何を使うか。いろんな

ものを試してみる。砂糖を使ったら、高温で変質してしまい役に立たない。「それなら塩だ！」というので、ゴムを練る際にあらかじめ水溶性の塩類を混ぜておいて、成形後にお湯で溶かしてみた。すると、見事に細かな気孔ができたのだ。

さらに、使用するインキにも工夫を凝らして、約十年の歳月をかけて開発された製品は「Ｘスタンパー」と命名された。一本で約二万回使用可能。インキカートリッジを取り替えれば一〇万回も押印できる驚きの機能を持っている。

理髪店の店先に回るサインポールは、人間の体を表している

理髪店の店先には必ずといっていいほど、赤、青、白の三色のサインポールがある。このサインポールの歴史は古く、一三〇〇年頃にイギリスで生まれたものだといわれる。

現在の理髪店からは考えられないことだが、当時の理髪店は、簡単な外科医も兼ねていて、傷の手当てや「瀉血《しゃけつ》」と呼ばれる、高血圧症の人などから余分な血を抜き取る外科治療などを行っていた。

サインポールはその頃の名残で、赤、青、白にはそれぞれに意味がある。赤は動脈、青は静脈、白は包帯を表し、サインポールの丸くなった上部は人間の頭を示している。つまり、サインポールは全体で、人間の体を表したものなのである。

その後、理容師と外科医は分離され、理容師は独立した職業となったものの、サインポールは長い間理髪店の象徴として使われ続けた。

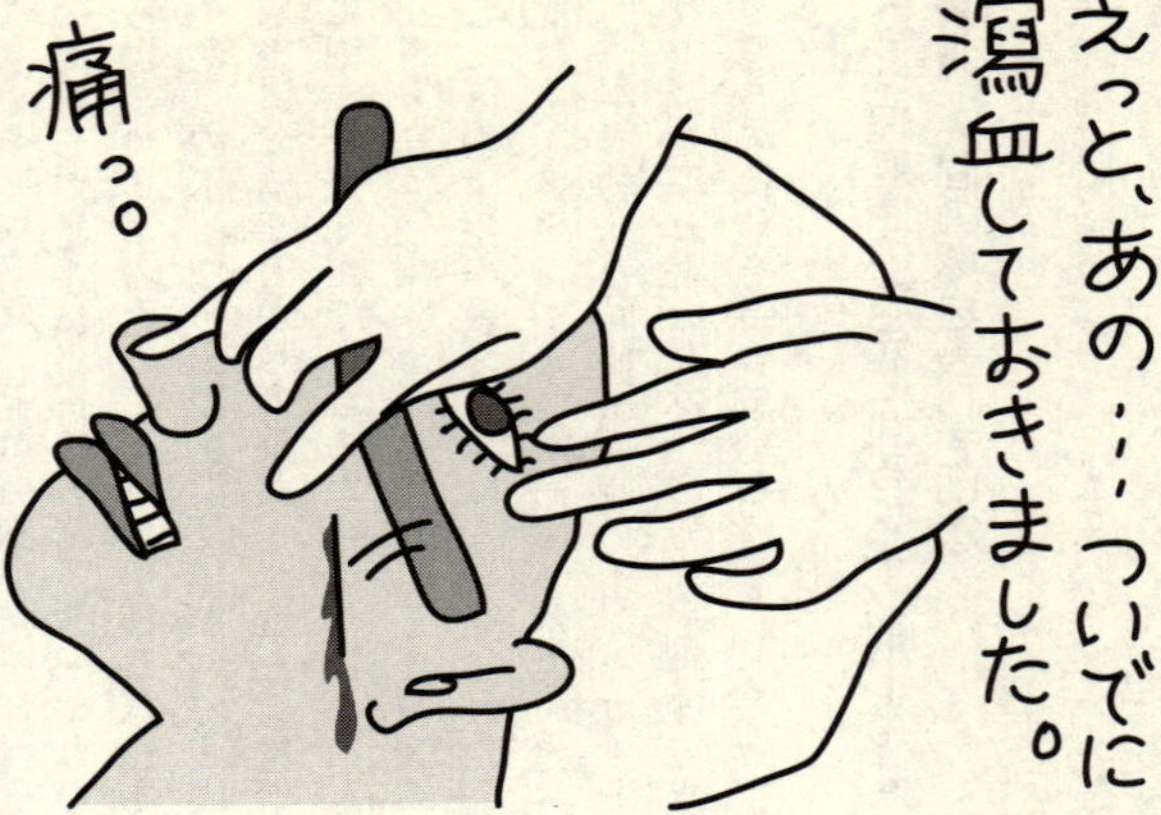
えっと、あの……ついでに瀉血しておきました。
痛っ。

ただし、現在の日本ではこのサインポールを置く置かないは店の自由で、理容師法で決められているわけではない。ということは、個人が勝手に家の前にサインポールを出しても罰せられることはない。

なお、起源がイギリスなので、世界中に広がった。

ゴルフの飛距離を伸ばす秘訣は、ボールのディンプルにある

ゴルフに使用されるボールは、よく見るとユニークな表面をしている。いくつものくぼみが、整然と並んでいるのだ。

このくぼみはただの飾りではない。ディンプルと呼ばれ、競技に直結する大きな機能を持っている。空気抵抗を軽減させ、揚力を増加させるのである。

ディンプルは、偶然生まれたものだといわれる。かつてのゴルフボールの表面はツルツルだった。だが、あるとき、傷がついたボールを打ってみると、無傷のボールよりもよく飛ぶことがわかった。傷がつくことで、ボールの空気抵抗が微妙に変化したのだ。それがきっかけで、わざとボールにくぼみをつけるようになったと考えられている。

ボールにディンプルをつけたことによって飛距離が一・五倍ほど伸びたそうだから、ゴルファーにとってなくてはならない大切なくぼみである。

ただし、このディンプルは各メーカーや商品によって、大きさや配列が異なっていて、特にその規定があるわけではない。そこで、各メーカーは、ベストと思われる大きさや配列のディンプルを、いろいろと開発している。

日本の浴衣が、ハワイでアロハシャツになった

ハワイのアロハシャツのルーツはなんと日本にあった。

かつてハワイに移住した日本人たちは、日本から持っていった着物をシャツに作り直して着ていた。彼らの仕事はサトウキビの栽培。それには、自分たちの着物を、涼しくて動きやすい半そでシャツに直して着るのがいちばんだった。もちろん着物の柄はそのまま生かされるから、松竹梅、鶴、鯉、虎など派手な柄のシャツだった。これが現在のアロハシャツのルーツだとされている。

また、最初に商品としてのアロハシャツ

を作ったのは、宮本孝一郎という人物だったという。ある日、ハワイで「武蔵屋」という着物屋を営んでいた彼のもとに、ある人物から「浴衣でシャツを作ってほしい」という依頼があった。日本の浴衣はカラフルできれいだから、ファッショナブルなシャツになるに違いないというのだ。そこで、依頼に応えて宮本氏が作ったのが、世界で最初に商品化されたアロハシャツだ。日本にルーツを持つだけに、アロハシャツが日本人観光客の間で人気が高いのは当然かもしれない。

売れた「人生ゲーム」を積み上げると富士山の約一〇倍の高さになる

タカラの「人生ゲーム」は、ロングセラー商品だ。

最初に人生ゲームが発売されたのは、一九六八（昭和四十三）年のこと。人生というリアルなテーマ性、自動車型のコマ、ボード上の山や建物、おもちゃの紙幣、サイコロ代わりのルーレットなど、当時としては画期的な要素が詰まっていたことから、たちまち大ヒットとなり、大人も子供も熱中した。

それから現在に至るまでに売れた人生ゲームのパッケージを積み上げると、なんと四万メートル近く、富士山の一〇倍以上の高さにもなるという。

「人生ゲーム」が今も愛されているのは、練りに練って作られているためだ。たとえば、コマの位置や内容は、誰かが先に大勝ちしたり、逆にすぐに破産したりしないように、何度もゲームをしながら決められる。

また、誰かを誹謗中傷するようなマスを作らないことも、家族全員が楽しめて幅広い層に受け入れられる要因だ。

さらに、時代に合わせてリニューアルを重ねてきたことも、ロングセラーの秘訣といえるだろう。

「人生ゲーム」は当初、アメリカのゲーム「THE GAME OF LIFE」の翻訳版だった。売り上げが落ち込んだ一九八三（昭和五十八）年に、職業に「アルバイト」「アイドル」などを加え、「転職」の新ルールも設けるなど、日本オリジナルの人生ゲームを発売。これが大ヒットとなった。

一見、同じに見える自動車のコマも、少しずつ変わってきている。また、平成に入ると、姉妹版として辛口の風刺をきかせた「人生ゲーム平成版」などの商品も登場した。

こうして人生ゲームは、長い人生と同じように、長い間日本人に愛され続けているのである。

「太平洋」という名は、世界一周をしたマゼランが命名した

日本とアメリカの間に横たわるのが太平洋で、英語ではPacific Oceanと綴る。

これは、西洋人として初めて太平洋に船を走らせたポルトガル人マゼランの命名によるものだ。

太平洋の存在を確認したのはスペイン人のバルボアで、彼はこれを「南の海」と呼んでいる。しかし世界一周でこの海を横断したマゼランは、航海中に一度も嵐にあうことなく平穏に過ごせたためEl Mar Pacifico

と名づけた。Pacifico が、ポルトガル語で静か、平穏という意味。

それがそのまま英語になったものを、日本語に訳すとき、平穏つまりは泰平・太平という意味だからと「太平洋」と呼ぶことにしたものだ。

マゼランが、あえて静かな海だといったのは、南米大陸の最南端の海峡を東から越えるときは悪天候に悩まされたのに、この海に入るとのどかで波も穏やかだという安堵感がひときわ強かったからだろうともいう。

一方 Atlantic Ocean の大西洋は、中国での呼び名をそのまま借りたという説が有力である。

中国では、ヨーロッパを泰西と呼んでおり、その国々の横に広がる大海なので「泰西洋」、それが大西洋となって定着したといわれている。

関東大震災のあと、朝鮮に首都を移す計画があった

首都移転――茨城や静岡など自薦・他薦の候補地の名前は挙がるが、実現が可能かどうかほんとうに真剣に論じられている様子は感じられない。

これと同じような状況が、実は過去にも一度あった。東京が壊滅状態に陥った関東大震災直後のことである。東京には再び地震が襲う危険があり、いっそのこと地震の起こりそうにない土地へ遷都しようという案が出たのだ。

とくに熱心だったのが陸軍だった。参謀本部が具体的な候補地を検討した記録が残されていて、それによれば第一候補が朝鮮

半島。そのころ朝鮮半島はすでに日本の植民地となっていて、候補地は「竜山《ヨンサン》」という京城《けいじょう》（当時。現・ソウル）に隣接する未開の土地。

震災と防空を念頭に置いた選択だったといわれるが、陸軍の本心は大陸進出にあった。

大陸進出のためには大量の移民が必要と考えて、国民に移民を促すには首都を移転して皇居も朝鮮半島に置いてしまえばいいという強引な考えがあったようだ。

さらに第二候補地として、兵庫県の加古川台地、第三候補として東京近郊の八王子も加えられた。しかし、遷都論議は国民を動揺させるだけという閣僚の意見が大勢を占め、首都移転案は葬られた。

キヤノンのカメラはかつて、「観音カメラ」という名前だった

今では複写機、プリンターなどのOA機器分野への進出が著しい「キヤノン」。スタートはカメラメーカーだった。

一九三三（昭和八）年、そのころ全盛だったドイツ製カメラ、ライカやコンタックスに負けない小型35ミリカメラを開発しようとしたのが会社誕生のきっかけだ。創設者の一人が熱心な観音信者だったため、試作品には「KWANON（カンノン）」の名がつけられた。

二年後、名づけ親は研究所を去るが研究は続き、「カンノン」では世界に売り出すのにふさわしい名ではないというので新しいネーミングが考えられることになった。

そして生まれたのが「CANON（キヤノン）」だった。「判断の基準」とか「正典」という意味を持つこの言葉なら世界に通用するし、精密機器製品としてふさわしい。おまけに、もともとの「カンノン」に音も近い。

こうして一九三五（昭和十）年に、国産第一号の三五ミリカメラは世に出た。二年後には「精機光学工業」を創立。製品の名前を変更したかいもあって、世界に名を知られるようになった精機光学工業は、社名を一九四七（昭和二十二）年には製品名そのままの「キヤノンカメラ」に、さらにOAへの進出を機に一九六九（昭和四十四）年には「キヤノン」と変更することになった。

サンガリアの社名は、「国破れて山河あり」の詩が由来

清涼飲料水メーカーの「サンガリア」は、正式名称を「日本サンガリアベバレッジカンパニー」という。

名前だけを聞くと、どこか外国企業の日本におけるボトリング会社のような印象だが、実際は純国産企業である。サンガリアというブランド名は、カタカナ表記してあるものの、漢詩「国破れて山河あり」から借りてきたものだそうだ。唐の時代の杜甫の詩「春望」の一節である。

命名の理由は、サンガリアの研究姿勢の厳しさ、企業体質が柔軟性に富んでいることが、杜甫の人生観と優れた表現力に通じるからだという。

しかし「イチ、ニイ、サンガリア。ニイ、ニイ、サンガリア」というコミカルなCMを知っていると、杜甫の人生観という高邁な企業姿勢には思いもいたらない。

いずれにせよ国破れて山河ありなら、国破れてもサンガリアで、万が一の大災害でライフラインが断ち切られても、とりあえずサンガリアがあれば生き延びられそうな元気は湧いてくる。

静岡県には、「新幹線」という地名がある

新幹線は、戦後の日本が生み出した、世界に誇る鉄道だが、その発想は急に生まれたものではなかった。戦前から「弾丸列車」の名前で超特急を走らせる計画が、国鉄の前身である当時の鉄道省内にはあり、一九四〇（昭和十五）年には着工していた。

「弾丸列車」は、東京〜下関を九時間で結ぼうというもので、東海道・山陽新幹線の母胎ともいえる。当時のことだから、下関から釜山連絡線経由でソウルとさらに北京まで結ぼうという遠大な計画でもあった。

実現に向けて新丹那、日本坂のトンネルから着工した。しかし戦争の激化で中止。資材も人員も戦争に駆り出されて、鉄道の敷設どころではなくなったのだ。

このときの工事関係者の官舎があった一帯が、現在では「新幹線」と呼ばれている場所だ。今は静岡県田方《たかた》郡函南《かんなみ》町上沢《かみざわ》番地というのが正式住所になっているが、東海道本線函南駅の西南一キロメートルほどのところにある。

東海道新幹線開業以前から「新幹線区」

と呼ばれていた名残として、新幹線公民館、幹線上、幹線下というバス停が現存する。

ファミコンは海外では、「Nintendo」と呼ばれていた⁉

ファミコンといえば、世を席巻した家庭用ゲーム機である。一九八三（昭和五十八）年に、任天堂によって発売された「ファミリーコンピュータ」は、後継機の「スーパーファミコン」となったが二〇〇三（平成十五）年九月に生産を終了した。

この「ファミコン」の人気は、日本だけでなく海外にも広まった。しかし、海外では「ファミコン」も「ファミリーコンピュータ」も通じない。海外では、別の商品名で販売されていたからだ。

実は、任天堂が国内で売り上げを伸ばし、海外に市場を拡大しようとしていたときには、アメリカの市場ではテレビゲームはすたれていた。

そこで任天堂は、テレビゲームとは違うイメージを打ち出すことで、アメリカ市場に売りこんでいく策に出た。そこでつけられた名前が「Nintendo Entertainment System」（NES）である。テレビゲームの側面を打ち出すのではなく、ソフトを変えることでいろいろな遊び方が楽しめる次世代型玩具として売り出したのだ。実際NESは、日本のファミコンとは少し仕様が違っていたのだが、機構はほとんど同じものである。

販売戦略や人気ソフトによってNESは海外でも大ヒット商品となる。そして、ちまたではNESがいつしかメーカー名である「Nintendo」、テレビゲームで遊ぶことを「Play Nintendo」ともいわれるようになったのである。

ホワイトハウスは初めは白くなかった

アメリカ大統領官邸は、ホワイトハウスとも呼ばれている。大統領の住まいであると同時に、執務室や国賓を迎える公式宴会場イーストルームなども擁する建物だ。

この「ホワイトハウス」という言葉は、官邸を指すほか、アメリカ国内では大統領や大統領直属のスタッフを指すことも多い。真っ白に塗られた建物は、アメリカ大統領の象徴なのだ。

大統領官邸は、一七九二年に着工され一八〇〇年に完成した。J・ホーバンという建築家によって設計されたジョージアン様式の邸宅建築だ。

その官邸を初めて使用したのは、第二代大統領のジョン・アダムズ。

しかし、完成当時から真っ白だったわけではない。ではいつから白い建物になったのだろうか？

きっかけは、一八一二年に始まった米英戦争だ。この戦争中、一八一四年にイギリス軍が首都ワシントンまで迫った。このときの攻撃で炎上した大統領官邸は、戦争終結後の翌年、改修される。そのときに焼け焦げた跡を隠すために、白く塗られたのだ。その後、第二六代大統領ルーズベルトが、便箋に「ホワイトハウス」の名称を入れるようになると、「ホワイトハウス」はアメリカ大統領官邸の正式な呼称として使われるようになった。

一円玉のデザインは、戦後初の一般公募により誕生した

円の補助貨幣が制定されたのは、戦後、一九四八（昭和二十三）年のことだからそれほど昔のことではない。

そして、一九五四（昭和二十九）年十月二十二日には、一円硬貨、五〇円硬貨の製造が決まった。この新たな貨幣の発行には、戦後初めてデザインを一般公募することになった。

採用された五〇円硬貨の図柄は、現在のものとは違っている。穴はあいておらず、硬貨の大きな特徴である表の図案は、側面からみた一輪の菊であった。

一円硬貨は、一九五五（昭和三十）年に発行されて以来、現在でも使われている、おなじみの一円玉だ。ご存じのとおり、アルミ製で表には枝を広げる木の図案が配されており、裏には太い円の中に、大きく「1」が記されている。

デザインの応募期間は四十日だったが、一円玉には、二五八一件の応募があった。その中で選ばれたのは、表面は京都府の中村雅美さん、裏面は大阪府の高島登二雄さんによるものだった。

硬貨には、前出の五〇円硬貨の菊の花や、現行の一〇円玉の平等院のように具体的な植物や建物が使われているが、一円玉の木は特定の植物ではない。生き生きとした若木を表している。

当たり前のように使っている一円玉だが、改めてよく見てみよう。シンプルながら洗練されたデザインであることを再確認できるはずだ。

ちなみに、硬貨の表は「日本国」と銘されている側である。

ＣＤの最大録音時間は、『第九』に合わせて決められた

今や当たり前のように使われているＣＤ。このＣＤは、日本のソニー社とオランダのフィリップス社の共同開発によって生まれた。

従来のＬＰは、両面の録音が可能だったが、片面の録音時間は最長で約三十分。クラシック音楽などは片面では時間が足りず両面にわたるものや、二枚組とされていたものもあった。世界有数の名曲であるベートーベンの第九交響曲も複数枚に収録するほかなかった。

ＣＤ開発の中でも録音時間にこだわっていたソニーは、「ベートーベンの『第九』がすべて録音できなければ意味がない」と、この曲を一枚で収まるようにしようと考えた。曲の長さは、楽譜の量だけでなく、演奏する指揮者によっても変わってくる。ＣＤの録音時間を決めるときに基準とされたのが、世界の巨匠であり、メカ好きで録音にも積極的だったカラヤンの指揮である。

カラヤンがタクトを揮った第九交響曲の演奏時間は、七十四分四十二秒。一曲を途切れることなく収めるには、片面でこの時間を収めなくてはいけない。しかし、フィリップス社はディスクのサイズをできるだけ小さくしたかった。そこでぎりぎり七十四分四十二秒という時間が収められるサイズを割り出したところ、直径一二センチメートルということになったのだ。

つまり、ＣＤのサイズはカラヤンが指揮

したベートーベンの『第九』に合わせて決められたのである。そしてこの容量とサイズが世界統一規格となったのだ。

特許があれば歴史的偉人！　不幸な乾電池王・屋井先蔵

乾電池を発明した人物は、ドイツ人のガスナーである。ところが実は、乾電池の本当の発明者はガスナーではなく、日本の屋《や》井《い》先蔵《せんぞう》（一八六三［文久三］〜一九二七［昭和二］）という人物だった。

屋井先蔵は、時計職人として幼少時から技術を磨き、やがて多くの電気時計が連動して同じ時を刻む「連続電気時計」を発明する。これに使っていたルクランシェ電池というのが、経済性が悪いうえ、ガラス容器で重く、溶液の管理が面倒だったり、冬は電解液が凍ったりするという欠点があって使いづらい。そこで電池の改良に取り組み、一八八五（明治十八）年に乾電池を作ることに成功した。

ガスナーが乾電池を発明したのが一八八八年だから、屋井は三年も前に乾電池を発明していたことになる。つまり、この時点で特許をとっておけば、彼は乾電池の発明者として、歴史に名を残す人物になっていたはずなのだ。

ところが、屋井は特許を申請せず、自分が発明した乾電池に、液漏れについて改善の余地があったため、その改良に没頭。結局、彼が屋井乾電池を完成させたのは、三年後の一八八八（明治二十一）年。皮肉にも、この年、ガスナーは乾電池を発明したとして特許を取得し、乾電池の発明者となったのである。

屋井の悲劇はさらに続く。屋井乾電池は、一八九二年のシカゴ万博博覧会に出品され、注目を浴びた。だがその翌年、なんとアメリカから大量に乾電池が輸入されてきたのだ。それが、どうみても屋井乾電池のコピー品。しかし、当時は輸入品が「舶来品」と呼ばれて珍重された時代だったため、このアメリカ製のコピー品に人気が集中し、屋井乾電池は、市場を完全に奪われてしまったのである。結局、屋井が特許をとったのは、一八九三（明治二十六）年のことだった。

ただ、屋井乾電池は、最後に少しだけ報われる。日清戦争で日本陸軍の通信用の電源として使用され、寒冷地における性能や信頼性が高いということが証明されて、彼はやがて「乾電池王」と呼ばれるようになったのだ。

大船渡線「ドラゴンレール」は、政治家の身勝手で曲げられた路線

地元民の投票によって選出される政治家にとって、地域事業を住民に確約することは大切な戦略である。

しかし、住民のためとしながらも、自分の利益のために動く政治家もいる。政治家が個人的な利益のために、鉄道計画を変えてしまった例が大船渡線である。

一九二〇（大正九）年の総選挙のとき、政友会からは佐藤良平が出馬した。彼は、無名の新人でありながら与党の対抗馬を破って当選を果たした。当時計画が進んでいた一ノ関～気仙沼～大船渡間の鉄道建設の促進を公約にしていたことが大きな武器となったのだ。

めでたく議員となった佐藤は、鉄道建設という公約は守るものの、当初のルートから自分の住まいのある摺沢《すりさわ》を通るルートに変更させた。これによって鉄道は、一ノ関から陸中門崎《かんざき》までできたところで北に迂回することになる。

ところが工事が摺沢まで終わった時点で、政友会から与党の憲政会へと実権が移ると、ふたたびルートが見直され、今度は南下するルートが採用された。

大船渡線は一九三五（昭和十）年に全線が開通するのだが、政権の交代によって当初の計画とは違う、なべのつるのような奇妙な形の路線となったのだ。政治家の「我田引水」のお手本のようである。

また、この変わった形から「なべつる線」と呼ばれ、現在では「ドラゴンレール」という愛称で親しまれている。

人、馬、人力車、車が行き交う大正時代の道路事情

日本に自動車が初めて輸入された年については諸説ある。一九〇〇（明治三十三）年にのちの大正天皇である当時の皇太子のご成婚奉祝として、在米の日本人から献上されたのが最初に日本に上陸した自動車という説や、それより二年前にフランス人が日本へ売りこむために持ち込んだという説などである。

いずれにせよ自動車はその後、徐々に国内で普及しはじめ、一九一四（大正三）年には初の国産車の生産も発表された。

とはいえ、日本はまだ人力車が主要な乗り物であった。東京などの都市には路面電車や馬車も走り、一八八七（明治二十）年

頃から流行しはじめた自転車も走っていれば、馬で闊歩《かっぽ》する軍人や政治家もいるといういう状態。当然ながら歩く人もいるわけで、舗装されていない狭い道を、ありとあらゆるものが好き勝手に動き回っていたのだ。

こんな状態だから事故が起きないはずがない。日本風俗史学会編の『史料が語る大正の東京一〇〇話』によると、一九一七（大正六）年の事故による被害者数は約三七〇〇人。当時の自動車総数が九〇〇台余りだから、車の数より被害者のほうが多いというすさまじい状態だった。

この事態を受けて、一九一九（大正八）年には、日本で初めて全国統一の自動車取締令が発布され、同年九月十五日には、銀座や日本橋など、東京の大きな交差点四か所に交通巡査が登場し、交通整理を開始した。

しかし、この効果は残念ながらさっぱりだった。なにしろ誰一人交通整理のお巡りさんなど見たことがなかったのだ。警察官が腕をあれこれ振り回しても、その意味はさっぱりわからず、まるでおもしろい出し物でもみているかのように眺めるだけ。

また、一九二一（大正十）年には、手動だが「止マレ」「進メ」という札を表示する日本初の信号機も登場したが、こちらも物珍しがられるばかり。大正時代の交通ルールは、相当乱れていたようである。

折り込み広告は、宅配新聞を安くしている

新聞を毎日読む人にとって、一般的なのは宅配の定期購読だろう。一般紙の場合、駅売店やコンビニエンスストアで買うと、

朝刊は一三〇円、夕刊は五〇円だが、定期購読なら朝夕刊のセットでも一か月で四〇〇〇円以下になり格安だ。

「定期購読のほうがお得」という認識を持っている人は多いと思うが、よくよく考えてみると不思議なものだ。新聞社からすると、家まで届けるための人件費もかかる。購読を続けていると洗剤や野球のチケットなどをもらえることもある。自分で買いに行くよりもサービスが充実しているのに安いのはなぜなのか——。

新聞社が、駅売りより安いにもかかわらず宅配の定期購読のサービス強化に努めている理由として、まず契約をとることで販売部数を確保できるということが挙げられる。定期購読を利用する人が多ければ印刷部数の予測もしやすい。しかし、部数を確保しても、新聞の編集費、紙代、印刷代、流通コストや宅配の人件費などを考えると、宅配の購読料の価格では利益はほとんど出ない。

新聞社や販売店の収入につながり、購読者が新聞を安く買える理由は、広告にある。宅配の新聞には、地域の広告が折り込みで入っている（首都圏で一日二〇枚余）。この地域広告による収入は新聞販売店のものになるのだ。さらに、地域の広告が折り込み広告になっているので、本紙に全国版用の広告スペースを大きくとることができる。全国版の広告は値段も高いので、新聞はこの広告のスペースを売ることによって経営が成り立っているといえるのだ。

「話のネタ」写真館③

茨城県の牛久大仏は、世界一背が高い

ギネスブックできちんと世界一と証明されているのが、茨城県牛久市にある大仏像の高さだ。

牛久大仏とふだんは呼ばれるが、正式には「牛久阿弥陀大仏」といい、浄土真宗の寺の管理する墓地のシンボルとして建立されたものだ。

「墓参りという暗いイメージを払拭するために」、とにかく背の高さを誇って明るい話題になるよう、計画されたらしい。

大仏さまの身長は一〇〇メートル、台座部分も含めると地上一二〇メートルで、東京・霞ヶ関ビルの高さに匹敵する。像というより建造物といえそうだ。

たしかに、工事を請け負った会社は、岡山・香川を結ぶ瀬戸大橋の建設も担当している。レーザー測量をしてから、地上で六〇〇〇枚ほどの銅板を組み合わせ、クレー

体重400トンの牛久大仏。手のひらの面積だけで約18m。

ンで吊り上げながら建立したというから、架橋工事との共通点もありそうだ。

大仏さまの内部は八五メートル地点までエレベーターが通じ、安置された胎内仏の拝観ができる。写経コーナーや土産物売り場などもあり、現世利益と来世利益の双方が得られそうだ。

日本一低い山は、海抜〇メートルである

日本でいちばん高い山が標高三七七六メートルの富士山ならば、日本でいちばん低い山は大阪市港区にある天保山《てんぽうざん》である。

天保山は一八三一（天保二）年頃に、安治川浚渫《しゅんせつ》の土砂を積んで作られた人工の山。江戸時代には葛飾北斎が絵の題材にしたこともあるという、由緒ある入出船の目印となった山だ。

当初は高さが二〇メートルほどの山だったが、地盤沈下や港湾整備などでいつの間にか少しずつ低くなり、今では標高わずか四・五メートル。低くなるにつれて世間からも忘れられ、いつの間にか地図からも抹消された。

これに気づいた地元住民からの指摘で、一九九六（平成八）年に、無事「大阪西南部」の二万五〇〇〇分の一地図に復活を遂げ、同時に、それまで日本で最も低い山といわれていた仙台市の日和山《ひより》を抜いて、堂々の「日本一低い山」に輝いたのである。

しかし、これはあくまで国土地理院に公認されている山の話であり、公認されていない山も入れれば、天保山の日本一の座はあっさりと奪い取られてしまうのだ。

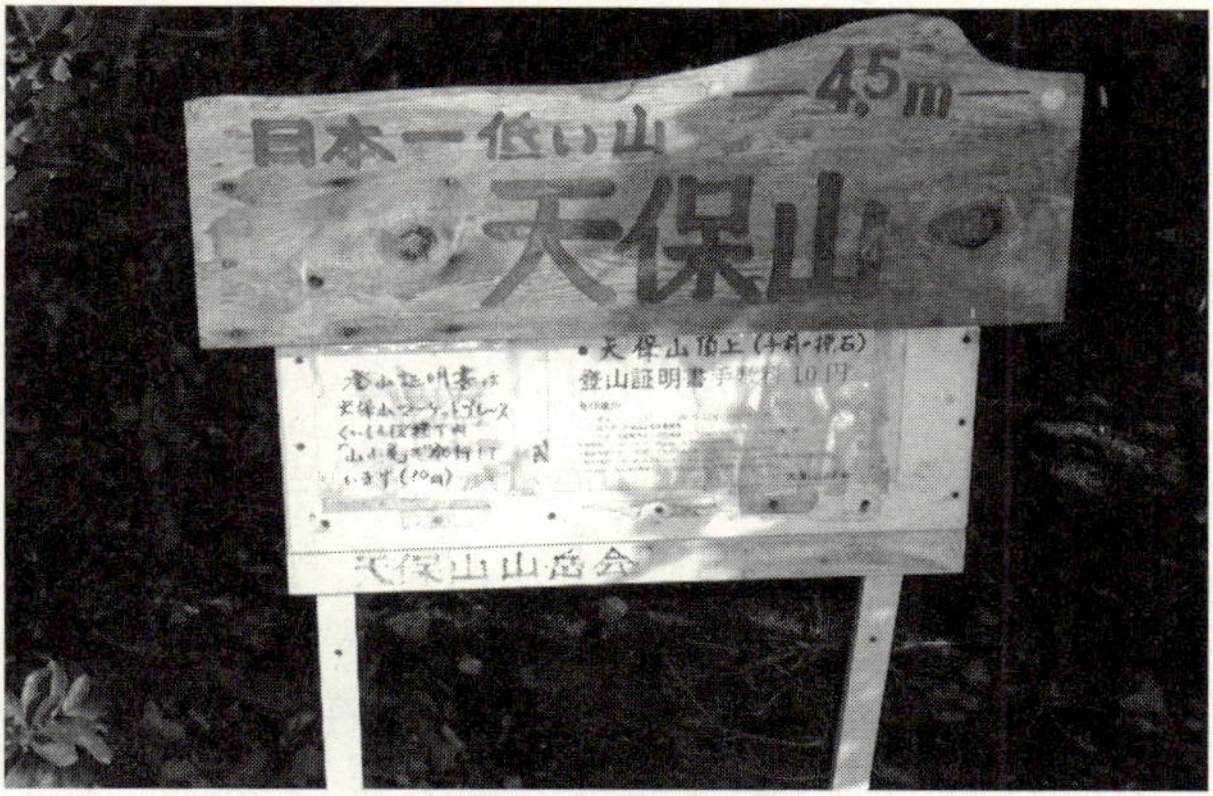

天保山は、かつて葛飾北斎が絵の題材にしたこともある。

そのライバルとは、秋田県の大潟《おおがた》村にある大潟富士。高さは三・七七六メートルで、天保山よりかなり低い。おまけに、この山の頂上はちょうど海抜〇メートルという、世にも珍しい山なのだ。

実は大潟村は八郎潟を干拓してできた村で、村全体が海面より低い。その村にある大潟富士は、標高が富士山の一〇〇〇分の一になるように作られた人工の山。富士山の一〇〇〇分の一の三・七七六メートルの山を作ったら、偶然にも頂上が海抜〇メートルとなったというわけである。国土地理院への申請はしていないために天保山は今も一位の座をキープしているが、この先、その地位を奪われる可能性は十分にある。

毒キノコであるベニテングタケは、欧米では幸運のしるし

ディズニー絵本の『白雪姫』には、七人の小人が暮らす森の中にカラフルさが際立つキノコが描かれている。赤いカサに白い斑点が入ってかわいらしい。

『白雪姫』に限らず、『赤ずきんちゃん』でも『ヘンゼルとグレーテル』でも、森が登場する西洋の童話が絵本になるときは、決まって赤白模様のキノコが描き込まれる。欧米では幸運のしるしとされているからだ。

日本では、赤白模様のキノコは危険だとされている、ベニテングタケのことだ。小学生向けの植物図鑑にだって載っているほどである。

夏〜秋にかけて、針葉樹林、広葉樹林に発生する「ベニテングタケ」。

ベニテングタケに限らず、色の派手なキノコは危険だから食用にしてはいけないというのは世界共通のようである。

それでも、あえて幸運を強調したいために欧米で赤白のキノコを絵にするのは、実はベニテングタケの毒性が強くないことが知られているせい。そもそも赤などの色鮮やかなキノコが毒というのは迷信といってよく、カラフルだが食用になる種もある。

ベニテングタケはその意味で例外的存在。赤くて本当に毒性がある代表といえる。そしてたしかに胃腸や神経系統に影響を及ぼし、幻覚や昏睡などの症状を引き起こしたりする。

第 8 章

初対面の人と
すぐに打ちとけられる
49本

ビールの王冠にあるギザギザの数は、すべて二一である

ビールビンのフタとなっている王冠のギザギザを数えると、特大ビンを除いて、どのメーカーの製品もすべて二一となっている。一八九二年にアメリカのクラウンコルク&シール社の創始者のウィリアム・ペインターが王冠を発明して以来、海外でも日本でも統一されてきた数字だ。

この二一という数字にはちゃんと理由がある。

物をしっかりつかんだり、支えたりするには、二点でも四点でもなく、三点が最も安定するというのが、力学の常識となっている。

王冠のギザギザには、ビンからはずれないよう、ビンの口をしっかりつかむという役割があるので、この力学の常識が採用されることになった。

だが、王冠を三点だけで固定したのでは、すき間ができてビールの炭酸ガスが抜けてしまうし、はずれやすい。そこで三の倍数でギザギザを増やすこととなったが、あまりにもギザギザが多すぎれば、栓抜きがうまく引っかからず、栓を開けられない。

そこで、研究を重ねたところ、直径二六・六ミリメートルの王冠は二一個のギザギザで固定するのがいちばんよいとわかったのである。

日本では一九〇〇（明治三十三）年に、それまでのコルク栓に代わって王冠を用いたビールが売り出され、現在、ギザギザの数は日本工業規格（JIS）で規定されて

いる。

大相撲の塩は、一日四五キログラム用意されている

呼び出しと行司に名前を呼ばれて土俵に上がった力士が、取組前の制限時間までにする儀式は手順が決まっている。

力水《ちからみず》をつけてもらって、土俵に塩を撒《ま》き、対戦相手とにらみ合う。

この塩を撒くという行為には、二つの意味がこめられている。

一つは一般の生活でも取り入れられている「清め」の意味だ。古くから海水や塩が心身の穢《けが》れを払うものとして扱われてきた延長線上にあって、葬儀に参列したあと家の入り口で塩をチョチョッとかけてから入るというのと同じ。

このパフォーマンス
期待されている様で
やめられないんです。

葬儀のときは、外の穢れを内に持ち込まないためだが、土俵では「これからの対戦の場を清め、取組が神聖なものである」ことを示すために使う。

塩を使うもう一つの意味は「殺菌」効果。

土俵上で転がったとき、もし体に傷があれば、土俵に敷かれた砂などからばい菌が入って化膿するかもしれない。それを防いでくれるのが塩の殺菌力である。

土俵を清めながら、砂と混じることで消毒剤に変わるという一石二鳥の効果を持たせている塩。それでも使っていいのは十両以上の力士で、幕下以下の力士には塩撒きはない。

高く放り上げたり、土俵に叩きつけるように投げたり、気持ちばかりチョロッと撒いたりと力士のパフォーマンスにもなる塩の、一日の使用量は約四〇～四五キログラムほど、一場所中には六五〇キログラム以上が用意されている。

箱根駅伝のたすきは、出場校の自前である

今ではすっかり正月の風物詩となった箱根駅伝。一九二〇（大正九）年からスタートした伝統ある駅伝競走だ。

一般に駅伝のたすきは主催者側が用意する。だが、箱根駅伝のたすきは、出場する大学が各校ごとに用意する。したがって、それはただのバトンとしてのたすきではなく、母校の名誉を担うユニフォームの一部であり、校旗のような存在なのだ。

そのため、なかには何代にもわたって同じたすきを保管し、箱根駅伝の日にだけ使

う大学もある。その一方で、新たな気分で出場するため、毎年新しいものを用意する大学もある。どれも出場校の熱い思いがこもったたすきなのである。

このたすきをかけて出場する選手の胸にあるのは、何が何でも最後までたすきをつなぐこと。昔と違い、現在の箱根駅伝では、交通事情などからトップとの差が一定以上開くと、次の中継所では繰り上げスタートとなる。前の走者が到着しなくても、次の走者はスタートしなければならない。

その際には、母校のたすきをつなぐことは不可能。そこで、代わりに主催者側が用意した「繰り上げたすき」をかけてスタートする。これは選手たちにとって大きな無念であり、屈辱だ。

こうして一本のたすきをつなごうと、過酷な走路を必死で走りぬく選手たち。箱根駅伝の人気の秘密は、その真摯《しんし》な姿が人々の感動を呼び起こすことにあるのかもしれない。

東芝とＮＥＣの創業者は、エジソンの会社で働いていた

東芝とＮＥＣといえば、電気・エレクトロニクス業界で日本を代表する会社だが、両社にはおもしろい共通点がある。どちらの創業者も、明治時代にあの発明王エジソンの会社で働いていたのだ。

ＮＥＣの創業者・岩垂邦彦と東芝の創業者・藤岡市助は、どちらも日本の近代化に大きな役割を担った工部大学校（現・東京大学工学部）で通信工学を学んだ。そして時期こそ違うが、それぞれ当時世界でもっとも有名な電信技師といわれたトーマス・

エジソンに会うために渡米した。

渡米後、岩垂は、最初ニューヨークのテスティング・ルームというエジソンの施設、次にエジソン・マシン・ワークス社で働くことになる。一方、藤岡も、エジソンの電球工場に勤務。勤勉をモットーにしていたエジソンは、二人の日本人の働きぶりを高く評価したという。

岩垂は、帰国後に現在のNECの前身である企業を創業した。また、藤岡も、アメリカで白熱電球の製造工程を学び、帰国後はその経験をもとに後の東芝となる会社の創立者となった。

実は、エジソンは海外市場、なかでも日本を重視し、ターゲットにした国の政治や文化の中心人物との関わりを大切にした。二人の日本人を自社で働かせ、その後も親しくつきあったのには、こうしたエジソンの日本への熱い思いが関係していたのかもしれない。

日本一大きい奈良の大仏は、じつはツギハギだらけ

奈良・東大寺の大仏は、高さおよそ一五メートル。現代のビルでいうと五階建てくらいに相当する。文字どおり日本一大きい仏像だ。

こんな大きな像を七四九（天平勝宝一）年にほぼ完成させたというのだから、大変な工事だったと想像できる。しかも工事期間はたった七年だった。

そのために開眼間もなくから突貫工事の影響が出はじめたようだ。数年でゆがみが生じたとされる。

やがて頭も傾きはじめ、百年後の平安時

代にはとうとう地震で頭部が落ちてしまう。木造の芯を支えに、中は空洞で表面が厚さ五・五センチメートルしかない銅像のもろさが一気に出てしまったようだ。

　そのたびに修復はされたが、源平の合戦時代、堂塔焼失のときに胴体が焼けて溶けてしまう。のちに源頼朝によって新しく鋳造されたものの、今度は戦国時代初期に焼き討ちにあって頭部が溶けてしまう。

　このときは百年以上も放置され、頭部が再建されたのは一六九一（元禄四）年になってからだった。これが今見ている大仏像で、日本最古とはいいつつ、建立時のものは台座の蓮弁だけ、胴は鎌倉、頭は江戸時代のものというツギハギだらけの像だ。

　とくに江戸時代に造られた頭部は制作者が自宅前に大仏像の模型を置き、道行く人があれこれいうのを聞いて参考にし、修正しながら造った結果、創建時の顔とはまるで違うといわれている。

鹿児島と宮崎の県境には、「韓国」がある

日本国内にハワイがあると売り出したのが、かつての鳥取県「羽合町」で、音が同じというだけのことだった（今は合併して湯梨浜町）。

　鹿児島県と宮崎県の県境にある「韓国」は、文字は隣の国と同じだが音が違って「からくに」と読む。山の名前だ。

　霧島連峰の最高峰で、標高一七〇〇メートル。二万二千年～六千年前に形成されたとみられていて、霧島火山群にありながら、噴火したという記録は有史以後にはない。

なにしろ宮崎は、天孫降臨の地といわれる高千穂の峰を持つ土地。『古事記』に、すでに「からくにだけ」としてこの山が登場してくる。

「万葉仮名」で表された「からくにだけ」に、「韓国岳」の文字が使われるようになったとはいえ、実在の韓国とまったく関係がないわけではない。

『古事記』によれば、あまりに高く眺望もいい山なので「から」の国まで見ることができるというのが名前の由来のようだ。

「から」というのは、この時代の朝鮮半島南部にあった国の名前で、のちに中国の「唐」も同じ読み方をした。

ところが現実には、地形などを考えると韓国岳から朝鮮半島まで見えるはずはなかった。ただ頂上からの眺めのよさに、比喩的に使っただけのようである。

関西国際空港は、年に一〇センチメートル以上沈んでいる

大阪湾沖合いの五キロメートルあたりに、大量の土砂を埋め立てて造成されたのが、関空こと関西国際空港。

しかし、大きな問題を抱えている。埋め立て地に宿命の、地盤沈下だ。

水深一八メートルの海を、約一億五〇〇〇万立方メートルという土砂で埋め立てる工事の途中から、地盤沈下は想定されていた。

沈みそうだと思える部分は最初から高く造成しておくといった予防策もとられ、開港後に二メートル沈下、その後の五十年間で一二メートルほど沈むと見越して工事が行われた。

ところが、工事中にすでに一～一・五メートルも沈み、完成後は年間一〇センチメートル以上ものスピードで沈み続け、開港十年ですでに見込んだ以上の一二・三メートルも沈んでいる。このままいけば、空港の建物も滑走路も水上にプカプカ浮くことになってしまいそうだ。

しかし、これには近代工法というマジックが救世主となる。それがジャッキ工法で、沈下した分だけジャッキで押し上げるのだ。

空港建設予定地として造成した約五〇万平方メートルの土地のうち、ターミナルビル建設面積およそ一二万平方メートル部分には約九〇〇本の柱が打ち込まれている。

その柱すべてには、沈んだ分が持ち上げられるよう、あらかじめジャッキが備え付けられていたのだ。

近い将来首都圏に、六〇〇メートルのタワーができる

東京タワーの高さは三三三メートルだが、なんとその倍近くにも及ぶ六〇〇メートル級のタワーを首都圏に建設する計画が起こっている。

首都圏に高層ビルが増えて、東京タワーからの電波が届く範囲が限られるようになったため、東京タワーより高い新タワーが必要とされるようになったのだ。

とくに二〇〇三（平成十五）年十二月から関東地方で始まった地上波デジタル放送は、直進性の強いＵＨＦ波を用いるため、今より高層のタワーがあれば、親局から電波の届く範囲が広がる。

それに、携帯電話や車に搭載したテレビ

などで、移動しながら電波が受信できるようになる……というのも、新タワー建設計画の大きな動機だ。

この計画が実現すれば、高さ五五三メートルのカナダのＣＮタワーを抜いて、世界一高い建築物となる。

新タワーの建設地としては、一九九七（平成九）年頃から、首都圏各地で「うちの町に新タワーを」と誘致する声が起こっている。新タワーが完成すれば、ＮＨＫや在京民放五社が支払う施設使用料のほか、観光収入も見込めるからだ。

二〇〇五年三月現在、東京都墨田区の押《おし》上《あげ》・業平橋《なりひらばし》駅付近が第一候補地となっている。

ＪＲの駅にある売店「キヨスク」は、トルコ語である

鉄道の駅には、たいてい小さな売店がある。こうした売店には鉄道会社によってそれぞれ名前がつけられているが、いちばん有名な名前は、ＪＲの「キヨスク」だろう。

ＪＲの駅に売店ができたのは、国鉄時代の一九三二（昭和七）年四月に誕生した上野駅・東京駅構内の店舗が最初である。当時の名前は「鉄道弘済会売店」という堅苦しいものだったが、一九七三（昭和四十八）年に、当時の鉄道弘済会が創立四十周年を迎えたのを記念して、「ＫＩＯＳＫ（キヨスク）」という愛称をつけた。

「ＫＩＯＳＫ」というのは英語だが、その

語源はトルコ語の「あずまや」を意味する「キウシュク」であり、さらに語源をたどると、ペルシャ語で宮殿や別荘を意味する「コーシュク」に行き着く。

この「KIOSK」という言葉は、「駅の小さな売店」「駅や街頭の新聞雑誌売り場」として国際的に使われており、鉄道が発達している国なら、世界共通語に近い言葉となっているのである。

本来は「キオスク」と発音するのだが、あえて「キヨスク」と発音するようにしたのは、「清く」や「気安く」という意味をこめてのことである。

ちなみに、一九八七（昭和六十二）年に国鉄が分割民営化されると、キヨスクも鉄道弘済会から分離し、北海道キヨスク、東日本キヨスク、東海キヨスク、西日本キヨスク、四国キヨスク、九州キヨスクの六つの株式会社となり、現在に至っている。

クジラが潮を吹くのは、息継ぎをするためである

クジラは潮を吹いているところがよく描かれる。

あのクジラの潮吹きは、実は呼吸だ。クジラは哺乳類なので、魚のようなエラを持ってはおらず、肺で呼吸をする。そのため、定期的に海面に出て息継ぎをしなければならないのだ。

クジラの鼻孔は背中にあり、海中にもぐるときには閉ざされ、息継ぎのため海面に出たときには開く。鼻孔は少しくぼんでいるので、くぼみに海水がたまり、吸った空気を吐き出すとき、その海水が空中に吹き上げられる。

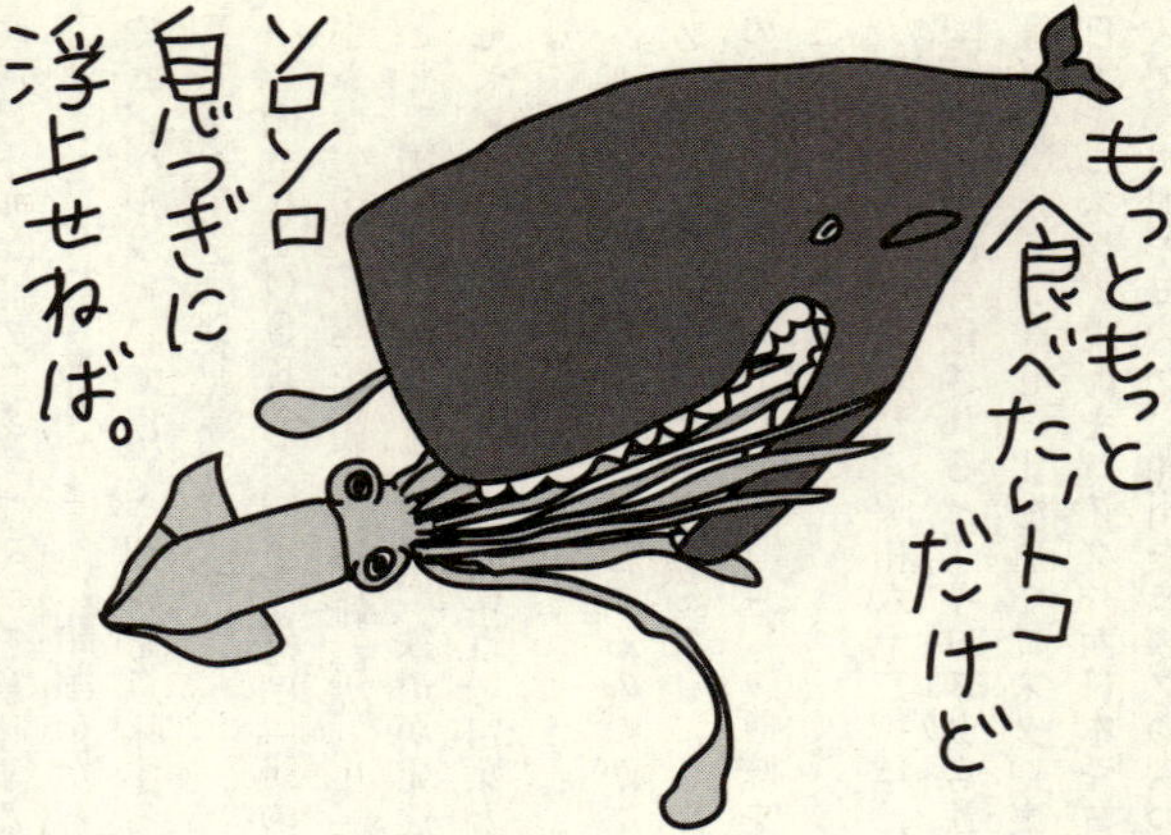
もっともっと食べたいトコだけど
ソロソロ息つぎに浮上せねば。

とはいえ、鼻孔のくぼみにたまる海水の量はそれほど多くない。クジラが高く吹き上げている潮は、実はそのたまった海水ではなく、吐いた息だ。

クジラは恒温動物で、つねに三八℃ほどの体温がある。そのため、吐く息は温かく、海上の空気が冷たければ、吐いた息が白くなる。寒い日に人間が吐いた息が白くみえるのと同じだ。それが、遠くからみると、クジラの背中から海水が噴水のように噴き出しているようにみえるのである。

この息継ぎの間隔がクジラのなかでもとくに長い潜水名人は、マッコウクジラだ。

マッコウクジラは、一時間近く息継ぎせず、ときには水深三〇〇〇メートルもの深さまでもぐって、深海に生息する大きなイカを食べる。子供のマッコウクジラはそんなに深くもぐれないので、親たちがエサを食べにもぐっている間、海面で待っている。

日本地図には、「北」が三つある

方角で「北」といえば、誰もが同じ方向を指すはずだ。でも、実は「北」は三つある。「真北」と「磁北」「方眼北」である。

まず「真北」というのは、その地点からみた北極点の方向のことである。国土地理院発行の一万分の一から二〇万分の一の地図には、経線に沿って縦線が引かれており、この線の上のほうが「真北」だ。

「磁北」というのは、その字からもわかるように磁石で指す北のことである。磁石が指す北は、基本的には北極点の方角と同じはずなのだが、実際には少しずれており、ずれ方は場所によって違う。日本の北海道は真北より西に約九度寄っているし、東京や名古屋では七度、九州では約五度西にずれている。アメリカの場合は日本とは逆で、磁北は真北より東にずれている。西にずれることを「西偏」、東にずれることを「東偏」といって、国土地理院の地形図には「西偏〇度〇分」というように記載されている。

「方眼北」は、国土地理院が北海道から沖縄までを一七区域に分け、それぞれの区域の中心を原点として、その原点を通る真北のことを指す。土地を平面と考えて地図を作るための便宜上の北となる。実際の地球は平面ではないため、原点から東西に離れるにつれて真北と方眼北がずれてしまうのだが、狭い範囲内の地図には適した方法なのである。

同じ北なのに三つもあるとはややこしい話。しかも、市街地図やドライブマップなどには、いったいどの北が採用されているのかもわからない。

　とはいえ、実際の生活では、三者の小さなずれが問題になるような場所は、そうそう訪れないだろう。もし気になるなら市街地図を片手に持ち、北極星を見ながら、磁石で北を探してみよう。その三者の方角のずれを実感できたなら、あなたは方位の天才間違いなし!?

品川駅は、品川区にはない

　東京から横浜方面へと走る京浜急行に乗っていると、なんとも不思議な気分になる。なにしろ、品川駅を出て、次の駅が「北品川」なのである。

　東京の地形に詳しい人ならすぐにピンと来ると思うが、京浜急行というのは、東京から南西方向に向かって走る路線である。ということは、品川駅の次の駅は、品川駅の西か南に存在しているのがふつうだ。地図で確認してみると、やはり北品川駅は品川駅の南に存在しているのだ。

　まるで「北品川駅」が間違いを犯しているような表現になってしまったが、実は間違いを犯しているのは、ターミナル駅である「品川駅」のほうなのだ。

　その原因は、品川駅の場所にある。品川駅というぐらいだから、品川駅は品川区に存在していると思うだろうが、実は品川駅のある場所は、品川区ではなく港区なのだ。

　北品川駅のほうは、かつての品川宿の北

に位置するためにこの名がつけられたのだが、品川駅が品川宿よりはるか北につくられたため、こんな不思議な現象が起きたというわけである。ならば、品川ではなく「港駅」とでもしたほうがよかったように思えるのだが……。

　同様に、山手線の目黒駅も、目黒区ではなく品川区大崎に存在している。こちらこそ品川駅にすればよかったようなものなのだが、目黒駅は区名とは関係なく、近くに有名な目黒不動尊があることから名づけられたのだ。

　ちなみに、大阪の環状線にも天王寺、大正、福島と、区名と同じ名前の駅が三つ存在しているが、これらはすべて駅の名前と区名が一致しており、実にわかりやすい。

環状運転をしている山手線にも、実は出発点と終点がある

　東京の都心部を環状運転している山手線は、出発点も終点もないようにみえる。駅や車両の表示をみても、ＪＲの他の路線のように「上り」「下り」ではなく、「外回り」「内回り」で区別されている。

　あえていうなら、始発電車が出たり、終電の終着駅となったりしている池袋と大崎と田町が出発駅で終着駅のようにもみえる。

　だが、実は、山手線には出発点も終点もあり、それは池袋でも大崎でも田町でもない。品川が出発点で、田端が終点だ。

　山手線は実は環状線ではなく、正式には、品川から新宿を経て田端までの区間だ

けをいう。田端から東京までは東北本線、東京から品川までは東海道本線であって、正式には山手線ではないのだ。

駅の表示ではわかりやすくすべて「山手線」となっているが、私たちが「山手線」と呼んでいるのは、実は単一の路線ではなく、複数の路線の集合体なのである。わかりやすいように、便宜上、他の路線の部分も「山手線」と呼んでいるだけなのだ。

出発点と終点があるからには、山手線にも「上り」と「下り」がある。出発点の品川から新宿を経て田端のほうに向かう外回りが「下り」、その逆が「上り」である。

日本一長い駅名は「ルイス・C・ティファニー庭園美術館前」

駅名が、長さを競い始めた。

きっかけは、一九八八（昭和六十三）年に、福島市と宮城県槻木《つきのき》間を結ぶ阿武隈急行が「やながわ希望の森公園前」という駅を作り、「この駅こそ、日本一長い駅名だ」と、大々的にPRをしたことだった。

駅名の長さより、その土地や公園の良さを売り出したほうがいいようにも思えるが、「日本一」と聞けば、ついつい興味を持つのが人間というもので、長いという理由だけで、この駅はかなり有名になった。

こうなると、当然ながら記録を破ろうとする駅は出てくる。一九九〇（平成二）年には、水戸・鹿島神宮間の鹿島臨海鉄道・大洗《おおあらい》鹿島線が「長者ケ浜潮騒はまなす公園前」を開設し、われこそは日本一だといい出したのである。

さらに、一九九二（平成四）年には、九州阿蘇山のふもとを走る南阿蘇鉄道・高森線に「南阿蘇水の生まれる里白水高原」駅が登場。いかにも、「長くしたかったからむりやりこういう名前にしました」的な駅名であり、実際、そのように目論んで命名したのである。

　なんともバカバカしい話だが、これで終わらない。二〇〇一（平成十三）年、ついに王者を破る駅が現れた。その名も「ルイス・C・ティファニー庭園美術館前」駅。島根県宍道湖《しんじこ》北岸を走る一畑《いちはた》電気鉄道・北松江線の「古江」駅を、美術館のオープンをきっかけに、美術館の名前を冠した名前に変更した。「・」も一字に数え、漢字・英字まじりで、堂々の日本一に輝いたのだ。これも、日本一長い駅名を意識してわざわざ長い名前に改名されたのだ。

　駅名標には、「日本一長い駅名です」と誇らしげに書かれているが、かつて日本一だった「南阿蘇水の生まれる里白水高原」駅では、「ルイス・C・ティファニー庭園美術館前」駅には「・」だの「ー」が多いことなどから文字の数え方に異議を唱え、日本一の座を譲らないとの噂もある。

女子高生のシンボル「セーラー服」は、福岡発祥だった

　日本の女子高生のシンボル「セーラー服」が日本に初めて登場したのは、一九二一（大正十）年のことだ。発祥地は九州の福岡。今も多くの女学生が学んでいる福岡の「福岡女学院」である。

　当時は大正デモクラシーの全盛期で、第一次世界大戦の停戦とともに経済が成長し、婦人参政権運動や婦人雑誌の発刊など、女性の解放や社会進出が進んでいた時

代だった。

福岡女学院は、一八八五(明治十八)年に設立され、一八八八(明治二十一)年には当時としては珍しい洋館建築の新校舎が建てられた。これは福岡初の洋館建築で、多くの人々が弁当持参で見物に訪れたという。

とはいえ、当時の女学生の服装は、まだ袴に足袋《たび》、草履《ぞうり》姿。これを一新したのは、一九一五(大正四)年にアメリカから赴任してきたエリザベス・リー校長だった。彼女は、女学生にバスケットボールやバレーボールなどの球技を教えようとしたが、着物姿で女性が跳ね回るのはいかがなものかという苦情が父兄から寄せられた。それならば生徒に洋服を着せようと思いついたのだ。

さっそく自分の持っている洋服をチェック。その中から選んだのが、ダークブルーに赤い線の入ったセーラー服タイプのドレス。これを地元の太田洋服店に持ち込み、八回もの試作を重ねて現在のセーラー服の原型を産み出した。

そしてついに一九二一(大正十)年、日本初のセーラー服が導入されたのだ。

このセーラー服はまたたくまに大評判となり、最初に問い合わせがあった函館のミッションスクールには、わざわざ福岡から太田洋服店が北海道まで呼ばれて行って作り上げた。その後、東洋英和(東京)、プール(大阪)、九州女学院(熊本)、西南女学院(小倉)など、続々とセーラー服は採用されたのである。

ペコちゃんが日本に来たのは、不二家のいい匂いにひかれたから

企業のキャラクターとしておそらく日本一といっていいのが、不二家のペコちゃん。店頭に置かれた歴史と今も現役という点では、他の追随を許さない。

キャラクターとしての登場はミルキー発売と同時だから一九五一（昭和二十六）年であるが、昭和七、八年頃から温められていたというから遠大な計画だった。

古来、子牛のことを「べこ」と呼ぶ地方が多かったことから、ミルクを原料としたミルキーのキャラクターとして洋風に「ペコ」と命名された。一年遅れて男の子の友達「ポコ」が登場するが、こちらは室町時代頃の幼児を意味する言葉「ぼこ」のアレンジだった。

ミルキーのパッケージデザインで登場したペコちゃんだったが、販売促進のためではなく、不二家という店を「街のオアシス」としてアピールするために店頭に置かれるようになっていく。

やがてペコちゃん人気が高まるにつれ、キャラクターにさまざまな肉づけがされていった。

生まれ故郷は、地球上のどこかの夢の国。夢を世界に届ける旅の途中、いい匂いにひかれてたどり着いたのが不二家だった。そして大好きなお菓子の魅力に負けて居ついてしまったらしい。

最初はお菓子を食べてばかりだったペコちゃんも、やがてお菓子作りを手伝ったり、お店を訪れる子供たちと遊んだりと、元気に過ごす毎日。ただし永遠に年はとら

ず、六歳のままで身長も一〇〇センチメートルから伸びない。

一つ年上のポコちゃんも、同じ夢の国からの来訪者でスポーツ好き。ペコちゃんが困ったとき助けてくれる頼もしい男の子だ。

……というようなストーリーがしっかりできていて、企業ぐるみで守り育ててきたのがペコちゃん人気の秘密だ。

サイズがそのまま商品名になった ポテトチップス人気の秘密

ポテトチップスは、つまみ食いするのにぴったりだ。オフィスでのティータイムや、ちょっと小腹がすいたとき、あるいはソファに寝転がってDVDを見るとき……と、なかなかの人気である。

ただ便利でおいしいのはいいが、それまでの商品では一口で食べきれなかった。かじったら破片はパラパラと落ちるし、こぼれた破片の油で衣服やじゅうたんは汚れるし、気軽にいつでも手を出すというわけにはいかない。

ここに注目したのがS&B社の開発担当女性社員。もし一口で食べられるサイズだったらと提案して、「5／8 CHIPS」が誕生した。直径が従来品の八分の五サイズである。

わさび味、ビーフコンソメ味、ガーリック風味、梅しそ味に激辛タイプと種々のポテトチップスが氾濫する市場で、ごくプレーンな塩味のこの商品が売り上げを伸ばしたのは、ひとえにこのサイズによるものだ。

これまで多くの女性があきらめていたサ

イズ問題を、一気に解決したのだから当然だ。

それも、開発までには3／8、5／8、2／3、1／2といろいろなサイズを試作してモニター調査を行った結果の「5／8」サイズだった。その後、五歳以下の子供向けにと3／8サイズも売り出したが、こちらは不評だったという。

やはり若い女性消費者をターゲットにしたことがヒットの理由で、考えてみれば幼児を持つ母親が、しょっぱくて油っぽいポテトチップスを喜んでおやつに与えるはずもないのである。

手打ちうどんの名人・水戸黄門は、日本で最初にラーメンを食べた

水戸の黄門さまこと徳川光圀《みつくに》は、日本中を旅などしていなかったというのは周知の事実だ。テレビで放映されているように全国を旅していたのではないのだ。しかし、彼はかなりのグルメで、日本各地から珍しいものを、今でいうお取り寄せで食べていたと『桃源遺事』という書物に記録されている。

グルメぶりは徹底していたようで、六十四歳での隠居後の晩年十年間の食事を、毎日毎食、ていねいに書き綴った『日乗上人日記』まであるほどだ。光圀の隠居所・西山荘の隣人だった日乗上人だったからこそできた作業だろうが、それだけ光圀の食通ぶりが知られていたため、記録の価値があると考えたに違いない。

代表的なのが、まだ藩主だった三十八歳のとき、長崎にいた朱舜水《しゅしゅんすい》を江戸に招いて、中国の麺をご馳走になっている。レン

コンから取った澱粉で打った麺と豚の腿肉を塩漬けして作る中国ハムからとったスープの麺料理。

薬味や具にニラの若芽や茎、香菜、四川省産の山椒などが入っていたというから、これが日本初のラーメンだったといわれる。しかもこの中国麺をことのほか気に入ったため、舜水は麺の材料の澱粉を光圀に献上するようになったという。

舜水のラーメンは光圀が手打ちうどんをふるまったことへの返礼だったが、光圀の麺好きも残された書物からうかがうことができる。まだ江戸で蕎麦切りが人気になる前のうどん絶頂期ではあったが、好きが高じてみずから打つこともたびたびだったようだ。

さらにうどんに限らず、伊予の国から届けられた素麺に舌鼓を打ったといった記録が日乗上人の日記にもあり、相当な麺食いだったようだ。

百万年後、琵琶湖は日本海に消える

日本最大の湖の琵琶湖は、誕生が五百万年ほど前と古い。これはカスピ海やバイカル湖と並ぶ数少ない「古代湖」として、大きさだけでなく世界に誇れる湖だ。

魚介類が一〇〇種類ほども生息していて、種類が多いだけでなく固有種の豊富なことが古代湖であることの証明。大事に保存していきたい、地理的世界遺産といっていいのである。

琵琶湖は五百万年前、今の三重県伊賀上野のあたりに起こった地殻の断層運動で誕生したということがわかっている。そのとき陥没してできたのが瀬戸内海だ。

伊勢湾や大阪湾ともつながっていたという当時の琵琶湖は、現在の滋賀県より約一〇〇キロメートルも南に位置していたことになる。ということは、長い年月をかけてそれだけの距離を北へ移動してきたということ。

そして今も年に二センチメートル程度、北へ移動しつづけている。そのために琵琶湖の南側は消滅期に入っていて、いずれ堆積作用で埋まってしまうはずだ。計算では五万年先となってはいるが……。

そしてさらに時が流れるとどうなるかといえば、滋賀県から北へ北へと進んで日本海に突き抜け、消滅する運命にある。それが百万年先の予定だ。

相撲の土俵は、場所ごとに作り直している

神聖な場所として扱われる土俵は、作りっぱなしの使い回しではなく、場所ごとに新しく作られる。

作業にあたるのは、呼び出したち。土俵上で次に取組をする力士の名を呼びあげたり、取組後の土俵上を掃いてならしたりするほか、控えにいる力士の世話など土俵まわりの仕事に責任を持つ役目柄、土俵作りも彼らの仕事になる。

土盛りして叩いて固め、俵を埋めこんで、と、すべて手作業で行われるため、四〇人ほどいる呼び出し全員がかかりきりで三日はかかるという。

土俵作りは、相撲協会によってすべて規

定されている。土俵の直径、土台の正方形のサイズのほか、使われる土も決まっていて、相撲協会は「荒木田の土をもってつき固め」としている。この荒木田とは、東京・荒川区の荒川沿岸にあった土地の名で、今の町屋《まちや》あたり。

　少し粘り気のあるところが土俵向きというので定められたらしいが、今はなくなってしまい、よく似た千葉・我孫子《あびこ》付近の土が使われている。

　国技館での年に三回の本場所と大阪・名古屋・九州での本場所でも同様に場所ごとに作り、さらに各相撲部屋の稽古土俵も、場所ごとに新たにされる。

　また、場所のないときの地方巡業でも土俵作りをしなければならず、呼び出したちの土俵作りの作業は年間三〇〇回近いものになるという。

アン王妃は、夫のイギリス国王の陰謀によって処刑された

　テューダー王朝第二代のヘンリー八世には、キャサリンという妻がいた。キャサリンはヘンリーの亡兄の妻だった女性だ。

　カトリックでは兄嫁との結婚は禁じていた。当時イギリスはカトリックだったのでヘンリー八世の結婚は許されないはずだったが、ときの法王から特免状をもらってようやく実現したのだ。ところが王とキャサリンは、男子の後継者に恵まれない。

　これを、許されない結婚をした罰と考えたヘンリー八世は、離婚して王妃の侍女アンを新しい妻にしようとした。しかし法王やカトリック教会は、認めてあげたキャサリンとの結婚を、今さらなかったことにす

ることに納得できるわけがない。

離婚問題が未解決なままヘンリーは、強引にアンと挙式。一五三三年のことだ。このとき、アンは妊娠四か月。

ところが、アンが出産したのは女の子。王の加護があるとはいえ、アンの立場は危ういものとなった。アンには早く男の子を産むことしか道はない。しかし再び妊娠したアンは、せっかく授かった王子を流産してしまう。

ヘンリー八世にとって、王子を流産したとなればアンはもう必要ない。アンはまもなく青年貴族や兄ジョージと不倫した罪を着せられる。そしてアンは処刑に……。多大な犠牲を払って結婚したはずなのに、ヘンリーはいとも簡単に愛した女性を無実の罪で処刑台に送ったのだ。

アンの処刑死からわずか十日後、ヘンリーは新たな王妃を迎えた。そして、結局は六回も結婚することになるのだ。

これほどまでに男子の後継者を求めたのに、その後を継いだのはアンとの間に生まれた女の子で、イギリスを強国にのし上げたエリザベス一世だったから、歴史は皮肉なものだ。

ベンツのメルセデスは、車好きビジネスマンの娘の名前

車好きなら誰もがあこがれるのがメルセデス・ベンツ。ところで、ベンツが社名なのはわかるが、「メルセデス」って、どういう意味なのだろう?

これは、エミール・イェリネックという富豪の娘の名前である。ドイツ生まれのイェリネックは、実業家で、オーストリア・

ハンガリー帝国の領事をも務めた人物である。発明されて間もない自動車に夢中になって、ダイムラー社（のちにベンツ社と合併する）の新車を購入してレースに出走させたり、はては自らダイムラー社の特約店を経営したりというマニアぶりを発揮していた。

そして、一九〇〇年に、イェリネックはダイムラー社の新車に、当時十歳だった自分の娘メルセデスの名前をつけるよう要求し、受け入れられる。いくら金持ちでも、そんなことができるのだろうかと思うところだが、これには事情があった。

当時のダイムラー社の総生産台数は、一年間で一〇〇台にも満たなかったが、イェリネックはメルセデスと命名した車を三六台も買い上げる契約を結んだ。つまり彼は、ダイムラー社の三分の一以上の車を購入したのである。

一九二六年にダイムラー社がベンツ社と合併したときも、「メルセデス」の名はそのまま残ったのだった。

色鉛筆に円形が多いのは、芯が折れないようにするため

黒い鉛筆は六角形なのに、色鉛筆は丸いものが多い。これは、どうしてだろうか？

まずは、黒い鉛筆の軸が六角形なのは、力学的にいちばん握りやすい形であるからだという。なるほど、親指、人差し指、中指の三本の指で持ってみると、六角形がしっくり手になじむのがわかる。

これに対して、色鉛筆の軸に円形が多いのは、黒い鉛筆とは違う材質の芯が、やわらかくて折れやすいからである。周囲を同

じ厚さの木で支えることによって、芯にかかる力を均等にし、折れにくくしているのだ。

　また、人が黒い鉛筆を使うときは、ずっと同じ持ち方で文字や数字を書くが、色鉛筆は絵やデザインを描くときに使われるので、倒して色を塗ったり軽く握ったりと、さまざまな持ち方をされる。円形のほうがいろいろな持ち方ができるし、簡単に持ち方を変えることができるので使いやすい。

　現在では、芯を作る技術が進み、色鉛筆の芯も折れにくくなっている。なるほど、文房具店に行くと、六角形の色鉛筆も売っている。しかし、消費者に「色鉛筆は丸」というイメージがあるせいか、丸い色鉛筆のほうがよく売れるという。

　ところで、色鉛筆のセットを買うと、すでに芯が削られているが、黒い鉛筆の一ダース入りの箱を買っても、芯は削られていない。これには、どんな理由があるのだろうか。黒い鉛筆は一本ずつ使うのが普通だが、色鉛筆はたくさんの色をいっぺんに使い出すことが多い。そこで、一度に全部削るのは面倒だろうから、あらかじめ削っておこうという、メーカーの気配りの結果である。

カルピスのラベルのモチーフは、水玉ではなく天の川だった

　カルピスの包装紙やパッケージには、水玉模様が描かれている。涼しげでアットホームな商品の雰囲気にぴったりなのだが、あれは水滴ではなく天の川をイメージしたものだった。

　カルピスの生みの親は、明治・大正期の

実業家の三島海雲。中国大陸に渡って、さまざまな事業を試みていた海雲は、一九〇二（明治三十五）年に現在の内モンゴル自治区ケシクテンを訪れた際、すっかり体調を崩してしまった。すると、土地の貴族の鮑《ほう》氏が、カメの中に蓄えていた白く酸っぱい液体と発酵クリームを毎日ふるまってくれた。

　海雲にとっては初めて口にする食物だったが、長旅で弱っていた胃腸がどんどん回復して食欲がわき、長らく悩んでいた不眠症までよくなった。体も心もすっきりし、まるで不老長寿の霊薬のようだと感激した海雲は、あの白い液体こそが、この地方の人々の活力の源であろうと確信した。

　それが発酵した酸乳であると知った海雲は、日本でそれを商品化すべく努力する。

　そして、「カルピス酸乳」を作り出し、それをベースにした日本で初めての乳酸菌飲料カルピスを誕生させた。とうとう発売にこぎつけたのが、一九一九（大正八）年の七月七日。発売日の七夕に合わせて用意したのが、天の川のさわやかさを図案化した、あの模様なのである。

サッカーの試合がきっかけで、戦争が起こったことがある

一九六九年の夏、サッカー・ワールドカップのメキシコ大会出場をかけた予選でのことだ。中南米の隣国同士のエルサルバドルとホンジュラスは、移住者問題で日頃から不仲の関係。そんな二国が予選準決勝で対戦することになったというから穏やかではない。

　試合は互いにホームゲームに勝ち、第三

戦までもつれこむことになった。

第三戦のメキシコシティーでの試合当日は、厳戒態勢で、催涙ガス銃を携えた機動隊が警備にあたった。入場者数を二万人に制限され、チャーター機で乗りこんできたサポーターらはメインとバックスタンドに分けられた。そんな物々しい雰囲気で試合が行われたのだ。

試合は延長までもつれ込む接戦で、三対二でこれを制したのはエルサルバドル。試合終了後、互いに投石や乱闘の暴動が勃発する。その場は機動隊によって鎮静されたが、大量の逮捕者を出した。

両国は互いに国交断絶を宣言すると、国境をめぐる争いに発展。サッカーの試合から一週間後の七月三日には国境付近で空中戦がはじまり、本格的な戦争に……。米州機構や国連が調停に乗り出し、一か月後には休戦になったが、結局三〇〇〇人もの戦死者を出すことになってしまったのだ。

サッカーの試合が導火線となって、戦争にまで発展したケースであった。

消防署の電話番号は、かつて「一一二」だった

「あ、火事だ！」となれば、大至急一一九番に電話！　だが、この一一九番は、もともとは「一一二」番だった。

電話の自動交換がスタートしたのは、一九二六（大正十五）年のこと。その際に、火災を知らせる番号には一一二番が採用された。

当時の電話はもちろん、プッシュ式ではなくダイヤル式。そこで、緊急を争う火事のときには、ダイヤル時間が短い番号がよ

いだろうというわけだ。

　だが、実際に使われ出すと、意外な欠点が明らかになる。火事で慌てているときに一一二を回そうとすると、つい「一一一」や「一一三」を回してしまうケースが相次いだ。そのため、一九二七（昭和二）年十月一日になって、消防署の番号は「一一九」に変更されたのである。

　まずは迅速な通報のために、時間の短くてすむ「一」を二回ダイヤルして、それから一呼吸置いて「九」を回すことで、正確なダイヤルがしやすいように配慮したというわけだ。警察署の「一一〇」も同じような理由から決まった。

　こうして消防署や警察の番号はすっかり定着し、ほとんどがプッシュ式電話の現在でも、そのまま使用されている。

　はたして、プッシュ式の電話を前提に考えたなら、いったいどんな番号が採用されていたのか。ちょっと気になるところではある。

パトカーには、買いたたきができる不人気車種が多い!?

　警察にとってなくてはならないパトカーだが、その車種にはある傾向が存在する。パトカーの車種を調べてみると、日産クルー、三菱ギャラン、トヨタクラウンなどいわゆる不人気車種が目につくのだ。

　どうしてそうなるかといえば、そうした不人気機種は、購入時に安く買いたたけるため。パトカー購入時には、担当者が希望車種やグレード、さらに希望金額をメーカーに伝える。ただし、警察もお役所だから、予算には限りがある。そこで、どうし

ても通常より安く買える不人気車種が多くなってしまうのである。
とはいえ、さすがにそこはパトカー。たとえ同種の車でも、一般の市販車と同じというわけではないし、各メーカーはパトカー用のラインナップを用意している。犯人を追いかけるために、最高速度や加速が速い仕様になっており、特に高速道路では、そうした特別にチューニングされた車が多用される。また、一般道を走るパトカーも、メーカーに特注して性能をアップさせたものが多いようだ。
ちなみに、現在ではほとんど国産車が使われているが、一九四九（昭和二十四）年に試験的に導入された日本初のパトカーは、輸入車のフォードだった。当時の日本には自動車メーカーが少なく、日本車の性能・品質も低かったため、必然的に輸入車が使用されることになったのだ。

リンカーンとケネディは、奇妙な共通点で結ばれている

同じアメリカ大統領といっても、エイブラハム・リンカーンとジョン・F・ケネディではまったく時代が違う。だが、意外なことに、二人には共通点があまりにも多い。

リンカーンが初めて下院議員に当選したのは一八四六年。一方、ケネディが初めて下院議員に当選したのは一九四六年。ちょうど百年違いだ。しかも、リンカーンが大統領に選ばれたのは一八六〇年で、ケネディが選ばれたのは一九六〇年と、こちらも百年違いなのだ。

また、リンカーンの秘書の名前はケネディといい、ケネディの秘書の名前はリンカーンといった。これまた不思議な因縁だ。

二人はどちらも暗殺されているが、それについても奇妙な事実がある。リンカーンが暗殺された一八六五年四月十四日と、ケネディが暗殺された一九六三年十一月二十二日は、どちらも金曜日だった。そして、リンカーンが撃たれた場所がフォード劇場といい、ケネディが撃たれたときに乗っていた車は、フォード社製のリンカーンという車だったのだ。

さらに、驚くのが、リンカーンの後任大統領がアンドリュー・ジョンソンで、ケネディの後任大統領がリンドン・B・ジョンソン。つまり、どちらもジョンソンという名前だったことだ。

もちろん、これは偶然の一致なのだろうが、それにしてもあまりにも共通点が多す

ぎる。アメリカを象徴する二人の大統領をめぐる奇妙なエピソードである。

警察に一万四〇〇〇件の通報をした悪質サイトがあった

持っていない人のほうが珍しいほどに普及した携帯電話。それだけに、以前は考えられないような驚くべき事件も発生している。

二〇〇〇（平成十二）年八月、宮城県仙台市で、専門学校に通う一人の青年が、偽計業務妨害罪で逮捕された。これは、人をだまして、他人の仕事を邪魔する犯罪。

だが、彼自身が自らの手で人をだましたり、仕事を邪魔したりしたわけではない。

青年は、個人で携帯電話のｉモードサイトを開設した。そして、そこに「勇気があるなら押してみろ」といった挑発的な言葉とともに、閲覧者がクリックすると自動的にあるところに電話がつながるボタンを設置した。

その「あるところ」とはどこか。なんと警察署。つまり、そのボタンは自動的に一一〇番につながってしまうものだった。

このシステムによって、全国で一万四〇〇〇件もの一一〇番通報があり、むだな通報によって警察の業務が大いに妨害されてしまった。

こんなに被害が広がったのは、青年のサイトの存在を知った人物が、友達にメールで知らせたことから、どんどん広がっていったためらしい。

こうして、自分では一度も通報しなかった青年が、そのもととなるサイトを開設したことによって逮捕されてしまった。いかにも携帯電話やインターネットが発達した現代ならではの事件である。

木魚が魚の形をしているのは、お坊さんを眠らせないため

お寺でお坊さんがお経を上げながらポクポクと叩く木魚は、その名のとおり魚の形をしている。殺生を禁じている仏教で、魚を叩くのは不自然な気がするが、どうして魚の形をしているのだろうか。

実は木魚が魚の形をしているのは、お坊さんを眠らせないための工夫だ。

お経を聞いていると、単調なリズムについつい眠くなってしまうことがある。それは、いくら修行を積んだお坊さんでも同じこと。ときには、読経の最中につい居眠りしそうになることもある。そんなときに、魚を見習って眠気を払おうというのだ。

なぜなら魚は眠るときにも目は開けたまま。そのため、昔は「魚は眠らない生き物なのだ」と信じられていた。そこで、「魚を見習って眠気を覚まそう！」ということから、木魚は魚の形になったのである。

木魚は、もともと魚の形をした木の板で、これを叩いて時間を知らせていた。それが、やがて今私たちが見るような形になり、読経に使われるようになった。今ではお寺になくてはならないものになっている。

ハンカチが正方形になったのは、王妃マリー・アントワネットの性格から

ハンカチが正方形というのは、今では当たり前の話だ。三角形や丸、楕円などのハ

ンカチにお目にかかることはめったにない。

　このようにハンカチが正方形になったのには、十八世紀のフランスを騒がせた王妃マリー・アントワネットが深く関係している。

　ハプスブルク家の王女として育った彼女は、幼い頃からファッションに大変な興味を持っていた。そして国王ルイ一六世の妻となってからは、フランスにおける上流階級のファッションの流行を次々に生み出した。

　そんな彼女が目をつけたのがハンカチだ。当時のフランスでは、ハンカチの形はバラバラだった。そのため、みんながハンカチのオシャレを競い合っていた。

　だが、マリー・アントワネットは気に入らなかった。このままでは、自分のハンカチがちっとも目立たないではないか。目立つのは王妃である自分のハンカチだけでいい。そう考えた彼女は、「ハンカチは正方形でなければダメ！」と命じ、なんと夫である国王ルイ一六世に法律まで作らせてしまったのだ。

　いわば自己顕示欲の強い王妃のわがままから生まれた正方形のハンカチ。フランス革命で処刑されたマリー・アントワネットだが、少なくともハンカチの世界では、その威光は今も健在⁉

鎌倉の大仏が野ざらしなのは、津波で大仏殿が流されたから

　古代律令時代から、日本では仏教は政治とは切り離せない存在だった。信仰を民衆支配に利用するだけでなく、支配者自ら

が、神仏のご加護などといって、ことあるごとに寺院を建立したのだ。

だからこそ、仏像というのは大事に本堂に鎮座させたり、厨子《ずし》に納めたりしてきた。もちろん大仏だって同じで、奈良の大仏はあの大きさの仏像を納める大仏殿が建てられている。

それなのに、奈良に対して東の雄とされる鎌倉の大仏は野ざらしのままだ。もとは木造だったが銅でつくり直されたのが一二五三（建長五）年。もちろん、大仏殿は造られていた。東西約四四メートル、南北三八メートルという大きなもので、今もその礎石だけは見ることができる。

ところが鎌倉は海岸沿いの土地。毎年のように台風に見舞われ、大仏殿が破壊されることが多かった。そのたび修理されたり再建されたりしてきたのだが、一四九五（明応四）年八月、東海地方を大きな地震が襲った。

この地震による津波で、大仏殿は根こそぎ持ち去られてしまうのである。以来、無事だった大仏さまは、建物が再建されることもなく鎌倉の町を見下ろし続けてきたのだった。

コックピットの語源は「闘鶏場」である

パイロットやスチュワーデスというのは、花形職業だ。

しかし、彼らの仕事に関する言葉そのものの語源を探っていけば、けっしてカッコいいとばかりはいっていられない。

パイロットが陣取って操縦する席を「コックピット（cockpit）」と呼ぶが、cockは雄鶏、pit は穴とかくぼみ、場所といった意味で、本来なら「闘鶏場」のこと。

パイロットたちは離陸や着陸のときに計器のたくさん並んだ狭い部屋で、あれこれと機械をセットしたり、操縦桿を動かしたりとあわただしい。

これが闘鶏場に連れてこられた雄鶏が籠の中で落ち着きなく、ガサゴソ動き回る姿、あるいは闘鶏の本番で、つつき合ったりして喧嘩する姿に似ていたからだという。

また、スチュワーデスにしたって、語源をたどると「スチュワード＝豚小屋（pigsty）の番人（ward）」という意味になるのだという。そのせいだろうか、最近はスチュワーデスとは呼ばず、フライト・アテンダントとかキャビン・アテンダントという呼称を使っている航空会社がほとんどである。

新聞紙の端がギザギザなのは、紙をノコ刃で切っているから

新聞は上下だけ切り口がギザギザになっている。同じように切り口である左右の端は、切り口がまっすぐなのに、なぜ上下だけがギザギザ？

この疑問は、新聞の印刷工程を理解すれば解ける。

新聞印刷に使われる用紙は、ふつうの新聞四面分の幅を持つロール紙（巻き紙）だ。この用紙が輪転機にかけられ、両面に、最終的に第一面からきちんと順番に並ぶよう、面つけと呼ぶ配列をして各紙面が印刷される。

そのあと、まず縦に真ん中から半分に裁

断して、新聞の見開き、つまり二面分の幅にする。こうして縦につながった二面分を一部ずつに切り離したうえ、二つに折って家に届く形に完成する。

　このときロール用紙を縦に切るのに使われるのが、スリッターと呼ばれる直径一〇センチメートルほどの丸ノコ。新聞の紙質のためスパッという切り口にはならないものの、ノコ刃がまっすぐに切るため、左右の切り口もまっすぐになる。

　縦につながった二面分を一部ずつに切り離すときは、用紙を二つのロールに挟んで送りながらカットしていく。ロールの片方についたノコ刃を、もう一方のロールに入れた溝に食い込ませるようにして押し切る。

　分厚く重なった紙を一緒に切るとき、鋭い刃を使えば斜めに滑ってずれやすい。そこでノコギリの歯のようなギザギザ刃で滑らないよう押さえ切りするため、切り口に刃の形が出るのである。

中央線がまっすぐなのは、汽車が人々から嫌われていたから

　東京から信州へ至る中央本線の、東中野～立川間は、地図を見ればわかるとおり、ほぼ一直線になっている。

　電車の線路というのは、まったく未開の原野に敷設したのならともかく、多かれ少なかれカーブを描くのがふつう。すでに人が居住していた土地なら、なおさらである。

　中野あたりは、江戸時代から大きな街道が存在していた土地だから、このまっすぐぶりには違和感がある。ところが、すでに

街道があり人が生活していたから、逆にまっすぐになったのだという。

現在の中央線のもとになったのは、一八八九（明治二十二）年に甲武鉄道が開通させた路線だ。甲武鉄道の最初の計画では、人口が集中していて往来もにぎやかだった甲州街道沿いに線路を敷く予定だった。

しかし鉄道という交通手段の便利さを知らない当時の住民たちは、鉄道建設で街道沿いの宿場町の繁栄が損なわれると建設工事に猛反対。もう一つ同じ方角を走る青梅街道沿いでも同じように鉄道は嫌われる。

そこで甲武鉄道は、仕方なく二つの街道の間に挟まれて残されていた原生林の地主に頼み、土地を譲り受ける。こうして、ようやく鉄道建設ができたわけだが、まさに何もないところへのレール敷設だったから、最短距離の直線が可能になったのだった。

国会議事堂の建材と家具は、ほとんど国産品

一九三六（昭和十一）年の完成から約七十年の歴史を重ねてきた国会議事堂。

建設が始まった一九二〇（大正九）年当時は、日清、日露、第一次世界大戦と三つの大きな戦争を経て、実際に列強諸国と肩を並べることが日本の目標だった時代。一流国の象徴とするべく国の威信をかけての着工だった。

設計はコンペが行われて、当選作をもとに一流の建築家、技術者が全国から集められ、工事開始から完成までに十七年という歳月をかけている。

鉄筋コンクリートの地上三階建て、中央

部分は九階建てで外装は花崗岩の石積み。延べ二五四万人の人手と、現在の貨幣価値にして一〇〇〇億円の費用をかけた。

日本を代表する建物ということで、すべてにわたって国産品にこだわっている。外装の花崗岩をはじめ、内装に用いられた大理石、構造材に使われたヒノキやケヤキ、さらには家具調度などにいたるまで、建築に携わった人材同様、日本各地から集められたものばかりである。

ただ、一部に外国製が使われていて、ステンドグラスの材料はイギリスとドイツから輸入し、ドアの鍵にはアメリカ製が使われている。当時の国内では一流の品がなかったためと思われる。また、意外なところでは堂内のメールシューター（ポスト）はアメリカ製とのこと。

六〇階建てのサンシャイン60は、刑務所跡地に建っている

六〇階建てのサンシャイン60という超高層ビルを中心に、三七階建てのホテル、一二階建ての文化会館、一一階建てのワールドインポートマートが並んで建つ。さらにこれらを低層の商業施設でつないで一つの街を形成しているのがサンシャインシティだ。

超高層ビルの登場は初めてではなかったが、ビルを中心に街づくりを完成させたという点が新しく、一九七八（昭和五十三）年の登場であった。

東京・池袋という既存の繁華街に、これほどの街づくりができるほどの空き地があったのは、ここが歴史の裏で暗い舞台とな

った施設の跡地だったからである。

明治時代中期に巣鴨刑務所が設けられ、戦争前夜の昭和十年代に入って未決囚のための東京拘置所となっていた。第二次世界大戦後にはアメリカ軍の管理する「スガモ・プリズン」となり、東京裁判の結果、そこに収容されていたA級戦犯七人、B・C級戦犯五二人の処刑が行われた。

その場所が現在のサンシャインシティ。

処刑者の合計五九人という数が六〇階建てという数字と近いというのも、どこか因縁めいているといえる。

そのためか、高層ビルの工事中には事故が相次いだといい、シティの敷地内の東池袋中央公園には、ひっそりと慰霊碑が立っている。

『ジャングル大帝』のレオは、手塚治虫の失敗で白くなった

手塚治虫の代表作の一つ『ジャングル大帝』の主人公は、レオという白い雄ライオンだ。

ふつう動物が白くなるのはアルビノという突然変異だが、レオの父パンジャも白いライオンだ。だからこそジャングルの王者たる資格を持つ。

この白さに作者がどんな思いを込めたかは、今となってはわからないが、少なくとも白いライオンの発想を得るきっかけになった出来事ははっきりしている。

若き日の手塚は、動物の絵本の依頼を受ける。徹夜でさまざまな絵を仕上げたのだが、ライオンの絵はボツにされてしまっ

た。彼はライオンに黄色い絵の具を塗ったつもりだったのに、電灯の下で描いたためうっかり白い絵の具を塗ってしまっていたことに気づかなかったのである。

このとき失敗作とされた白いライオンは、手塚のなかで強く印象に残ったのだった。

そして一九五〇（昭和二十五）年に、動物社会を描くマンガの着想を得て『ジャングル大帝』の連載を始めるとき、失敗作の白いライオンを主人公に据えたのだった。

「出発進行！」は実は「発車」の意味ではない

電車の運転士が、前方を指差しながら「出発進行！」といっている様子は、電車に乗るときによく見かける。威勢のいい発声のイメージも強い。

これは乗務員に定められた「指差喚呼」と呼ばれるもの。信号や標識の確認をより確実に行うために、信号や指示を指差しながら声に出して、はっきり意識することを促している。ふとしたタイミングで起こるケアレスミスも、電車では大惨事につながりかねない。日頃、当たり前のように行っている業務でも、毎回きちんと意識して取り組むことが求められるのだ。

その指差喚呼のときに発する言葉を喚呼用語といい、「出発進行」もその一つだが、これから電車が出発し、進行します、という意味ではない。「出発進行」は、出発信号機が今「進行」を示していることを意味している。

だから、運転士が「出発進行」という掛け声をかけても、すぐに電車が発車するとは限らない。たとえば、出発予定時間の数分前に、出発信号が青になれば、その時点で「出発進行！」と指差喚呼してから待つ。そして定時になったときに「発車」のコールとともに電車が走り出すのだ。

また、定時になっていても前の電車が出て行ったばかりの場合、出発時に「出発減速」という喚呼になることもある。その時は、電車の速度を制限して運転することになる。

ちなみに出発の掛け声は、「出発」だ。

たくあんを発明したのは、沢庵和尚ではなかった

日本食でおなじみの沢庵漬けは、沢庵和尚という人物が発明したといわれている。この沢庵和尚（一五七三［天正一］～一六四五［正保二］）は、江戸時代の初期に品川に禅寺の東海寺を開いた名僧である。

『広辞苑』にも、漬物の一種で、干した大根を糠と食塩とで漬けて重石《おもし》でおしたものという説明の後に、名前の由来も記されている。ここには、沢庵和尚が初めて作ったという説と、「貯え漬け」が転じた説の両方が書かれている。

実際のところは、どちらの説が本当なのか。そのことを知る資料に町奉行の根岸鎮《やす》衛《もり》の見聞録『耳袋』がある。そこに、筆者が東海寺の僧から聞いた話が残っている。

江戸幕府第三代将軍、徳川家光は品川に訪れたときに東海寺で食事をした。このとき、家光は何か珍しい食べ物を望んだのだが、沢庵和尚は大根の香の物を「貯え漬けです」と差し出した。家光は、これを気に入り「貯え漬けではなくて沢庵漬けだ」と

いって喜んだ。

こうした話が、沢庵和尚とたくあんを結びつけたと考えられる。しかし、寺にあった貯え漬けはオリジナル料理ではなかったようだ。食物研究家によると、大根の粕漬けは平安時代から作られていたというのだ。

『広辞苑』に書かれている説以外にも、たくあんの名称の由来はあるが、どうやら沢庵和尚が発明者であることは間違いらしい。

ジャンボジェット機は、接着剤で組み立てられている

何百人もの乗客を乗せて空を飛ぶ、ジャンボジェット機。丈夫な機体の組み立てに、接着剤が役立っている。ジャンボジェット機一台に使われている接着剤は、約一トン。

従来、組み立てに使われていたのは、ボルトやナット、それにリベットによる結合だった。現在も一部に使われているが、どうして接着剤に変わったのか——。

それは、ハニカム・サンドイッチ構造の登場がきっかけだった。

ボルトやナット、リベット結合では接合したポイントだけに負担がかかる。また、接合の際に機体の表面に穴をあけるため、金属の強度が落ちる。

リベット結合では凸部分ができるので、空気抵抗がかかる。継ぎ目があると気密性が落ちる。

このようにさまざまなデメリットがあったのだ。

ではハニカム・サンドイッチ構造とはど

ういうものか。

これは、アルミニウム製の蜂の巣（ハニカム）を輪切りにしたような形のコアつまり心材に、表面材を貼りつけるもの。このコアを使うと、表面材との接合面が多くなり、高い強度を保つことができるのだ。アルミニウムが使われているから、軽量化することもできる。

ボルトやナット、リベット結合だけで作るよりも、はるかにまさるので、このハニカム・サンドイッチ構造が多く採用されている。そのコアと表面材をくっつけるのが接着剤というわけだ。

富士山の五合目は、標高の半分ではない

富士山に登るときに、登山道には一合目

から十合目までの標示がなされている。そして頂上に近づくにつれて、五合目から六合目と数字が増えていく。

この標識を見て、「やっとここまできた」「あと少しだ」と励まされたりすることもあるだろう。たしかに五合目よりも六合目、七合目と行くにしたがって頂上には近くなる。しかし、実はこの表記は標高や距離とは無関係なのだ。だから五合目とはいっても、富士山（三七七六メートル）の半分の標高一八八八メートルというわけではない。

富士山には、河口湖口、御殿場口、須走《すばしり》口、富士宮口、吉田口の五つの登山道があるが、同じ七合目でも、それぞれの標高はすべて同じではない。

では、この「〜合目」という目安は何なのか。

たとえば、ちょうちんの油一合が燃え尽きる距離だとか、米を少しずつまきながら歩いていって一合分がなくなるまでの距離だとかいわれている。また、登山のつらさや疲れ具合を基準に分けたという説もある。

実は、「合」は登山の難易度を示す目安なのである。

ほとんどの山は登るにしたがって斜面が急になり、道も悪くなる。そして「〜合目」の数字があがるにつれ、次の合目までの距離は短くなっていく。つまり、より険しい道のりになっていくのである。

頂上に近づいていくのはうれしいことだが、待ち受ける道を乗り越えるためには、もうひとがんばりしなければいけない。

ハワイに日系人が多いのは、ハワイ王国が親日派だったから

ハワイに行ってみると、日系人が多いことに気づく。日本からハワイに多くの人が移り住んだのは、ハワイがまだアメリカではなくハワイ王朝によって治められていた明治時代にさかのぼる。

一八八一（明治十四）年にハワイの第七代国王、カラカウアが来日した。カラカウア政権は、支持基盤の先住民人口の減少、白人農業資本家の支配拡大、アメリカの干渉など多くの問題を抱えていた。そこで、日本との友好関係を築こうと考えたのだ。

当初、カラカウアは王女カイウラニと日本皇室との間に婚姻関係を結ぼうとした。しかし、これは日本側が拒んで成立しなかった。そこで、日本人に移民してほしいと要請した。ハワイでは労働力が不足しており、勤勉な日本人を、自国に呼びたいと考えてのことだ。

一方、日本の明治政府にとっても、その依頼は「渡りに船」だった。当時の日本国内は、農作物の価格が下落し、多くの農民が土地と彼らの家業を手放していた。彼らのほとんどが、余剰労働者となっていたから、カラカウアからの申し出は好都合だったのだ。

結局、多数の日本人が移民としてハワイに渡ったものの、王国を維持しようとする目的は達成されず、ハワイ王国は幕を閉じることになった。

へそをいじるとおなかが痛くなるのは、へそと内臓が直結しているため

子供のころ、へそのゴマをとろうとしておなかが痛くなったという経験はないだろうか？

へそのゴマは体内から出た不要物だが、むりにとろうとして皮膚を傷つけると細菌が入り、炎症を起こして臍炎《さいえん》という病気になることがある。悪化すると周りに湿疹ができたり、潰瘍ができることまである。

通常、皮膚の下には筋肉や脂肪があり、内臓などを守っているのだが、へその下はすぐ腹壁になっている。へその穴は、へその緒の端が腹壁のなかに入り込んでいるため、すぐ近くに内臓があるのだ。

そのため、へその穴に刺激を与えると、思った以上に内臓に刺激を与えてしまう。その結果、腹痛を起こす原因にもなる。へそは周囲の腹部のなかでもデリケートなので、侮ると大変なことになるのだ。

親が子供に「おへそをいじっちゃだめ！」と注意するのは、理にかなっていたのだ。

注意しなければいけないのは大人になってからも同じ。くれぐれも気になっていじったりしないように。いじると、子供のときと同じく「痛い目」にあうハメになる。

どうしてもへその掃除がしたいときは、アルコールを含ませた綿棒か、オリーブオイルを数滴たらしてゴマを柔らかくしてから、綿棒で拭きとるようにしよう。

アイスの中身の半分は、空気!?

アイスクリームやソフトクリームは、製造過程で原料を攪拌しながら凍らせる。攪拌して空気を混ぜることによってなめらかな口当たりになるからである。

この空気の混入量を「オーバーラン」という。攪拌する前のアイスクリームミックスの量に対する空気の量の割合で表す。アイスクリームミックスと空気の量が同量のとき、オーバーランは一〇〇パーセントとなる。

オーバーランはソフトクリームよりアイスクリームのほうが高い。アイスクリームのほうが空気がたくさん混入しているのだ。

その違いは温度にある。

ソフトクリームはマイナス四〜五℃の半凍結状態で食べるので、完全に凍結させるアイスクリームに比べて柔らかい。この温度だと、空気が多すぎればねっとりした感じがうすれ風味が落ちるので、オーバーランは三〇パーセントぐらいから、多くてもせいぜい八〇パーセントだ。

一方のアイスクリームは、マイナス一〇〜二〇℃の完全に凍結した状態で食べるので堅いが、実は空気がたくさん含まれている。オーバーランは六〇パーセント以上で、一般的なカップアイスでは最大値の一〇〇パーセントとなっている。冷たいほうが、たくさんの空気を混ぜる必要があり、そのほうがおいしくなるのだ。

老若男女に人気のあげパンは給食から生まれた

コンビニエンスストアの「サンクス」のパンコーナーには、小学校の頃、給食でしょっちゅう食べていた、あの懐かしい「あげパン」が並んでいるのである。

「あげパン」は一見シンプルすぎるほどシンプルなパンだが、実際には、一度パンを焼き、それからわざわざ揚げるという手の込んだパンである。大半の大人にとって実になじみの深いパンなのだが、なぜか店頭で見かけることはめったになかった。

その理由は、「あげパン」がそもそも給食のために考案されたパンだったからで、一般の市販用ではなかったからだ。

あげパンが給食の場に登場するのは、砂糖の統制が撤廃された一九五二（昭和二十七）年以降のことだろうといわれている。それ以前はふつうのコッペパンが給食に出されていた。しかし当時の日本人にはパンを食べる習慣がなかったうえ、給食用のパンの味があまりおいしくなかったため、子供はあまりパンを食べたがらなかったのだ。これをなんとか工夫し、少しでも子供に喜ばれる味にしようと工夫されたのが、甘い砂糖をまぶした「あげパン」だった。

現在「サンクス」で販売されている「あげパン」は、第一製パンが製造・販売しているもので、さほど売れないだろうと思いつつ販売したところ、大ヒット。

ただ、実際に食べた人からは、「昔のパンとは違う。昔のパンのほうが、もっと揚げ油がギトギトしていた」といった意見が寄せられているとか。

どうやら、当時より断然いい油を使って作り上げられた現代の「あげパン」は、おいしすぎるのが欠点のようである。

テニスのポイント「ラブ」は、卵のことだった!?

テニスでは、ポイントがゼロのとき、「ラブ」と呼ぶ。

この呼び方のもとは、一説によると、フランス語で「卵」を意味する「ルフ」だったという。

フランスでは、「0」の数字の形が卵と似ているところから、ゼロを「ルフ」と呼んでいた。やがてテニスがイギリスに伝わったとき、イギリス人が「ラブ」と聞き間違えたか、あるいは「ルフ」という発音がうまくできなかったので、発音の近い「ラブ」に置き換えたというのである。

これにはいくつかの異説もある。

一つは、英語の「ラブ」にはもともと「ゼロ」の意味があり、フランスに対抗意識を燃やしたイギリス人が、フランス語ではなく、自国語で「ラブ」というようになったという説。

また、もう一つは、イギリスの国技クリケットで打者の得点がゼロで終わったとき、「アヒル」「アヒルの卵」という習慣が古くからあったので、フランス語の「ルフ」の代わりに「ラブ」を用いるようになったという説。

そのほか、ゼロの形をハート型に見立て「ラブ」といったなど、諸説あって、はっきりしたことはわからない。

食後にお茶を飲むのは、食器を洗うためだった！

洋食のフルコースのあとにはコーヒーが出てくるが、日本食では緑茶というのが定番だ。これはあくまで食後で、食事の最中にお茶を所望するのは、懐石の席などでは無作法とされる。

お茶を食後に飲む習慣は、昔から行われていたことだった。もともと、戦国時代あたりから、武将たちが食事のあと白湯《さゆ》を食器に注いで残った食べ物を洗い流すようにしながら飲んだものだ。

これが、最近までの家庭での食事作法として受け継がれたようである。戦前あたりまでは一人分用の箱膳が食卓となり、食器も納められるようになっていた。このとき、食後に茶碗にお茶を注いですすぎ、飲み干したあと布で拭いて箱膳にしまうというのが習慣だった。

ある意味では合理的であるが、もう一つ食後のお茶は理にかなったものでもあった。茶の薬効として消化促進作用のあることが、喫茶を習慣としていた禅寺では古くから知られていた。

またタンニンやカテキンの殺菌作用もあり、茶のほどよい苦みが食後の口の中をさっぱりさせてくれることもあって、「お茶は食後に」というのがふつうの家庭でもルールのようになったようだ。

使い捨てカイロが温まるのは、鉄が急速に錆びるから

使い捨てカイロを捨てるときは、不燃ゴ

ミとする。中身が鉄の粉だからである。

鉄というものは、そのままではひんやり冷たいものと決まっている。その鉄がなぜ、使い捨てカイロでは熱を加えてもいないのに温かくなるのか——。それは、酸化するとき熱を発するという性質を上手に利用しているからである。

鉄が酸化するといえば、つまり錆びること。細かくした鉄粉が、カイロの袋のなかで一気に錆び始めるために熱を出し、錆び終わるまで温かさを持続している。

その一気に錆びさせる工夫が、使い捨てカイロ開発のポイントだった。

鉄の酸化という化学変化に必要なのは酸素と水。

そこで使い捨てカイロの袋は、通気性を持たせて酸素を通りやすくし、酸素を引き寄せる活性炭を鉄粉と混ぜて入れてある。さらに保水剤とともに入れた水、反応を早める塩を加えて製品となる。あの手この手で酸化速度を上げる工夫がされている。

開発当初は、「よくもんでから」と使用法で指示していたが、これも早く酸素を取り入れるための手順だった。袋の工夫を重ねて酸素の通りをよくすることで、現在の製品はもむ必要がなくなっている。

発熱の仕組みがわかれば、カイロの使用を途中でやめたいときは、再び密封して空気を遮断すると化学反応は止まり、熱を出さなくなることはおわかりだろう。

第9章

教養のある人だと思わせたいときの55本

スマトラ島沖地震により、地球の一日の長さが短くなった

二〇〇四（平成十六）年十二月二十六日に発生したスマトラ島沖地震は、インドネシアをはじめ、インド洋沿岸各地に大津波による被害を出した。地形によっては、津波がなんと三〇メートルに達した場所もあったといわれている。

この地震のマグニチュードは九・〇。一九〇〇年以降で四番目に巨大な地震だった。

震源はスンダ海溝。地震を起こした断層は、長さ約五六〇キロメートル、幅約一五〇キロメートルにわたって、ずれが生じた。ずれ幅は、最大の箇所で一三・九メートルに及んだという。

しかも、この大地震は、地球の自転にまで影響を及ぼしたらしい。

地球は赤道方向より極方向の半径がわずかに短い扁平な形をしているが、米航空宇宙局（NASA）の推定によると、この扁平率がわずかに減少したというのである。

また、自転の速度がほんの少し速くなり、一日の長さが一〇〇万分の二・六八秒ほど短くなったという。

さらに、地軸も二・五センチメートルほど移動したと考えられている。

アメリカ地質調査所のケン・ハドナット博士もまた、一日の長さが一〇〇万分の三秒ほど短くなり、地軸も約二センチメートルずれた可能性があると発表している。

巨大地震は、地球をすら動かすのだ。

『世界の中心で、愛をさけぶ』は、『エヴァンゲリオン』の最終話のタイトル

片山恭一著の小説『世界の中心で、愛をさけぶ』が、巷で熱狂的な人気を呼んで、ベストセラーとなった。

この恋愛小説は、二〇〇一（平成十三）年に初版が発売されたときにはあまり注目されなかった。だが、翌年四月、雑誌『ダ・ヴィンチ』に女優の柴咲コウさんの書評が載った。その中の一節「泣きながら一気に読みました。私もこれからこんな恋愛をしてみたいなって思いました」を帯に転用すると、翌年になって急速に売り上げが伸びたのだ。

二〇〇四（平成十六）年五月七日には部数二五一万部となり、国内の小説の最大発行部数を記録し、同月中には三〇〇万部を突破した。

人気の一因ともなったのは、インパクトのあるタイトル『世界の中心で、愛をさけぶ』だが、これは作者自身ではなく、編集者の発案だ。

この書名は、アニメ『新世紀エヴァンゲリオン』の最終話のタイトル「世界の中心でアイを叫んだけもの」をもじったといわれているが、じつはそれ以前に、ハーラン・エリソンの『世界の中心で愛をさけんだけもの』というSF小説がある。『エヴァンゲリオン』の最終話のタイトルは、このSF小説のもじりなのだ。

『世界の中心で、愛をさけぶ』という書名を考えた編集者が、どちらのタイトルから引用したかは定かでない……。

バッハの幻の譜面が、なぜか日本で発見された

有名なドイツの作曲家バッハの作品に、一七二八年、関税吏の娘の結婚式のために作曲した「結婚カンタータＢＷＶ２１６」という曲がある。

この曲の初演に用いたという楽譜は、一九〇一年にウィーンでオークションにかけられ、「幻の楽譜の発見」と騒がれた。

だが、オークションで競り落としたＲ・メンデルスゾーンという人が死ぬと、再び行方がわからなくなり、世界中の研究者が探しまわっていた。

そんな幻の譜面が、なんと日本で八十年ぶりに発見された。二〇〇一（平成十三）年に亡くなったピアニスト・原智恵子さんの遺品のなかからみつかり、国立音楽大学の礒山雅《いそやまただし》教授らが鑑定して、本物と認めたのだ。

原さんが結婚していたスペインの名チェリストのガスパール・カサドさんは、最後の所有者だったＲ・メンデルスゾーンの遺族と親しかった。それに、「バッハの自筆の楽譜を購入した」と自慢していたらしい。

そこから、メンデルスゾーンの遺族からカサドさんに譲られ、さらに妻の原さんの手に渡ったのだろうといわれている。

この発見された楽譜は、バッハ自筆の総譜から弟子が筆写した声楽パート譜で、ほぼＢ４判の大きさの紙八ページからなる。

弟子の筆写とはいえ、オリジナルの譜面は大変、貴重な資料だ。この楽譜を購入した国立音大は、いずれ本にして出版する予

定だという。

日本の国土は、一年間で東京ドーム一六六個分広がった

「狭い日本、そんなに急いでどこに行く」という標語があったが、たしかに日本の国土はけっして広くない。しかし、日本の国土は、今も広がり続けているのである。

その理由の大半は埋め立てだ。

日本の国土は、戦後、少しずつではあるが増えてきた。大きく広がったのは、一九五三（昭和二十八）年に奄美諸島追加、一九六八（昭和四十三）年の小笠原諸島・琉球諸島・北方四島・竹島追加、一九八八（昭和六十三）年の西《にし》之《の》島《しま》新島《しんとう》加算などによるが、それ以外にも、あちらこちらを埋め立てることによって、日本の国土は少し

東京ドーム
166個分とは
メロンパンでいうと
何個分なのでしょうか。

ずつではあるが、着実に広がってきたのである。

国土地理院の調べでは、二〇〇四（平成十六）年十月一日までの一年間だけを見ても、七・七七平方キロメートルもの国土が増えている。これは東京ドーム約一六六個分にも相当する広さだ。

この一年間で最も面積が増えたのは福岡県で、新北九州空港建設に伴う埋め立てによって一・二六平方キロメートル増加した。二位が沖縄県の〇・九一平方キロメートル、三位が兵庫県の〇・七六平方キロメートル、さらに北海道、長崎県、愛知県、熊本県、大分県、愛媛県と続いている。

市町村別でみると、一位は空港建設中の北九州市小倉南区で、以下、神戸市中央区、北九州市若松区、北海道紋別市、大分県中津市と続く。

二〇〇四年十月一日現在の日本の総面積は三七万七九〇六・九七平方キロメートル。とはいえ、日本中で今も埋め立てはあちこちで行われており、せっかく面積を覚えても、翌年にはまた変化していることだろう。

中学生の四人に一人は、「うつ病」の危険がある

なんと中学生の四人に一人が、「うつ病」につながる症状を示している……。

そんなショッキングな調査結果がある。北海道大学大学院の傳田健三助教授らが北海道の小中学生を対象に実施し、三三三一人から回答のあった調査によると、小学生の約八パーセント、中学生の約二三パーセントに、うつ病につながりかねない「抑う

つ症状」がみられたというのである。

男女別では、女子のほうが抑うつ症状を持つ子供が多く、男子は中学一年生以降、女子は小学六年生以降で率が高くなるという。

この子供たちは、「何をしても楽しくない」「独りぼっち」など、気分の落ち込みや悲哀感が強かったという。

傳田助教授は、この原因を情報の多様化にあるのではないかと分析している。

最近の子供たちは、多忙で疲れているうえ、大きく心を揺さぶられる情報に接すると、心身ともに疲れはててしまう傾向があるというのである。

「子供たちの好きなテレビやゲームでさえ、過剰になるとストレスになるというのだ。

いわれてみれば、大人でも、現代社会にあふれるさまざまな情報を楽しんでいるつもりで、情報の渦に疲れを感じることがある。子供ならなおさらだろう。

また、学校での詰めこみ教育や親の異常な教育熱で、子供がゆとりをなくし、疲れているのではないかという指摘も出ている。

世界で最も国土の小さい国は、バチカン市国ではない!?

世界で最も国土の小さい国というと、ローマ市内にあるバチカン市国——ではない。国連加盟国に限らなければ、じつはバチカン市国より小さな国がある。イギリス東岸の沖合にあるシーランド公国だ。

シーランド公国は、海から突き出た巨大な円柱二本の上に、バスケットコートよりやや広い面積二〇〇平方メートル強の鋼鉄板が乗っている。

この建造物は、もとは第二次世界大戦中の一九四二年、ドイツ軍の攻撃に備えてイギリス軍が作った海上要塞で、一五〇～三〇〇人の兵士が常駐していた。

戦後、要塞は不要となって放置されたのだが、一九六七年九月二日、元英国陸軍少佐パティ・ロイ・ベーツがこの要塞を占拠し、「シーランド公国」と名づけて独立宣言したのである。

イギリス政府は直ちに彼を立ち退かせるため、裁判に訴えたが、沖合七カイリ（約一〇キロメートル）にあるシーランド公国は、当時のイギリスの領海だった三カイリの外に位置する。そのため、裁判所は、同年十一月、英国法の及ぶ領土外であると政府の要求を退けて、シーランド公国を独立国と認めたのだ。

現在、シーランド公国は、ロイ・ベーツが君主、その息子マイケルが摂政の元首となり、通貨や切手も発行している。

なお、同国は自称「国家」であり、全世界中のどの国からも承認されていないので、世界で最も国土の小さい国はバチカン市国といって間違いではない。

渡り鳥がV字隊列を組むときは、非対称でもよい

ガンやツルなどの大型の渡り鳥は、V字型の隊列を組んで飛んでいる。これは、飛行エネルギーを節約するためだ。

V字の先頭の鳥の羽ばたきで、空気が下に押しつけられると、そこにまわりの空気が吹き込んで新たな空気の流れができ、翼

の端を回って上向きの風になる。別の鳥が斜め後ろについてこの風に乗れば、体が持ち上がってエネルギーを節約できる。そこで鳥たちは隊列を組み、前の鳥の作る上昇気流に乗って飛ぶのだ。

気流が生じるのは、翼のすぐ外側である。もし、縦一列に並んだとすると、前の鳥が起こす下向きの空気に押されてしまう。これは、軽い向かい風を正面から浴びることと同じで、かえって疲れることになる。

V字型でない斜め一列であっても、上昇気流には乗ることができる。同じ種類の鳥ならば翼の大きさもほぼ同じであるから、何羽もの鳥が、ほぼ等間隔に並ぶことになる。先頭の鳥は楽ができないので、力の強い鳥が交替で飛んでいるようだ。

スズメやムクドリなどの小型の鳥は、翼の大きさも小さいので、それによって起こる気流も小さく、仲間の作る上昇気流に乗ろうとするとぶつかってしまう。だから、密集で飛ぶことはあっても、編隊は組まない。

V字隊列を組むことで上昇力も生まれ、一羽だけで飛ぶより飛行距離を七〇パーセントも延ばすことができるらしい。

隊列は対称である必要はなく、一〇対五といった非対称でも、編隊の間隔を調整するだけでうまく飛ぶことができるそうだ。

出雲大社は、一回も倒壊した

島根県にある出雲大社は、縁結びの神として知られている。ただし、この神社のありがたさは縁結びだけにとどまらない。

『古事記』、『日本書紀』などに残されている出雲系神話では、日本の八百万《やおよろず》の神様の発祥の地とされている。ようするに、日本中の神社の大もとなのだ。

日本の暦で十一月のことを神無月と呼ぶが、ここ出雲でだけは「神有月」と呼ぶ。日本中の神様が出雲大社へお集まりになっているからだ。

そのとき、神様が訪れる目印になるように、古代の高層建築とも呼べるような巨大な社殿が建てられていたと社伝（出雲大社に古く伝えられている文献）は記す。実証はされていないが、創建当時は高さ三二丈だったというから、メートル法で換算すると約九六メートル。だいたい現在の二四、五階建てビルに匹敵する高さである。

その後に残る記録は一六丈（約四八メートル）で、九本の柱のうえに社殿を築き、長大な階段を上って参拝する。五〇メートル近いまっすぐな柱がそんなにたくさん得られるはずがない。そこで、三本の長さの違う丸太を少しずつずらしてつなぎ、金のタガで締めて一本の柱に仕立てていたようだ。

この不安定さのため十一世紀にこの社殿が倒れたのを初め、十三世紀までに一一回も倒壊を繰り返している。

それでも伝統を引きついで、現在も八丈（約二四メートル）という高さを誇っている。

「君が代」を最初に作曲したのは、外国人だった

「君が代」は、一八九三（明治二十六）年の文部省告示により、祝日や式典のときの

唱歌として制定されたが一九九九（平成十一）年に国歌として定められた。

　明治維新で欧米列強に追いつくことが第一義だった日本政府に、国歌の必要性を説いたのはイギリス人フェントンだった。イギリス公使館護衛歩兵隊軍楽隊長を務めていた人物で、一八六九（明治二）年のことである。

　これをうけて、当時の薩摩藩砲兵隊長・大山巌《いわお》が愛唱していた琵琶歌のなかから歌詞を選んだという。薩摩琵琶で演奏される曲ではあったが、詩は『古今和歌集』に本歌があり、「わがきみは、千代に八千代に……」というもの。

『和漢朗詠集』の写本で「君が代は……」となっているので、こちらを採り、言い出しっぺのフェントンが作曲した。ただ、このフェントン作品は翌年の初演奏では「難しすぎる」と不評だった。

　そこで、同じ歌詞で再び作曲が試みられることになり、依頼をうけたのが宮内省式部寮雅楽課だった。いくつかの作品が生まれたなかから、一八八〇（明治十三）年に林広守作曲のものが選ばれ、当時の天皇誕生日だった十一月三日に、初めて天皇の前で演奏されたのが、今私たちが歌う「君が代」である。

選挙管理委員会は、わずか四人で構成されている!?

　選挙のときになるとよく聞くのが「選挙管理委員会」という名前。立候補を受け付けたり、投票所を開いたり、開票作業をしたりと、選挙にかかわる裏方作業を担当しているのかと思いきや、正確にいうと、そうした裏方作業をするのは選挙管理委員会の委員ではない。

選挙管理委員会とは、地方議会によって選出された、たった四人の選挙管理委員によって構成される組織。任期は四年だが、非常勤の仕事で、選挙のないときは必要な方針を決定するために月に一～二回の会議を開くのみ。

四人の選挙管理委員の下には、自治体の職員によって構成された事務局が置かれる。この人たちが、いわゆる選挙管理委員会（選管）のお役人と呼ばれる人たちだ。

選管のお役人たちは、四人の選挙管理委員の決めた方針に従って、選挙に関する実務を行う。選挙のないときには、選挙人名簿の登録や管理事務が最大の仕事。住民がその地区に転入して六か月たてば選挙人登録し、転出すればその手続きをする。また、条例の制定や廃止、議員罷免の直接請求などにも対応しなければならない。

ただし、選挙のときには、こうした選管の職員だけでは人手が足りないため、自治体のその他の職員が助っ人として駆り出されることが多い。

また、選挙の投票をじっと監視している人たちがいるが、あれは選管の人たちではない。投票立会人といって、投票が公正に行われているかどうか監視する役目で、各投票区の選挙人名簿に登録された人の中から選ばれたふつうの人たちである。

国会議員は、セクハラ発言も差別発言も許される!?

国会答弁などを見ていると、国会議員が、相手に対してかなり辛らつな言葉を使い、「名誉毀損じゃないの?」と心配してしまうような場面も珍しくない。でも、相手は怒るだけで、名誉毀損で訴えたという話は聞かない。なぜか?

実は国会議員には「免責特権」というものがあり、議院内での演説や討論、発言、表決に関しては、何を言おうと責任を負わなくてよいのである。つまり、セクハラ発言をしようが、差別発言をしようが、国民や他国からバッシングを受けることはあっても、法律では処罰されることはない。

これは議員の国会での活動を制限しないために設けられているもので、「免責特権」とは別に、「不逮捕特権」というものもある。こちらは、たとえ法律に反することをしたとしても、国会の会期中は逮捕されないというもの。会期前に逮捕されていたとしても、議院の要求があれば釈放しなければならず、会期中に逮捕する場合は、裁判所が内閣に対して「逮捕許諾請求」を行い、議院本会議で承諾されなければならないのだ。

この二つの特権は、国民から国政を任された議員が、自由に活動ができるように保障するために設けられている。議会制度の初期の頃は、反政府の議員を政府が不当に逮捕するというケースも珍しくなかったため、不当逮捕を防ぐために特権が制定されたのだ。

とはいえ、いくら議員でも、院外での現行犯なら逮捕されるし、国会から一歩出ればタダの人。議員のセンセイ方も、それをよく承知して、一国民として正しい行動と言動をお願いしたいものだ。

自民党・政務調査会の部会は、族議員をつくるシステムである

国会議員の中には、「族議員」と呼ばれる人が多い。そして「建設族」や「郵政族」「農政族」などと呼ばれる議員は、その分野の業界団体に多大な影響力を持っている。

その力によって、族議員は政治活動で業界団体の支援を受けたり、その業界団体に利益を誘導しようと、行政にまで口を出したりする。本来ならば国民の利益のために働かなければならない国会議員が、特定の業界団体のために働き、結果として自分の利益を追求するのだから、許せない話だ。

なぜ、こんな族議員が生まれるのか？

与党である自民党には「政務調査会」という組織があり、その下に、各省庁の業務を勉強する部会がある。政治家が省庁の業務を知らないようでは、官僚に操られるだけなので、日頃から政治家としての勉強をしておこうというわけである。

心がけとしてはなかなか立派なもので、自民党の議員は、必ずどこかの部会に所属し、勉強をしなければならない仕組みとなっている。

ところが、その結果として、議員はそれぞれ自分が所属した部会に関係ある特定の分野に専門的な知識を持つようになり、やがては省庁に顔のきく議員となっていく。これが「族議員」だ。

自民党の議員には、農村地域を地盤とする議員が多いため、農林部会や水産部会などは人気の部会だ。これも、地元の農業関係者にできるだけ国の補助金が受け取れる

ようにし、次の選挙で、自分を支持してもらおうという考えからなのだ。

　結局、政治をするより、次の選挙ばかり気にしている国会議員が多いというのが実情。これでは、族議員の悪名は、今後もますますとどろいていくばかりか……。

「いい加減」の「加減」は、「まつ」とも読む

「松」は縁起のいい木として扱われる。

　松は常緑樹で葉が枯れることがないからおめでたく正月飾りに使うといわれている。もう一つ「まつ」の音が「待つ」に通じるので、門松にはご先祖の御霊《みたま》を「待つ」心を込めているのだ。

　松の木の下で待っていると、難を逃れられる、幸運に恵まれるという言い伝えも「待つ」と「松」をかけて語られた例だ。

「松」の字は木偏の部分は「十」と「八」に分解できるし、つくりの「公」には大臣の意味がある。その字のとおり、松という姓の人は、十八年間待っていると大臣になれるというお告げを信じて待ち続け、本当に大臣になれた人がいたという逸話が中国にある。

　縁起のよい松の木と同音であるためかどうか、とにかく「待つ」のは日本人にとって悪いことではないようだ。

「加減」と書いて「まつ」と読むこともある。「加減」は本来ちょうどいい具合、程度のよいことなので、ただ「待つ」ものなのである。

大画面のタッチパネルで文字が書けるレーザーダイオードの光とは？

銀行のＡＴＭは、かつてはボタンを押して暗証番号を入れていたのに、最近は、指で軽く画面をタッチするだけで動くようになった。駅の券売機もタッチするだけになったし、電子手帳なども、ペンを使って文字や図形を入力する。

このように画面を触るだけで検知する仕組みを「タッチパネル」という。これには、抵抗方式や静電容量、超音波などさまざまな方式がある。

多く用いられているのは抵抗方式で、押すと表面のプラスチック基盤が曲がり、下側のガラス基盤と接触するようになっているというもの。安価なために普及率が高く、タッチ耐久性は約一〇〇万回程度。

静電気式は、画面にアナログ抵抗膜の透明電極がコーティングされており、指やペンで押せば信号を受けつける。超音波式は画面上に超音波を流しておき、画面に触れた指が超音波を吸収した位置を検出する。

こうしたタッチパネル方式は、それぞれ用途によって使い分けられている。

ただ、タッチパネル方式は、ディスプレイの大きさに限界があった。この制限をなくしたのがレーザーダイオード。

これはレーザーダイオードの光を画面上に走らせておき、指やペンが画面を触ることによって、光が反射した位置を検出する方法と、指やペンによって光が遮断された位置を検出する方法がある。

雪の一センチメートルと雨の一ミリメートルは、一平方メートルあたり一リットルの水量！

雨量一ミリメートルの雨と天気予報で聞けば、小雨というイメージがするものだ。しかし侮ってはいけない。体積にすると意外に多い。一平方メートルあたりでなんと一リットルの水量になるのだ。

大都市の下水道は、最大流量を一時間五〇ミリメートルとして設計されている。そのため、五〇ミリメートル以上の雨が降ると、下水では処理しきれず、道路にあふれてしまう。

小雨に思える雨量一ミリメートルだが、その五〇倍の雨が降ればたちまち危険な豪雨となる。

また、雪の場合、積雪の比重は状態などによって異なるが、標準的な積雪一センチメートルは雨量一ミリメートルと同じぐらいの水量になる。つまり、一平方メートルあたり一リットル、重さにして一キログラムだ。

もしも四〇平方メートルの屋根の上に五〇センチメートルの雪が積もったとすれば、なんと二トンもの重さが屋根にかかる。積もってから時間がかなりたった雪だと、雪の比重が高く、もっと重くなる。

積雪の重さも侮れず、へたをすると雪の重みで家がつぶれてしまう。そのため雪国では、毎日屋根から雪を降ろすのが重要な日課となっているのである。

アインシュタインが手紙を書いていれば、広島に原爆は落ちなかった!?

原子力発電や原子爆弾のもととなる理論は、一九三〇年ごろにアルバート・アインシュタインによって考えだされた。

やがてドイツにナチスが台頭してユダヤ人の迫害をはじめると、アインシュタインら多くのユダヤ系の科学者たちが、ナチスの迫害を逃れ、自由に研究できる環境を求めてアメリカに亡命した。アインシュタインら亡命した科学者たちも、ドイツ以外の国の科学者たちも、「ドイツが原爆を最初に完成させたら一大事」という不安を感じていた。

そんななか、一九三九年になって、アインシュタインは、友人の科学者レオ・シラードから、「原爆の開発を提案する手紙をルーズベルト大統領に書くので、署名してほしい」と頼まれたのである。

アインシュタインは迷ったそうだが、結局、署名した。この手紙が引き金の一つとなって、一九四一年から原爆を開発する「マンハッタン計画」がスタートした。

原爆が完成に近づいた一九四五年、ナチスドイツが崩壊したので、「もう原爆は必要なくなった」と考えたアインシュタインは、原爆の開発中止と平和主義を訴える手紙をルーズベルト大統領に出した。だが、ルーズベルトはこの手紙を目にする前に亡くなっていた。

まもなく完成した原爆は、同年八月六日、広島に投下された。そのニュースを聞いたアインシュタインは、悲嘆にくれて深いため息をもらしたという。

もしもアインシュタインがもう少し早く原爆中止を求める手紙を書き、ルーズベルト大統領が存命中にそれを読んでいたら、歴史が変わった可能性もある。

キリンは長い首を維持するために、血圧を調節している

キリンは首が長い。ふつう頭は地上から五メートルの高さにある。であれば、心臓との高低差も大きいから、脳にじゅうぶんな血液が送られず、低血圧の人と同じように貧血で立ちくらみを起こすのではないだろうか？

そう思うところだが、キリンの脳には必要なだけの血液がちゃんと送られている。キリンの心臓は強力で、血圧が平均で二六〇／一六〇と人間の二倍もあるため、頭の部分でも人間とほぼ同じ一二〇／七五の血圧を保てる。だから脳貧血にはならないのだ。

では、頭を下げたときに脳の血圧が急に上がり、高血圧の人のようにのぼせたり、脳の血管が破裂したりする心配はないのだろうか？

キリンの首には、脳に行く血液量を調節し、首を上げたり下ろしたりしても一定の血圧を保てる弁のような器官が備わっている。この器官のおかげで、キリンは、頭を下げたときにも脳の血圧が変化しないので、脳の血管が破裂することものぼせることもない。

この器官は、キリンの先祖に近くて首が馬程度の長さのオカピという動物も持っている。そこから、キリンは首が長くなる以前からこの血圧調節器官を持っていたので

はないかといわれている。

戦国時代、合戦の大量の死体は、野原に放られていた

戦国時代には、戦いのたびに大量の死者が出た。たとえば大坂夏の陣では、徳川方は豊臣方約二万人の首をとったといわれている。

とった敵の首は「首実検」された。首実検は、首を検分するだけではなく、宗教的な弔いの儀式でもあり、首の主の身分によって作法が定められており、軍師が管轄していた。

この首実検は、すべての戦死者に対して行われたわけではなかった。

では、首実検しなかった遺体や、首実検のために首をとったあとの遺体はどう処理

していたのだろうか？

日本では、古くから、遺体を放っておく習慣があった。奈良時代頃から用いられている「葬る」という語も、「ハフル（放る）」か「ハブル（棄る）」を語源とするか、またはこれらの語と語源を同じくして誕生したといわれている。

遺体の放り方は、遺体をそのままかまたはゴザに巻いて山野に放置したり、川に流したり、沼に沈めたりした。

戦国時代にはこの習慣がまだ残されており、おそらく、大きな穴を掘って、そこに戦死者の遺体をまとめて捨てたのではないかと考えられている。

戦場となった場所には死体がごろごろして、さぞ恐ろしい光景だったことだろう。

「金バッジ」なしでは首相も衆議院には入れない

国会議員が胸につけてセンセイであることを誇示する「金バッジ」は、当選した議員には無償で与えられる。それなのに、このバッジには値段があって、万が一センセイが落としたり失くしたりしたときには、実費程度を払ってあらためて買うことができる。

そこで、落としたとか失くしたといって再発行してもらう議員さんたちが少なくない。実際は、バッジは地元の後援者にこっそり譲られているという真偽不明の話があるくらいだ。

そのときの値段は、参議院議員バッジのほうが衆議院のより少し高い。これは参議院議員バッジが金張りで、衆議院用が金メッキという差だ。金バッジといえども純金ではないが、権威の証ではある。

しかし、そんなシンボルとしての意味以上に、議員バッジの身分証明書代わりの役割が重要。たとえ総理大臣といえども、バッジの携行なくしては議院に入れない。門番である衛視に止められるのだ。

一九七八（昭和五十三）年、時の福田首相がバッジを忘れて登院したときも、衛視に止められ、やむなくほかの議員のバッジを借りて入ったというエピソードも残っている。衛視が首相の顔を知らないわけはないのだが、やはり規則は規則というわけである。

同じように、議員秘書、政府委員、報道記者から両院で働く職員まで、それぞれに決められたバッジがあり、さらに身分証明書の携行・提示が国会に入る人には義務づけられている。もちろん議院職員である衛視たち自身も同様だ。

ビタミン発見の鈴木梅太郎のノーベル賞受賞を妨害した東大医学部

明治末期、ビタミンを初めて発見したのが鈴木梅太郎博士である。

日本人が脚気《かっけ》に悩まされるのは、米を精米して白米にするとき捨てられるヌカに秘密があるのでは？という疑問を抱いて研究を始め、ビタミンB_1発見に至ったのである。

農芸科学者としてドイツ留学も経験した鈴木博士は、三大栄養素のほかに微量栄養素の存在を証明しようとしていた諸外国の科学者たちと、研究の歩みは似たり寄ったりだった。

ただ米ヌカのなかの、人間の肉体に必要な成分としてのオリザニンの抽出に成功しており、実質的なビタミン発見者といえる。ところが、実際にビタミン発見の業績でノーベル生理学・医学賞を受賞したのは、一九二九年のオランダのエイクマンとイギリスのホプキンスである。

鈴木博士も、一九二七（昭和二）年に東大農学部長の推薦によって、ノーベル賞候補に挙げられていた。ところが同じ年、同じ東大の医学部長はホプキンスを推薦している。

同じ日本の同じ大学で、こうした事態になったのは、東大医学部のメンツのためだったといわれている。

そのころの東大医学部では、脚気伝染病説を唱えていて、医学部長はその論者だったという。鈴木梅太郎博士の、脚気は米ヌカを与えれば治るという栄養不足説を推薦することは、自らの伝染病説を否定することとなる。

また、鈴木博士は農学部出身という学内の派閥争いの側面もあって、医学部が鈴木博士にノーベル賞の授与されるのを阻んだという説もあながち勘ぐりとばかりはいいきれない。

勝率九二・八パーセント！史上最強の大関・雷電

活躍した時代が異なるスポーツ選手やサラブレッドを、「もし、ともに闘わば……」と比較するのはナンセンスである。

しかし少なくとも、残した成績の数字だけでの比較なら「史上最強」という冠も捧げられる。

力士にそれを探すなら、江戸時代に活躍した大関・雷電《らいでん》で間違いない。なんと勝率が九二・八パーセント。二十一年間の現役生活のなかで、黒星を喫したのはたった一〇回と記録されている。

当時は今のように場所数が多かったわけでもないのに、生涯で優勝が二六場所、うち全勝優勝の回数は二四場所に及んだという。しかも、あまりの強さに幾つかの禁じ手を設けられてさえいた。

本人に名誉欲がなかったため、横綱の地位には就かなかったと記録されているが、同じ時代の横綱・谷風を上回る強さだったことは確かだ。

ところで、雷電が負けた一〇敗は、いずれも二日酔いで土俵に上がったためだといわれている。彼の大酒飲みは、相撲の強さ同様に知れ渡っており、長崎で中国人の学者に飲み比べを挑まれたことがあったぐらいだ。

その結果、学者は一八リットル（一〇升）を飲み干したが、雷電はその倍の三六リットルを飲んだとか。

生きた馬を奉納していたものが、やがて絵馬になった

絵馬は、今では受験の合格祈願で天神様の境内にぶらさげられることが多い。この絵馬というものは、本来はほかの祈願——家内安全、商売繁盛、安産祈願などで使われることのほうが多いもので、氏神様に奉納するのが慣わしだった。

氏神というのは、氏族の先祖を祀《まつ》ったものが、やがて土地の守護神として祀られる

ようになったもので、さまざまな神事が行われる。もともと神霊は馬に乗って人界に降臨したと考えられ、古代は農耕にも軍事にも馬は欠かせない動物だったため、神事の主役は馬だった。

神事のときは榊に鏡をくくりつけて馬の背に立て、神霊が招き寄せられて乗り移るもの（依代《よりしろ》）としていたものだ。

今はギャンブルとなった競馬にしても、競《くら》べ馬で年占いをするという神事だったものが、農村で草競馬となって始まったもの。

そのために馬が神社に献上されていたのだが、やがて、神社に何か願掛けをするときにも馬を献上するようになっていく。

しかし、それでは神社が馬だらけになってしまうからだろうか、土で焼いたものや木彫りの馬が奉納されるようになり、さらに簡略化して平安時代には板に馬の絵を描いたもので代用されるようになっていった。

これが絵馬の始まりだったわけだが、現在は名前だけが残り、必ずしも馬の絵が描かれたものばかりではなくなっている。

ストーンヘンジの石は、三六〇キロメートルも離れた場所から運ばれた

イギリスに残された遺跡ストーンヘンジは、なんのために誰によって造られたかまったく不明である。わかっているのは、おそらく今から四千年くらい前の建造物らしいことだけ。

このストーンヘンジは、巨石が環状に並べられて列柱が同心円を形成し、周囲が土塁によって囲まれているところから、古代

ケルト人の神殿だったのではという説が有力だが、天体観測に使ったのではないかという説もある。

それは、ストーンヘンジ入り口にある石と、中央にしつらえられた祭壇のようなものを結ぶ線が、列柱の間の穴から差しこむ光と、夏至の日の日の出の瞬間に一直線に並ぶことが確かめられたからだ。

ほかにも、冬至、春分と秋分がわかるとか、日の出日の入り、月の運行がわかるなど、暦の役目も果たしていたのではないかという。

しかし、さらに謎なのはストーンヘンジ建造に使われている、サルセン石やブルーストーンという磁気を帯びた石の産地が、今のロンドン郊外ソールズベリー平原からはるか遠い場所だという点だ。

サルセン石で三八キロメートル、ブルーストーンに至っては三六〇キロメートルも離れた場所が産地であることがわかっている。

どれだけの運ぶ手間と時間をかけたかは不明ながら、わざわざ運んだのは、電荷を帯びた石によって磁界が生まれて怪奇現象を引き起こさせるのが目的だったのではないかといわれている。

トウモロコシの粒は、必ず偶数になる

皮を十二単のように何枚も重ね着して、てっぺんからは髪の毛のような繊維を垂らしているのがトウモロコシ。モロコシ(蜀)から伝わった黍で、モロコシキビといったが、玉のような実をつけるという意味で玉蜀黍と、漢字で書くのだそうだ。

その玉のような実は、てっぺんに生やしている繊維と同じ数だけあるといわれるが、必ず偶数個の実をつけると決まっている。

これはトウモロコシの生長過程で、粒の核となる小穂が二つに分裂するからである。小穂はトウモロコシの茎にあるメス穂の中にあり、そのときの数は奇数のこともある。

しかし一個が必ず二つに分裂するのだから、病気などの異変がない限り実の数は必ず偶数になるというわけ。

その証拠に、トウモロコシを輪切りにしてみると、輪郭の周囲の実の数は太さによって多い少ないはあるものの、必ず偶数のはずである。

それが縦にいくつ並んでいるにしても、一方が偶数の掛け算の答えは、必ず偶数になるという算術の基本は、トウモロコシの実の数でもしっかり証明されるのである。

愛らしい小鳥モズの趣味は、死体コレクション

モズはスズメ目に属し、体長も二〇センチメートル足らずの小鳥だ。米粒やパンくずをつついて食べるスズメと同じ仲間といえる。しかしモズは、見た目のかわいさとは反対に肉食で、「スズメに化けたタカ」といわれるほど残酷な食習慣を持つ。獲物にされるのはバッタのような昆虫からカエル、トカゲ、魚からネズミ、コウモリ、ときにはヘビやほかの鳥まで捕らえる。

化けたといわれるタカ並みの爪で押さえ込むと、鉤状に曲がったくちばしで肉を切り裂き、食いちぎる。

キジバトのような自分の何倍もある鳥すら獲物とするが、いくら威力はタカ並みとはいえ、体はスズメ並み。全部を食べきれるものではない。そのとき起こす行動が、「はやにえ」と呼ばれる習性。

尖った枝の先などに、とりあえずエサを突き刺して保存する。獲物がなかったとき用に備蓄しているつもりらしいが、結局のところ二度と食べに来ることはない。比較的民家の近くで暮らす鳥なので、農家の塀や鉄条網の先にトンボ、トカゲなどが刺されたまま放置されているのを見ることがあったら、それがモズの死体コレクション「はやにえ」だと考えてよい。

京都にある耳塚は、豊臣秀吉の凶行の遺産だった

草履取りから侍大将、大名ときて、主君である織田信長の死後わずか八年で乱世を統一したという豊臣秀吉の出世譚はすばらしい。まさに戦国武将ならではの出世ぶりだ。

しかしその後の秀吉は、図に乗ったというか大いなる勘違いをしたというか、道を誤る。なんといっても自分を「天から選ばれし者」といってはばからず、当時の中国王朝である明から、ルソン（フィリピン）や当時そのルソンを制圧していたイスパニアのあるヨーロッパ制覇までを計画する。

その足がかりとして朝鮮半島を選び、一五九二（天正二十）年、一六万人もの大軍に海を渡らせる。これが文禄の役だ。当初は華々しく進軍したもののすぐに膠着状態となり、三年後には和睦が図られる。

ところが、この和睦条件が明とはまった

く折り合わず、おまけに明の国書が無礼だと怒った秀吉は、一五九七（慶長二）年に再び一四万人の兵を朝鮮半島へ送り出す。これが慶長の役だ。

朝鮮半島の人々は義兵として各地で戦うが、この戦いで秀吉は朝鮮人皆殺しを指示し、大名たちはこれに応じて功を競った。そして戦功の証拠品として兵士のばかりか女性や子供のまで耳や鼻を削ぎ取って日本へ送れ、という狂気の指示まで実行してしまうのである。

記録によれば、戦争再開後の三か月だけでも、その数は三万人分にも達している。一年半後の秀吉の死により朝鮮半島からは撤退が決まったが、もし秀吉の死がなければ、被害者はどれほどの数になったことか！

そのとき集めた耳や鼻は耳塚として京都の豊国神社の近くに供養され、今も五輪塔が残されている。

江戸時代の武士の世界では、現代よりも陰湿なイジメが横行していた

いっこうにイジメがなくならないいやな時代だが、江戸時代末期も似たような時代だったらしい。武士同士でのイジメが横行していたというのである。

松平外記という若い旗本が将軍の鷹狩で拍子木を打って鷹を追い出すという花形の役を得た。これに嫉妬した先輩・同輩たちが怒って、彼をいじめるようになる。

といっても弁当に馬糞を入れたりするような幼稚さ。あとはもっぱら、ネチネチと悪口をいってからむばかり。そして「形は立派だが中身はナマクラ」と刀についてか

らかわれた日、耐え続けていた外記がキレた。

いきなりその刀を抜いて斬りかかり、日ごろいじめられていた先輩三人を斬殺し、数人に重傷を負わせてしまう。本人はその場で切腹して果てたが、事が公になると事件の関連者がおおぜいいることがわかり、処分者は上司など四〇人に達したという。

これほどの事件にならなくても、刀の鞘に火箸で穴を開けるとか、射場で弓を引いているとき、その鼻先に矢をかすめさせるというようなイジメはあちこちにあった。旗本が役職数の限界などで出世の道も閉ざされて鬱屈していたからだ。

一方で、父親の失脚をからかわれ続けた旗本の若侍が、イジメに耐えて町奉行にまで出世したという例もあり、めげずにやればできるという現実もなくはなかったのだ

が……。

札幌市営地下鉄の車両は、日本で唯一ゴムタイヤである

札幌市に地下鉄が開通したのは一九七一（昭和四十六）年十二月。冬は雪に悩まされる北国の都市で、地下を走る鉄道はダイヤに乱れが生じにくい。まさに雪国の救世主ともいうべき存在だ。

しかし地下鉄誕生の理由はそれではない。当時は冬季札幌五輪開催を控えており、市街地と競技場間の客の大量輸送が必要だったのだ。だから北二四条からスタジアムのある真駒内《まこまない》までの、ほとんど直線一二・一キロメートルでの開業だった。

その後も路線を増やし今では総延長四八キロメートルにまで達した札幌市営地下鉄が、日本の他の都市の地下鉄と異にしている点が一つある。車両にゴムタイヤが使われていることだ。

すべてがトンネルといえる地下鉄では、鉄のレールの上を鉄の車輪が走るとかなりの騒音を立てる。ゴムタイヤはその改善に最適で、パリの地下鉄がすでに取り入れている。

しかし札幌のは、鉄製車輪と併用のパリよりさらに一歩進んでいて、ゴムタイヤによる中央案内軌条方式だ。「案内軌条」と呼ばれる中央の一本のレールの両側をゴムタイヤで挟んで走行するもので、ふつうの車輪より勾配に強い。加速・減速も効率がいいので、駅間の短い地下鉄向きシステムだ。

これだけ利点があるなら、東京や大阪でも……ということになりそうだが、それは

不可能。地下鉄と私鉄が相互に乗り入れているケースが多いためで、札幌では乗り入れの可能性がないから実現できたのである。

悪魔が引き抜いたバオバブの樹はみんなの役に立っている⁉

熱帯中央アフリカのサバンナ地帯や、マダガスカルに見られるバオバブの木は、その姿がおもしろいことで知られている。「悪魔が引き抜いて、逆さまに突き刺した」とアラビアの伝説でいうように、下膨れしている。

幹の太さは、直径で一〇メートル、周囲の長さは根元で五〇メートルを超えるものも珍しくない。ギネスブックの記録ではマダガスカルの五四・五メートルだ。また、アフリカには樹齢五千年に達するものもある。

バオバブの特色はそんな巨大さばかりでなく、古くから住民の生活に密着してきた多目的な有用性だ。

根元のウロまで利用されてきた。ウロといっても洞穴ほどもあり、休憩所のように気軽に使われたほか、牢獄などにも転用された。内部に彫刻を施して儀式などに使い、神木とあがめられたバオバブもある。

バオバブの木の皮は屋根を葺くのに使われ、果実の皮は器になる。種子からは油が採取でき、種子の周りのパルプ質の部分は溶かすとおいしいジュースになる。

幹はたっぷりの水分を含んで柔らかく、ゾウなどはかじって水代わりに飲み、人間は干ばつのときに家畜の飼料に使って恩恵に預かった。

食虫植物ウツボカズラは、小鳥やネズミまで食べる

草食動物は植物をエサにするが、逆に植物のなかにも動物をエサにする種がある。それが食虫植物。ボルネオを中心に熱帯アジアに分布しているウツボカズラは、食虫植物の代表だ。日本名のカズラはツル性植物であるため、そしてウツボはこの植物が持つ捕虫袋を、靫《うつぼ》に見立てたもの。

これは矢を入れて腰に下げる袋のことで、捕虫袋の形が縦長で似ているところから命名された。

ウツボカズラの袋は、大きな種類になると入り口の直径が一〇センチメートルはあり、容量は一リットルを超えるほど。サイズ的には、ちょうどペットボトルがぶら下がっているといった感じだ。

虫をおびき寄せるために、捕虫袋はきれいな斑点模様をつけて、底にたまったリンゴ酸、クエン酸などの成分を含む液体が花のように甘く香る。

外側には虫を誘導するようなはしご状の翼片がついていて、入り口の縁は滑りやすく、虫が止まるとツルリと底に落ち込む。袋の入り口には内側に向いたトゲがあって虫は這い上がることもできず、底の液体で溺れ死ぬ。すると液体は酸性度を増して消化を助けるのだが、このときに最初のいい香りは、ひどい悪臭に変わってしまう。

袋の上部には蓋になる葉がついているが、これは捕らえたエサを逃がさないようにするためのものではない。袋の底の大切な液が、雨によって薄められることのないように傘の働きをしているのだ。このよう

にウツボカズラの捕獲システムは、どこまでも機能的だ。

ふだんはムカデ、ゴキブリ、チョウなどを捕らえて食べるが、ときにはまだ消化し切れていない虫の死骸を捕獲するつもりでやってきた小鳥のような大物も手に入れる。

日本の海岸線は、アメリカよりも長い

四方を海に囲まれた日本は、海岸線の総延長が三万三八八九キロメートルある。これは、地球上の国々の海岸線を総合計した長さの八・五パーセント、赤道の全周が約四万キロメートルだから、その約八五パーセントにあたるという。

極東の小さな島国で、国土といったら卓上地球儀を回せば指の先にもならないほどなのに、このパーセンテージは驚愕ものである。

こんな数字が出てくるのは、国土が海に囲まれているためだけではない。

海岸線が岬や半島、リアス式海岸の細かい切れ込みなどで凹凸に富んでいるせいだ。さらに点在する島々の海岸線もプラスされるからこんな数字になる。島の数は、本州も一つの島と考えて大小とりまぜると、六八〇〇を超えて、世界一の島国家フィリピンに迫るものだ。

また、日本と同じように四方を海に囲まれた大陸を独占するオーストラリアは、国土面積は日本の二〇倍もあるが、海岸線の長さは日本と同じくらいである。

そして国土は日本の二五倍というアメリカ合衆国の海岸線は、二万キロメートル弱

と、日本よりかなり短い。

ヘリコプターの原理は、ダ・ヴィンチが考案した

ルネサンスを代表するレオナルド・ダ・ヴィンチは、「モナリザ」の画家として広く世に知られているが、建築家、科学者といったいろいろな顔を持つ天才である。

彼の好奇心はとどまるところを知らず、興味を抱けば徹底的に研究しないと気がすまなかった。

その彼の興味の対象の一つが、空を飛ぶこと。

彼の残した覚え書き、スケッチのなかに、今のヘリコプターに通じる発想のものがある。

プロペラをらせん階段のような形にして、ちょうど空中へネジを差し込むようにして舞い上がろうと考えた。つまりこれは垂直離着陸ヘリコプターである。

ただプロペラの大きさからいっても、とても人間の筋力で扱えるものではなく、発想は正しくても動力問題が解決できずに終わった。

彼は、人間が腹ばいになって手足を動かして飛ばす仕組みの飛行機も考案している。これも人間の筋力の限界があって実現しないが、のちのグライダーの原理につながる発想である。

江戸時代、古書店街・神田は学問のメッカだった

神田・神保町といえば世界でも有数の古書店街。表通りは再開発でビルが並ぶ街に

変貌しつつあるが、靖国通り沿いには何軒もの古書店が並んでいる。

これだけ一か所に古書店が集まっている街路を持つ都市は、東京のほかには見当たらないだろう。

神田がこんな街に育ったのは、江戸時代の立地によるものだ。

徳川治世下、神田一帯は大名や旗本が屋敷を連ねる町だった。彼らが江戸城へ登城するにも便利で、都市計画にのっとって町人町、武家町をきちんと区画整理していたことがわかる。

それが、寛政年間（十八世紀末頃）に、近くの湯島に幕府が昌平坂《しょうへいざか》学問所を作ったことで、変貌していく。

学問所には日本各地から優秀な学者・学生たちが集められた。幕府の創設なので、あえて武家屋敷町に設け、当初は武家の子弟しか入所できなかった。それが、のちに郷士であろうが浪人であろうが、優秀な人材なら学べる場所に変わっていく。

その伝統が、明治維新後も引き継がれ、学問所は官立の大学になった（のちに廃止）。そのほかにも近辺には官立の大学や高校が設けられ、私立の学校も続々と創立される。それと並行してそこで学ぶ学生のために古書店を開く者が現れた。苦学生が多かったので需要が多く、買って読んだらまた売るという流通も活発だった。

さらに古本屋から印刷業に転じる者、出版に手を染める者も出てくる。こうして神田古本屋街を中心に、周辺は本にかかわる人たちの集まる街、通称「神田村」になっていった。

バッハとヘンデルは、同じ医者の手術で失明してしまった

バッハとヘンデルは、共に一六八五年にドイツに生まれたバロック音楽の巨匠。彼らは、晩年になってどちらも脳卒中で倒れ、視力が低下してしまった。そこで、ジョン・テイラーという眼科医の手術を受けたのだが、これがとんでもないヤブ医者だった。

まだまだ医学は発達していなかった時代とはいえ、テイラーは同時代人たちの間でも、ひどく評判が悪かった。彼の治療で、失明してしまった患者は数多く、他の医者にもさんざんそれを指摘されていた。プロイセンのフリードリヒ大王は、「この国で目の治療は行うな。もし行ったら縛り首にするぞ」と、彼を国外追放にしたほどだ。

それでいながら、テイラーは「法王庁、皇帝、王侯公認の眼科医」「光学教授」「王室眼科医」など、多くの肩書きを持って幅をきかせ、高額の治療費を受け取っていた。また、嘘だらけの自伝も書いている。もはや医者というよりは、ペテン師である。

あわれバッハは、こんな男の正体を知らずに、一七五〇年に二度も目の手術をさせてしまった。視力が回復しないばかりか、炎症などの後遺症に苦しんで体力を低下させ、四か月後に六十五歳で死去。ところが、テイラーは手術は成功したと発表した。嘘つきである。

その二、三年後、ヘンデルも嘘つきテイラーの手術を受け、視力が回復するどころか、かえって完全に失明してしまった。へ

ンデルは、その後八年間生き続けることができたものの、音楽活動面の成果は残っていない。

田園調布の放射状の町並みは、渋沢栄一が計画した

東京郊外の高級住宅地の代表ともいえる田園調布は、東急東横線・田園調布駅の西側の広場から道路が放射状に伸び、同心円を描く道路と交わっている。

ヨーロッパの都市を思わせるこの町並みは、明治・大正時代の代表的実業家・渋沢栄一によって計画的に作られた。

田園調布のお手本となったのは、イギリスの都市計画家のE・ハワードがロンドン郊外に築いた田園都市レッチウォースである。

ハワードは、ロンドンで働く労働者に住宅を提供するとともに、その住宅地をも都市として発展させようと考え、緑豊かな田園と都市機能をあわせ持つレッチウォースの町を建設した。

何度も欧米に視察旅行をした渋沢は、ハワードの試みが東京の発展にもつながると考えた。江戸時代以来の職住近接型の生活スタイルを改め、欧米のように、昼間は都心部の役所や会社で働き、夜は郊外の自宅でくつろぐというスタイルに変えていくべきだと考えたのだ。

そこで、彼は、一九一八（大正七）年、田園都市開発のため、田園都市株式会社を創立した。洗足、大岡山、多摩川台（現・田園調布）一帯の土地約四八万坪を買収し、計画的な宅地造成をして分譲したのである。

東京には目黒、目白のほかに、目赤、目黄、目青があった

東京の山手線には、「目黒駅」と「目白駅」がある。

このうち「目黒」は、お不動様の町として有名だ。八〇八（大同三）年、天台宗の高僧・円仁がこの地に泊まったとき、不動明王の夢をみて、その像を刻んだのが、目黒不動の由来とされる。正式名称を泰叡山滝泉寺という名刹で、毎月八の日は、今日でも縁日でにぎわう。

実は、この目黒だけでなく、目白にも金乗院というお不動様がある。

目黒と目白だけではない。東京には、世田谷区太子堂に目青不動、文京区本駒込《ほんこまごめ》の南谷寺《なんこくじ》に目赤不動、江戸川区平井の最勝寺に目黄不動がある（目黄不動は二つあり、もう一つは台東区三ノ輪の永久寺）。

この五つの不動尊は合わせて「五色不動尊」と呼ばれる。徳川家康に重用された天海僧正が四つの不動尊「目黒・目白・目赤・目青」を選び、徳川家光がそれに「目黄」を加えたのが五色不動尊の始まりだという。

以来、江戸時代には、お不動様巡りが庶民の楽しみとなっていた。

不動尊の目の五色は、古代中国の五行説による万物を構成する五つの要素「木・火・土・金・水」を指すといわれている。また別に、仏教で、白は「信」、黒は「慧」、青は「定」、赤は「精進」、黄は「念」とされてきたのを表すともいわれている。これの五色不動尊のうち、とくに信仰を集めた目白と目黒だけが地名として残ったのだっ

た。

信濃川は、日本一長い川ではない⁉

新潟市で日本海に注ぐ信濃川は、日本一長い川として名高い。

だが、呼び名にこだわるなら、「信濃川」は日本一長い川とはいえない。埼玉・山梨・長野の県境に位置する甲武信《こぶし》ヶ岳の水源から河口までの全長三六七キロメートルのうち、「信濃川」と呼ばれているのは、わずか一五三キロメートルほどに過ぎないからだ。

この川は、水源を出て長野県内を流れている間は「千曲川」と呼ばれる。

千曲川の名前の由来は、最上流部の川上村の伝説では、「大昔、神々が戦ったときに流された血潮によってできた川で、その血潮が一面に隈なく流れたところから『血隈川』と呼ぶようになった」という。だが、一般的には、くねくね何度も曲がって流れるところから名づけられたといわれている。

その名のとおり曲がりくねっているため、川筋が長い。途中で最大の支流の犀川と合流し、新潟県との県境に至るまで、「千曲川」と呼ばれる部分の長さは二一四キロメートルに及ぶ。

県境ではじめて、千曲川は「信濃川」と名を変えるのだ。こちらは、「信濃から流れてくる川」の意味。

つまり、信濃川は、「信濃川」の部分より「千曲川」の部分のほうがはるかに長いのだ。

東京のお台場には、かつて砲台があった

東京の「お台場」は、今日ではデートスポットや観光スポットとして有名だが、もとは砲台の「台場」だった。

一八五三（嘉永六）年、アメリカのペリーの艦隊、いわゆる黒船が来航して開国を迫ると、幕府はやむなく大統領の国書を受け取り、回答を翌年に引き延ばした。ペリーが立ち去ると、幕府は、黒船が再びやってくることに備えて、品川沖合に一一の人工島をつくって砲台場とし、全部で一四九の大砲を設置する計画を立てた。

工事を担当した諸藩は、一年三か月の突貫工事で第四台場を残して第六台場までの五つの砲台場を完成させた。

だが、六つ目の第四台場の工事に取りかかったところで、ペリーが再来して日米和親条約が結ばれ、砲台の必要性がなくなってしまったのだ。加えて、財政難という理由もあって、幕府は砲台建設を中止した。

残された人工島は、砲台の台場という意味から「御台場」と呼ばれた。幕府の台場なので、敬語の「御」が上につけられたのだ。

やがて時代が下り、第二次世界大戦後、台場は埋め立て工事のため次々に崩され、二つだけが残された。これが現在の「お台場」。

お台場が砲台場だった名残として、お台場海浜公園から地続きになっている「第三台場史跡公園」に、砲台や弾薬庫が今日まで残されている。

発表後、芥川賞を取り消された作品がある

芥川賞は、長い歴史を持つ新人作家の登竜門。歴史が長い賞だけに、変わったエピソードもたくさん残されている。

一九三五（昭和十）年下半期の第二回芥川賞での出来事。劇作家の小山祐士の『瀬戸内海の子供ら』という本が候補になり、審査会で受賞が決定した。新聞でもそのように報道された。

ところが、審査会が終わったあと、ある選考委員から疑問の声が上がった。「この作品は戯曲なので、短編小説から選ぶという芥川賞の決まりに反する」というのだ。

たしかに、『瀬戸内海の子供ら』は、前年の一九三四（昭和九）年四月に雑誌『戯作』

で発表され、その後、岸田國士の演出によって上演されていた。芥川賞には「この半年に発表された短編小説の中から選ぶ」という決まりがあったため、戯曲であるということに加え、「発表時期にも問題アリ」とされた。

そのため、結局、小山の受賞は取り消され、第二回芥川賞は「受賞者なし」に。

この事件は世間の大きな話題になった。そして、皮肉なことに、「幻の芥川賞作家」となった小山のもとには、仕事の依頼が次々にくるようになった。

芥川賞こそ逃したものの、小山は精力的に執筆活動を続け、数多くの戯曲を世に送り出した。一九六九（昭和四十四）年には、芸術選奨文部大臣賞を受賞、一九七五（昭和五十）年には紫綬褒章を受章。一九八二（昭和五十七）年に、享年七十六で惜しまれつつ亡くなった。

本の装丁に人間の皮膚を使用したのは、読者ファンからの遺言だった

一般に本の表紙には、紙、革、布、装丁用クロスなどが使われる。だが、なかにはとんでもない材料を使った本がある。

フランスの詩人で、天文学者でもあったカミル・フラムマリオンの『空の中の土地』という詩集の中の一冊には、なんと本物の人間の皮膚が使用されているのだ。

これは、カミルの熱烈なファンだったある伯爵夫人の皮膚で装丁されたもの。彼女は、遺言で自分の皮膚を装丁に使うように書き記し、その希望どおりに彼女の肩の皮膚を使って装丁が施された。

実は人間の皮膚を使った装丁は、ほかに

もある。たとえば、第二次世界大戦中には、ナチスドイツのブッヘンワルト捕虜収容所長の妻イルゼ・コッホが、いれずみのある捕虜の皮膚を使って、ヒトラーの『わが闘争』や家族のアルバム、日記などを装丁した。なんとも不気味な話である。

不気味な皮膚の装丁とは一変して、美しい装丁もある。日本で大正時代に作られた北原白秋の『抒情詩集』の特装本は、唐草模様の施された革の表紙にダイヤモンド、エメラルド、サファイア、ルビーなどの宝石の粒をはめ込んだもの。値段も高価で、まさに貴婦人のような美しい装丁だった。

こうしてさまざまな装丁が施されるのも、それだけ装丁が、本のファンにとって魅力的な要素だという証拠だろう。

幕末に、藩主自ら脱藩した藩があった

幕末勤皇の志士たちの多くは、脱藩して浪人となり倒幕運動に走った。自分の雇用主が徳川幕府につかえる大名であればやむをえないことだったろう。ところが、その大名本人が脱藩してしまった藩がある。

房総半島木更津に本拠のあった請西《じょうざい》藩だ。ただし、藩主・林忠崇《ただたか》は勤皇だったわけではなく、佐幕派として、江戸城無血開城が行われたあと脱藩したものだ。

最後まで幕府に忠誠を尽くすことを覚悟した忠崇は、しかし時代が確実に動いていることがわかっていた。そこで藩に影響が及ぶことを恐れ、自ら脱藩。幕府残党の遊撃隊とそろって出陣したが、藩士たちには

挙兵を命じておらず、同行した者は志願者のみだった。

忠崇は半年ほど各地を転戦したのち、新政府によって徳川家が静岡藩として残されたことを知り、もはやここまでと、仙台で降伏する。

その後の彼は、一時は朝敵として刑に服したが、最後まで徳川家に忠誠を尽くしたとして名誉を回復し、華族の待遇を得て、一九四一（昭和十六）年まで長生きしている。

「明治は遠くなりにけり」で、昭和に入ってからは戊辰《ぼしん》戦争時代の思い出についてインタビューを受けることも多かったようで、そのなかで彼はこう語っている。

「脱藩しないと、慶喜公と申し合わせたと疑われかねない。だから脱走したわけで、いわば大名の夜逃げです」

皇族の紋章を菊にしたのは、後鳥羽上皇だった

「菊」は、皇室の紋章である。天皇家が「十六葉八重表菊」、皇族が「十四葉一重裏菊」の紋となっている。

花弁が一六枚ある菊の花の紋は、天皇・皇后両陛下と皇太子・同妃殿下のみが使うことができる。そのほかの宮家は、花弁が一四枚の菊の花を中心に意匠化して紋にしている。

皇室の紋が決められたのは、一八七一（明治四）年の太政官布告による。それからは一般人には菊花の紋は使用禁止となり、大正時代になって正式に皇室の紋章として法制化されている。

菊花紋の皇室での使用は、さかのぼると

後鳥羽上皇の時代にたどり着く。

奈良時代の初めに中国から伝来した菊は、平安時代には高貴な花として宮廷でひっそりと栽培されてきた。宮中では菊の花を文様にした用具や衣服も使われた。鎌倉時代に入って、後鳥羽上皇が菊の紋様をことのほか愛用して、家具などのほか、刀や輿にもマークとして使うようになったのである。ほかの貴族たちは天皇に敬意を表して使用を避けるようになっていく。こうして、いつの間にか皇室専用の紋として扱われるようになっていたものだった。

日本ではほとんど使わない「匁」は、実は今も世界で使われている単位

現在の日本で使われている度量衡は「メートル法」だ。しかし、つい半世紀前までは尺貫法だった。

学校で学ぶ算数・数学ではメートル法が取り入れられていたものの、日常的に肉などを買うのは「匁《もんめ》」で量り、酒や醤油は一「升」瓶に詰められ、居酒屋では一「合」入りのお銚子だった。着物の仕立て屋さんや大工さんは長さを「尺」や「寸」で測った。

酒造りや日本建築や和装業界では、伝統もあるため相変わらず一升瓶が健在だったり尺目盛りの物差しが使われたりするケースはあるが、今では重さだけは日常生活でもメートル法一本やりだ。

ただし、世界的に今だに「匁」が使われているケースが一つだけ残されている。「momme」と表記される、真珠取引の単位だ。ただし発音は「もんめ」でなく、綴りから英語読みして「モミ」となる。

これは、世界で初めて真珠養殖に成功し

た日本の御木本幸吉《みきもとこうきち》にちなんだものだ。彼の産み出した真円真珠は世界をマーケットに取引されるようになり、そのとき日本で使われていた重さの単位が、そのまま市場で使われた。

ダイヤなどふつうの宝石はカラットで重さを表すが、養殖真珠だけが立場を異にして「momme」を守り通す。粒の大きさは直径をセンチメートルで、ネックレスに仕立てたときの長さはインチでと世界共通の単位を用いるなかで、重さの単位だけは変わる気配がない。

映画のカメラの原型は、乗馬愛好家の賭けから生まれた

今の映画は一秒間に二四コマのスピードでフィルムを流してゆく。一コマ一コマは静止画像だが、続けて映写したときには眼の残像現象により、動いて見える。

これにヒントを得て映画カメラの原理を発見したのが、イギリス生まれの写真家エドワード・マイブリッジだ。

十九世紀半ばにアメリカに渡り、カメラマンとなったマイブリッジは、一八七二年に、カリフォルニア州知事を勤めたことのあるリーランド・スタンフォードの知遇を得た。

スタンフォードは、マイブリッジのカメラマンの腕を信頼してとんでもない依頼をする。彼が友人とした賭けの決着をつけるための写真の撮影である。その賭けの内容とは、「全力で走っている馬の脚は、四本のうちどれかがいつも地面についているかどうか」というもの。一八七七年のことだった。

マイブリッジは、競馬場に二四台のカメラを一列に並べ、馬が疾走するのにつれて順にシャッターを切る装置を考案して、撮影を試みた。すると、みごとに「四本とも同時に地面を離れる瞬間がある」ことが証明された。

この連続撮影の話を聞いたトーマス・エジソンが一八九三年のぞきからくり式映写機を発明し、一八九五年のリュミエール兄弟による今日の映写機の原型ともなったシネマトグラフにつながっていくのである。

愛煙家シェークスピアの劇には、なぜかタバコが登場しない

イギリスでは、エリザベス女王と次のジェームズ一世の時代に、タバコが大いに広まっている。ちょうど同時代を生きた劇作家シェークスピアも、このブームで大の喫煙家になったという。

ところが彼の作品のなかには、主人公がタバコを吸うシーンがない。流行に深い関心を寄せて作品に生かしていた彼にしては、不思議に思われる。

主人公ばかりか、登場人物の誰一人としてタバコを吸わないし、タバコの存在をにおわせるシーンすらない。

これは、おそらく時代背景のためだろうといわれている。エリザベス女王は喫煙を認めていたが、ジェームズ一世は大のタバコ嫌い。そこで、大切なパトロンである国王の機嫌をとるため、シェークスピアは脚本を手直ししたのではないかという説が生まれた。

シェークスピアの戯曲は、その四分の三がエリザベス女王の時代に書かれたもの

で、ジェームズ一世の時代に残りの四分の一を書いた。けれども国王の嫌煙ぶりを知って、新作には喫煙シーンを描かなかったうえ、すでに完成していたエリザベス女王時代の作品からもタバコにかかわるシーンはすべて削除したというのだ。

芸術家がパトロンなくしては存在しえなかった時代であれば、権力者に迎合せざるをえなかったのか……。

トキは中国にもいるのに、学名は「ニッポニア・ニッポン」

絶滅危惧種として手厚く保護されてきた日本産野生のトキは、二〇〇三（平成十五）年に絶滅してしまった。繁殖のために中国からオスを譲り受けて、最後の一羽となった国内生まれのメスとの交配を試みたりもしたのに彼女の高齢化には勝てなかった。

今佐渡トキ保護センターで飼育されているのは、中国から贈られたトキから人工繁殖させて生まれたヒナ鳥だけである。これらを殖やして、二〇〇七（平成十九）年には野生に戻せるまでにしたいと計画が進んでいる。

かつては日本の空を、まさに朱鷺《とき》色に染めていた鳥が絶滅に至ったのは、その美しさが原因だった。羽根を手に入れたり剥製にしたりするために、乱獲したのがたたったからである。

といってもトキは、日本にだけ生息していたわけではない。東南アジア一帯に分布し、現に中国には今も日本に譲り渡せるほどのトキがいる。ところがトキの学名は「ニッポニア・ニッポン」と、いかにも日本限定といった印象を与える。

こんなことになったのは、江戸末期に長崎に滞在したシーボルトが、トキの剥製を手に入れて故国オランダに送ったのが、ヨーロッパ人がトキを目にした初めての機会だったからだ。

シーボルトの剥製をもとに論文を書いた人物が、新種として「ニッポニア・ニッポン」の名を与えた。一八五二（嘉永五）年のことである。

「正露丸」はかつて、「征露丸」だった

「正露丸」は、止瀉薬つまり、下痢止めとしてどこの家庭にも必ず置いてあるといってもいいくらいだ。

今では日本だけでなく、衛生状態のよくない東南アジアの国々でも常備薬とされているし、アメリカでも健康補助食品として認可を受けている。

この日本の代表的市販薬の主成分はクレオソート。ドイツで発見され、結核の特効薬として伝わっていたクレオソートの殺菌効果をみこんで丸薬にしたものだ。

誕生は一九〇四（明治三十七）年の日露戦争のとき。腸チフス、赤痢などの予防・治療用に陸軍衛生班が研究開発し兵士に携行させた。だから最初の名前が、露西亜《ロシア》を征服しようとの意味をこめて「征露丸」だったといわれている。

第二次世界大戦前まではそれでよかったのだが、大戦後、勝利を収めた連合国側にはもとロシアである旧ソ連も含まれていたため、問題視される。

国際的に好ましくない名前だとされ、一

九四九（昭和二十四）年から「征」の字を「正」の字に変えて商品名とした。

陸軍御用達だったことを今もうかがわせるのが、パッケージのマーク。ＣＭでもおなじみのラッパは、陸軍ラッパを意匠化したものである。この薬品メーカーでは、糖衣錠にしたものも含めて、正露丸が売り上げの大半を占める。

暗殺者を意味する「アサシン」は、麻薬「ハシシュ」に由来する

英語では暗殺者のことを「アサシン」assassin という。この語源をたどっていくと中世のイスラム世界に至り、この時代には思いがけない殺人方法が行われていたことがわかってくる。

イスラム世界は現代でもその宗派対立が知られているように、部族・宗派が多数分立していて権力・勢力争いを繰り返してきた歴史を持つ。相手を倒す最適な手段が指導者の暗殺だ。

そこで暗殺者が放たれるのだが、彼らが実行に及んで恐怖心に駆られることのないよう与えたのが、ハシシュだった。大麻樹脂から作るこの麻薬は、鎮痛・麻酔効果を持つ薬品でもあるが、一方で幻覚や興奮をもたらす。そこでハシシュの投与で幻覚状態にして暗殺に送り出した。

マルコ・ポーロの『東方見聞録』のなかにも、ペルシャ山中で不思議な薬で若者を惑わせて暗殺に送り出す老人の話が登場する。

ハシシュ（ハシシ、ハッシシ、ハシッシュ）を吸引する人たちのことをハシシンと呼ぶが、彼らが暗殺者に変わってしまうこ

とをしっかり伝えているのが、英語のアサシンだ。麻薬から生まれた言葉が、殺される人を意味するのではなく、殺す側の人に用いられているところに、薬の恐さが感じられる。

ヒルに血を吸わせるという治療法がかつてあった

医療技術が十分に発達していなかった時代には、さまざまな治療法が試されていた。血液の一部を体外に出す「瀉血」も盛んに行われていたが、そのために、ヒルを使うやり方もあった。

十九世紀初期のパリ大学医学部教授ブルセは、治療にヒルを積極的に取り入れていた。ブルセは、すべての病気は胃腸の炎症に由来するとして、炎症にはヒルによる瀉血が最善と考えていたのだ。方法は、患者の体の各所に一度に五〇匹ものヒルを張りつけるという乱暴なもので、吸血鬼療法とも呼ばれていた。

ブルセと彼の弟子たちの治療のせいで、当時、フランスからヒルが姿を消してしまったので、ついにはヒルを輸入することになり、最盛期の一八三三年には四一五〇万匹にもなったという。

ブルセほどではないが、日本でも平安時代からヒルを使った治療方法が試されていた。「蛭飼」「蛭喃」などと書いて「ひるかい」と呼ばれていた。ほかにも東洋医学では、つい三十年くらい前まで、高血圧やリンパ浮腫といった病気の瀉血にヒルを使用していたという。「血を吸う」というヒルの特性は、世界各地で注目されていたわけだ。

ただ、すべての病気に効くと信じていたブルセはもちろん、ほかの病気の場合でも大きな効果は得られなかった。日本ではもちろん、世界をみてももうほとんどみられない治療法といえる。

ニューヨークは二五ドルで先住民から買った!?

アメリカ合衆国が独立国となったのは一七七六年。ヨーロッパから移住してきた人々が主体となって国が作られた。

オランダ人入植者がアメリカ大陸に上陸したのは、一六二五年のことだ。フランスで迫害を受け、オランダに逃げ延びたプロテスタントたちは新天地を求めて、オランダ商人の船に乗ってアメリカへやってきたのだ。

彼らの拠点となったのは、現在のニューヨークの一部であるマンハッタン島。当時は、オランダ領ニュー・アムステルダムと呼ばれた。

オランダ人がニュー・アムステルダムに興味を持ったのは、ビーバーの毛皮などが目当てだったようである。当時、ビーバーの毛皮は、帽子の材料として人気が高かった。これをヨーロッパで交易しようと考えたのだ。

しかし、アメリカ大陸には数千年以上も生活を営んできた先住民族がおり、マンハッタンにも部族が住んでいた。マンハッタンという名前は、その部族の名前に由来する。「丘からなる島」という意味といわれている。オランダ人は、一六二六年に、先住民から土地を手に入れるために交渉を行った。

素朴な生活を長年守ってきた先住民から、マンハッタン島をなんと二五ドル相当の雑貨と交換で取得したという。

ペリーや刺客までも圧倒した佐久間象山の異様な風貌

幕末の思想家、佐久間象山は、吉田松陰や小林虎三郎の師匠として知られている人物だ。その佐久間象山の外見は、一般的な日本人とはかけ離れていたようである。

記録によれば、象山の筋骨たくましい体は、一八〇センチメートルを超えていたという。当時であればどれだけ稀有であったかは想像に難くない。しかも、額の広い面長の顔の彫りは深く、高い鼻と二重まぶたの大きな目を持っており、色白だという。

こういった特徴から、白人のような人物をイメージすることができるだろう。

象山の風貌の特異さを如実に表すエピソードとして、ペリーが象山に会ったときの様子がある。

ペリーは、いわずと知れた日本開国の立役者である。しかし、その手段は、武装した黒船による武力行使を辞さない艦砲外交であることも知られている。ペリーは幕府のお偉方に接するときも、つねに強い態度で接していたようだ。そんなペリーが、横浜の応接所で警備についていた象山にだけ、丁寧に頭を下げたという。

また、象山の風貌は、ある暗殺のプロの人生を変えている。象山を暗殺した攘夷派の刺客河上彦斎《げんさい》は、人を斬ることをなんとも思わないような冷酷非情な人物だった。

しかし、自らが襲撃した象山の迫力に圧倒され、それを機に刺客から足を洗ったというのだ。
多くの人物が活躍した幕末の世にあって、こうしたエピソードが残っている人物も珍しい。それほど、当時の人にとって象山の風貌は強烈であったといえる。

カメラのフィルムの枚数は、人のリーチの長さから決められた

カメラの三五ミリフィルムは、もとは映画用フィルムが流用されていた。そのフィルム一本の枚数は、一二枚、二四枚、三六枚撮りと一二の倍数が多い。一二の倍数には何か意味があるのか?

最初に決まったのは、「一二」という数字ではなく、三六枚のようだ。

諸説ある中で有力なのが、フィルムの長さから決まったという説である。

写真を撮り終わって現像するとき、筒状のフィルムを伸ばすが、長すぎると作業がしにくい。両手を広げた程度の長さのほうが、具合がいい。その長さが約一六〇センチメートルだった。これをフィルムのサイズに合わせると、ちょうど三六枚になったというのである。それで三六枚撮りフィルムが誕生したというわけだ。

しかし、当時フィルムは高価だった。そこでアメリカのコダクローム社は、廉価版としてその半分の一八枚撮りを売り出した。日本では一二枚撮りも誕生する。

その後、一八枚撮りフィルムに二枚サービスした二〇枚撮り、さらに四枚サービスが加わった二四枚撮りなども発売される。枚数が少ないほうにバリエーションが増えていったのは、一般の人に写真が普及し、レジャーや旅行で使い切るようにと考えら

れたためだろう。

以上のように、各社がそれぞれに商品を出していくうちに、足並みが揃ってきた、というのが実際のようだ。

アメリカ合衆国は、紅茶が引き起こした戦争で誕生した

歴史の授業で、アメリカの独立戦争のきっかけとして「ボストン茶会事件」なるものがあったことを習った覚えがあるだろうか。「ちょっと変わった名前だな」と印象に残った人がいるかもしれない。つまり、アメリカ独立は、紅茶が火つけ役となったということなのだ。

独立前のアメリカ大陸には一三のイギリス植民地があった。ここでは、紅茶の需要が高く、それに目をつけたイギリス本国は、東インド会社と結託して植民地への紅茶の輸出を独占した。

さらに一七一一年頃からは、紅茶に対して高い関税を課したのだ。当時のアメリカでは、繊維や工業品などについで紅茶の輸入量が多かった。そのため高い関税は負担が大きく、植民地の人々は本国に対して不満を抱くようになる。そして、オランダなどから安い紅茶を密輸入するようになったのだ。

そうなると困るのはイギリスの東インド会社だ。アメリカでの市場を狙って用意した紅茶がさっぱり売れなくなってしまったからである。そこでイギリス政府は、一七七三年に東インド会社の紅茶の関税を免除する「茶法」を制定した。自国の紅茶の値下げを行って、在庫処分を図ったのである。

しかし、植民地の密輸業者も黙ってはいない。同年の十二月に、ボストンに入港した東インド会社の貿易船三隻に対して、先住民に変装して襲撃。積荷の紅茶三四二箱を海に投げ捨てた。

　これが、植民地と本国との対立を決定づけて、一七七五年の独立戦争へと発展していったのだ。

入浴は、僧侶が仏に仕えるための儀式だった

　日本人の生活文化の特徴に入浴の習慣がある。

　この入浴施設の登場は、仏教伝来の頃にさかのぼることができる。大寺院の七堂《しちどう》伽《が》藍《らん》には、現代の風呂に近い施設、浴堂があったのだ。この浴堂の目的は、御仏に仕えるために身を清めることだった。仏教では、汚れを取り払う沐浴《もくよく》の功徳を説いていたためだ。奈良の東大寺や法華寺には、浴堂やそれと同類の大湯屋が残っている。

　時代が下り、寺院の沐浴施設は一般にも開放されるようになる。これは、庶民にとって宗教的な目的だけでなく、うれしい施しだったようだ。

　室町時代でも、寺院のほか幕府によって施浴の習慣が受け継がれる。一定の日にちが定められ「功徳風呂」とされたのだ。

　この時代には、民間の銭湯も生まれた。銭湯には、風呂屋と湯屋と呼ばれるものがあった。

　風呂屋は今でいうサウナのようなもの。狭い密室に、釜でたいた湯気を床下から送り、体を暖める。湯屋のほうは、湯船に入浴させるもので、現代の銭湯に近い。

江戸時代にもなると、上方、つまり関西では、裕福な人々は屋敷に内風呂を設けるようになる。しかし、火事の多かった江戸では内風呂を作る人はおらず、人々は銭湯に集まってきた。当時の銭湯は、男女混浴で、下着着用で入浴していたという。

こうして入浴は、宗教の儀礼から日本人の生活習慣まで発展していったのだ。

チーズは、ヒツジの胃袋でできた固形物

バターが動物の乳の水分を除いて脂肪分を固めたものなら、チーズも同じように水分を除いて固めるが、水分を除いたあと発酵という段階を経るところにバターとの差がある。

この発酵という手順をどこで人間が知っ

たのか、そのおかげで風味が加わるのだから、どんな知恵が使われたのかと思うが、実際は偶然の産物である。

チーズの発祥は西アジアか中近東のどこかとされているが、この一帯は熱帯に属する。その気候のおかげでチーズは生まれた。

伝説によれば、旅をしていたトルコの商人が世界でチーズを食べた最初の人間ということになっている。彼はそのときヤギの乳を子ヒツジの胃袋で作った水筒に入れて持っていた。

飲もうと思って袋を開けると、乳は固形物と水のような部分に分離していた。思い切って食べてみたら、とてもおいしかったという。

伝説のこの固形物がチーズの原形の凝乳、水っぽいのがホエーと呼ばれる乳清だ。ヒツジの胃袋のなかに残っていたレンという酵素の働きと移動のときの振動で乳が発酵して固まったものと思われる。

伝説はいつの時代のことか――。『旧約聖書』にすでにチーズらしきものの名が見えているし、古文書によると日本にも奈良時代に牛乳を煮詰めて「醍醐」というものを作る方法が伝わっていた。これをみれば醍醐はさしずめチーズであり、醍醐味というのは、このチーズのうまさから生まれた言葉である。

第10章

生意気な子供たちから尊敬される51本

名古屋では、金のシャチホコを盗むコンテストが行われた

名古屋城の天守閣に燦然《さんぜん》と輝く金のシャチホコ。江戸時代中期に、柿木金助という人物が、凧に乗って天守閣の上へと舞い上がり、金の鱗を盗んだという伝説が残っているものの、あのシャチホコの本体を本当に盗み出せた人物は、今だ存在しない。無造作に天守閣の上に乗っているのだから、良いアイデアさえあれば、盗み出すことは可能なはず……。

こんな物騒なことを真面目に考えているのは「名古屋をアートでおもしろくする会」の面々。名古屋市の現代美術作家らの集団が、広く世間から、シャチホコを盗む方法を公募した。

実はこれは、二〇〇五（平成十七）年三月から百八十五日間にわたって開催されている「愛・地球博（愛知万博）」のＰＲの一環なのだ。

名古屋では、「愛・地球博」に合わせて「新世紀・名古屋城博」も開催され、その際、金のシャチホコを地上に降ろして展示する。これを記念して、金のシャチホコを盗み出すおもしろいアイデアを公募しようということになったのだ。

その名も「金シャチ・ルパンコンクール」。ユニークで、遊び心あふれるアイデアをひねり出した人には、賞金が一位一〇万円、二位五万円、三位三万円という大盤振る舞い（!?）だ。

応募期間は、二〇〇四（平成十六）年九月～二〇〇五年六月一日までだったが、このコンクールの入選作が発表された後に

は、泥棒を逮捕する方法を募る「銭形平次捕物コンクール」も予定されている。

サンタクロースになるには、過酷な試験に合格しなければいけない

世界には、なんとサンタクロースを養成する学校がいくつかある。なかでも最大規模を誇るのがデンマークの「グリーンランド国際サンタクロース協会」で、一九六四年から毎年、コペンハーゲン郊外で「世界サンタクロース会議」を開催している。

同協会には、グリーンランドに住む長老サンタクロースを筆頭に、その手伝いをする公認サンタクロースが世界各国に約一八〇人いる。

公認サンタクロースになるのはなかなか厳しい。「既婚者」「子供がいる」「サンタク

あとは体型だけなのですが
無理でしょうか。
目指せ!
サンタクロース

ロースらしい体型」などの前提条件をクリアした人が、サンタクロースの扮装でデンマークに行き、過酷な試験に合格しなければならないのだ。

試験内容は、英語かデンマーク語でのスピーチ、サンタの公用語「ホッホッホー」だけでの会話、実技試験などだが、この実技試験がきつい。プレゼントを持って、本当に煙突から居間に入らなければならないのだ。

西洋では、子供はプレゼントを入れてもらうために靴下をクリスマスツリーに下げるとともに、手作りのジンジャークッキーをサンタのために用意する習わしになっている。だから試験でも用意されたクッキーやミルクを平らげるのだが、子供に気づかれないよう早く食べてしまわなければならない。そのあとまた煙突を登って家の外に出る。この間、足音などの物音を立ててはいけない。

これに優勝した人だけが公認サンタクロースになれるのだ。

日本にもこの試験に合格した公認サンタが一人だけいる。パラダイス山元さんがその人で、アジアで唯一、世界で最年少の公認サンタだ。

世界には、同協会のほか、フィンランドに国営のサンタクロース養成学校があり、ユッラスにサンタ補佐官になるための一日教習所がある。一日教習所は日本人も受講できるそうだ。

ロケットが、たったの二一〇万円で買える

ロケットが市販されている。価格は二一

〇万円。

車並みの価格のロケットを販売しているのは、北海道札幌市の特定非営利活動法人（NPO）・北海道宇宙科学技術創生センター（HASTIC）。ロケットは、北海道大学大学院工学研究科が開発したもので、燃料は固体のアクリルで、燃焼用の酸化剤には液体酸素を使うハイブリッド（混合）方式だ。

通常のロケットで使用している火薬や液体燃料を使わないため安全で、しかも、内蔵のパラシュートで降下し、回収できるため、燃料をHASTICから購入するか、自分で製造すれば、繰り返し使用することもできるというスグレ物だ。

ロケットの一般向け販売は、このハイブリッドロケットが日本初で、価格も従来の専門機関向け小型ロケットの一〇分の一と、驚くほどの安さ。これなら一般人でも十分購入可能で、宇宙への夢が大いに膨らむというものである。

購入者は、安全管理などについて二日間の講習を受ける必要があるが、これさえ受ければ、二キロメートル四方ほどの空き地があれば打ち上げ可能。ただ、打ち上げには専門知識が必要な上、航空法の規制対象にもなる。そこで、北海道十勝地方の大樹《たいき》町に発射場が用意されており、一〇〇万円ほど払えば、北大からチームが出向いて発射を請け負ってくれる。

さっそく宇宙服を着込んでマイロケットで宇宙旅行……といきたいところだが、残念ながら、このロケットのサイズは、長さ一・六メートル、外径八・九センチメートル、重さ一〇・五キログラムと、あまりにもコンパクト。高度も一キロメートルくらいだから、人間が乗り込んで宇宙旅行というわけにはいかない。ジュースの三五〇ミリリットル缶程度のスペースがあるので、そこに五〇〇グラム以下の試験装置などを搭載できるだけだ。

二〇一八年に、宇宙へ行けるエレベーターができる？

宇宙に行くにはロケットで出発する――そんな常識を打ち破る計画がある。なんと、エレベーターで宇宙に行けるというのである。

それも、いつか遠い未来にといった空想物語ではなく、米国宇宙協会が進めている具体的な計画だ。技術的に実現可能で、早ければ二〇一八年に完成できるかもしれないという。

この宇宙エレベーター計画では、南米エクアドル沖の赤道付近の太平洋上に移動式の海上プラットフォームを設置し、そこから約一〇万キロメートル上方の宇宙ステーションに向けて、紙と同じくらい薄い幅一メートルの「リボン」を伸ばす。

このリボンの素材には、軽くて強いカーボン・ナノチューブを用いる。カーボン・ナノチューブは、格子状に並んだ炭素のシートでできた長い管で、鋼に較べるとはるかに軽いのに、三〇～一〇〇倍の強度を持つ。

近年、このカーボン・ナノチューブの開発が飛躍的に進展しているので、宇宙エレベーター構想が実現可能となった。

完成すれば、海上プラットフォームから宇宙ステーションまで、約四時間で到達できる。物資の運搬に要する費用は、一キログラムあたり一〇〇ドル。スペースシャトルを用いた場合の一〇〇分の一～四〇〇分の一ですむという。

さらに、物資を運ぶだけでなく、人間を乗せて運べるようにする計画もある。そこまで実現すれば、エレベーターで手軽に宇宙旅行できる時代がそう遠くない未来に訪れるかもしれない。

東京の環八上空には、謎の雲が発生する

東京都心を半円状に取り囲む道路が環状八号線。略称「環八《かんぱち》」。激しい交通量に、騒音や排ガスが引き起こす近隣住民の体調異変など問題を抱えるが、もう一つ、道路上空に見られるようになった雲も、人々の耳目を集める。

一九七〇（昭和四十五）年頃から知られるようになった「環八雲」である。きれぎれにふんわり浮かぶ自然現象の雲と異なり、白く長く帯状に伸びて、道路上に一列に並ぶ。下から見上げても厚みを感じさせるぼってりした雲だ。

これはヒートアイランド現象と、環八付近の排気ガスで汚れた大気がもたらしたもの。

東京湾から西に向かう気流と相模湾から北上する気流が、都心部の暖まった空気を乗せてちょうど環八あたりで衝突し、行き場をなくして上昇する。これが上空で冷されると雲になりやすくなる。

おまけに、都心部の空気は排気ガスなどで汚染されている。その排気ガスに混じっている「エーロゾル」という粒子状の浮遊物質には大気中の水蒸気が集まりやすく、

くっついて雲粒《くもつぶ》を作る。

この二つの相乗効果で環八雲は誕生する。排気ガスから生まれた雲粒を含んでいるため、環八雲のなかでニオイを嗅ぐと、車の排気ガスとまったく同じニオイがするという。

同様の現象で、都市中心部でなく周辺区域を取り巻くように生まれる雲は、東京以外にも大阪、名古屋、札幌などでみられるようになり、「環境汚染雲」と呼ばれている。

山火事によって繁殖する木がある

山火事は大事な森林資源を焼き尽くすばかりではない。森や林が消えることで土地が保水力をなくし、そのために水害など二次災害も生むことがある。

ところが、この火事がなければ繁殖できないという植物がある。北米大陸で広大な林を形成するジャックパインがそれ。

パインの名のとおりマツ科の高木で、樹果はいわゆるマツボックリである。日本でおなじみのアカマツなどのマツボックリは、拾えばわかるが実は種子を撒き散らしたあとのもの。

ジャックパインのマツボックリは、笠を開かずいつまでも樹木にくっついている。樹木のてっぺん付近ばかりか、太い枝や幹にもびっしりとついたままなのは、マッボックリを落とさずにそのまま樹木が生長するためだ。

こうした樹木の林で火事が起こると、マツボックリが初めて笠を開いて種子を撒き散らす。そして焼け跡の広大な土地で芽を出す。ジャックパインのマツボックリは、温められないと開かず種子を出さないのである。

なぜかといえば、生長するために強い太陽光が必要なためだ。生い茂った林のなかの地面に種子を撒き散らしても発芽・生長できないことを、ジャックパイン自身が知っているから、条件が整うまで種子を落とさない。

種子を落として、あたらしい樹木を育てるためには、ジャックパイン林ではどうしても山火事は起きてもらわなければならない災害である。

幸いなことに、ジャックパインの育つ環境は乾燥地帯。落雷などの自然発火で十数年に一度は山火事が起こり、世代交代を促すという自然の摂理はうまく機能している。

ハエは、実はきれい好きだった

「やれ打つな　蝿が手をする　足をする」と詠んだのは小林一茶だ。

たしかに止まったハエは、まるで人間が手洗いするときのような動きを見せている。

これは本当に手洗いに匹敵する行動で、キレイ好きなハエは足についた汚れを落とそうと必死なのである。というのは、ハエは顔だけでなく、足の先にもニオイや味を感じる器官を持っているからである。

ハエが天井に逆さまに止まっていても落っこちてくることがないのは、足先からネバネバした液体を出して張りつくことができるからだ。ところがこのネバネバがあだとなって、足先に微細なゴミがくっついてしまう。

そこで、しょっちゅう足先をこすり合わせて、くっついた汚れを落とそうとしているのだ。

もっとも、ハエが足をこすり合わせて落とす汚れが、人間にとっては大敵だ。ネバネバした液で、ゴミの山であろうが腐りかけた食物の上であろうが、止まった場所で必ず何かをくっつけてくる。それが病原菌の混じった汚れである恐れは十分あるわけで、人間にとって百害あって一利なしだ。「やれ打つな」と、彼らがそこらに落としていくのをみているわけにはいかないのである。

茨城県沖で、世界でも珍しい新種が、ズワイガニ漁の網に引っかかった

貴重な生物を求めて、あちらこちらで必死に調査を行う生物学者も多い。しかしそんな苦労をしなくても、偶然珍しい生物が捕獲されてしまうこともある。

二〇〇五(平成十七)年二月一日、茨城県那珂《なか》湊《みなと》沖でズワイガニ漁の網に、見慣れない魚が引っかかった。何の魚だろうと関係者が調べたところ、一九九九(平成十一)年に、新種に登録された珍しい深海魚「クロテングギンザメ」であることがわかった。

この魚は、サメやエイなど軟骨魚類の仲間で、日本近海や南アフリカ沿岸の水深五〇〇～一四五〇メートルに生息する。黒褐

色で、とがった頭が特徴だ。捕獲されたものは体長約九八センチメートルのオスだった。

実は、那珂湊沖では、これまでに何度かクロテングギンザメが捕獲されたものの、いずれも死んでいるか、衰弱していてもなく死んだものばかり。今回のように、元気なものが捕獲されたのは初めてだ。

世界でも捕獲例が少ないため、貴重なデータが収集できると期待されるこのクロテングギンザメは、アクアワールド大洗水族館に運ばれた。同館では泳ぐ姿をビデオで撮影したりして生態の解明に力をそそいでいる。

ドラえもんの秘密道具は、全部で一九六三個ある

藤子・F・不二雄さんの人気マンガ『ドラえもん』は、一九六九（昭和四十四）年十二月発売の『小学四年生』などで連載が始まって以来、長年にわたって、子供たちに夢を育み続けた。

このマンガの魅力は、なんといっても毎回登場するユニークな秘密道具だろう。

ドラえもんが最初に未来からやってくるときに用いた「タイムマシン」、頭につければ空を飛べるようになる「タケコプター」、どこにでもいける「どこでもドア」などはよく登場するが、秘密道具のほとんどは一回かぎりの登場だ。

この秘密道具の数はいくつか？

出版社やファンの間で諸説あったが、ついに大学の先生も調査に乗り出した。

富山大学教育学部の横山泰行教授が、全一三四四話を集め、秘密道具を「現代技術

では実現不可能なアイテム」と定義したうえで数えたところ、一九六三個にのぼったという。

二〇〇四（平成十六）年に小学館から出版された『最新版ドラえもんひみつ道具大事典』では一三〇二個とされているから、出版社でさえ、かなりの見落としがあったのかもしれない。

それにしても、一九六三個も次から次へと秘密道具を考え出した藤子・F・不二雄さんはすごい！

フラミンゴは、赤いミルクを出す!?

熱帯の沼地にすむフラミンゴは、紅色の羽毛を持つきれいな鳥だ。

このフラミンゴの母親はミルクを出せる。もちろん、鳥類は哺乳類のような乳腺を持ってはいないのだが、食道にあるそ嚢《のう》という袋のなかで、ヒナに与えるミルクのような飲み物をつくれるのだ。

授乳期には、その嚢の内壁の細胞が剝離《はくり》して、ミルク状の液体として分泌される。成分は脂肪、タンパク質などで、哺乳類のミルクとほとんど変わらない栄養価がある。

東京都多摩動物公園によると、このフラミンゴの出す「フラミンゴミルク」は、赤い血色素が含まれているので、まるで血のような色だという。

ただし、色は血のようでも、状態はさらっとしているらしい。

ミルクが出る期間は、ヒナがかえってから二～三か月間程度。生まれたばかりのときにはミルクだけ飲ませるが、二週間目ぐらいからミルクとエサを併用し、やがて一

〜数か月でミルクを飲まなくなる。

母フラミンゴがミルクをやるのは自分の子供だけで、母と子がくちばしをくっつけ、くちばしの溝に沿って流しこむようにして、口移しで飲ませるそうである。

『浦島太郎』に登場するカメは、メスである

昔話の『浦島太郎』の主人公は、浜辺で子供たちにいじめられていたカメを助けたことから、カメに連れられて竜宮城に行く。

話のなかではカメの性別は出てこないが、人が乗れるほどのカメで、陸に上がってくるのは、ウミガメのメスだ。ウミガメの赤ちゃんは生まれてすぐに海に入り、そのあとずっと海で過ごして、メスだけが産

ありがとう。
お礼に
ワタクシを
さ さげます。
さ、どうぞ。
うっふん
いえ、それには
およびません。

卵のときに陸に上がるといわれているからだ。

ただし、名古屋港水族館によると、近年では、ハワイ諸島のリジアンスキー島などから、オスも陸に上がることがあるという報告が出ているという。

だから、『浦島太郎』のカメも、絶対にメスだとは断言できないが、メスという確率がだんぜん高い。

カメの種類となると、『浦島太郎』の舞台とされている京都府の丹後半島で、人が乗れる大きさのカメというと、アカウミガメという可能性が高いそうだ。

『浦島太郎』は伝説だが、海でおぼれてカメに助けられた人は、実際に昔からたくさんいるらしい。沖で船が沈没したあと、出動した捜索隊が双眼鏡でドラム缶らしきものにまたがった人をみつけ、近寄ると、カメに乗っていた……という実話もあるという。

大阪と京都の府境に、ポンポン山という名前の山がある

京都府と大阪府の境に、「ポンポン山」というかわいらしい名前の山がある。老ノ坂山地の最高峰で、ハイキングコースとして親しまれている標高六七九メートルの山だ。

この山は、正式名を「加茂勢《かもせ》山」というのだが、地元の人々が「ポンポン山」と呼ぶようになり、通称のほうがすっかり定着。ついには国土地理院発行の地図にも「ポンポン山」と記載されるようになった。

では、どうしてこの通称が生まれたのか？

加茂勢山は、山頂に近づくにつれ、足音がポンポンと響き出す。そこから「ポンポン山」と呼ばれるようになったのだ。

音のする理由については、地層内部に空洞や鍾乳洞があるという説などが出ているが、はっきりしたことはわからない。

このほかに、「ポンポン山」と呼ばれる山は北海道と埼玉県にもある。

埼玉県のポンポン山は吉見町の八丁湖の北にある高さ二〇メートルほどの低い山。高《たか》負《お》彦《ひこ》根《ね》神社の社殿後方の大きな岩近くの窪地を強く踏むと「ポン」と音がする。

北海道のほうは、屈斜路湖近くにある山。山名の由来については、やはり「山上で地面を踏むとポンポンと音がするから」という説のほか、アイヌ語の「ポンポンヌ（熱泉）」が語源という説もある。

絵の具に入っているぐんじょう色は、非常に作りにくい色だった

絵の具やクレパスは、バラで買うこともできるが、一二色、一六色、二〇色、二四色といったセットもある。ただ、その使用頻度は色によってあまりにも違いがあり、最後までほとんど使わない色があったりするものである。

そんな「あってもめったに使わない色」の一つがぐんじょう色だ。青と似ているけれど、ちょっと違うぐんじょう色は、いわゆる藍色で、子供にはあまり使う気にならない色の一つだ。

なのになぜセットにぐんじょう色は組みこまれているのだろう?

絵の具は、一九九七（明治三十）年に丸

善がチューブ入り絵の具を輸入したのが始まりで、最初はバラ売りだけだった。これを東洋堂が一二色の詰め合わせにして売り出したところ大ヒットとなり、セット売りが定着したのである。

メーカーでは、セットを作るときは、顔や山、海、空、花、木、葉、土など、描かれるものを想像して、使うことが多いだろうと思える色を優先的に組み入れている。

こうして基本が決まると、次に考えるのは、使いそうな色がほかの絵の具を混ぜ合わせて簡単に作れるかどうかということだ。ぐんじょう色というのは、空などを描くのに使う機会が多い色だが、使う人が青に別の色を混ぜて作り出すのは難しい。そこであえて別色として二〇色以上のセットに組み入れることにしているのである。

ちなみに、絵の具というと、金属製のチューブに小さなフタというのがかつての定番で、ちょっと油断するとフタがどこかになくなるなど、子供にはかなり使いづらいものだった。ところが、最近ではポリエチレンを使った柔らかなチューブとなり、フタも、フタとチューブの一か所が繋がっていて、キャップを回さずプチンとはめるだけのワンタッチ式となり、とても使いやすいものが登場している。

電子レンジの窓が見えにくいのは、電磁波をシャットアウトするため

火を使わなくても調理ができる電子レンジは実に便利だ。

非常に高い周波数の電波を食品に照射することによって食品の分子を振動させ、この振動によって発生した熱によって加熱す

るという仕組みになっている。その周波数は二四五〇メガヘルツで、直接人体に当たれば害を及ぼすほど強力なものである。

電子レンジのドアの窓は、なぜか中がとてもみづらくなっていて、中がみえればもっと調理がしやすいのにと感じる人も多いだろうが、あの窓をガラスにしてしまうと、たとえ熱に耐えられるものであったとしても、電波はガラスを簡単に透過してしまうため、外に漏れてしまう。

電波を漏らさないためには、鉄の板で囲んでしまうのがいちばんだが、それだと中身がまったく見えない。そこで考案されたのが、鉄の板に、電波の波長よりも小さい直径の穴をたくさん開けるという方法。これによって中が見えるうえ、穴が小さいために、電波は外に出ることがないようになっている。

もし間違って調理の途中で扉を開けてしまったとしても、電気が遮断されて電波が出ない仕組みになっている。また、電波は距離が離れていれば、受ける影響は距離に反比例して少なくなるから、電子レンジにぴったりとくっついていない限り、影響を気にする必要はない。

電子レンジのおかげで、料理を温めるのはもちろんのこと、解凍から煮物、炊飯まで、さまざまな料理がとても簡単に、短時間でできるようになった。この画期的な調理器具は、ほんの四十年ほど前に誕生したにもかかわらず、以後急速に日本全国に広まり、今では日本での普及率は約九割にまで達している。

JR東京駅には、駅長が二人いる

JRの時刻表に描かれた東京駅の案内図を、端から端までじっくりみてみると、ちょっと不思議なことに気づく。東京駅の八重洲口側と丸ノ内側に駅長室が一つずつあるのだ。

いくら大きな駅だからといって、駅長は二人もいらない。なのに、なぜ駅長室は二つあるのか？

答えは、本当に東京駅に駅長が二人いるからである。といっても、二人の駅長は、別の駅の駅長である。一人はJR東日本の東京駅の駅長であり、もう一人はJR東海の東京駅の駅長なのだ。

東京駅は基本的にはJR東日本の駅だが、この駅には東海道新幹線が発着している。東海道新幹線はJR東日本とJR東海、JR西日本の三つの会社のルートを走っている。だからといって新幹線を細切れにするわけにもいかず、東海道新幹線はJR東海の所有となった。

JR東海にしてみれば、自分の会社の路線が通じている駅なのだから、そこに自分の会社の駅長がいるのは当たり前というわけである。

同様に新横浜駅や小田原駅、熱海駅にもJR東海の駅長がいるし、JR西日本の駅長がいる京都駅や新大阪駅、米原駅にもJR東海の駅長がいる。さらには、新大阪から博多までの山陽新幹線はJR西日本所有のため、小倉駅と博多駅にはJR九州の駅長とともに、JR西日本の駅長がちゃんと存在しているのである。

ちなみに、東京駅のJR東日本の駅長室が赤レンガの駅舎の中にあるのに対して、JR東海の駅長室は、八重洲口の一角で、いかにも間借りしているといった雰囲気が拭えない。いっそ廃止してしまえばいいと思うが、民営化しても相変わらず官僚的な縄張り争いが続いていると実感させられる。

バターはもともと、塗り薬として使われていた

パンを食べる習慣が古くからあったヨーロッパでは、バターもまたかなり古くから普及していたはず……。

しかし、バターが食用としてヨーロッパ全体に普及したのは意外と新しく、バター作りの機械が導入されて工場で生産されたのは、十九世紀も末になってからのことだ。

バター自体の歴史はかなり古い。もともとは遊牧民の食品として生まれ、紀元前五世紀頃にはすでにヨーロッパに伝わっていたといわれている。

実際、ポルトガル人は紀元前六〇年頃から食べ始めていたというのだが、バターがあまり食用としてヨーロッパで広まらなかったのは、ローマ人がバターを野蛮な食べ物として嫌ったことが大きな原因のようだ。

その代わり、ローマ人はバターを風呂などで使う塗り薬として利用したり、歯痛に効くとして歯茎にすりつけたり、整髪料として利用したりしていたのである。

スコットランドやイングランドでも、羊毛の保護剤としてヒツジに塗られ、ランプ

の灯油としても用いられていた。

結局、バターが食品として認められたのはずっと後のこと。六世紀になってやっとフランスで盛んに食べるようになり、十二世紀からベルギーが、十三世紀になってノルウェーがバターを食べ始めたといった具合である。

現在のヨーロッパの料理にはバターを使うものが多いが、イタリア料理だけはあまりバターを使わず、代わりにオリーブオイルがふんだんに使われている。イタリアには、バターを薬用として利用してきた長い歴史があったからかもしれない。

ちなみに日本の場合は、徳川家斉がバターを作らせたといわれているが、この時点ではまだ上流階級の薬用として用いられており、食べるようになったのは明治に入ってからのことだ。

台風一個のエネルギーは、原爆一〇万個分に相当する

台風は、水温の高い熱帯の海上で多数の積乱雲が集まってできた渦巻きから誕生する。

積乱雲ができるときには、海から蒸発した水蒸気をたっぷり含んだ湿った空気が上昇し、上空で凝結して雲になる。水は、蒸発するとき周囲から熱を奪い、凝固するときには熱を放出するので、積乱雲は大量の水分とともに熱エネルギーを持っている。

積乱雲の渦巻きがこの熱エネルギーによって成長していくと、台風となる。

この台風のエネルギーはすごい。平均的な台風のエネルギーは一〇の二五乗エルグといわれている。といわれてもどれほどの

大きさかピンとこない。わかりやすく換算すると、これは、広島に落とされた原爆のなんと一〇万個分にあたるのだ。

また、台風の目の最上端で放出されるエネルギーは、三分間に水爆一個分ともいわれるすさまじさだ。

こんな膨大なエネルギーを持つ台風が、気象庁によると、一九七一（昭和四十六）年から二〇〇〇（平成十二）年までの三十年間に年平均約二七個発生しているという。一九五一（昭和二十六）～二〇〇〇（平成十二）年で台風が最も多く発生したのは一九六七（昭和四十二）年の三九個、最少は一九九八（平成十）年の一六個だった。

日本には年平均三個の台風が上陸し、平均約一一個の台風が列島の三〇〇キロメートル以内に接近しているそうである。

台風の平均寿命は五・三日だが、最高で一九・二五日という長寿記録もある。

ネコにアワビを食べさせると、耳がとれる可能性がある

硬いタイの骨がノドに刺さると危険、同じように鶏肉の骨も縦に裂けて刺さりやすくなるから危ない――こんなふうに、ネコに与えてはいけない食べ物のうち、形状がわかるものは判断しやすい。しかし成分が体調を狂わせたり内臓に異常を起こさせたりするのは、何がいけないか、どんな成分だからいけないかを覚えていくしかない。

たとえばアワビだ。アワビの内臓にはフェオフォーバイトという物質が含まれていて、そのままでは無害だが食べたあとに危険が生まれる。吸収されたフェオフォーバ

イトが血管中にあるうちに紫外線を浴びると、アレルギー反応が起こって皮膚病を起こすことがあるのだ。

六時間ほどで無害に変わるから人間が食べるぶんには心配はない。しかしネコは耳の部分の皮膚が薄く、ふだんでも血管が透けて見えているくらいだ。血液中のフェオフォーバイトは紫外線の影響を受けやすくなるうえ、皮膚の炎症がひどくなれば、耳を切断手術しなければならなくなることも。

フェオフォーバイトは、葉緑素を多く含んだ海藻をエサとする貝の内臓でつくられる。だからアワビに限らずサザエ、トコブシなど海藻をエサにしている貝類はネコには厳禁である。

白身魚の多くが海底で暮らすのは、疲れやすいから⁉

魚は、タイやヒラメなどの白身魚とマグロやカツオなどの赤身魚に分けられる。白身魚にはあまり泳ぎまわらずに海底近くで暮らす魚が多く、赤身魚には海流に乗って外洋を回遊する魚が多い。

どうして白身魚には海底で暮らす魚が多いのか？

その原因は、白身魚と赤身魚の筋肉の違いにある。魚の筋肉には「普通筋」と赤黒い「血合筋」の二種類あり、この血合筋の割合が白身魚には少なくて赤身魚には多い。血合筋には多数の血管が通い、酸素を運ぶミオグロビンという色素タンパク質が多いので、活発な運動を持続できる。

また、普通筋も、白身魚と赤身魚では、筋肉を形成しているさまざまなタンパク質の割合が違う。そのため、白身魚に多くみられる普通筋の白色筋は、瞬発力にすぐれているが、血管も色素タンパク質も少ないので、たくさんの酸素を補給し続けることができず、疲れやすい。

つまり、白身魚は、海底などに隠れていて瞬時に獲物を襲うのが得意だが疲れやすい瞬発系、赤身魚は、瞬間的に獲物を捕らえるのは得意でないが長く泳ぎまわれる持久系の魚といってもいいだろう。

そのため、白身魚には、海底近くで暮らす種が多いのである。

サケとマスは、同じ種類の魚である

サケとマスは、名前の違いから別の種類の魚と思われている。しかし、実はどちらもサケ科の魚で、生物学的な意味での違いはない。

西洋では、サケ科の魚のうち、川から海に下るものを「サーモン」、海に下らずに川や湖沼で一生過ごすものを「トラウト」と呼び分けている。日本では「サーモン」を「サケ」、「トラウト」を「マス」と訳すので、マスは海に下らないと誤解されることもあるが、西洋のこの分類は日本のサケとマスには当てはまらない。カラフトマス、サクラマス、マスノスケ（キングサーモン）は海に下っていく。

日本では、近年まで、サケ科の魚のうちシロザケだけを「サケ」と呼び、それ以外のサケ科の魚は、海に下るか下らないかを問わず、すべて「マス」と呼んできたのだ。

今日では「ベニザケ」や「ギンザケ」は「サケ」と呼ばれるが、かつては「ギンマス」「ベニマス」と呼ばれてきた。

つまり、人間の都合で、食材として高級か、あまり高級でないかによって、サケとマスが呼び分けられるようになったのかもしれない。

だから、サケ科の魚でいちばん珍重されたシロザケだけが「サケ」、それ以外の利用価値が落ちるものは「マス」と呼ばれたという説もある。

図鑑に載っている恐竜の色には、根拠がない

恐竜の化石は、これまで、骨・糞・足跡など多数みつかっている。これらの化石から、その恐竜の形や大きさなどを推定するのは可能だが、皮膚の色や模様は推定のしようがない。つまり、恐竜の体の色や模様はわかっていないのである。

しかし、図鑑などをみると、恐竜のイラストが色つきで描かれていたりする。

この図鑑の色は、実は化石からわかった情報ではなく、現在生きている動物から類推している。皮膚にウロコがあったか羽毛があったかは化石からわかるので、ウロコのあった恐竜なら爬虫類、とくにワニからの類推で、羽毛のあった恐竜なら鳥類から羽毛の色を想像して、復元図を描くのである。

つまり、恐竜の大多数は、復元図を描くとき、ワニと同じような色に塗られているのだが、ほんとうに恐竜がワニと同じような色をしていたという決定的な根拠はな

い。まして、恐竜の種類によって微妙に色を変えたりしているのは、描く人の想像といってもいいだろう。

　実際の恐竜は、図鑑などでみるのとはまったく違う色をしていたかもしれない。まして羽毛のある恐竜なら、鳥類のように鮮やかな色彩の羽を持っていたかもしれないのだ。

　ピンクの恐竜やキリンのような模様の恐竜、インコのように派手な色の恐竜などを想像してみるのもおもしろい。

北海道や和歌山では、太陽や月が三つも現れる

　和歌山県の熊野地方では、寒い冬の夜、なんと月が三つも現れるという。伝説では、かつて高野山で修行していた修験者の法力によるとも、熊野神の天下りともいわれている。

　地元ではこれを「三体月」と呼び、本宮《ほんぐう》町と中辺路《なかへち》町では山で観月会が催され、今日では観光イベントとなっている。

　よく似た現象は北海道の摩周湖でもみられる。こちらは月ではなく太陽が三つ現れるのだ。みえる可能性があるのは、四〜五月、または十〜十一月の快晴でない日だという。

　もちろん、本物の月や太陽が三つに増えるはずはなく、この二つは光のいたずらによる幻である。熊野地方でみられるのは「幻月現象」、摩周湖のは「幻日現象」と呼ばれ、どちらも「暈《かさ》」の一種だ。

　暈は、太陽や月の光が氷晶でできた薄い雲を通り抜けるときに屈折や反射をして、太陽または月のまわりに光の輪や筋やかた

まりを作り出す現象である。

暈のみえ方にはいろいろあり、「幻月現象」や「幻日現象」に限らなければ、暈そのものはそれほど珍しくはない。条件さえあえば東京でもみえる。

日本生まれの「七福神」のうち、日本出身は一人だけ

おめでたい神様の代表ともいえる「七福神」は、七人の福の神の集まりで、室町時代末期に成立した。「七」という数字は、今日でも「ラッキーセブン」に通じておめでたいイメージがあるが、昔の日本でも神聖な数字としてよく用いられたのだ。

日本で成立した七福神だが、神様一人一人をみると、日本の神様は恵比寿だけである。恵比寿のルーツには諸説あるが、一般的には、イザナギとイザナミが結婚して最初に生まれた子供・ヒルコだといわれている。今日でも漁業と商売繁盛の神として親しまれている福の神である。

そのほかの神様をみると、大黒天・毘沙門天・弁財天はもともとインドのヒンドゥー教の神様だった。大黒天はヒンドゥー教の三大神の一人シヴァ神の化身の一つ「マハーカーラ」、毘沙門天は財宝福徳を司る神「クベーラ」、弁財天はニューデリーを流れるジャムナー河の女神「サラスバティー」に由来する。

これらに対して、福禄寿・寿老人・布袋は中国生まれだ。福禄寿と寿老人は、中国で「寿星」または「南極老人星」と呼ばれていた星が神格化したもので、もとは一人の神様だったのだが、七福神では数合わせのためか二人に分けられている。布袋は七

福神のなかで唯一実在した人物とされ、唐代末期の禅僧だなどといわれている。

日本で成立した七福神なのに、実は、インド・中国・日本の三か国の異なる宗教の神様が集まっているのである。

おならとゲップは同じガス　どちらも爆発の可能性あり

おならとゲップは、どちらも消化管にたまったガスだ。人間の消化管の総延長は成人で約八メートルといわれ、そこに、食物に含まれていたガスや消化によって生じるガスなどが、少ないときでも一〇〇ミリリットルほどたまっている。このガスの一部は吐く息に混じって体外に出ていき、残りはおならやゲップとして出ていくのだ。

このおならやゲップの成分のうち、メタ

万が一、この様な状況になった時は口からタバコをはずしましょう念のため。

ンや水素は、燃えたり爆発したりすることがある。

たとえば、かつてデンマークで、二十六歳の男性の手術中、おならのもとになる腸内ガスが電気メスの熱で爆発し、患者が死亡するという事故が起こっている。

また、この事故の九年前、日本でも、潰瘍性大腸炎の女性を手術中、横行結腸（大腸の一部）を電気メスで切開しようとしたとたん、横行結腸にたまっていたガスが爆発するという事故が発生している。こちらの患者は、幸い命をとりとめた。

電気メスによる手術にとって、おならはなかなか危険なようである。

おならだけでなく、ゲップも侮れない。タバコをくわえたままゲップをしたため、爆発が起こり、くちびるや指にやけどをした人や、上気道にやけどをした人がいるというのである。

タバコを吸っているときにゲップが出そうになったら、タバコを口から離したほうがよさそうだ。

マーガリンは、家庭用より給食用のほうが溶けにくい

冷蔵庫から出してすぐトーストに塗ろうとしても、バターは固まったようになっていてうまく伸びない。削り取るように小片にしてトーストにのせれば、その熱でややトロリと融けはじめる程度だ。

そのために、家庭用マーガリンが開発された。これなら冷蔵庫から出してもすぐに塗れるのだ。トーストだけでなく、クラッカーやビスケットにだってよく伸びて塗りやすい。

一方でおなじみなのが、学校給食で出されるマーガリンだ。一個六～一〇グラム程度で、キャラメル状に銀紙で包まれているかビニール袋包装が一般的。

こちらは、しっかり固められている。トーストしていないパンに塗ろうとしても伸びず、包みを開く前に両手で包んで温めてから使ったという経験のある人も少なくないはずだ。

同じマーガリンだが、学校給食用はわざと融点を高くして、融けにくく作られているからである。

学校給食では、配膳の直前までマーガリンを冷蔵庫に入れておくことができない場合が多い。そのために、夏などは融けてしまう。

そこであえて融点を家庭用より三度ほど高い三八℃に設定して、融けにくい製品にしてあるのだ。さらに子供の成長のためにと、家庭用よりビタミンなどが強化された製品になっている。

戦時中イナゴは、重要な食料だった

イナゴの佃煮といえば長野県名物の珍味で、好きな人はたまらなく好きという。

長野県は国内一の食虫習俗を持つ県で、ほかにもセミの子、ハチの子、ザザ虫（カワゲラ、トビケラの幼虫）などが食べられており、缶詰として商品化もされている。

どれも万人向けの製法がとられていて、ゲテモノの印象はない。

こうして今は嗜好品とみなされる昆虫食も、第二次世界大戦中は高タンパク食として、とくにイナゴが注目されていた。

それ以前の一九三五（昭和十）年頃から、農村における食料事情改善に、田んぼでいくらでも捕獲できるイナゴに目をつけた人がいなかったわけではない。学校給食にイナゴと大豆を取り入れて児童の体格変化を観察するような実験が行われたり、新聞雑誌にイナゴ料理が紹介されたりしていた。

　イナゴのコロッケやかき揚げといった料理を普及させる運動が起こったうえ、秋の観光として芋掘りや栗拾いとならんで、イナゴ取りがパンフレットで募集された。

　戦況が悪化して食料問題が深刻になると、保存用として干しイナゴや粉末イナゴまで開発されてイナゴ食がますます勧められたものの、さすがに配給食にまではなっていない。

　都会から長野に疎開した児童が、イナゴ取りに駆り出されたりしているので、高栄養食品として重要視されていたらしいことがうかがえる。

イルカやクジラも、大昔は陸で暮らしていた

　イルカもクジラも、水中で生活している哺乳類だ。こうしてイルカ、クジラと呼び分けてはいるものの、イルカはクジラのうちでも小型のものに対する総称で、動物学的には同じクジラ目に属する。

　クジラ目は、かつて陸上の湿地帯に生息していた偶蹄目だったものが、浅瀬で狩猟生活をするうちに、より獲物の多い海へ出ていったのではないかと考えられている。

　人間を含む哺乳類は祖先をたどれば海中動物に行き着くわけで、クジラやイルカは

海から陸に上がって、再び海へ戻った先祖返りした動物ということになる。

同じ水中動物のイルカの仲間には、カワイルカのような淡水に生息する種がいるが、これも一度は海へ出て再び川を上ってきたものだ。クジラの仲間では最も原始的な姿を残しているといわれるカワイルカの祖先の骨格が、かつて海だった地層から発見されてそれが確かめられている。

いずれにしろ進化の過程でいったんは陸上動物になったことを示すのが、クジラやイルカに見られる脚の痕跡のような骨格だ。アフリカで見つかったクジラの祖先とされるアルケオケティ（ムカシクジラ）の化石には、後ろ脚の痕跡があった。

またイルカの背びれ、尾びれには骨がないのに、胸びれだけには骨がある。この骨が前脚の跡だと考えられている。というのは、骨の先に指の形の骨があるからだ。ちゃんと人間と同じ五本指である。

ゾウは、仲間が死ぬとお葬式をする

あらゆる動物のなかで、「死」というものを認識できるのは人間だけかと思っていたら、どうやらゾウもわかるようだといわれている。

それは、群れで暮らしている仲間が亡くなったときにゾウが見せる行動から判断できる。

まず近寄っていって、長い鼻先で死んだゾウの体をなでる。それもおおぜいが一緒になってではなく、一頭ずつ順番に行うというから、まるで人間が死者に対して最後のお別れをするかのようである。

本当に死んでしまったのかどうか、鼻で触って確かめているだけと見ることもできるが、そのあとみんなで遺体を取り囲んで、祈りを捧げるようにじっと動かない光景を見せることもある。

さらに、その遺体の上に木の枝や草、土などをかけることもあるというから、これはまさに埋葬のようだ。

もともと集団で行動して、メス同士は出産に付き添ったり、子育てでは力を合わせて外敵から守ったりと協力しあうのだから、死に際してもなんらかの集団行動をとることがあっても不思議はない。

こんな葬式に似た行動を目にした土着の人たちの間から生まれたのが、ゾウには墓場があるという伝承なのかもしれない。

絶海の孤島・南大東島はクレーンで上陸する

ほぼ円形の周囲二〇キロメートル、人口約一四〇〇人というのが南大東島だ。

よほど縮尺の大きい地図でなければ掲載されないが、台風情報などで「南大東島の南南東〇キロメートルの海上に……」といった形で耳にすることは多いから名前だけはよく知られている。

沖縄本島からは東へ約四〇〇キロメートル離れていて、見られるテレビ放送はNHKの衛星放送だけという孤島である。那覇から小型プロペラ機で一時間ほどかかる。船なら約十三時間。

プロペラ機が着陸できるといっても、かつての滑走路の長さは八〇〇メートル。今は一五〇〇メートルにのびているが、一つ間違えば海に突っこみかねないという恐怖からだろうか、島への交通手段は船が中心だ。

　ところが、この島には港がない。入り江というものがないからで、これは島が珊瑚礁隆起が繰り返されて生まれた「隆起環礁島」のためだ。二〇キロメートルの島の周囲は、すべて切り立った崖ばかり。

　そこで、船から島に上陸するときはクレーンが使われる。船に乗るときも荷物の積み下ろしも、すべてクレーンだ。現在、船が接岸できる港を建設中というから、いずれクレーンは姿を消しそうである。

　島外との交通は不便でも、島内にはかつてはシュガートレインという総延長三〇キロメートルの軌道が張り巡らされていた。サトウキビ運搬用であったが、さすがに今はトラックとなっている。

熱帯植物「シメコロシノキ」は、からみついた樹を本当にシメコロス

　熱帯にはイチジク属の植物がいくつも育っている。ツル性の植物であるが、そのうちの何種類かは「ストラングラーツリー」と呼ばれている。

　日本語に訳すと「シメコロシノキ」という、ぶっそうな意味になる。この植物は文字どおり自分がからみついた宿主を、やがては絞め殺してしまう。

　絞め殺すまでの時間はけっして短いものではないが、もし一度とりついたら、宿主の木を確実にいつかは枯らす。

　たとえばブラジルに生息するストラングラーツリーの一つツルイチジクは、その実

を小鳥が食べるところから殺しの第一歩が始まる。

何かの樹木に小鳥が止まって実の入った糞を枝に落とすと、そこで発芽する。

芽は上に伸びてふつうの植物と同じように生長し、根は宿主の幹を伝って地上を目指す。その間の養分は太陽と同時に宿主からもらう。根が地上に到達すると今度は宿主の根を締め付けるように巻きついて、土中からも栄養を吸収していっそう生長を速めていく。

ツルイチジクの枝や葉が増えて、二種の植物が同居した状態になると、もう宿主の寿命がみえる。新しい根もどんどんできて、本来の宿主の幹を網の目状に覆うと、宿主は幹を締め付けられて養分を吸収できなくなって、枯れるのを待つだけ。

そして宿主が枯れるとツルイチジクは、独立した樹木として地上に一人立ちする。いわば、宿主として自分の生長に手を貸してくれた育ての親殺しというわけだ。

ただ宿主は必ず樹木でなければならないというのではないらしく、アマゾン流域では、廃工場の煙突を宿主として一人立ちしてしまったツルイチジクの木が見られるという。

メジャーリーグのオールスターは、ある少年の夢から始まった

メジャーリーグは世界中の野球選手の夢の舞台であるが、その夢のなかの夢が年にたった一度しか行われないオールスターゲームである。

そのアメリカのオールスターゲームは、一九三三年に第一回が行われた。

　これは、一人の少年が新聞社に手紙を書いたのがきっかけではじめられた。少年は当時の人気選手だった「カール・ハッベル投手とベーブ・ルースの対決が見たい」と訴えていた。

　二人が対決するには、両チームがそろってリーグ戦を勝ちあがってワールドシリーズで対決する以外に方法はない。

　この年はシカゴ万国博開催の年にあたり、関係者はこれを成功させるため、大リーグにもなんらかの協力を求めていた。この協力要請のことを知って、シカゴ・トリビューン紙の運動部長の提案したアイデアがオールスターゲームであった。彼の頭には少年の投書が焼きついていたのだ。彼は大リーグに話を持ち込み、実現させた。

　ただこの年のオールスターゲームでは少年の夢は実現しなかった。一回だけの予定で行われた試合が大好評だったことを受けて、毎年行われることが決まり翌年の試合で、ようやく二人の選手の対決が行われている。

「オウンゴール」の最初の呼称は、「自殺点」だった

　サッカーで、ついうっかり自軍のゴールにボールを入れてしまうことを「オウンゴール」と呼ぶ。すっかり耳になじんだこの言葉も、一九九四（平成六）年までは日本語で「自殺点」と呼んでいた。

　オウンゴールという世界共通の表現に変わったきっかけは、この年にアメリカで開催されたワールドカップである。

　予選の対アメリカ戦で、コロンビアのエスコバル選手が守備に入ったとき、足に当

たったボールが自軍のゴールへ転がりこんでしまった。この失点もあって、優勝候補だったコロンビアはアメリカ戦に二対一で敗れ、ずるずると勢いをなくして予選敗退してしまう。

コロンビアは、麻薬密売組織がサッカー賭博の胴元になるようなお国柄。国民のサッカーに対するヒートアップ現象はふつうではない。帰国したエスコバル選手は、外食中のところを襲われて射殺される。

そのとき犯人グループの残したのが、「オウンゴールをありがとう」という捨てゼリフだった。日本で報じられた記事にはもちろん「自殺点をありがとう」となっていた。

その三か月後、日本サッカー協会は「自殺点」という表現をやめるという意思表示をする。エスコバル選手の事件をきっかけに「死」を連想させる表現に神経質になっていたことは確かだ。

というのも、これに先立つ三月、突然死という意味の「サドンデス」という延長ゲームの決着方式を、「Vゴール」と言い換えることに決めていたからである。

録音で聞く違和感のある声が、本当の自分の声

自分の声を録音し、あとで聞くと、自分の声に違和感を覚える。

テープが悪いのか、レコーダーが安物で再生機能が雑なのかと思うかもしれないが、実はそれが本当の自分の声だ。

ふだん自分が聞いている自分の声は、空気の振動だけでダイレクトに耳に入ってきているものではない。

声帯で発した声という音は、小さな音を喉や口で共鳴させて大きな音にしている。だから空気の振動のほかに体、とくに骨の振動による音も耳に届く。

自分の声は、とくに低音の部分が頭蓋骨を伝わって聴神経に届いているので、低く豊かな音に聞こえている。テープで聞いたとき「妙に甲高いな」と感じることが多いのはそのためだ。

また、声の大きさも自分で思っているほど大きくないことが多い。

音は密度の大きいものを通じて伝わるときほど大きくなる。空気と頭蓋骨を比べると、密度は頭蓋骨のほうが大きい。

口のなかでものを食べている音は、頭蓋骨を振動させて自分には聞こえるのに、他人には聞こえていないといったことが起こるのはそのためだ。

頭蓋骨の振動で音を聞くという原理（骨伝導）を利用した、難聴者用電話機や騒音のなかでも聞ける携帯電話の開発も進んでいる。

ライト兄弟は自転車店を経営しており、競技会で優勝した経験もある

一九〇三年に、人類で初めて、動力付き飛行機で空を飛ぶことに成功したライト兄弟。彼らは飛行機の研究や実験だけをして、日々を過ごしていたわけではない。彼らは、腕のいい自転車屋さんだったのである。

ライト兄弟が経営していたのは、「ライト兄弟自転車商会」という自転車店だった。小規模ながら工房もあり、自転車の販売や修理を手がけていた。もちろん彼らは

自転車についても研究熱心なので、お客の評判もよかったし、さまざまな改良を加えた自転車で競技会に出場し、優勝したこともあるほどだった。

動力付き飛行機の成功を収めたときも、プロペラを回す部分には自転車のチェーンをそのまま使用していたし、機体の設計やバランスの取り方にも、自転車で研究を重ねた技術が生かされていた。

しかし、成功を伝える記事も、ごく小さなものだったし、ライト兄弟も興奮するようなことはなかったという。つまり、当時は、彼らが飛行に成功したといっても、それが偉大なことだと理解する人は少なかったのである。そして、飛行機が実用化されるのは、まだ先のことだった。

そこでライト兄弟は、飛行機の素晴らしさが広く世間に知られるまで、自転車の仕事を続けたのだった。

場所を交替しながら寒さをしのぐエンペラーペンギン

ペンギンのなかで、体長一〇〇～一三〇センチメートルと、最も体が大きいのがエンペラーペンギン（皇帝ペンギン）である。エンペラーペンギンは、過酷な南極の冬に繁殖を行うが、秒速五〇メートルにも達する猛烈なブリザードや、マイナス六〇℃という寒さをどうやってしのいでいるのだろう？

産卵を終えたメスは、遠くの海までエサを取りに出かけるので、コロニーに残るのはオスだけ。彼らは約九週間ほど卵を足に乗せたまま、何も食べずに抱卵する。

高密度の羽毛や分厚い皮下脂肪、動脈と

静脈が接していて血液の温度を下げないという体のつくりはあるものの、これで対応できるのは、マイナス一〇℃くらいまで。そこで、マイナス一〇℃以下になると、オスのエンペラーペンギンたちは、まるで押しくらまんじゅうのように身を寄せ合う「ハドル」「ハドリング」という行動をとる。

　ハドルに集まるエンペラーペンギンの数は何千羽にも及び、一平方メートルあたり一〇羽という密集ぶりである。その集団が、ブリザードの風下に向かって同じ歩調でゆっくりと移動していく。ただの押しくらまんじゅうとはちょっと違い、風の当たる外側と、暖かい内側にいるペンギンが場所を交替しながら歩くので、みんな平等に寒さをしのげるようになっている。

　他のペンギンは、集団といっても家族が接近する以外、つつき合う程度の距離を保ち、このようなハドルは作らない。

日本の最南端の都道府県は、東京都である

　日本最南端の都道府県は、沖縄県と思われがちだが、そうではない。日本の最南端は、北緯二〇度二五分、東経一三六度〇五分にある沖ノ鳥島で、東京都小笠原支庁に所属している。

　沖ノ鳥島は、小笠原諸島の無人島で、東京から約一七四〇キロメートルも離れている。東小島と北小島の二つの島からなり、住所は、北小島が東京都小笠原村沖ノ鳥島一番地、東小島が二番地だ。

　日本最南端だけでなく、日本最東端もまた東京都小笠原村にある。東京から南東に

約二〇〇〇キロメートル、北緯二四度一八分、東経一五三度五八分にある南鳥島で、気象庁、海上自衛隊、海上保安庁の各職員が常駐している。

沖ノ鳥島や南鳥島を含む小笠原諸島は、江戸時代初期から日本人に知られ、日本の領土という意識があったようだが、無人のまま放置されていた。

だが、幕末、島を外国に占領される可能性に気づいた幕府は、父島と母島に日本人を移住させ、開拓に乗り出した。その後、一八七五（明治八）年、小笠原諸島は正式に日本の領土と決まり、東京府に編入された。

そのおかげで、沖ノ鳥島と南鳥島も日本の領土となり、日本の経済水域を大きく広げている。沖ノ鳥島の存在によって、周辺四〇万平方キロメートルもの海域が、日本の経済水域となっているのだ。

爆笑したとき手を叩いてしまうのは、チンパンジーの習性である

人間は爆笑したときに、つい手を叩いてしまうことがある。手以外にも、膝を叩いたり、足をばたつかせたりする人もいる。

いったいなぜだろうか——。

その理由については諸説あるが、よくいわれるのがストレス発散のためだとする説だ。人間は笑うときにストレスを受けるため、それを発散しようとして無意識に手を叩くというのだ。

ストレスというと悪いイメージがあるが、ここでいうストレスはけっして悪いものではない。ストレスとは、心や体が反応するいろいろな外部からの刺激をいうのだ

あはは
ぶぁはは
パンパン
キミィ
かつらが
ズレてるヨ。
あは
パンパン

から、良い悪いは関係ない。小さな子供が飛び跳ねたり、転げまわって笑ったりするのもストレス反応なのだ。

そして、この行動は、本能に基づくものだといわれる。チンパンジーをよく見ていると、興奮状態のときに、人間の子供と同じように手を叩いたり、飛び跳ねたりする。これもストレスを発散するため。つまり、こうしたチンパンジーの習性が、サルを先祖に持つ私たち人間にも本能として残っているため、爆笑したときなどに、自然に手を叩いてしまうというのである。

大人がせいぜい手を叩く程度で、子供のように飛び跳ねたり、転げまわったりしないのは、子供と違って、本能を抑制しているからだ。

甘いもの大好きのアリは、人工甘味料には群がらない

地面にうっかり甘いアイスクリームを落としたりすると、アリがウジャウジャと群がってくる。アリが甘いもの好きなのは、子供でも知っている常識だ。

だが、実際は甘いものなら何でもいいというわけではない。なんと彼らは人工甘味料には見向きもしないのだ。

それは実験からも証明されている。アリの巣から一〇センチメートルほど離れたところに、砂糖とサッカリンを置いてみた。すると、砂糖のほうはたくさんのアリが群がったものの、サッカリンには一匹のアリも寄ってこなかった。

これは、アリがただ甘いものが好きなのではなく、甘いものによってカロリーを補給することを求めているからだとされる。

働きもののアリたちは大量にカロリーを消費する。それを補給するためにエネルギー源となる砂糖などの天然甘味料に群がるらしい。カロリーの低い人工甘味料では、カロリー補給の目的が果たせないのだろう。

「人工甘味料なんかじゃ、カロリーの足しにならなくて元気が出ないやい！」

そんなアリの声が聞こえてきそうな話である。

一ドルが三六〇円になったのは、円が三六〇度だったから

「私が初めて海外渡航したのは、一ドルが三六〇円の時代でしたから」などと、当時

の大変さを語るのは、熟年以上の人たち。今一ドル一〇〇円プラスアルファで推移している為替相場から見ると、そのころは庶民がレジャーで海外へ行くというのは夢のような時代だったのだ。

日本の繁栄で円が強くなって、変動相場になるのは一九七三（昭和四十八）年のことだ。そしてそれ以前、一ドルが三六〇円と決まったのは、一九四九（昭和二十四）年のことだった。

当時は敗戦直後で、日本ではインフレの進んだ時代。戦前までの一ドル四円二六銭など影も形もない経済状況だった。海外との貿易に際しても、輸出入の品が何かによって、一ドル一〇円足らずから一〇〇〇円以上まで相場が異なるという異常な状態が続いていた。

そこで、日本経済再建のために来日したドッジ特使が行ったのが、為替相場の一本化だった。いわゆるドッジ・ラインで決まったのが三六〇円という価値なのだが、この数字に決まったのは、まるでダジャレというかおふざけというか……。

当時の相場の幅の広さに迷ったドッジの部下が、円とは英語でサークル（circle）であるところに目をつけた。「円の角度は三六〇度。なら一ドルは三六〇円でいいじゃないか」。

土星は地球の二〇倍も大きいが、水に浮くほど軽い

太陽系惑星のなかで、地球より三つ外の軌道を回っているのが土星。周囲にリングを持つことでも知られ、その直径は二七万キロメートルもあり、地球の二〇倍以上の

大きさだ。

かつて宇宙塵と考えられていたこのリングは、一九八一年の探査船ボイジャー二号により、氷塊や氷結した岩石の集まったものだと確かめられた。直径の大きさに比べて厚さは数百メートルから数十センチメートル。星そのものの大きさに比べても超極薄の円盤状になって回転している。

さらに太陽系惑星のなかでいちばん大きい木星の八四パーセントという大きさを持ちながら、密度は最も低い。平均密度が一立方センチメートルあたり〇・六九グラムしかなく、つまりは水に浮くということ。

これは土星の組成が水素九三パーセントで、質量が小さいためだ。内部の圧力が弱く、ほとんどが液体水素ではないかといわれている。

ただ、中心部が周囲の濃いガスの圧力で高密度になっている可能性もあるという説もいわれている。

アメリカ航空宇宙局（ＮＡＳＡ）によって土星探査機も打ち上げられており、謎の幾つかが解明される日も遠くはない。

中世ヨーロッパでは、動物も裁判にかけられた

動物が人間の生活の場を荒らすようになると、捕獲・処分という手段がとられることがある。もちろん書類による捕獲申請や、処分方法に関する規則などに基づいてだが、動物愛護団体からのクレームなどで綱引きが続くのが現代。

ところが愛護団体などなかった中世ヨーロッパでは、もっとていねいに動物を被告とする裁判が行われていたという。

たとえば一三九四年のフランスでは、子供を食べた罪で絞首刑になった豚がいる。当時の豚はキバを持ち、放し飼いで、しばしば暴れまわったのだ。一五四七年にはノルマンディーで親子豚に同様の罪で裁判が開かれ、母豚は絞首刑、子豚は母豚のまねをしただけだからと無罪になっている。

　ドイツでも十五世紀末に村を荒らした熊に関する裁判があったが、こちらは被告の熊の陪審員はやはり熊にすべきだとの論議で、開廷が遅れるという事態もあったという。被告人（?）である動物も出廷を命じられたが、そこは動物で、出廷しないことも多く、欠席裁判もけっこうあったようである。

　もちろん、これらの裁判のために動物専門の弁護士まで誕生していたし、動物ばかりか家を荒らすシロアリ、だれの土地でも勝手に出入りするイモムシ、ミミズ、ハエ、アリ、毛虫などが被告になることもあった。

　動物を人間と対等な生き物とみなすわけで、地球上での共棲《きょうせい》という意識は、今よりも強かったのかもしれない。

郵便マークの「〒」は、カタカナの「テ」に由来する

　郵便局にも郵便ポストにもつけられている「〒」のマーク。名刺などの住所の前に郵便番号を記すときも、頭にこのマークを入れ、パソコンだって「ゆうびん」と入力すれば「〒」に変換してくれる。

　このマークを考えついたのは、明治維新の箱館戦争でも知られた榎本《えのもと》武揚《たけあき》だという。

一八七一（明治四）年に東京・大阪・京都で始まった政府の郵便事業は、すぐに全国展開されるようになり、逓信省という郵政省（現・日本郵政公社）の前身が生まれた。郵便局は逓信局というわけである。

そこで、一目でわかる記号が必要と考えたのが、一八八七（明治二十）年に逓信大臣を勤めていた榎本だった。彼は「逓信局」の頭文字の「て」をカタカナ表記した「テ」からマークを思いつくが、公表のとき担当官が間違えて「T」として告示してしまう（逓信省のアルファベット表記の頭文字だという説もある）。

ところが、すでに郵便事業界では、料金不足を意味する世界共通のマークに「T」が使われていることがわかる。いくらゴリ押しの好きな官庁でも、「発表してしまったから」という理由で「T」を押し通すことができない。

そこでいったんは発表してしまったにもかかわらず、訂正の告示をし、あらためて「〒」が発表されたのだった。

カメは万年生きないが、ゾウガメは最高二百年も生きる

「鶴は千年、亀は万年」というのは古くから言い習わされてきた言葉で、実際に縁起のよいものとして扱われることが多い。

現実には、ツルは生きても四十年ほど、カメも種類によって異なるものの三十年前後が平均のようだ。ただし、万年とはいわないまでも、人間より長生きできるカメがいる。ガラパゴスとインド洋のアルダブラ島にだけ生息するゾウガメで、二百年は生きるのではないかといわれている。

アルダブラ島のゾウガメにはそれをうかがわせる記録がある。一七六六年にセーシェル諸島から移動させられたゾウガメは、その後百五十年余も飼育されたというのだ。捕獲されたとき、すでに成体になっていたことがわかっているので、合計すると二百歳には達していたのだろうと考えられている。

また、ナポレオンがセントヘレナ島で飼っていたゾウガメは、ナポレオンの死後百年も生き続けたという話もある。

ほかのカメに比べて生息地域が限られているゾウガメだけに、寿命の確認もしやすいとはいえ、カメにつきっきりでカウントできるほど長生きの人間がいないので、最高齢カメが現在いくつなのかは確かめようがない。

寿命は百五十～百八十歳だろうと思われるが、寿命がその半分しかない人間の推測でしかない。

カバは、赤い汗をかく

アニメ『巨人の星』では、主題歌で「血の汗流せ」と主人公の飛雄馬を鼓舞するが、実際に血の汗が流れるほどの厳しいトレーニングでは肉体は破壊するに違いない。

ところが逆に、血の汗を流すことで健康を保っている動物もいる。それがカバだ。しかし実際には、血の汗ではなく血のような汗で、血液成分と同じヘモグロビンを含んでいるため赤い色をしているだけ。

カバの皮膚は一見、きめが粗くて分厚いようだが、いちばん外側の角質層はとても

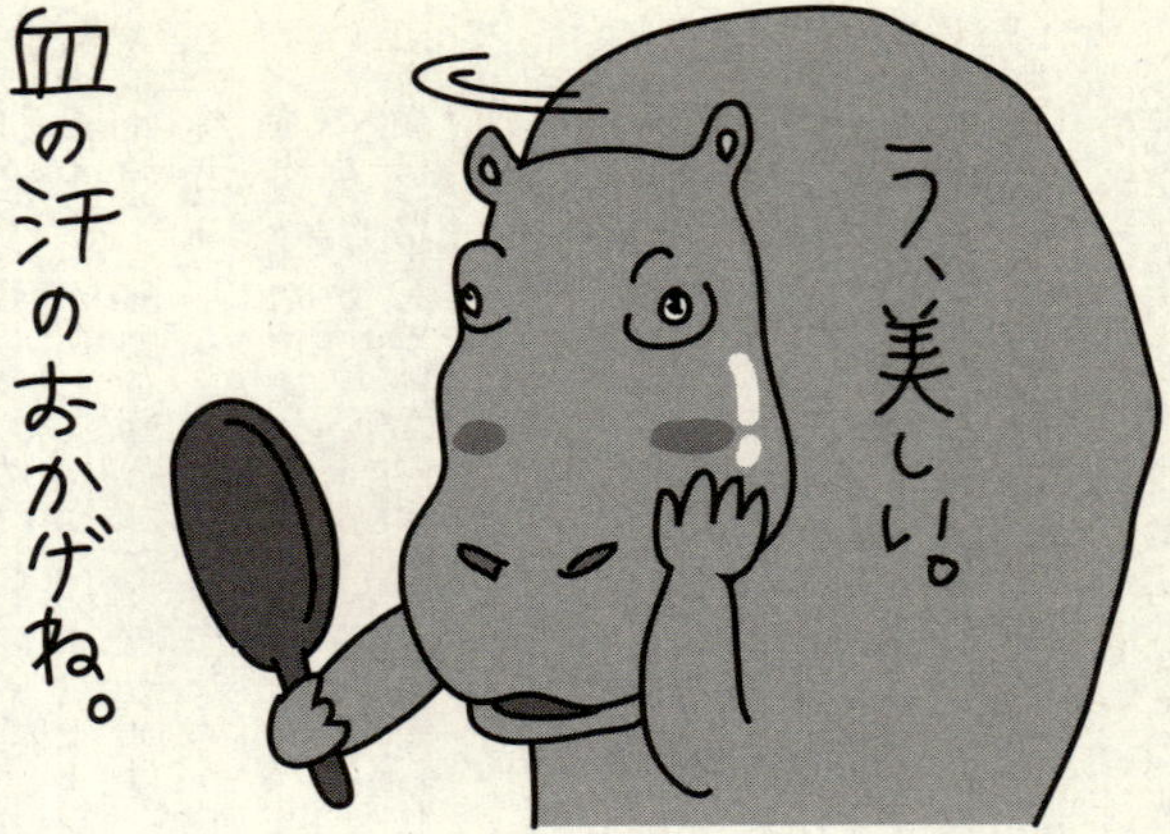

薄い。だから水中で生活しているときはいいが、もし水からあがると、生息地が熱帯地方でもあり、皮膚の表面が急速に乾燥してしまう。

ずっと水中にいられればいいのだが、草食動物のため陸上で草を食べなければならない。また一か所で草を食べつくしてしまえば、どこか水場の近いほかの土地へ移動することもある。

そこで皮膚の乾燥を防ぐため、汗をかいて皮膚を保護しようとする。それもただの汗ではなく、ヘモグロビンを含んですぐに乾燥しないような分泌液で体表面を覆うのである。

いわば自然に分泌されるスキンローションであり、皮膚の乾燥を防いで紫外線から守るほか、細菌感染も防ぐ効果があるという薬用ローションでもある。

羽根つきに熱中した貴族の城が、バドミントンという土地にあった

日本の羽根つきに似た遊びが外国にもあった。

イギリスではバットと呼ぶ板で、ムクロジの実に鳥の羽根をつけて打ち合う遊びが行われていた。

十六世紀になると、バットが木枠にヒツジの腸などで作った糸を張ったものに変わって実への当たりをやわらげるゲームに変わる。これは動物を余すところなく利用する狩猟民族ならではの発想で、日本の羽根つきが進化しなかったのとの違いである。

この遊びが「バトルドア&シャトルコック」という、二人でなく数人で羽根を打ち合って遊ぶというゲームに育っていく。

バトルドア&シャトルコックにとくに熱中した貴族が住んでいた城が、バドミントンという土地にあった。グロースターのボーフォート公爵が城を構えていたその土地はロンドンの西に位置する。公爵が、客を招いてはゲームに熱中しているうちに、ルールは整備されていきゲームはスポーツらしさを備えていった。

客のなかにイギリス軍の将校がおり、当時イギリスの植民地だったインドに赴任すると、何も楽しみのない現地でバドミントンでの遊びを再現した。一八七〇年代のインドで、「バドミントンのバトルドア」がブームとなって、本国に逆輸入されたのが、現在のバドミントンというスポーツである。

「お召し列車」と呼ばれる皇室専用の列車が存在する

ごく最近では、二〇〇一（平成十三）年に、天皇皇后両陛下が国賓のご接待のため東京駅から北鎌倉まで利用されて、ちょっとだけ目にすることができた特別な列車が「お召し列車」だ。

宮内庁の所有ではなく、旧国鉄時代に造られたものがJR東日本に受け継がれて保管されている。一九六〇（昭和三十五）年製と古いが、特別な造りでめったに出番もないから傷まず、古さがかえって重みを持つともいえる。

JRの所有するお召し列車は、国鉄時代から引き継がれた客車が八両、一九六〇年から使われていないものがそのうち三両あるから実質は五両。別に運転室のある電車が一両。

構成は、客車五両を連結して、真ん中が陛下のための「一号御料車」、前と後ろにお供や警護の人たちのための「供奉車《ぐぶしゃ》」がつながれる。さらに、これを挟むように電源装置を持つ供奉車と鉄道関係者用供奉車が連結される。

御料車は丸屋根、切妻のデザインで全長二〇メートル。車内は、桃山造りの天皇の御座所のほか、室内はすべて絹張りで金箔や金メッキで装飾されている。窓ガラスは防弾仕様で、金の窓枠には飾り金具もついている。外装は栗色の塗装で、屋根は孔雀色の合成樹脂製。

ここまで凝った車両の、建造費は旧国鉄が負担していて、現在の管理費はJRの負担。陛下が利用されたときに宮内庁から謝礼が支払われている。

地下鉄は、穴からクレーンで地下に入れる

地下を走る地下鉄の車両は、地下工場で製造されているわけではない。ＪＲなどと同じ車両メーカーの工場で造られる。では、それをどうやって地下のトンネルに入れるのか——。

地上に車庫を持っている路線の場合はとくに問題はない。地上を運べばいいからだ。それもトレーラーなどに載せるのではなく、レールを走らせて運ぶこともできる。

車両製造工場は、たいていＪＲや私鉄の沿線に工場を持ち、そこから引き込み線を工場内に入れている。だから、運びたい車両車庫まで、いろいろな路線を経由して台車に載せて引いてもらえばすむ。

このとき自力で走行しないのは、通過路線の運転方式や保安問題がからんでくるためだ。

地下鉄の東京メトロの場合も、私鉄との乗り入れが多いのでほとんどがこの方式ですむが、都営地下鉄はそうはいかない。

こちらは地上に車庫を持たず、地下に広大な車両基地を設けているので、そこまで地上を道路で運ぶ。車両基地の地上には、出入り口が設けてあり、普段は蓋をしてあるが、搬入のときだけ開ける。

ちょうど車両一両分くらいの四角い口から、車両をクレーンで吊り下ろすのだ。口の下はレールで、下ろした一両をレールを滑らせて横に移動、そこへまた一両と次々に入れていくだけである。

都営大江戸線開業に際しては、木場公園の下にある車庫にこうして吊り下げて入れられたが、さすがの大仕事に一日二両を入れるのがやっとだったという。

奇言奇行といわれた一休も晩年の衰えには逆らえなかった

トンチ話などで親しまれている一休は、室町時代の禅僧である。洒脱なイメージのある一方、奇矯な言動が多かったことでも知られている。自らも狂雲子と称していたから、自他ともに認めるものだった。

一休は禅僧であるにもかかわらず、異様な風貌を人前にさらし、仏の道に反することに臆せずそういった生活を隠しもしなかった。こういった奇言奇行は、当時の禅僧への痛烈な批判だった。目に見える堕落を自ら示すことで、表面だけを取り繕う、五山の禅僧の偽善を暴いていたのである。

一休は、漢詩文を残しており『狂雲集』としてまとめられているが、このなかにはさまざまな心境を詠んだ作品が残っている。

なかには、京都の酬恩庵《しゅうおんあん》で一緒に暮らしていた侍者、森女《しんにょ》のことも記されている。侍者とは、身の回りの世話をする女性のことで、一休にはほかにも比丘尼や少女の侍者がいた。森女は目が不自由だったようで、このことは「盲女森侍者《しんじしゃ》」という一休自身の表記からもうかがえる。

『狂雲集』の詩には、一休と森女が交情を交わした様子も赤裸々に綴られている。今ならポルノといわれても不思議でない作品である。

しかし、一休が森女と出会ったのは、七

十五歳を過ぎてからである。二人の関係は、一休が逝去するまでの十年近くも続くが、その間一休の健康状態が良くなかったことは、一休自身の詩や『年譜』からもわかる。

一休の森女との回春の悦びの詩では、老僧の、献身的に介護した侍者への強い感謝の気持ちが、彼女を崇高なものとし、理想の女性に高めている。一休は心に浮かんだことをありのままにさらけだし、一人の人間として心象や感情がこめられているのだ。

高層ビル建設で使ったクレーンは、どうやって下ろすのか？

建設中の超高層ビルを見ると、高いところに巨大なクレーンを取りつけて、建設資材を吊り上げている。あのクレーンはどのようにして組み立てているのか、完成したときはどうしているのか——。

高層ビル工事は鉄骨を組むことから始まる。鉄骨の柱と梁が、三階ごとに建てられていくのだが、新しく三階分建てられると、そのぶんクレーンは上にのぼっていくことができるのだ。クレーンの支柱部分が伸縮する仕組みになっていて、まず支柱の下の部分を固定してから上に伸ばす。次に、支柱の上の部分を固定して下の固定をはずして支柱を縮める。そしてまた、下の部分を固定して上に支柱を伸ばす……というふうに、しゃくとりむしのような要領で、上にのぼっていくのである。

クレーンを下ろすときにはどうするのか。大きなクレーンは下ろされる前に一度解体され、一回り小さいクレーンに組み立てられる。不要になったパーツを、新たに組み立てたクレーンで下ろしていく。そして次にさらに小さいクレーンに組み立てられて……ということをくりかえしていくのだ。

ビルの上でクレーンのサイズが変わっていることは、ふつうの人はほとんど気づかないだろう。高いところだからサイズの違いがわかりにくいし、少しずつ小さくなっていくのだから当然だ。こうして、クレーンを下ろすのには三十日を要するといわれているが、この方法が、最も効率がよいという。ちなみに、クレーンの解体の最後の最後に残った三脚とウィンチは、完成したビルのエレベーターで建設員が持って下りるそうだ。

マンホールのフタが丸いのは、安全への配慮から

目にするマンホールのほとんどは丸い形をしている。マンホール表面の柄はそれぞれ違うのに、世界中のほとんどのマンホールは丸い。

これは、安全性を考えてのことなのだ。フタが落ちて、通行人やマンホールの中で作業する人が危険な目にあうことがないように配慮された結果なのである。

もし、正方形や長方形などの四角いマンホールだと、ずれて落ちてしまう可能性がある。対角線の長さがフタの各辺よりも大きいからだ。こうした危険のないように丸いマンホールが採用されているのだ。

なかには、四角いマンホールもあるが、

自動車が通ることのない道路わきだったり、マンホールの穴が浅くて落ちてもすぐに拾い上げられる場所に限られているはずだ。

「正三角形や正五角形ではだめなのか」と思われるかもしれない。たしかにこれらの形なら落ちることはない。しかし、周囲の長さが最小となるのは円である。つまり、丸いマンホールのほうが、それを受ける穴を作るときに、セメントが少なくてすむ。また、フタをするときも方向を合わせる必要もないのでラクだ。

丸いフタは割れない限り、穴の中に落ちることはない。マンホールが丸いのには、安全性とコストの低減という二つのメリットがあるのだ。

絹ごし豆腐は、絹でこしていない

日本の食卓には欠かせない食材の豆腐。豆腐には、ご存じのように絹ごしと木綿がある。

この二種類の違いは、製造工程の最後にある。では、どのように作られていくのか実際にみてみよう。

木綿豆腐を作るときには、穴のあいた型箱が使われる。型箱には木綿の布を敷いておく。そこに凝固剤、いわゆるにがりをまぜた豆乳を流し入れる。そして上から重しを乗せて、穴から水分を出して固める。木綿豆腐に細かい跡がついているのは、木綿の布がおさえられたときについたものだ。

一方、絹ごし豆腐作りでは、穴があいて

いない型箱を使う。濃いめの豆乳を型箱に入れ、凝固剤を加える。そしてそのまま固まるまで待てば完成するのだ。木綿豆腐が名前どおりに木綿の布を使用しているのに対し、絹ごしは絹の布を使いもしないし、こしてもいない。豆腐のきめが細かく、口当たりが滑らかなことからつけられた名前なのだ。

このように、作り方が変わることによって、同じ豆腐でも見た目や口に入れたときの舌触りが変わってくる。

両者の違いは、栄養面でもある。絹ごし豆腐は濃いめの豆乳が使われているが、水分ごと固められている。そのため、余分な水分が含まれていない木綿豆腐のほうが、同じ一丁でもタンパク質が多く、カロリーが高い。

左記の文献等を参考にさせていただきました。

『江戸名所隅田川〈絵解き案内〉』棚橋正博、『ウルトラマン創世記』桜井浩子、『マツモトキヨシ伝 すぐやる課をつくった男』樹林ゆう子、『昭和B級文化の記録 まぼろし小学校』串間努（以上、小学館）／『江戸のファーストフード』大久保洋子、『日本の唱歌（上）明治篇』金田一春彦ほか編、『誰かに教えたくなる社名の由来』本間之英、『Q&A食べる魚の全疑問』高橋素子、『納豆の快楽』小泉武夫、『人体の不思議』吉岡郁夫、『箱根駅伝を10倍おもしろく見る本』日本テレビ箱根駅伝プロジェクトチーム、『気になる天気の話146』水沢周ほか編著（以上、講談社）／『大江戸美味草紙』杉浦日向子、『大阪学 世相編』大谷晃一、『オリンピック・トリビア』満園文博（以上、新潮社）／『オリンピック百話』朝日新聞運動部、『ノーベル賞の光と陰〔増補版〕』「科学朝日」編（以上、朝日新聞社）／『天気予報が楽しみになる本』渡辺博栄（以上、数研出版）／『図解雑学 宇宙旅行』柴藤羊二、『図解雑学 気象のしくみ』村松照男監、『図解雑学 心と体に効くお茶の科学』小國伊太郎、『図解雑学 日本の苗字』丹羽基二、『図解雑学 政治のしくみ』石田光義、『図解雑学 異常気象』保坂直紀（以上、ナツメ社）／『おもしろくてためになる植物の雑学事典』大場秀章監、『おもしろくてためになる恐竜の雑学事典』福田芳生監、

『もっと知りたい源氏物語』大塚ひかり、『フシギな寄生虫』藤田紘一郎、『世界史を動かした「モノ」事典』宮崎正勝、『おもしろくてためになる地球と宇宙の雑学事典』的川泰宣監（以上、日本実業出版社）／『雑学読本NHK天気質問箱』平井信行、『新版 NHK気象ハンドブック』NHK放送文化研究所編（以上、日本放送出版協会）／『大相撲雑学ノート』景山忠弘、『中国茶の楽しみ雑学ノート』成田重行ほか、『ケータイ雑学読本』酒井昌也、『3日でわかる動物のふしぎ』日高敏隆監（以上、ダイヤモンド社）／『地球の歩き方 マレーシア ブルネイ』「地球の歩き方」編集室編（ダイヤモンド・ビッグ社）／『犬も猫舌』松尾貴史監（ワニブックス）／『ブランドづくりに強くなる本』辻本一義（発明協会）／『「子どもの〝なんで？〟」に答える本』MISONO教育研究会、『「千と千尋」の謎』宮崎駿アニメ研究会（以上、アミューズブックス）／『血液型のふしぎ』三沢章吾（ポプラ社）／『ゴジラ映画40年史 ゴジラ・デイズ』田中友幸ほか、『自動販売機の文化史』鷲巣力（以上、集英社）／『あのネーミングはすごかった』安田輝男（中経出版）／『化学元素百科 化学元素の発見と由来』岡田功編（オーム社）／『宇宙ロケットなるほど読本』阿施光南、『鉄道員ホントの話!?』とんきち企画、『鉄道の疑問がわかる本』二村高史ほか（以上、山海堂）／『〈怪物番組〉紅白歌合戦の真実』合田道人（幻冬舎）／『血液サラサラ細胞イキイキ アルカリイオン水健康法』小羽田健雄（メタモル出版）／『TVどうぶつ奇想天外！ 教えて！ 素朴な疑問Q&A』千石正一監（ブックマン社）／『クモ学』小野展嗣、『雪と氷の世界 雪は天からの恵み』若浜五郎（以上、東海大学出版会）／『世界の珍草奇木余話』川崎勉（内田老鶴圃新社）／『ゾクゾク「モノ」の歴史事典(4)のむの巻』水尾裕之（ゆまに書房）／『お金もの知り博士』日本銀行券研究会（ときわ総合サービス出版調査部）／『ウワサを科学する』ウワサ科学研究所（KTC中央出版）／『トンデモ一行知識の世界』唐沢俊一、『日本の風俗 起源を知る楽しみ』樋口清之（以上、大和書房）／『日本人の「言い伝え」ものしり辞典』谷沢永一監（大和出版）／『世界ラグビー基礎知識』小林深緑郎、『ワールドカップ物語』鈴木武士（以上、ベースボール・マガジン社）／『トコトンやさしい巨大高層建築の本』高橋俊介監、『トコトンやさしいパーソナルロボットの本』日本ロボット工業会監、『トコトンやさしい接着の本』三刀基郷、『トコトンやさしい液晶の本』鈴木八十二編著、『絵とき電気とからだ』谷腰欣司（以上、日刊工業新聞社）／『人生の教科書〔ロボットと生きる〕』藤原和博ほか、『物語日本相撲史』川端要寿（以上、筑摩書房）／『寺子屋の「なるほど!!」』江戸教育事情研究会、『知ってるようで知らないオーケストラ楽器おもしろ雑学事典』緒方英子（以上、ヤマハミュージックメディア）／『オーケストラの職人たち』岩城宏之、『大名の日本地図』中嶋繁雄、『オペラ歌手はなぜモテるのか？』石戸谷結子、『私が、答えます』竹内久美子（以上、文藝春秋）／『お茶の謎を探る』橋本実（悠飛社）／『おもしろ動物学者實吉達郎の動物解体新書』實吉達郎（新紀元社）／『大阪の大疑問』先崎仁ほか、『路上ポップドールのひみつ』町田忍、『スター・ウォーズ完全基礎講座』トーキョー〝スター・ウォーズ〟評議会、『ザ・ガム大事典』、『ザ・おかし』串間努（以上、扶桑社）／『大リーグ野球発見』宇佐見陽（時事通信社）／『タイタニックがわかる本』高島健（成山堂書店）

／『寅さんの民俗学』新谷尚紀（海鳴社）／『寅さんの風景 山田洋次の世界』都築政昭（近代文芸社）／『大相撲ミニ事典』新山善一、『これでわかった水戸納豆の謎』岡村青（以上、東京新聞出版局）／『別冊宝島416号 どうぶつ謎解き・読本』中川悠紀子（宝島社）／『イヌはなぜ人間になつくのか』沼田陽一（PHP研究所）／『謎解き中世史』今谷明（洋泉社）／『毒・食虫・不思議な植物』奥井真司（データハウス）／『大相撲！』武田和衛、『素顔の王室・皇室』杉山浩一、『国会ってどんなとこ?』蛇口健一ほか（以上、ローカス）／『お尻のエスプリ』ジャン＝リュック・エニッグ（リブロス）／『歌謡界「一発屋」伝説』宝泉薫編著（彩流社）／『トイレ考現学』山路茂則（啓文社）／『トイレ考・屎尿考』日本下水文化研究会屎尿研究分科会編、『ミツバチのはなし』酒井哲夫（以上、技報堂出版）／『あなたの人生の残り時間は?』織田一朗、『健康と食べ物あっと驚く常識のウソ』ウード・ポルマーほか、『関東大震災と日米外交』波多野勝ほか（以上、草思社）／『日本初めて話題事典』富田仁編著、『スポーツおもしろ史』大谷要三（以上、ぎょうせい）／『テレビの秘密、ファックスの謎』竹内均、『語源の日本史探検』板坂元編、『どうぶつ博士中川志郎のなるほど「どうぶつ苑」』中川志郎監、『学校に給食アリ』給食当番OB会編著（以上、同文書院）／『古代都市平城京の世界』舘野和己、シリーズ『日本史こぼれ話』笠原一男ほか編（以上、山川出版社）／『日本列島なぞふしぎ旅 九州・沖縄編』山本鉱太郎（新人物往来社）／『歴史から生まれた日常語の由来辞典』武光誠、『吉宗と享保の改革』大石学、『日本史のなかの動物事典』金子浩昌ほか、『鉄道・車両の謎と不思議』梅原淳（以上、東京堂出版）

／『はじまりモノ語り』平尾俊郎（毎日新聞社）／『通勤電車もの知り大百科』岩成政和、『鉄道マニアの常識』伊藤久巳（以上、イカロス出版）／『平成皇室事典』松崎敏弥ほか監（主婦の友社）／『植物は考える』大場秀章、『たばこの「謎」を解く』コネスール編著（以上、スタジオダンク）／『数の民族誌　世界の数・日本の数』内林政夫（八坂書房）／『なにがなんでもきのこが好き』小林路子、『「数」の日本史』伊達宗行（以上、日本経済新聞社）／『将棋とチェスの話』松田道弘、『ハワイ』山中速人（以上、岩波書店）／『だから苗字は面白い』丹羽基二（南雲堂）／『愛犬の繁殖と育児百科』愛犬の友編集部（誠文堂新光社）／『アップル・コンフィデンシャル』オーエン・W・リンツメイヤー（アスキー）／『国産はじめて物語　pt2』レトロ商品研究所編著（ナナ・コーポレート・コミュニケーション）／『江戸の女たちのトイレ　絵図と川柳にみる排泄文化』渡辺信一郎（TOTO出版）／『ザ・漢字』阿辻哲次ほか（学習研究社）／『ファッション・ブランド・ベスト101』深井晃子（新書館）／『サメのおちんちんはふたつ』仲谷一宏、『日本の鉄道こぼれ話』沢和哉（以上、築地書館）／『大江戸八百八町』石川英輔監、『JR全路線なるほど事典』南正時（以上、実業之日本社）／『シャープを創った男　早川徳次伝』平野隆彰（日経BP社）／『明治がらくた博覧会』林丈二（晶文社）／『火山に強くなる本』火山防災用語研究会編著（山と渓谷社）／『大正時代を訪ねてみた　平成日本の原景』皿木喜久（産経新聞ニュースサービス）／『電池がわかる本』内田隆裕（オーム社）／『横井軍平ゲーム館』横井軍平ほか（アスキー）／『アメリカを知る事典〔新訂増補〕』斎藤眞ほか監、『植物の生き残り作戦』井上健編、『虫を食べる人びと』三橋淳編著（以上、平凡社）／『コインの歴史』造幣局泉友会（創元社）／『汽車旅雑学おもしろノート』所澤秀樹（有楽出版社）／『酒・肴おもしろ雑学とっておきの話』鈴木比呂志（三心堂出版社）／『アイスクリームの本』森永乳業編（東洋経済新報社）／『そこが知りたい！ 気象の不思議』村山貢司（かんき出版）／『戦国武将ものしり事典』奈良本辰也監（主婦と生活社）／『動物ものしり事典 不思議いっぱいアッと驚く動物たちの神秘とその素顔』吉村卓三（日本文芸社）／『バッハ』ミヒャエル・コルトほか編著（音楽之友社）／『よくわかる最新単位の基本と仕組み』伊藤幸夫ほか（秀和システム）／『映画史を学ぶクリティカル・ワーズ』村山匡一郎編（フィルムアート社）／『ネーミング大全』木村和久監（実務教育出版）／『医者と薬のウソのようなホントの話』大熊房太郎（双葉社）／『クリスマスおもしろ事典』クリスマスおもしろ事典刊行委員会編（日本基督教団出版局）／『環八雲ってどんな雲？』塚本治弘（大日本図書）／『知りたいサイエンス 生物編』田中晴夫（大河出版）／『おなら考』佐藤晴彦（青弓社）／『悪臭学 人体篇』鈴木隆（イースト・プレス）／『動物の一生不思議事典』戸川幸夫監（三省堂）／『自転車は、なぜたおれないで走れるの？』横田清（アリス館）／『ペンギンハンドブック』ポーリン・ライリー（どうぶつ社）／『日本のかたち縁起』小野瀬順一（彰国社）／『朝日新聞』／『読売新聞』／『毎日新聞』／『産経新聞』／『日本経済新聞』／『東京新聞』／『西日本新聞』／『岐阜新聞』／『愛媛新聞』／『陸奥新報』『日刊スポーツ』／『AERA』／『サンデー毎日』／『ダ・カーポ』／『週刊朝日』／『別冊歴史読本』／『サイゾー』／『R25』

本書は、書き下ろし作品です。

著者紹介
日本博学倶楽部（にほんはくがくくらぶ）
歴史上の出来事から、さまざまな文化・情報、暮らしの知恵までを幅広く調査・研究し、発表することを目的とした集団。
主な著書に『「関東」と「関西」こんなに違う事典』『「歴史」の意外な結末』『雑学大学』『歴史の意外な「ウラ事情」』『歴史の「決定的瞬間」』『歴史を動かした意外な人間関係』『戦国武将・あの人の「その後」』『幕末維新・あの人の「その後」』『日露戦争・あの人の「その後」』『源平合戦・あの人の「その後」』『東海道新幹線で楽しむ「一駅雑学」』『「県民性」の常識・非常識』『江戸300藩の意外な「その後」』（以上、ＰＨＰ文庫）などがある。

ＰＨＰ文庫　「話のネタ」のタネ500

2005年７月19日　第１版第１刷

著　者　日本博学倶楽部
発行者　江口克彦
発行所　ＰＨＰ研究所
東京本部　〒102-8331　千代田区三番町３番地10
文庫出版部　☎03-3239-6259（編集）
普及一部　☎03-3239-6233（販売）
京都本部　〒601-8411　京都市南区西九条北ノ内町11
PHP INTERFACE　http://www.php.co.jp/
制作協力
組　版　ＰＨＰエディターズ・グループ
印刷所　共同印刷株式会社
製本所　株式会社大進堂

ISBN4-569-66438-5

PHP文庫